明治大学人文科学研究所叢書

「生と死」の東西文化史

林　雅彦　編

方丈堂出版刊

口絵1　キジル千仏洞壁画「阿闍世王蘇生図」
（フェルカークンデ博物館蔵）（本文 p.6）
阿闍世王と王妃の前で「釈迦四相図」を絵解きする女性

口絵2 「當麻曼陀羅」（奈良・當麻寺蔵）（本文 p.33）

口絵3　「熊野観心十界曼荼羅」（武久家蔵）（本文 p.103）

口絵4　前500年頃の墓を飾る陶板に描かれたプロテシスの場面（ルーブル美術館蔵）（本文 p.264）

口絵5　「銘の画家」のレキュトス画（アテネ考古学博物館蔵）（本文 p.266）
ただし、墓標にしるされている銘文は点描であり、文字としてはまったく意味をなさない。

口絵6　聖ゲオルギオス聖堂西壁面（マケドニア、クルビノヴォ）（本文 p.319）

口絵7　パナギア・トゥ・アラコス聖堂北壁リュネット
（キプロス島ラグデラ）（本文 p.336）

口絵8　パナギア・トゥ・アラコス聖堂南壁リュネット
（キプロス島ラグデラ）（本文 p.336）

口絵9　ウビシ修道院アプシス（グルジア）（本文 p.356）

「生と死」の東西文化史

まえがき

近年我が国で少子高齢化が急速に進んでいることは、周知の通りである。また、団塊の世代がそれぞれの分野で第一線から身を引こうとしつつあることも、事実である。さらに、後継者難や経済的格差も相俟って、地方の農山村では、六十五歳以上が大多数を占める「限界集落」と呼ばれる地域が急増しており、産婦人科・小児科の医者不足が、ますます少子化の加速度を増す要因として指摘されている。

否、今や農山村だけの問題では留まらない。都市にあっても、かつて大いに賑わった市街地商店街が昨今はすっかりさびれて、俗に「シャッター通り」と称される程、空き店舗が目立って多くなった。平成の大合併を行ったにもかかわらず、この傾向はいやが上にも進んでいる（むしろ大合併の促進によって一層急展開していると言った方がいいかもしれない）。一例を挙げるならば、編者が些か参画した地方都市の平成二十年度から向こう十年間の総合計画審議会にあっても、市街地の活性化・小中学校の再編・山間部をめぐる諸問題解決が火急の要となったのである。

因みに、少子高齢化は、隣国の韓国でも深刻な問題となっている。加えて、我が国よりも以前からネットカフェに類似した施設が社会問題として取り沙汰されていることに触れておく。

このように、現代の我々にとって、生きることの難しさを痛感し、やがて誰しも迎える避けようのない死をいかに受け止めるかが重要なテーマであると考え、二〇〇二年より三年間「『生と死』の東西文化史」と題して、明治大学人文科学研究所・総合研究のひとつとして取り組んできたのである。

日本を含む東洋文化及び西洋文化に見る死生観を問題とする本研究は、初年度（二〇〇二年度）、文学研究と美術史（絵画・彫刻）研究との統合、史学的見地から見た西洋古代世界の死生観研究、あるいは西洋中世における死生観表象の研究に加えて、今日的課題として注目される生命倫理学からの今後尊重されるべき個の死生観、人間らしい尊厳死と安楽死の姿など、古代から現代に至るまでの、人が避けて通ることの出来ない課題に取り組んだのである。その間、他の研究会との合同研究会を催した。各自の課題は、

（1）日本と中国における「生と死」をめぐる仏教説話と仏教説話画（林　雅彦）
（2）「生と死」の信仰と生活（金山秋男）
（3）ギリシア世界の中心と周縁における埋葬慣行（古山夕城）
（4）ビザンティン聖堂装飾における「生と死」（益田朋幸）
（5）先端医療と倫理の問題が照らし出す生命観・身体観（齋藤有紀子）

であった。

第二年度（二〇〇三年度）は、東西文化における死生観のあり方と、「生と死」の状況に反映される時代性を、空間と時間を越えて比較し、人間の本流的な観念と心性に迫ろうという共通課題のもと、個別の調査・研究に加え、他の研究会との積極的な研究交流・意見交換を通して、大きな刺激を受けることが出来た。それぞれの個別課題は、左記の通りであった。

（1）仏教説話画に見る「生と死」（林　雅彦）

（2）禅浄一如——親鸞・道元・一遍と熊野（金山秋男）
（3）ギリシアの戦争と国家に見る生と死の象徴（古山夕城）
（4）ビザンティン時代の聖堂装飾における「生と死」のシステム（益田朋幸）
（5）先端医療と倫理の問題が照らし出す生命観・身体観(2)（齋藤有紀子）

最終年度（二〇〇四年度）は、東西文化の歴史の中に表出する「生と死」の状況と、それに向き合う人びとの心的態度に対する研究の視点と方法論に関して、三度の講演会を開催し、最後に座談会（合宿）を以て総括と今後の研究展望を行った。また、各自の設定した課題は、

（1）東アジアにおける生と死―地獄絵を中心に―（林　雅彦）
（2）日本の原始信仰・浄土教・禅仏教、そして民間信仰（金山秋男）
（3）ギリシアの埋葬慣行に対する国家統制（古山夕城）
（4）古代末期におけるローマ人の死生観（益田朋幸）
（5）ヒト胚研究のための配偶子・胚提供（齋藤有紀子）

の如きものだった。

本研究は、あらためて述べるならば、東西文化における死生観のあり方と、「生と死」の状況に反映される時代性を、空間及び時間を越えて比較し、現代をも見つめつつ、人間の本源的な観念と心性に迫ろうという問題意識に基づいてスタートした総合研究だと言えよう。しかし、五部からなる本書が、はたして所期の目的に到達し

得たか否かは計りかねるが、執筆者各人が全力を傾けたことだけは、間違いないところである。

明治大学人文科学研究所から、総合研究の研究費とその成果刊行費を助成して頂いたことに対し、感謝申し上げる。

また、刊行に際して、図版が多い上に、私どもの無理難題を快くお聞き入れ下さった方丈堂出版社長光本稔氏、フライリーフ編集室今福久夫氏に、心よりお礼申し上げる。

二〇〇八年三月吉日

林　雅彦

「生と死」の東西文化史　目次

Ⅰ　仏教説話画に見る生と死　　林　雅彦　1

一　仏教説話画の東漸　時空を越えて拡まった「仏伝図」　2

二　中世における絵解きの展開　22

三　「道成寺縁起絵巻」に見る女の情欲　37

Ⅱ　熊野信仰　その教化と参詣　　林　雅彦　57

一　熊野比丘尼と絵解き　58

付「熊野学」研究の今昔　91

二　女性による女性のための「人生の階段図」絵解き　「九相図」を視野に入れつつ　103

三　女人と子供の巡礼　西国巡礼・伊勢参宮の場合　120

Ⅲ　不生への覚醒　道元、親鸞、一遍　　金山秋男　139

序　禅浄一如　140

第一節　十牛図　144

第二節　道元　150

第三節　親鸞　156
第四節　一遍　161

Ⅳ　無常仏法　道元の死生観と宇宙観――金山秋男　173
序　諸行無常　174
第一節　本証妙修　184
第二節　一顆明珠　196
第三節　諸法実相　209
第四節　無常仏法　223

Ⅴ　古典期アテネにおける「墓標なき五十年」　ギリシア古代における葬礼と国家――古山夕城　239
はじめに　240
1　私人墓標の中断　242
2　イメージの中の墓標　255
3　墓標と葬儀令　270
結びに換えて　290

Ⅵ　ビザンティンの世界――益田朋幸　309
一　ビザンティン聖堂壁画における「生と死」　310

1　クルビノヴォの聖ゲオルギオス聖堂　311
2　ラグデラのパナギア・トゥ・アラコス聖堂　328

二　ウビシ修道院（グルジア）の装飾プログラム　347
1　マケドニアの「キリスト三態」と「三位一体」　347
2　ウビシ壁画の年代　354
3　ウビシの図像配置　356
4　プログラムの解釈　363
終わりに　368

付　馬場恵二氏「キプロス島アシーヌウ聖母教会堂と『キリスト再臨図』」について　376

Ⅶ　医療・医学研究において「ひと」の細胞が使われるとき
細胞提供者の語りからみえること――齋藤有紀子　387

Ⅷ　【総括座談会】「生と死」の東西文化史　あとがきに代えて――417

I　仏教説話画に見る生と死

林　雅彦

一　仏教説話画の東漸　時空を越えて拡まった「仏伝図」

1

六年間の山中苦行の末、肉体をいたぶる苦行の無意味なことに思い至った釈迦は、農夫からもらった吉祥草を下に敷き、菩提樹の下で坐禅、やがて悟りを開いた。時に三十五歳、これを有心の涅槃という。かくて、再びサールナート（鹿野苑）に赴き、苦行を共にした五人に初めて説法した。その後八十歳で入滅（無心の涅槃）するまで、インド各地をめぐって説法を行った。

釈迦に纏わる言動は、後世仏教説話の形となってアジア諸地域に伝わっている。それらを絵画化したものが仏教説話画である。本章では、その中から「仏伝図」の東漸について述べることとしたい。

2

釈迦の入滅後、その生涯を形あるもので後世に伝えたいという願いから作成されることとなった「仏伝図」は、古代インドにあっては、当初釈迦の姿そのものを画面に描かない「聖跡参拝図」「ブッダガヤーの大精舎参拝図」などが作られたが、さらに時代が下ると、「降魔成道図」や「釈迦八相図」「釈迦涅槃図」の類が具象的に描出されるようになった。かくして、広く東アジアや東南アジアの諸地域に伝播することとなったのである。(1)

例えば、インドの初期「仏伝図」には、サールナート出土の如き浮彫りのレリーフ（図1）は存在したが、壁画形式の「仏伝図」は未だなかった。また、インドネシア・ジャワ島中部のボロブドゥール第一回廊主壁上段には、釈迦の生涯の出来事中から百二十場面が描かれている。

「仏伝図」のひとつ、「釈迦八相図」は、前述のサールナート出土の五世紀のレリーフに見る如く、夙くからインドで作られている。その絵柄は、向かって左側下から上へ誕生・猿猴奉蜜・従三十三天降下・初転法輪が描かれており、同じく右側下から上方へ降魔成道・酔象調伏・シュラヴァスティーの奇蹟・涅槃の場面が描出されている。〝釈迦八相〟と言っても、中村元氏が指摘されるように、必ずしも一様でなく、右の「八相図」も今日我々がしばしば目にするそれの絵柄と少しく異なっている。サールナートからは浮彫りの「釈迦四相図」（図2）が出土、現存することを明記しておく。加えて、インド・ビハール州のガンダク河の西方に位置するカシアーの地からは、五世紀の銘を持つ涅槃像が出てきている。(2)

浮彫り「涅槃像」の古態としては、二、三世紀頃の作と想定されるガンダーラ出土のもの（図3）が広く知られている。頭北面西右脇臥の釈迦の前には、最後まで釈迦の旅に従ってきた多聞第一の弟子阿難の嘆き悲しむ姿が見られる。周囲には、諸菩薩をはじめ、弟子や信者たちも多数配されている点に注目しておきたい。

ところで、「釈迦八相図」に関わる文献を経論中に求めるならば、漢訳の『根本説一切有部毘奈耶雑事』第三十八に、次のような記述が見られる。

図2　サールナート出土の浮彫り「釈迦四相図」（サールナート考古博物館蔵）

図1　浮彫り「釈迦四相図」（サールナート考古博物館蔵）〈日本の美術267号「仏伝図」より〉

図3　ガンダーラ出土の浮彫り「涅槃像」（カルカッタ国立博物館蔵）

爾の時世尊纔《わずか》に涅槃したまへるの後、大地震動し流星昼に現じて諸方に熾然し、虚空中に於て諸天は鼓を撃ちぬ。時に具寿大迦摂波は王舎城羯蘭鐸迦迦池竹林園中に在り、大地動ぜるを見て即ち便ち念を斂めて観察すらく、（中略）城中の行雨大臣に命ずらく、「仁《じん》今知れりや不《いな》や、仏已に涅槃したまへるを。未生怨王は信根初めて発れるならば、彼若し仏の入涅槃したまへるを聞かんには、必らず熱血を嘔きて而し死なん。我今宜しく預じめ方便を設け、即ち次第に依りて而し為に陳説すべし。仁今疾く一園中に詣り、妙堂殿に於て如法に仏の本因縁、（即ち）菩薩昔覩史天宮に存して将に下生せんと欲して其五事を観じ、欲界天子は三たび母身を浄め、象子形と作りて生を母腹に託生し、既にして誕れたるの後城を踰《こ》えて出家し、苦行六年して金剛座に坐し、菩提樹下に等正覚を成じ、次いで波羅痆斯国に至り五苾芻の為に三転十二行の四諦法輪を（転じ）、次いで室羅伐城に於て人天衆のために大神通を現じ、次いで三十三天に往いて母、摩耶の為に広く法要を宣べ、宝階三道もて贍部洲に下るに、僧羯奢城に於て人天渇仰し、諸の方国に於て在所に生を化し、利益既に周くして将に円寂に趣かんとして遂に拘尸那城沙羅雙樹に至り、北首して大涅槃に入りたまへるを図画すべし。如来一代の所有化迹は既にして図画し已らんに、次に八函の、人量と等しきを作りて堂側に置き、前の七函内には生酥を満置し、第八函中に牛頭栴檀香水を安くべし。若し因みて駕し出でんに可しく王に白《もう》して言ふべし、「暫し神駕を迂げて躬ら芳園所に詣り某図画せるを観じたまはんことを」と。時に王は見已りて行雨に問うて言はん、「此れ何の事をか述べたる、彼即ち次第して王の為に陳説し、始め覩史より身を母胎に降し、終り雙林に至りて北首して臥するまで、一に図画せるが如くせよ。王は是語を聞くや即ち便ち悶絶して地に宛転すれば、可しく速に第一函中に移し入るべく、是の如く一二三四より乃し第七に至り、後に香水に置れんに王は便ち穌息せん」。是時尊者は次第して教へ已るに拘尸那城に往きぬ。行雨大臣は一に尊者所教の事の如くに、次第して作し已れり。時に王は因みて出でければ、大臣白して言さく、「願はくは王、暫し神駕を迂げて園中に遊観したまはんことを」。王は園所に至り、彼堂中の図画の新異にして、始め初誕より乃至雙林に倚臥せるを見て、王は臣に問うて曰く、「豈に世尊は入涅槃したまひたるべけんや」、是時行雨は黙然して対《こた》ふるなかりければ、王は是を見已りて仏涅槃したまひたるを知り、即ち便ち号眺悶絶して地に宛転せり。(3)（ルビ引用者、以下同じ）

即ち、傍点部の如く、「入胎」から「雙林涅槃」に至る釈迦の主だった事跡を表現した図——「八相図」——が、インドに仏教が成立してそれ程遠からぬ時期に作られていたと見做し得るのである。また、二重傍線で示した〝陳説〟なる言葉は、絵解き行為そのものを指す語彙であり、既に当時この種の絵画が絵解きされていた可能性を示唆している記述である。

3

中央アジアにおける「仏伝図」の作例として、キジルの千仏洞に、八世紀頃の作成と考えられる壁画「阿闍世王蘇生図」（**口絵1**）が存したことを忘れてはならない。阿闍世王とその王妃の前で、肌の黒い女性のひとりが「釈迦四相図」——誕生・降魔・初転法輪・涅槃——が描かれた縦長の布を両手で掲げ、もうひとりの女性が傍らに跪いてそれを絵解きしている図が伝わっている。

こうした絵解きの光景は、S・ヘディンの“Trans Himalaya”中に彼自身が撮影したチベットの二人連れの絵解き比丘尼の写真を添えて記した、

> 二人の尼が経典のこみ入つた一連の物語を表した大きなタンカ（Tanka）を持つて私の居る庭を訪れた。一人が解説をうたひ上げると、一人はその箇所を棒の先で示す。彼女は非常によい声で感情をこめてうたふのでそれを聞くことは愉快であつた。

の一文を想起させるのである。そして、日本に眼を転ずるならば、舟木家旧蔵・東京国立博物館蔵本や鶴来家本など多くの「洛中洛外図」をはじめ、艸田斎『籠耳』や山東京伝『近世奇跡考』『骨董集』の挿絵に描かれた二人一組の熊野比丘尼による絵解きの芸態を髣髴させる光景なのである。

図4　ベゼクリク石窟出土の壁画「涅槃（衆人奏楽）図」断片（東京国立博物館蔵）

さらに、中央アジアの「仏伝図」の例として、大谷探検隊によって発見されたトゥルファン・ベゼクリク（吐魯番・伯孜克里克）石窟第二〇窟の壁画「涅槃（衆人奏楽）図」断片（**図4**）をあげることが出来る。九世紀の制作で、様々な人種の異教徒たちが楽器を奏でて、釈迦の涅槃を喜んでいる様子を描いた断片図だと解されている。

4

中国における「仏伝図」の作成は、中国に仏教が伝来し、仏像も伝わった時点から始まったと考えられるが、

図5　麦積山第133号窟の「石造造像碑」〈日本の美術267号「仏伝図」より〉

現存の「仏伝図」は数少ない。そうした状況下で、イギリスやフランスなどの国外へ流出したものをも含めて、敦煌・莫高窟の壁画が最も集約された「仏伝図」だと言える。即ち、絵巻を連想させるようなフリーズ式の北周時代の「仏伝図」が二九〇窟天井に見られる。また、四二八窟「涅槃図」のように、一場面のみに限定した作例も存在している。一場面のみの図は、ほとんどが「降魔変」と「涅槃変」で、敦煌の夙い時期にあっては、これらが「仏伝図」の中で最も重要だと考えられたようである。(4) 隋代の「涅槃図」は、説話的要素が強調され、涅槃の釈迦の周囲に仏弟子や菩薩が描き出されている。次の唐代に至ると、「涅槃図」は壁画として作成され、「釈迦一代記図絵」の様式はシルクを用いた「仏伝幡」が多く、釈迦の誕生前後や四門出遊などの前半生が好まれた。

敦煌を除く地域の「仏伝図」については、「涅槃図」以外あまり現存していないという。(5) その中で、麦積山第一三三号窟第一〇号の「石造造像碑」（図5）は、誕生から涅槃に至るまでの場面が区画毎に浮彫りになっており、「釈迦八相図」の系統かと考えられるが、未詳である。

珍しい「涅槃図」も存する。中国中央部・雲崗石窟の約八十の浮彫り「仏伝図」の内、五世紀末の第一一洞、六世紀北魏時代の第三五洞及び第三八洞の「涅槃図」は、釈迦の頭部が向かって右にあり、左脇を下にして両手を体側に付けて臥す形をとっている。

四川省安岳石刻の中にも、頭を南にして左脇を下にして横たわる盛唐時代の作がある。遡って、北斉の天保十年（五五九）銘を持つ石彫「涅槃図」（東京国立博物館蔵）（図6）もまた、釈迦は頭を南に仰臥し、両手をそれぞれの体側に添えていて、甚だ興味深い。

中国にあっては、「八相図」「四相図」形式の「仏伝図」は定着せず、時代が下っても、「涅槃図」の作例が多く見られるのである。例えば、唐代を代表する絵師呉道玄の手に成る京都市・東福寺の「八相涅槃図」一幅や、宋代末期から元代初期にかけて活躍した陸信忠作「涅槃図」（奈良国立博物館蔵）などが、こうした傾向の遺作だと言えよう。

唐の張彦遠（八一五～?）著『歴代名画記』[6]巻三「両京・外州の寺観の画壁を記す」を繙くと、長安及び洛陽の寺院の「仏伝図」に関して、

> 光宅寺。東菩提院の北壁の東・西偏には尉遅〔乙僧〕が降魔等の変〔相〕を描く。
> 宝刹寺。仏殿の南〔壁〕楊契丹涅槃等の変相を画く。裴〔孝源〕の『〔画〕録』と同じ。裴の『画録』に拠れば亦鄭〔法士〕の画ありと。今は見えざるなり。

の如き記述がある。その他、菩提寺には董諤の「本行経変」、安国寺には楊延光作「涅槃変」、東塔院には楊恵之の「涅槃変」、化度寺には楊延光・楊仙喬合作に成る「本行経変」、褒義寺には盧稜伽が描いた「涅槃変」がある旨記している。また、大雲寺には楊契丹の「本行経変」、永泰寺にも鄭法士作「滅度変（涅槃変）」が存したという。さらに、龍興寺には展子虔の「八国王分舎利図」があり、聖慈寺には程遜が描いた「本行経変」がある旨、記述しているのである（はたしてこれらの「仏伝図」が現存するのか否かは、未詳である）。いずれも、作成年代は隋・唐二代に限られている。

図6　石造台座浮彫り「涅槃像」（東京国立博物館蔵）〈日本の美術268号「涅槃像」より〉

図7　法隆寺五重塔初層北面の「涅槃釈迦像土」

驚くことに、九世紀前半、我が国の僧侶が中国の地で「涅槃群像」なるものを実見していた。即ち、叡山の円仁（慈覚大師）がその人である。円仁は承和五年（八三八）に入唐し、五台山や大興善寺などで学ぶこと十年、その間の見聞を記した日記『入唐求法巡礼行記』(7)巻二、唐の開成五年（八四〇）五月十六日条に、大華厳寺に参詣、寺内の涅槃院で件の「涅槃群像」を拝観した。簡略な記述ではあるが、

> 喫茶の後、涅槃道場に入って涅槃相（釈尊入滅の図像）を礼拝す。雙林樹（沙羅の双樹）下に於いて右脇して臥す。一丈六尺の容なり。摩耶悶絶して地に倒るる像、四王（天）、八部竜神、及び諸聖衆、或いは手を挙げて悲哭するの形、或いは目を閉じて観念するの貌。（尽く経に説く所の事は皆担して）像を為す。

と、それは立体的な形の「涅槃図」の態を成したものだったのである。円仁入唐の頃の中国の「涅槃図」は、涅槃の場に参集した会衆を描くにあたって、その人数が増加する傾向にあったが、この図も例外ではなかったことが知られる。

因みに、眼を我が国に転じてみよう。国宝の奈良・法隆寺五重塔塔本四面具の北面に配されている「涅槃釈迦像土」**（図7）**が、右の「涅槃群像」の参考となろう。五重塔内の四面に仏典を基に作られた立体的な場面のひとつとして、和銅四年（七一一）の「涅槃釈迦像土」があるのである。釈迦の涅槃を悼んで号泣する仏弟子や哀しみにくれる菩薩の姿を象った塑像群は、大華厳寺・涅槃院の「涅槃群像」に相通じるものである。なお、類似する像は、キジル千仏洞の壁画中にも見られることを指摘しておく。

5

次に、韓国の「仏伝図」について触れることとする。

現在の韓国仏教寺院にあっては、管見の限り、「釈迦八相図」が大多数を占めていて、単独の「涅槃図」はあまり見受けられない。

現存「釈迦八相図」を考える際に注目すべき文献は、現行儀礼集の『釈門儀範』である。李氏朝鮮王朝以降の各種仏教文を掲載した右の一書は、数多くの訳経を成し、後進僧侶の指導に情熱を傾けた震湖師によって整理・編纂され、一九三五年に出版されたのであった。今日に至るまで、韓国仏教諸宗派の儀礼はすべて、本書に則って行われている。その上篇第一章「礼敬篇」所収「大礼懺法」(8)に、次のような一節が見られる。

志心頂礼供養　身智光明　普周法界　清浄無礙　悲智円満　第一過去毘婆尸仏　第二尸棄仏　第三毗舎浮仏　円證法界　解脱三昧　究竟法門　随順根欲　第四現在拘留孫仏　第五拘那含牟尼仏　第六迦葉仏　第七釈迦牟尼仏　善慧菩薩　放　光明於兜史宮中　摩耶夫人　感　瑞夢於毘羅国土　散花作楽　乗象入胎兜率来儀相　我本師　釈迦牟尼仏　九龍吐水　洗金軀於雲面　四蓮敷化　奉玉足於風端　蹇蹇七歩　哦哦数声　毘藍降生相　我本師　釈迦牟尼仏　暗聞林鳥之哀鳴　現観庶人之苦労　志懇脱屣心切払衣　四門遊観相　我本師　釈迦牟尼仏　策　紫騮轡於衆圍　奉　青蓮蓋於大壘　人馬悲惨　龍神歓喜　踰城出家相　我本師　釈迦牟尼仏　始悲無常於迦蘭之仙　意欣真楽於羅刹之獣　雪巌為家　林鳥作侶　雪山修道相　我本師　釈迦牟尼仏　河辺受　難陀之糜粥　石上却波旬之邪迷　天人献楽　地祇退魔　樹下降魔相　我本師　釈迦牟尼仏

召　梵衆於鹿苑　主伴雁列　示　妙法於馬勝　因果河傾　弄葉上啼　除糞定価　鹿苑転法相　我本師　釈迦牟尼仏　尸羅角城　受　単供於純陀裟羅鶴樹　示　雙趺於迦葉　摩耶痛泣　梵衆悲哀　雙林涅槃相　我本師　釈迦牟尼仏　四顧無人法不伝　鹿苑鶴樹両茫然　朝朝大士生浮世　処処明星現碧天　是我本師　釈迦牟尼仏

傍点を付した如く、「釈迦八相図」を意識した記述であることは、一目瞭然だと言えよう。

韓国の仏教寺院には八相殿あるいは捌相殿なる殿閣があり、「釈迦八相図」が奉安されている。また、李氏朝鮮王朝第七代世祖四年（一四五九）に完成した『月印釈譜』は、代表的な釈迦の伝記として広く知られ、後世に影響を与えたことも、併せて明記しておく。

「釈迦八相図」の、一、二具体例をあげるならば、全羅南道に位置する松広寺の霊山殿には、紙本の幀画形式のものが現存し、その銘文に「順天松広寺　霊山殿　雍正三年乙巳五月日　曹溪山松広寺　八相絵筆　奉安」とあることから、英祖三年（一七二五）に奉安されたことが知られるのである。慶尚南道の雙溪寺・八相殿内の紙本幀画にも銘文が、

雍正六年（引用者注・一七二八年）戊申五月日　智異山雙溪寺　八相幀
　證明　道性比丘
　持殿　弘性比丘
　金魚　一禅比丘
　　　　明浄比丘
　　　　最祐比丘

元敏比丘
□□比丘
信英比丘
永浩比丘
供養主　草和比丘
最遠比丘
察悟比丘
別座　勝実比丘

の如く記されている。

管見によれば、韓国における近代以降の「釈迦八相図」は、八相殿を有さない寺院では、我が国の金堂（本堂）に該当する大雄殿内部に幀画（カンバスに似た形態）の形で掲げられるか、あるいは大雄殿外壁に直接描かれるのが、ごく一般的だと言える。こうした絵柄は、高麗王の命で入宋した僧諦観（?～九六〇頃）が、渡海先で著した『天台四教義』に則り、いずれも、

1　兜率来儀相　　5　雪山修道相
2　毘藍降生相　　6　樹下降魔相
3　四門遊観相　　7　鹿苑転法相
4　踰城出家相　　8　雙林涅槃相

の八場面が描かれている。

ところで、筆者は、一九八七年から十年余り韓国全土の仏教寺院を延べにして百数十か寺尋ねて、仏教説話画の現存状況を調査した。そして、東鶴寺の「釈迦八相図」絵解き及び法住寺の「釈迦八相図」に関しては、小著『絵解きの東漸』（笠間書院、二〇〇〇）で少しく触れたので、参照願えれば、幸いである。特に、法住寺の捌相殿と「釈迦八相図」は、李氏朝鮮王朝第四代世宗（在位一四一八～五〇）以降、民衆の仏教信仰を禁じたのにも拘らず、釈迦に対する根強い信仰を窺い知る貴重な例である。

6

ソウル市の中心部・鍾路区寿松洞の曹溪寺では、昭和二十年の太平洋戦争終結に伴う朝鮮半島解放によって、寺号を太古寺から再び曹溪寺と改め、朝鮮戦争で南北に分断後の一九六二年四月、大韓仏教曹溪宗の総本山となり、今日に至っている。

現在の曹溪寺大雄殿内部は、三百畳程の広さを有し、中央の一段と高い祭壇上には幀画の「霊山図」を背に、釈迦の座像が安置されており、祭壇前面部には、精巧な螺鈿細工の「釈迦一代記図絵」が施されている。大雄殿外壁には、向かって右側面から左廻りに背面及び左側面にかけて、「釈迦一代記図絵」三十図（**図8**）が描かれ、各図の下部には、簡略な横書きのハングルによる説明文が付されている。それは、寺僧の説明がなくとも、釈迦の生涯の主だった出来事を理解し得るように工夫された絵画なのである。ソウルに行くたび毎に曹溪寺に立ち寄るが、時に寺僧が信者らしき人物に説明（広義の絵解き）をしている光景を目撃したことがある。法住寺捌相殿の「釈迦八相図」のように古いものではない。しかし、総本山に描かれた絵画でもあり、以前から典拠が何か関

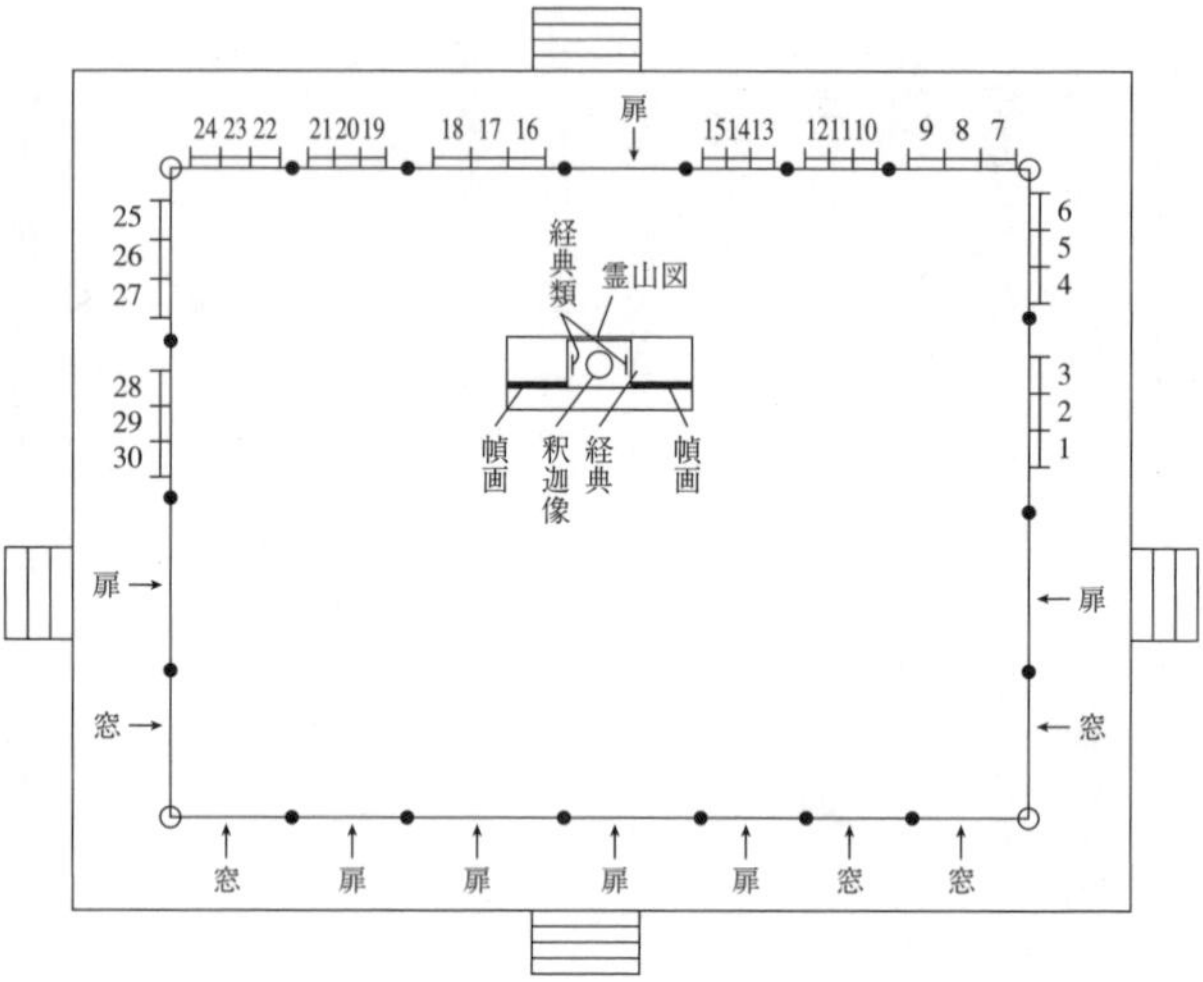

図8　曹溪寺・大雄殿外壁「釈迦一代記図絵」配置

心を抱いていたが、容易に手懸りを得られなかった。しかるに、一九八七年秋、ソウル市内の古書店で求めた勧善書と覚しき『図解八相録』のカラー口絵（三十五図）及び曹溪寺付近の仏書を出版・販売する宝蓮閣から発行のカラー版刷り物「娑婆教主釈迦牟尼一代記」（三十五図）とが、全図とも完全に同一であるのに加えて、曹溪寺大雄殿外壁の「釈迦一代記図絵」がこれらに依拠した可能性が考えられるに至った。参考に供するために、誕生と涅槃に関するそれぞれの場面（**図9**、**図10**）を示しておく。

近年、タイ北部・チェンマイ近郊ドイステープ山上の名刹ワット・ドイ・ステープ（Wat Doi Suthep）に、曹溪寺の「釈迦一代記図絵」と類似する三十前後の図から成る壁画が存することが分かったのである。(9)（それは、本堂（正方形）の回廊に沿って四方の壁に描かれているようだが、未見）。ドイ・ステープは、仏塔に仏舎利が納められていることから、ワット・プラタート（仏舎利寺）とも呼ばれ、ラーンナー・タイのクーナー国王によって、一三八三年に建立されたという。ラーンナー文化圏では、誕生から入滅までの「仏陀伝」と「本生譚」の壁画が好んで作られた。詳細は後日に譲るとして、ここでも誕生と入滅の場面（**図11**、**図12**）の写真を掲げておくこととする。

最近判明したもう一例についても、触れておきたい。マレーシアのペナン島にあるダミカラマ・ドルマ仏教寺

「釈迦一代記図絵」
（曹溪寺・大雄殿壁画）

「娑婆教主釈迦牟尼一代記」
（金正煥画、宝蓮閣発行）

『図解　八相録』（ソウル市・宝蓮閣、仏紀2522年11月）

図9　釈迦「誕生」場面図の比較

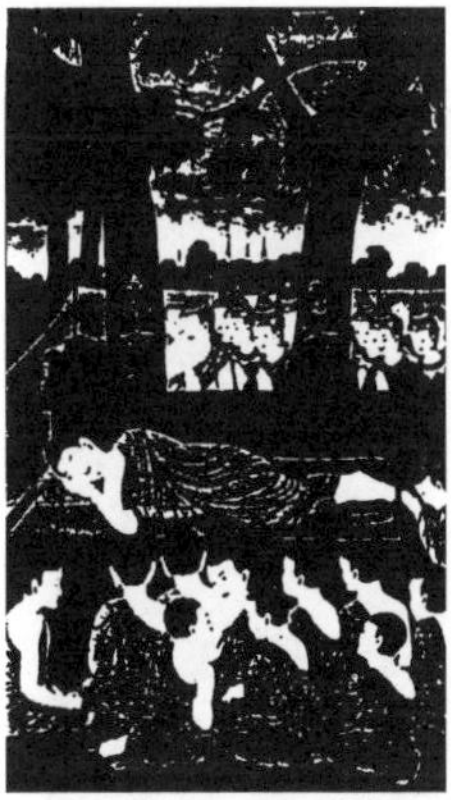

「釈迦一代記図絵」
（曹溪寺・大雄殿壁画）

「娑婆教主釈迦牟尼一代記」
（金正煥画、宝蓮閣発行）

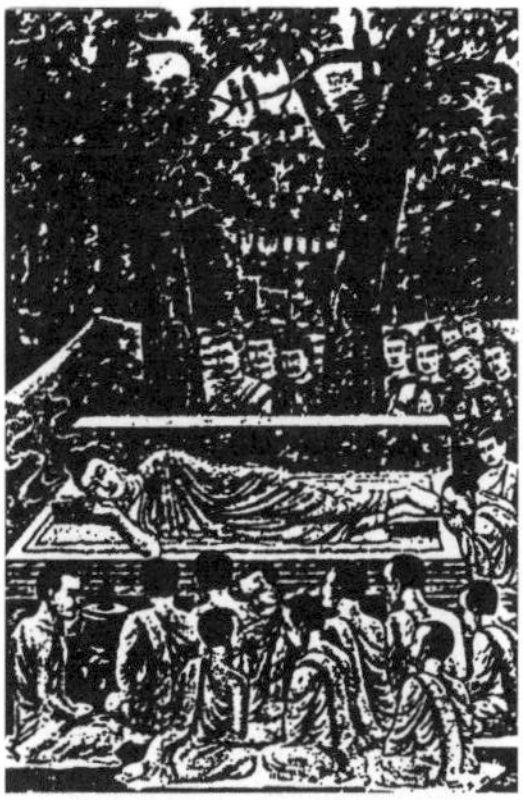

『図解　八相録』（ソウル市・宝蓮閣、仏紀2522年11月）

図10　釈迦「涅槃」場面図の比較

図11　ワット・ドイ・ステープの「仏陀伝図」（壁画、タイ）**所収「誕生」図**
〈山下恵美子氏撮影〉

図12　ワット・ドイ・ステープの「仏陀伝図」（壁画、タイ）**所収「涅槃（入滅）」図**
〈山下恵美子氏撮影〉

図13　「仏陀の生涯」（マレーシア・ペナン、ダミカラマ・ビルマ仏教寺院）
所収「誕生」図

図14　「仏陀の生涯」（マレーシア・ペナン、ダミカラマ・ビルマ仏教寺院）
所収「涅槃（入滅）」図

院（緬甸仏寺）の壁画「仏陀の生涯」三十図[10]が、それである。小冊子 "THE LIFE OF BUDDHA IN PICTURES"（「仏陀の生涯図」）の序文によれば、この寺院は一八〇三年に建立され、問題の絵画は一九九〇年代に堂と堂とを結ぶ回廊に額装の形で掲げられたもののようである。この緬甸仏寺は、マレーシアで唯一のビルマ仏教寺院でもある。

ところで、「仏陀の生涯図」なる小冊子は、奇数ページにカラー写真を掲げ、偶数ページにタイ語・中国語・英語の対訳を載せ、観覧の便たらしめている。

韓国・曹溪寺「釈迦一代記図絵」及びタイのドイ・ステープ「仏陀伝図」と類似する場面も少なくないので、ダミカラマ・ビルマ仏教寺院の場合も、誕生と入滅の二図（**図13**、**図14**）を示すこととする。

なお、これらの比較検討にあたっては、中国・明代の宝成が一四八六年に刊行したという『釈氏源流應化事蹟』四巻を視野に入れねばならないが、残念ながら未見である（ただし、『釈氏源流應化事蹟』の内容に近い『釈迦如来應化事迹』（清・嘉慶一三年（一八〇八）刊）四冊は複製本を架蔵するので、別の機会にあらためて詳しく考察を試みるつもりである）。

とまれ、韓国・タイ・マレーシアに伝わる三十図前後の近・現代「仏伝図」遡源に際して、中国文化圏の存在を考慮せねばならないと考えている。

7

本章では、仏教説話画の東漸について、「仏伝図」に限定し、しかも、我が国を除く、古代インドから東アジア・東南アジア各地を眺めてきた。機会をあらためて、日本をも含めた広汎な仏教説話画の東漸について考えてみたいと思っている。

〔注〕

（1）　中村元編著『図説仏教語大辞典』（東京書籍、一九八八）「仏伝図」項は、すべてレリーフの三十五図を掲げて、それらを詳しく解説する。

（2）　この他に「大涅槃寺」なる古泥印や、涅槃塔内から銅板が出てきたことから、この地域をクシナーラと比定している。

（3）　引用文は、『国訳一切経』（大東出版社、一九二二）「律部廿六」に拠った。

（4）　百橋明穂「仏伝図」（日本の美術二六七、至文堂、一九八八・八）参照。

（5）　前掲百橋明穂「仏伝図」参照。

（6）　引用文は、小野勝年訳註『歴代名画記』（岩波文庫、一九三八）に拠った。

（7）　引用文は、足立喜六訳注・塩入良道補注『入唐求法巡礼行記　1』（東洋文庫、平凡社、一九七〇）に拠った。なお、『入唐求法巡礼行記　2』所収の開成五年五月十六日条にも、多少語句の異同が見られる一節が重出する。

（8）　引用文は、ソウル市・法輪社（一九八九）版に拠った。

（9）　筆者が担当する二〇〇〇年度中央大学文学部の「作家作品研究（1）」に提出した山下恵美子氏のレポート。なお、写真の提供を受けた。

（10）　二〇〇二年度中央大学文学部「作家作品研究（1）」に提出した武井ゆか氏のレポート。小冊子及び案内のパンフレット、写真の提供を受けた。

二　中世における絵解きの展開

1

中世に生まれた、あるいは発展した唱導文芸としては、周知の如く、説話集をはじめ、軍記物語や御伽草子、能、幸若舞曲などがある。これらは、寺社の草創と霊験を扱った縁起類、各宗派の祖師・高僧伝類、神仏の前生における艱難辛苦を描いた本地物語の三つに大別されよう。これらが絵画化された時、「絵解き」という手段で人々はこの作品を享受することとなったのである。

以下、本章では、中世神話のひとつとして展開した鎌倉・室町時代の絵解きについて、些か述べることとする。

2

「縁起」とは、本来仏教の基本思想に基づく語彙で、この現実世界が相互に関わる種々の条件によって成り立っている、ということを意味している。そこから転じて、一般的には、寺社の草創と沿革、そこに祀られた仏神の霊験譚・奇瑞譚を集成したものを、「縁起」と称しているのである。多種多様な内容を有するこれらの縁起類は、今日宗教的・歴史的な資料に留まらず、文芸作品としても、その評価は高い。「縁起」は、芸術性豊かな「縁起絵巻」として仕立てられ、勧進の具として喧伝発揚の場で絵解きされ、多くの人びとの耳目を引くこととなったものが少なくない。「縁起絵巻」の内容が、史実と照らし合わせて、多くの創作を加味したものであったとしても、当代の信仰篤い人びとには、紛れもない真実の事象として受けとめられたであろうと想像されるのである。

さて、十三世紀から十四世紀にかけて、種々様々な「絵巻」が作成されたり盛行されたりしたが、「祖師伝絵」「高僧伝絵」とならんで、「縁起絵巻」に見るべきものが多い。「絵巻」形式をとった現存「縁起絵巻」の嚆矢は、十二世紀後半に成立した『信貴山縁起絵巻』で（これ以前に成立の「縁起」には、未だ絵画部分はなかったようである）、少々遅れて成った『粉河寺縁起絵』とともに、絵画部分の占める割合が大きく、加えて、同一場面の繰り返しも少なくないのである。それらは、物語文学の絵巻化が次第に顕著となってきた事実と、無関係ではない。

喧伝発揚が明確で、かつ、寺社自らがその制作に直接関与した本格的な「縁起絵巻」の出現は、現存資料で見る限り、十三世紀後半成立の『北野天神縁起絵』まで待たねばならなかった。

鎌倉時代作成の「絵巻」としては、『石山寺縁起絵巻』『因幡堂縁起絵』『当麻曼陀羅縁起絵』『矢田地蔵縁起絵』（以上寺院系）、『山王霊験記絵』『春日権現験記絵』『箱根権現縁起絵』『荏柄天神縁起絵』『八幡縁起絵』（以下神社系）等々が現存する。室町時代の絵巻では、『星光寺縁起絵』をはじめ、『道成寺縁起絵巻』『清水寺縁起絵』『長谷寺縁起絵』（以上寺院系）等と、『浦島明神縁起絵』の如き神社系絵巻が、よく知られているものである。

寺社の「縁起絵」として、同一内容の絵巻と掛幅絵とが伝わる場合がある。たとえば、十三世紀後半以降成立した多数の「聖徳太子伝絵」や、大和と京にそれぞれ伝わる「矢田地蔵縁起絵」の如く、絵巻と掛幅絵の関係はきわめて密接で、その対象となる人びとの階層や人数、場所等の条件に応じて、その絵画を使い分けしていたようである。

庶民相手の教化のための「縁起絵」をめぐる口演者・視聴者双方の変容は、中世における絵解きの大衆化・芸能化現象に拍車をかけることとなった。

3

宗祖・高僧らの伝記や寺社の縁起・霊験、あるいは非業の死を遂げた英雄の最期、親子の恩愛、男女の愛憎等々の説話は、壁画・障屏画・絵巻・掛幅絵とその形態を異にしつつも、夙くから説話画と結び付いて喧伝されてきた。「絵解き」とは、このような説話画の絵相を言語を用いて解説・説明するもので、絵画による表現と言語による表現との接点だけでなく、時には屏風歌・今様・伽陀といった音楽的表現とも接点を持つ、視聴覚に訴える説教・唱導を目的とする文芸・芸能として中世に飛躍的に展開したのである。

とまれ、現存資料によれば、古代の絵解きは、高僧自ら、天皇や貴紳といったごく限られた上層の人々を対象に、堂塔内の壁画・障屏画を用いて行ったようである。

次に、幾つかの具体例を揚げることとする。

絵解きに関する現存最古の文献資料たる慶延『醍醐寺雑事記』(文治四年(一一八八)以前成立)所引『李部王記』承平元年(九三一)九月三十日条に、

又共過二貞観寺一。入二正堂一礼レ仏。次礼二金剛界堂一。次礼二胎蔵界堂一。次登レ楼見レ鏡及礼二塔下仏一。次礼二良房太政大臣堂仏一。観二楹絵八相一。寺座主説二其意一。中務卿親王以二綿一連一修二諷誦一。余又以二銭一千一同修。

（傍点引用者。以下同じ）

とある。これによれば、『李部王記』の筆者重明親王は、中務卿親王とともに藤原良房が建立した嵯峨野の貞観寺（後年廃寺となる）に参詣した折、良房太政大臣堂の楹《はしら》に描かれた「釈迦八相図」について寺座主（群書類従本は「成道寺座主」と明記）から「説二其意一」、絵解きを受けたと記している。

また、左大臣藤原頼長は、数年にわたって鳥羽上皇や父忠実夫妻に従って天王寺に詣で、絵堂において上座の僧から「聖徳太子伝絵」の絵解きを受けている。初度の康治二年（一一四三）十月二十二日、頼長の日記『台記』は、

北政所、先参二御画堂一、禅閤、及法親王、坐二砌下一、入道殿、乍二手輦一御レ之、法親王敷候坐レ之、本寺権上座某、持レ楚指レ画説レ之、余依レ仰昇二座上一、有二不審一之時問レ之、北政所、乍二車引立一聴二聞之一、良久説了、甲斐権守信範、取レ被給レ之、

（下略）

の如く記述する。絵解きの内容に納得出来ない箇所については、父の命で頼長が問い質したという。

「聖徳太子伝絵」絵解きに関しては、『建久御巡礼記』（『南都巡礼記』とも）「法隆寺」条にも、

当麻寺織仏可二拝給一、日既可レ暮、絵殿不二説御坐一、龍田河上渡オハシマシテ云々

とある。即ち、本書は、建久二年（一一九一）暮、鳥羽上皇の皇女とみられる高貴な女性が南都の大寺を巡礼した際の様子を、随行した興福寺僧実叡が書き留めたものである。右の記事は、当麻寺の「観経曼陀羅」を何としてでも拝もうと、法隆寺絵殿での「太子伝絵」の絵解きを視聴せず、日没時の当麻寺へ向かったというのである。女人にとって、極楽浄土を描いた大画面の「当麻曼陀羅」を拝し、絵解きを受けることこそ、巡礼の最重要な目的だったのであろう。百年後の正応三年（一二九〇）、かつて後深草院の寵愛を受けた女房二条もまた、その著『とはずがたり』中で、「法隆寺より当麻へ参りたれば」と述べ、同じコースを辿って当麻寺へ参詣している。この時、『観無量寿経』所説に中将姫伝説を織り込んだ「曼陀羅絵解き」を聴聞に及んだと思われる。

4

鎌倉時代以降、所謂中世になると、絵解きの様相は一変して、「絵解き法師」と称される下賤な専従僧や、姿恰好は僧体の散所生活者が、寺院の内外で絵解きを始めるようになった。さらに、巷間に身を置いたり、貴紳の邸内に出入りする「俗人絵解き」が、不特定多数の人びとに絵解きするようになっていったのだった。

因みに、「聖徳太子伝絵」絵解きをめぐる中世の記事を左に掲げる。九条道家の日記『玉蘂《ぎょくずい》』承久三年（一二二一）を繙いていくと、正月二十六日条に、

次参㆓広隆寺㆒、以㆓御堂巽角㆒為㆑局、豫謁㆓別当宮㆒、僧都儲㆓鋪畳㆒、先奉㆓灯明㆒、（中略）次参㆓太子堂㆒、（中略）召㆓出法師一人㆒、令㆑説㆓太子御伝㆒、奉㆑図㆓後壁㆒故也

と、広隆寺の法師が太子堂の壁に描かれた「太子伝絵」を絵解きした旨伝えている。このように、中世に至ると、絵解きする僧も、下賤な法師へと移行していった例である。

民部卿広橋経光の日記『民経記』寛喜元年（一二二九）十月二十五日条には、

宿四天王寺三位阿闍梨房、被羞珍饌、対面房主、去比絵解法師舎利□仰同心奉違背別当二品宮、盗舎利奉宿納法花寺、可逐電之由結構露顕、件両人欲被搦之失了、後者悉被搦召云々

の如く、天王寺僧からの聞書が載っていて、「絵解法師」と呼ばれる下級僧たちの悪事のさまが窺われる。盗まれた舎利は、聖徳太子の遺骨だったのであろうか、真相は謎のままである。

また、『東寺百合文書』所収「中院通顕書状」（一四世紀前半の執筆）にも、興味深い記述が見られる。

東寺散所藤次入道絵説事、承候了、盲目等重々雖申子細事候、内々如此被仰下候之上、以別儀、於彼一人者可閣之候之由、可得御意候歟、以此旨、可令申入給候也、謹言

十一月七日　　　　通顕

東寺散所の藤次入道と称する卑賤な男（法師）が絵解きを始めたので、盲目の法師たちがこれをやめさせようと中院通顕に異議を唱えたため、藤次入道だけには特別に絵解きすることを許した、という文面である。おそらく、晴眼の散所法師が絵解きの際、伴奏楽器に琵琶を用いたため、琵琶を生業の具としている盲目法師たちの芸能を脅かす行為である旨、抗議したのであろう。後に掲げる『三十二番職人歌合絵』及び一休『自戒集』中に描

写される俗人絵解きは、伴奏に他ならぬ琵琶を用いているのである。

『教王護国寺文書』「東寺勧学院勧行弁規式条々案」の一節に、「一、酒宴、一切遊戯、博奕等、一切可停止之、五辛弁武士等又不可入院内」とあるが、傍点を付した「一切可停止之」の部分に、「又一切呪術師、絵説、盲目法師等不可入院内」なる書き入れの傍書が見られる。それによると、東寺付近の散所に「絵説き」と呼ばれる者がおり、呪術師や盲目法師とともに、卑賤者と見做され、勧学院内への立ち入りを禁じられていたことが知られる。かくして、鎌倉以降、次第に社寺絵解き法師が下級僧の専業として確立していったのである。

その一方で、伝導絵解き法師や俗人絵解きが登場、活躍することとなった。

下って室町後期、俗人絵解きの身分・地位・芸態を考える上で重要な文献資料であり、絵画資料でもあるのが、『三十二番職人歌合絵』第一番及び第十七番である。周知の如く、序に言う「いやしき身しなおなじき」三十二人の職人・芸人たちが左右に分かれ、「花」「述懐」の歌題でそれぞれ二度ずつ組合わせた趣向となっている。件の絵解きは、千秋万歳法師と番《つがい》になって登場する。

一番　花

左　　千秋万歳法師

春のにはに千秋万歳いはふより花の木のねはさしさかへなむ

右　　絵解

見ところや絵よりもまさる花の紐とかうとかじをわがまゝにして

左歌、千秋万歳の能作は、毎年正月の佳曲なれば、諸職諸道の最初にいでて、歌合の一番にすゝめり、まことに花木の春にあひて、さしさかへなん根元をいはへるは、あり興《(ママ)》がりときこゆるに、右歌、絵よりもまさる花の紐とかうとかじは我まゝと侍る。思ふさまにいひかなへたる姿詞、雉の尾のさしてをしへずとも、絵解きの歌とは、いかでかきかざらん、歌合の一番の左は、勝の字おほむね定れるやうなれど、このつがひにをきては、持とつけ侍るべし

図1　絵解き「三十二番職人歌合絵」（幸節家本）

絵解きの和歌の三句目「花の紐とかうとかじ」と判詞「雉の尾のさしてをしへ」は、ともに絵解きの芸能を表現した言辞であって、ここに描かれた絵（図1）と併せ見る時、これらの語句の持つ意味は、より一層判然とする。

この絵の内容は、烏帽子を被り、小素襖を纏い、口許に鬚を生やした俗体の男が、路上で胡座をかいている。男の膝の上には伴奏用の琵琶を置き、右手には絵を指すための雉子の尾羽根が先端に付いた棒を持つ。男の前の絵笥の蓋の上には折り畳んだ絵が置かれている。絵の端に数箇の乳《ち》も見え、掛幅形式のものであることが知られる。絵笥の身には、折り畳んだ絵らしきものも入っている。もう一番の方は、

十七番　述懐

左　千秋万歳法師

たちまへるせんすまむ歳いづくにもけしきばかりの禄ぞかひなき

右　絵解

絵をかたり比巴ひきてふるわが世こそうきめみえたるめくらなりけれ

左歌、いづくにても、気色ばかりの禄の乏少なる事をいへる、さぞとをしはからるゝに、袖かへす所を、一おれけしきばかり舞たまふとある詞つゞき、ふと思いて《(ママ)》、猶優にきこゆるにや、右歌、琵琶ひきてふるといへる二の句こそにほひなく侍れ、平家は入道のすがたにて盲目なり、絵をとくは俗形にて、離婁が明をおもてとして、しかも四絃を弄せり、しかるに絵をかたり、比巴ひくといひ、うきめみえたるめくらといひて、自他の所作をよくよみわけたる心ふかくきこゆ、左は詞の優なるのみなり、右は義理ふかく侍ればいさゝかまさるべきにや

とある。判詞の傍点を付した部分は、前述の『東寺百合文書』『教王護国寺文書』所収記事と同様、盲目の琵琶法師と対比した、しがない俗人絵解きの渡世と芸態とを伝えていて、甚だ興趣にかられるのである。

名聞利養の徒たる法兄養叟を痛憤罵倒した、禅僧一休宗純の『自戒集』（康正元年（一四五五）成立）に載る「題華叟和尚自賛御影」も、当時の俗人絵解きの芸態に触れた貴重な資料である。即ち、

懐銭譬如振尾狗　指影画説鳥帚手
座頭田楽無是非　印可證状犬亦取
機鬢垂毿異高終　銭縦態道理真中
売食頤来的々語　華叟御影耻辱洪

華叟和尚御影ノ賛ニ云、（中略）シカルニ今、養叟人タニクレバ、此御影ノ賛ヲミヨト云テフケラカス。エトキガ琵琶ヲヒキサシテ鳥帚ニテ、アレハ畠山ノ六郎コレハ曾我ノ十郎五郎ナント云ニ似タリ。此ノ

子細トモヲシラサル人ハ華叟和尚ノ御ヒカコト、申ス。又ヨクシリタル人ハ養叟メヲ大ヌス人ノイタカメト云。

の如く、人が来るたびに師匠華叟の肖像画に添えられた賛を見せびらかす養叟の態度は、琵琶を弾止《ひきさ》して、烏帚であれこれ登場人物を説明する卑賤な絵解きの芸態と酷似する、と一休は法兄を批難したのだった。以前一休が見聞した絵解きの投影であろうが、それは『義朝最期』や『曾我物語』に類するような内容だったと思われる。『三十二番職人歌合絵』や『自戒集』と相前後する頃の公卿日記や記録類にも、次に掲げるような俗人絵解きに関わる記事が見られる。それらの一部を左に掲げておくこととする。

○永享五年（一四三三）九月三日
　絵解参。未聞之間召令解。更無感気。甚比興事也。小禄扇等賜退出。（『看聞御記』）
○永享十二年（一四四〇）三月二十七日
　エトキマイル。二百文給了。（『春日若宮拝殿方諸日記』）
○同年四月一日
　エトキマイル。二百文給了。（同右）
○文明十一年（一四七九）八月十四日
　ゑときまいりてとかせらるる。御たちたふ。（『お湯殿の上の日記』）
○文明十二年（一四八〇）八月二日
　ゑときにしむきの御庭にてかたらせらる、。（同右）

○同八月三日

ゑときけふは女はうたち申さたなり。(同右)

○文明十三年(一四八一)八月二十八日

ゑときあり。(同右)

○明応六年(一四九七)八月六日

見絵説(『後法興院記』)

いずれも簡略な記述のため、財物を与えられたこと以外、絵解きの芸態や内容は何も分からないが、他の芸能者と同様、俗人絵解きたちもまた。しばしば公卿たちの邸内に出入りして、新たな文芸・芸能の担い手として活躍したのだった。

引用は扣《ひか》えるが、『実隆公記』には、絵巻類が邸内に持ち込まれて閲覧に供されたり、勧進帳作成、詞書執筆の依頼がなされたりした旨の記事が散見することも、併せて指摘しておく。

5

法然上人の登場によって、顕密諸宗における説教唱導の手段・方法も大きく様変わりしたが、それは、貴族仏教から庶民仏教へと急速に変貌を遂げ、説教唱導の大衆化が成されたことと少なからず関わっていると言えよう。

絵相は不詳だが、法然自身「摂取不捨曼荼羅」を用いて教化を行ったというが、これも一種の絵解きだったと考えてよかろう。

鎌倉時代に至ると、絵解きに供される説話画の種類も次第に多用化し、前代からの「聖徳太子伝絵」絵解きの他、浄土宗各派では「当麻曼陀羅」及び「法然上人伝絵」、浄土真宗にあっては「親鸞聖人伝絵」、そして、宗派を越えて「釈迦涅槃図」、あるいは、浄土・真宗両派を中心に、一光三尊仏の三国伝来を説いた「善光寺如来絵伝」などの絵解きが広く盛行した。この傾向は、次の室町時代へと継承されていったのである。

平経高の日記『平戸記』寛元三年（一二四五）正月二十六日条には、亡弟の十三回忌に善慧房証空の弟子道観証慧を招いて、午後四時頃から火ともし頃まで、

今日於二兼頼宿禰堂一修二亡弟遠忌一、当二十三年一、（中略）以二道観上人一啓白、其次令レ解二当麻曼陀羅一、解二曼陀羅一之間、已及二秉燭一了

の如く、「当麻曼陀羅」（**口絵2**）の絵解きを受けたとある。

また、『花園天皇宸記』中には、元亨元年（一三二一）九月二十日から二十七日までの毎日の他、元応元年（一三一九）、元亨二年（一三二二）、正中二年（一三二五）の各条にも、「曼陀羅絵解き」に関する記述が見られる。たとえば、元亨元年九月二十一日条を見ると、

中剋許本道聖人参、説二浄土曼陀羅一一時余演説

と記述されている。

次に、「法然上人伝絵」の絵解きについて些か触れておきたい。法然上人や親鸞聖人の「絵伝」は、祖師・高

僧伝絵中でも種類が多く、それぞれ巻子本（絵巻）と掛幅絵とが混在する。

法然上人入寂後二十五年の嘉禎三年（一二三七）作成の躭空『伝法絵』は、福岡県善導寺に現存する。「法然伝絵」として噶矢の本書の巻二識語を見ると、

此絵披見之人、奉レ礼二三尊之像一、其詞説明輩、読二誦大経之文一、願二身口意之行一、念二阿弥陀之名一、往生極楽之志無レ弐、勿レ疑レ之也云々

の如く、件の『伝法絵』が絵解き用に作成されたことを物語ってくれるのである。

親鸞聖人の場合も、三十三回忌の翌る《あく》永仁三年（一二九五）、曽孫の本願寺三世覚如が上下二巻の『善信上人絵』を作った旨、覚如次男従覚の『慕帰絵（覚如伝絵）』は伝えている。絵画部分のひとつには、知恩報徳のため、覚如は自ら撰述した詞書を手にしつつ、絵師の康楽寺浄賀に上下二巻の絵巻を作らせる光景が描出されている（図2）。絵巻制作の工程の一場面として甚だ貴重な資料だと言えよう。

これ以後、「親鸞伝絵」は真宗門徒の間で広く賞翫され、流布することとなったのである。

浄慧の『真宗故実伝来鈔』（明和二年（一七六五）跋）によると、

伝ト絵ト別タマフ事ハ存覚上人ノ時也、二巻ノ絵相ヲ一幅ニ画シ、（下ヲ前トシ、上ヲウシロトシテ下ヨリ上ヘカ、セラル）後二巻ヲ又一幅ニシ、伝文二巻トシ、画ニ合シテ第一段第二段ノ標目ヲ定給フ、（上八段 下七段）コレヨリ以来、拝二見絵相一聴二聞伝文一

と記されている。即ち、覚如の長男存覚の時代に、『善信上人絵』を詞書だけの『御伝鈔』（『御伝文』とも）と掛

図2　「慕帰絵」（京都・西本願寺蔵、14世紀）

図3　「清水寺仮名縁起草稿」（大阪・金剛寺蔵）

幅絵形式の「御絵伝」とに分け、後に「御伝鈔拝読」と呼ばれる絵解きを始めたというのである。

遡って、八世蓮如の言行記録『空善日記』明応五年（一四九六）年条には、

十一月報恩講の廿五日に御開山の御伝を聖人の御まへにて上様あそばされて、いろ〳〵御讃談、なか〳〵ありがたさ無二申計一候。

とあり、「御伝鈔拝読」史上、初出の貴重な文献であることが知られる。

ところで、残念ながらほとんど資料は現存しないが、近世文学作品によれば、中世末頃から、熊野信仰の教化活動に携わる熊野比丘尼と呼ばれる女性宗教家が出現、主に女性を対象に「熊野の絵」とか「地獄極楽図」と称される絵画を用いて絵解きしたことを、付記しておきたい。

また、十四世紀成立の『清水寺仮名縁起草稿』（金剛寺蔵）が残っており、それを見ると、詞書のあちこちに略図と指定の文字とが書き込まれていて（図3）、絵師への構図の注文、絵巻制作の工程が分かる珍しい資料として、紹介しておきたい。

6

絵解きのための絵画（説話画）としては、時代が下るに従って、異時同図形式の掛幅絵が絵巻よりも多用されるようになっていった。それは、一度に多数の人びとの視聴が可能な形態だったからであり、何よりも、中世における絵解きという教化宣揚の普遍化に大いに役立ったのである。

三　「道成寺縁起絵巻」に見る女の情欲

1

巡礼や遍路の道中では、時に予想だにしない出来事の生じることがある。否、旅に出ると、非日常的なアクシデントを期待する向きさえある。ここで扱う「道成寺縁起絵巻」もその一例で、熊野参詣途次の青年僧に一目惚れした人妻が、思いを遂げられず、逆恨みの挙句に大蛇と化して僧を焼き殺してしまう、という話である。

2

明治五年（一八七二）、外国人として初の京都療病院の医学教師に招聘されたオーストリア生れのヨンケル・フォン・ランゲッグは、三年六か月滞在、京都の近代化に尽力した。帰国後の明治十七年（一八八四）、故郷ウィーンで『扶桑茶話』(1)と題する一冊を出版した。日本の説話・伝説・民話を中心に多様な領域に及ぶ資料や解説が収められている中に、「安珍と清姫」なる一篇も見られる。その冒頭で、愛は死の如く激しく、嫉妬は墓の如く恐ろしい。僧安珍と娘清姫の物語りはこの格言を証明しています。この物語りが語るのは、醍醐天皇統治下の三一年目に紀伊の国で起きたことです。（傍点引用者。以下同じ）

の如く、記している。安珍は、道成寺の僧の一人とされ、毎年熊野の那智にある天台宗の寺（引用者注・青岸渡寺を指すか）に巡礼していたという。その帰途、宿を営んでいたマサゴ村の村長宅に宿泊した。そこには清姫という愛らしい姫がいた。その後、娘は魅力的な女に成長、いつしかお互いの気持が求め合うようになった。安珍は罪深い愛と闘った。娘が破壊的な情熱を煽らせたので、安珍は逃げる、という。ヨンケルは、この娘について、

愛を知り、男を意識し、夢中になり、その愛をはねつけられ、突然激情をかき立てられた女に変わりました。愛し、恨み、情欲し、死ぬほど憎みました。恥をかかされた清姫は、安珍を我が物にしようとしました。

と記している。この後の話の展開は、「道成寺縁起絵巻」と大いに異なるが、例えば、話末は、道成寺の鐘の中に隠れた安珍を、大蛇となった清姫が呪いの言葉を吐きながら自らの復讐に酔って歓声を上げつつ、自身も溶けた鐘の中に呑み込まれていった、とある。様々な道成寺譚だけでなく、仏典や先行文献、伝説をも取り込んで構成されているが、近代初期来日の外国人の眼にも、女の心情の変化は強烈な印象を与えたようである。

3

「道成寺縁起絵巻」は、所謂縁起らしからぬ縁起の絵巻である。本来の道成寺縁起譚を求めるならば、謡曲

「鐘巻」のシテの昔語りが、現存最古のそれだと言えよう。即ち、海士の娘が、海底で光る物を取り上げると、それは観音像だった。この像を家に持ち帰って信心すると、娘は光り輝くばかりの美女となり、その噂を聞いた天皇に召されて后となった。この折の勅使が橘道成なる人物で、寺名は「道成」から付けられた、というのである。

これは、紀州徳川家から奉納された、文政四年（一八二一）塩路鶴堂描く絵巻二巻「道成寺宮子姫伝記」として、現在道成寺に伝わっている。主人公は、書名に見る如く、光明皇后の母である藤原宮子とされる。観音の御利生で七尺にも余る美しい黒髪の持ち主となった宮子は、髪長姫と呼ばれるようになり、その髪が遠く都まで飛んで行ったことで、雲井に迎えられることになった、と伝える。

今日謡曲「鐘巻」は、五流とも廃曲となり、わずかに山形県東田川郡櫛引町の黒川能下座で演じられているに過ぎないが、髪長姫の話は「鐘巻」成立以前から存在していたと考えられている。にもかかわらず、道成寺創草譚としては世に広められなかった。謡曲「道成寺」や、長唄「京鹿子娘道成寺」に代表されるような、近世の各種道成寺物の舞踊その他に描かれた、鐘にまつわる縁起譚を弘通しようと、道成寺周辺は考えたようである。

4

夙く『今昔物語集』には、女人と蛇をめぐる説話が幾つか掲載されており、また、藤原宗忠の『中右記』天仁二年（一一〇九）十月二十四日条に、長年来の熊野参詣の宿願をめざす宗忠一行は、早暁熊野参詣道のひとつ、中辺路の牟婁郡柚多和（現湯多和）大坂で、「此暁坂中有二丈《（大カ）》樹形懸一、伝昔女人化成云々」のような光景に出くわした。昔蛇に化した女の姿を形取ったものだというのである。古代以来、熊野参詣道の路辺には、こうした

「女人化蛇」の話が幾つも存在したのであろう。(2)
因みに、十一世紀半ばに成立の鎮源『本朝法華験記』巻下第百二十九話「紀伊国牟妻郡悪女」のあらましは、左記の通りである。

熊野参詣を志す老若二人の僧は、紀伊国牟妻郡の路傍の寡婦《やもめ》の家に一夜の宿を借りる。その夜半、寡婦は若い僧の元にやってきて、「見始めし時より、交り臥さむの志あ」って、「その本意を遂げむがために、進み来るところなり」とその胸中を訴え、一晩中若い僧を抱きしめる。やむなく若い僧は、熊野参詣の後、寡婦の思い通りになろう、とその場を言い逃れる。ところが、約束の日数を経ても、一向に戻って来ない僧を不審に思った寡婦は、熊野下向の僧の話から若い僧が裏切ったことを知り、自分の部屋に籠ってしまった。間もなく五尋《いつひろ》の大毒蛇に身を変えて、件の僧を追いかけ、道成寺の釣鐘の中に身を隠した僧を鐘ごと焼き殺してしまう。後に僧と寡婦は、ともに道成寺の老僧の夢中に現れ、『法華経』の書写供養を依頼する。供養の後、二人はそれぞれ兜率天と忉利天の浄土に生まれ変わった。

田中貴子氏の言われるように、本話も「数ある熊野参詣道沿いの伝承の一つにすぎな(3)」いのかも知れない。しかし、ここには既に道成寺の鐘にまつわる話型が認められ、寺僧の夢も描かれており、「道成寺縁起絵巻」に先行する説話だと考えることも出来よう。
老若二僧が牟妻郡の寡婦《やもめ》の家に一夜の宿を借りると、夜になって寡婦は情交を求めて若い僧を一晩中抱きしめるとある。『日葡辞書』を繙くと、Yamome または Yamame は、「寡夫・寡婦」とあるから、右の『本朝法華験記』の女は、孤閨をかこつ未亡人だと見られる。若い僧に色情を持ったとしても、現在ではあながちおかしいことではなかろう。当時にあっては、実に由々しきことだった。ゆえに編者は、この寡婦を「悪女」だと認識したのだ。

因みに、『古今著聞集』巻十六・興言利口第二十五「ある僧一生不犯の尼に恋着し、女と偽りてその尼に仕へて思ひを遂ぐる事」は、甚だ興味深い説話である。物詣での女盛りの尼を見初めたある僧は、尼僧のふりをしてこの一生不犯の尼に仕え、待つこと三年、正月の別時念仏の夜、草臥れ果てて眠る尼を前に思いを遂げた。途中で眼を覚ました尼は持仏堂へ駆け込んだ。戻ってきた尼は自ら僧を求めた。事が終ってから、持仏堂へ一目散に走って行ったわけを尋ねると、「その事なり。これほどによき事をいかがはわればかりにてはあるべき。上分、仏に参らせんとて、かねうちならしに参りたりつるぞ」と、情交の歓びを伝えたのだと答えた。古来、修行者が女人を遠ざけ、僧尼が一生不犯の誓いを立てたのも、諾《うべな》うことではある。

小峯和明氏は、『新猿楽記』「第一ノ本ッ妻」の、

　嫉妬ノ瞼如二毒蛇之繞乱《シマケルガ》一。忿怒ノ面似二悪鬼ノ睚《ニラメルニ》一。恋慕之涙洗二面上ノ粉一。愁嘆之炎焦二肝中ノ朱一。（中略）而猶愛二著露命一。乍レ生作二大毒蛇之身一。

は、『本朝法華験記』の話を意識した表現だとされるが、(4) まさにかかる道成寺譚が既に平安末期世に広く喧伝されていたことを物語っているのである。

『今昔物語集』巻十四第三「紀伊国道成寺僧、写法華救蛇語」は、前述の『本朝法華験記』の漢文を仮名交り文としたものであるが、タイトルは蛇道に堕ちた二人の救済に重点を置いた形をとっている。また、『今昔物語集』独自の表現も見られる。例えば、約束の日が過ぎても下向せぬ二人の僧が、実は既に別のルートをとって逃げ去ったと知り、

大ニ瞋《いかり》テ、家ニ返《かへり》テ、寝屋《ねや》ニ籠《こもり》居《ゐ》ヌ。音セズシテ暫ク有テ、即チ死《しに》ヌ。家ノ従女《とものをむな》等此レヲ見テ泣キ悲ム程ニ、五尋許《いつひろばかり》ノ毒蛇、忽《たちまち》ニ寝屋ヨリ出ヌ。

と。女は寝屋に籠もって死に、暫くして五尋の毒蛇に転生し、伴の女たちは泣き悲しんだという。道成寺に逃げ込んで助けを求めた老若二僧については、

寺ノ僧共集《あつま》テ此ノ事ヲ議シテ、鐘ヲ取下《とりおろ》シテ、此ノ若キ僧ヲ鐘ノ中ニ籠メ居《す》ヘテ、寺ノ内ヲ閉《とぢ》ツ。老タル僧ハ寺ノ僧ニ具シテ隠レヌ。

と述べている。毒蛇に鐘もろともに焼き殺された若い僧の「骸骨尚《なほ》シ不残《のこら》ズ。纔《わづか》ニ灰許《ばか》リ有」ったのを「老僧此レヲ見テ、泣キ悲ムデ返ヌ」と、連れの老僧をして、この事件の一部始終を見届ける人物たらしめている。

5

中世の道成寺譚で忘れてならないのは、鎌倉末期の虎関師錬『元亨釈書』巻十九・霊恠六「安珍」であろう。左にその全文を掲げる。

釈安珍。居㆓鞍馬寺㆒。与㆓一比丘㆒ヲ詣㆓熊野山㆒。至㆓牟婁郡㆒。宿㆓村舎㆒。舎主寡婦也。出㆓両三婢㆒鎬《ネキラフ》㆓二比丘㆒。珍有㆓姿児㆒。中夜ニ主婦潜至㆓珍所㆒カ通㆓心緒㆒。初二比丘。怪㆓慰労之密㆒。至㆑此始覚。珍曰。我是緇

服。豈閨閤之徒乎。寡居余情。溢二于非類一。又可レ恥也。婦人大恨。傍《ソフテ》レ珍不レ離。珍不レ得レ已。軟諭曰。我自二遠地一赴二熊野一。宿志畜来久。神甚嫌二淫穢一。者回《コノタヒ》不可。帰途《ニ》必来《ン》。婦主姑《シハラク》待《テ》レ之。女喜而帰。暁更。珍早前《テ》レ路《ニ》。著二神祠《ニ》一即便反。経二婦家一而不レ入。急奔過。主婦数二帰程一。儲二供膳一。傍レ門伺レ路。過レ期不レ至。適一僧過。主婦問曰。二比丘某《ノ》物色。熊野及《ヨリ》レ途。有二相見一乎。対曰。如二婦言一。二比丘我親見。而其沙門去レ此恐二日前也耳。婦聞大怨瞋。乃入レ室不レ出。経レ宿為レ蛇。長二丈余。出レ宅赴レ途。奔馳而過。路人噪亡《サワキニク》。相語曰。如レ此大蛇。何為取レ路。人人相伝至二珍所一。珍思二女化《ルコトヲ》一。急馳入二一寺一。寺名二道成一。告レ衆乞レ救。衆胥《アイ》議《シテ》。下《ヲロシテ》二大鐘一。置二一堂一。納《イル》二珍《ヲ》鐘《ノ》裏《ニ》一。堅閉二堂戸一。已而大蛇入レ寺。血目焰口。甚可二怖畏一。衆僧走散。蛇赴レ堂。戸不レ闢。便以レ尾撃レ戸。声如二鉄石一。戸漸砕。蛇入レ堂。応レ時四戸皆開。蛇乃蟠二囲鐘一。挙レ尾敲レ鐘。火焰迸散。寺衆集看。無二争奈何一。移レ時蛇去。寺衆倒レ鐘見レ中。不レ見レ珍。又無レ骨。只灰塵而已。其鐘尚熱。不レ可レ触也。数夕《アテ》。一耆宿夢。二蛇来レ前。一蛇曰。我是前日鐘中比丘也。一蛇婦《ハ》也。我為二淫婦一害。已為二其夫一。悪趣《ノ》苦報。不レ易二救脱一。而我先身持二妙法華一。未三久遭二此悪事一。微縁不レ虚。尚為二拯因一。願《ハ》為レ我写《キ》二寿量品《ヲ》一。我等二蛇。定出《テン》二苦道一。我等来レ寺。願垂二哀愍《ヲ》一。覚後大憐。乃書二寿量品一。又捨二衣資一。修二無遮会一。薦三二蛇一。其夜耆宿又夢。一僧一女合掌《シテ》告白。我等因二師慈恵一。僧生二兜率一。女生二忉利一。語已《テ》上レ天。

これもまた、基本的には『本朝法華験記』の説話と同様な内容を有している。年若い僧は、鞍馬寺の安珍と称する旨記されている。本書に至って初めて僧の名が明記されるが、女は相変わらず寡婦とのみ記されているだけである。清姫という名前は、江戸中期の寛保二年（一七四二）初演になる、浅田一鳥・並木宗輔作の浄瑠璃「道成寺現在蛇鱗《げんざいうろこ》」まで待たねばならないことを、明記しておく。

6

成立年代は判然としないが、やがて「道成寺縁起絵巻」上下二巻が登場してくる。(5) 本書には、『本朝法華験記』や『今昔物語集』などでは言及されていない、女人の少しずつ毒蛇に変化する姿が、詞章と絵画の両面から十分詳細に描写されていることを指摘しておきたい。

加えて、前記田中貴子氏の言われるように、先行文献が、熊野参詣道の路辺で伝承伝播されてきた話柄であったかどうかは暫く措くとしても、「道成寺縁起絵巻」(以下「縁起絵巻」と略称)の成立を以て、鐘にまつわる道成寺譚が出来上がったのである。内容は一般的に流布する数多の寺社縁起類とは似ても似つかないものであるが、〝道成寺〟という特定の寺院に関わる「縁起絵巻」の登場となった。即ち、仏教寺院としての教宣はもとより、熊野参詣道の沿道に散在する在地伝承を巧みに取り込み、道成寺独自の縁起にすべく様々な工夫を凝らし、先行する文学・芸能・絵画等々の手法を上手く利用するなど、種々様々な要素がここに結集している。後に清姫と呼ばれるようになる人妻、そして、その人妻に魅入られることとなった年若い僧(安珍)の内部で蠢く、情交にまつわる人間の業《ごう》・性《さが》、さらには、凄惨な死を描くとともに、救済手段として、庶民階層にまで滲透した熊野信仰(熊野権現)と、地蔵信仰と相俟って庶民の間に広まっていた観音信仰(道成寺の本尊は千手観音)とを結び合わせた物語が、ここに出来上がったのであった。

7

次に、「縁起絵巻」のあらましを左に掲げておく。

醍醐天皇の延長六年（九二八）八月、奥州から熊野参詣にやって来た老若二人の僧の一夜の宿を提供した牟婁郡真砂《まなご》（現和歌山県田辺市中辺路町）の清次庄司の娶《よめ》は、若い見目よき僧を恋して言い寄った。そこで若い僧は、熊野詣での帰路必ず女の仰せに従うとその場を取り繕ったが、女を避けて下向する。この事実を知った女は、二人の僧を追いかけ、道成寺の近くを流れる日高川を渡る時、大蛇と変じた。（上巻）

二人の僧は道成寺に逃げ込んで助けを求めた。若い僧は釣鐘の中に隠れるが、後を追ってきた大蛇は、鐘に巻き付き、龍頭を銜《くわ》えて火炎を吐き、尾で叩くこと三時（六時間）余り、鐘もろともこの若い僧を焼き殺した。後日、寺僧の夢に二匹の蛇が現われ、若い僧は女と同様蛇と化して今は夫婦となったので、供養をして欲しいと頼む。やがて、『法華経』の供養でそれぞれ兜率と忉利の浄土に生まれ変わった。（下巻）

このように、「縁起絵巻」の登場で、初めて僧の出身地や人妻の出自が特定され、道成寺を舞台とした物語の体裁が整ったのである。

ところで、「縁起絵巻」の冒頭の一節に、「自奥州見目能《みめよき》僧之浄衣着《きたる》か熊野参詣するありけり。紀伊国室の郡真砂と云所に宿あり」[6]と、あたかも清次庄司の家に泊ったのは、年若い僧ひとりの如くに詞章では記述されているが、清次の妻が熊野参詣道に出て、往来する旅人たちに件の僧の行方を尋ねる画面（図1）には、「なふ、先達

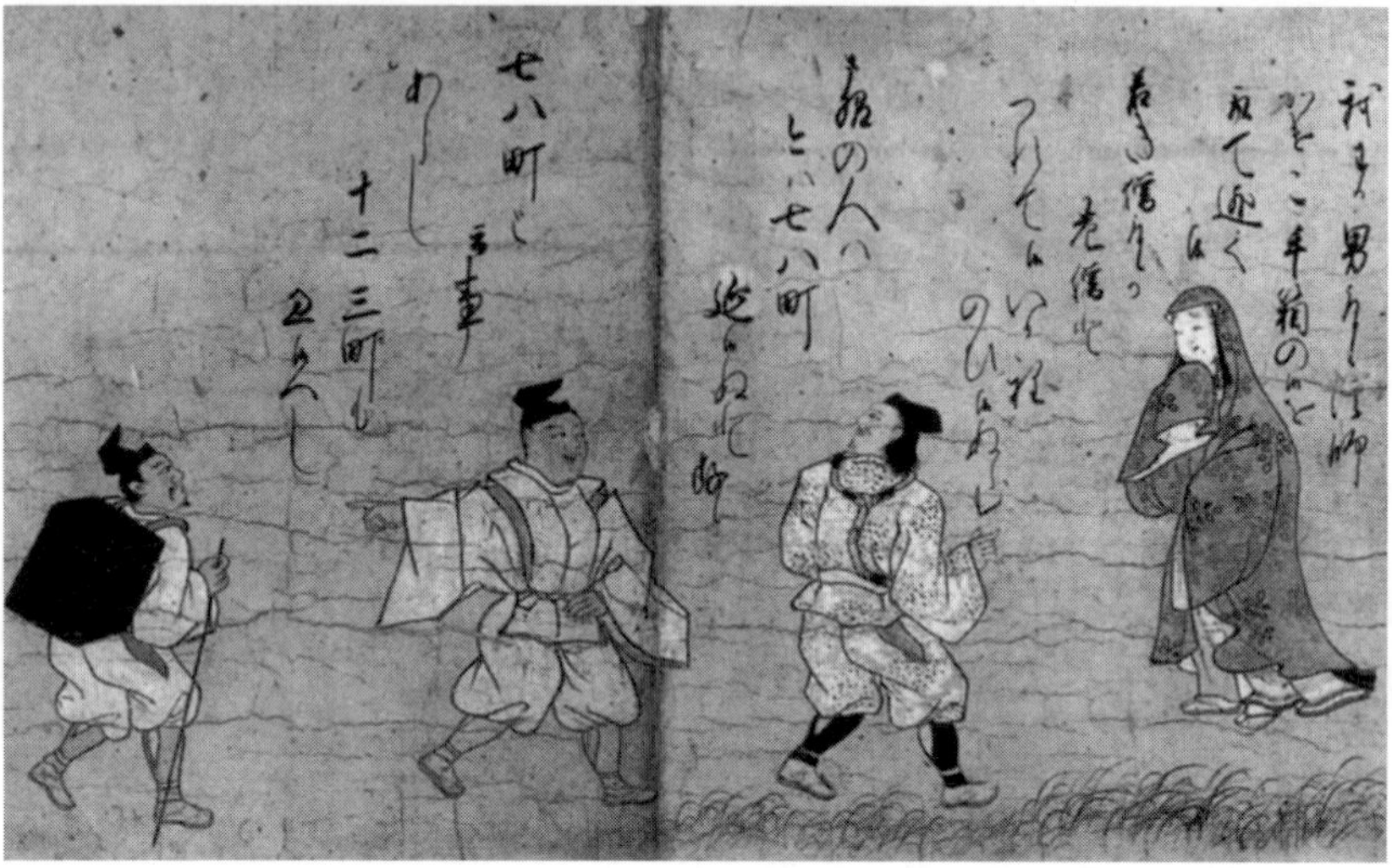

図1

の御房に申し候ふ。我《わら》わが男にて候ふ法師、かけご手箱の候ふを取りて逃げて候ふ。若き僧にて候ふが、老僧とつれて候ふ。いか程のび候ひぬらむ」と、会話の画中詞があり、『本朝法華験記』中の記述と同様、同行の老僧の存在が語られている。

　前後するが、「縁起絵巻」の冒頭では、先行文献には見られなかった歳月の設定をはじめ、件の僧が奥州出身であること、女の住まいを牟妻郡真砂とすること、さらに、女が清次庄司の妻であることが、新たに付加された。なかでも、若い僧が見目よき僧（美男の僧）と書かれている点に注目しておきたい。女は、『本朝法華験記』以下、『今昔物語集』『元亨釈書』といずれも未亡人とするが、「縁起絵巻」中では夫ある人妻が、他でもない若い僧の容貌に魅せられて懸想したのも、前世からの因縁だと迫る。即ち、当該個所は、次の通りである。

彼の僧に志を尽くし痛みけり。何の故と云ふ事を、怪しきまでにこそ覚えけれ。然るに、件《くだん》の女房、夜半ばかりに彼の僧のもとへ行きて、絹を打ち懸け副《そ》ひ伏して云ふ様、「わらわが家には昔より旅人など泊まらず。今宵、かくて渡らせ給ふ、少縁の事にあらず。誠、一樹の影一河の流れ、皆先世《せんせ》の契《ちぎ》りとこそ承り候へ。御事《おこと》を見参らせ候ふより御志浅からず、何かは苦しく候ふべき。只かくて渡らせ給ひ候へかし」と、強《あながち》に語らひければ、

一方、人妻から言い寄られた若い僧は、思いも寄らず、

僧、大いに驚き起き直り申す。「年月の宿願在りて持戒精進《ぢかいしやうじん》して、白雲万里の路《みち》を分け蒼海漫々の浪を凌ぎて、権現の霊社に参詣の志を運ぶ。争《いかで》かこの大願を破るべき」とて、更に承引の気色なし。

と、熊野参詣の宿願を破ることは出来ないと拒むが、人妻の激しい恨みに堪えられず、「この願ひ、今二三日計《ばかり》なり。難無く参詣を遂げ、宝幣を奉り、下向の時、いかにも仰せに随ふ」と一時凌ぎの言い逃れをして、熊野へと向かった。僧籍に身を委ね、長年の大願成就を前にすれば、誰しもこの若い僧のような言動を選ぶに相違ない。

さて、熊野参詣道のひとつ、中辺路の鮎川王子から約五・四キロメートルの地点に、清姫生誕の地といわれる真砂の里がある。ここから程なく、熊野の御山の入口と称された滝尻王子を経て、本宮大社までおよそ四十キロメートルある。仮りに一時間の行程を四キロと計算して十時間、しかも、起伏に富んだ嶮《けわ》しい山道である。本宮大社へ詣でた後、新宮の速玉大社、那智大社へと次々に奉幣、再び本宮大社へ戻り、真砂の里へ帰ってきたとすれば、若い僧の言葉通り、二、三日の行程となるであろうか。女に「下向後はあなたの仰せ通りにしましょう」とは言ったものの、往復の道程《みちのり》、若い僧の心中は千千に乱れたであろう。結果的に、二人の僧は、女ではなく、信心の方を選んだ。女の気持はと言えば、もはや若い僧のこと以外眼中にないので、この僧の言葉を信じて「日

数を算《かぞ》へて種々の物を貯へて待」った。種々の物とは、食物は言うまでもなく、僧の着替えなども含まれよう。

再度冒頭の詞章部分を覗いてみる。万端整え、下向予定の日も暮れたので、熊野参詣道に出て行き交う人々に「浄衣くら懸《(ママ)》けて候ふ若き僧と、墨染め着たる老僧と、二人連れて下向するや候ひつる」と尋ねたところ、熊野へ登る先達が「左様めかしき人は、遙かに延び候ひぬらん（疾《と》うに下向しましたよ）」と教えてくれた言葉が終るか終らないうちに、女は騙されたと知る。

「偖《さて》は我を賺《すか》しにけり」と追ひて行く。「設《たと》へ雲の終はり、霞の際までも、玉の緒の絶えざらむ限りは、尋ねむ物を」とて、麒麟《きりん》、鳳凰等の如く、走り飛び行きけり。

の如く、女の怒りの凄まじさがリアルに表現されている。女、しかも人妻にある身で、「好きだ」とか「愛している」などと己れの恋情を口にすることなど許されるはずもない時代である。これに続く、同じく熊野参詣道の場面の画中詞（**図2**）にあっても、

「能き程の事にこそ、恥の事も思はるれ。此の法師めを追ひ取らざらん限りは、履き物も失せふ方へ失せよ」とて、走り候。「女房は御覧じ候か」「あな〱恐しや。未だ此の法師は、か丶る人を見候はず、〱」「あな〱口惜しや。一度でもわれ此の法師めを取り詰めざらん限りは、心は行くまじきものを。能き程の時こそ、恥も何も悲しけれ。裏なしも、表なしも、失せふ方へ失せよ」

と、旅人たちに尋ね、騙されたことが分かるや、恋慕の情から激怒に変じた模様が、画像と画中詞を以て表現さ

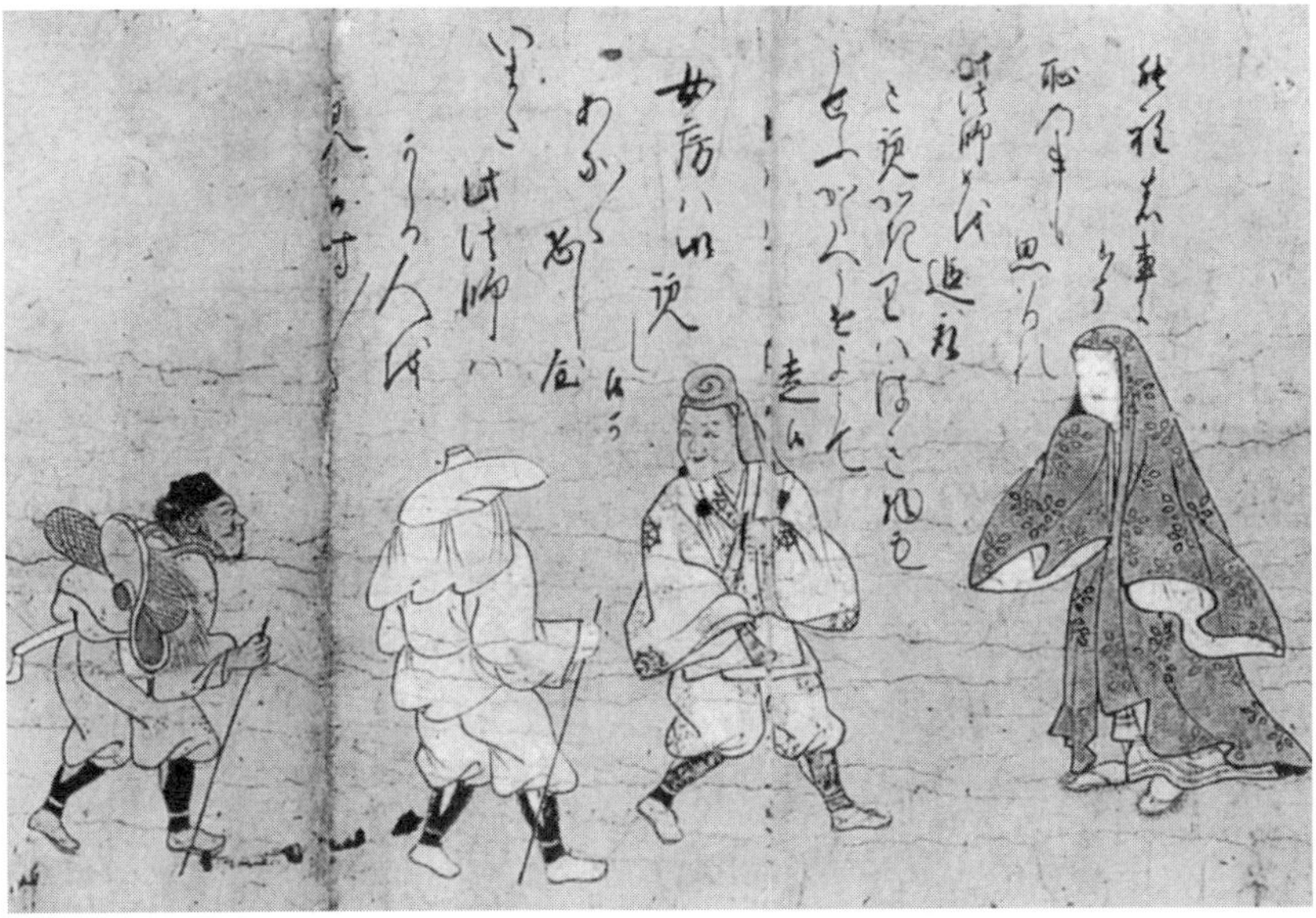

図2

図3

れている。女の姿は、旅人たちの眼に恐怖として映じた。草履を脱いで走る姿に、

「こゝなる女房の気色、御覧候へ」「誠にも、あな〳〵恐ろしの気色や」「人の逢ひたらんに、恥づかしさは如何に」「実《げ》にも、苦しかるまじくば、旅もせよかし」「道にては苦しからぬ物にて候へば、福田養はせ給へ」「絹貼脛《きぬばりはぎ》の憎さは、ともすれば括《くく》りが解けて、たまらばこそあらめ」

と綴られている（図3）。

切目五体王子付近で僧に追い付いた女は、「や、、あの御房に申すべき事あり。見参したる様に覚え候。如何に〳〵。止《とど》まれ〳〵」と叫ぶ。場面は次に転じて、由良《ゆら》の港を見おろす上野まで逃げてきた僧が「努々《ゆめゆめ》さる事覚え候はず。人違《たが》へにぞ。斯くは受け給ひ候はん」と言い逃れをすると、女は「己れはどこ〳〵までやるまじき物を」と叫んで、火炎を吐き、何もかも投げ捨てて一目散に逃げて行く僧に襲いかからんばかりの瞋恚《しんに》の形相を描き出している。火炎はまるで蛇の舌のようである（図4）。この場面の詞章は、

「南無金剛童子、助けさせ給へ。あな恐ろしの面礫《つらつぶて》や。本より悪縁と思ひしが、今かかる憂き目を見る事よ。笈《おい》も笠も此の身にあらそや、惜しからめ。失せふ方へ失せよ」

欲レ知二過去因一　見二其現在果一

欲レ知二未来果一　見二其現在因一

「先世に如何なる悪業を作《な》して、今生にかかる縁に報ゆらん。南無観世音、此の世も後の世も、助け給へ」

図4

図5

とある。僧にとって、この人妻の執心は悪縁以外の何物でもなかった、と解されている。女は首から上が蛇と化して、腿も露わな格好となり、さらに僧を追いかける。

続く場面では、塩屋が登場する。切目から塩屋へのコースは、熊野参詣道の復路である（道成寺から塩屋までおよそ三キロメートル）。「縁起絵巻」は、ここで会話中心の詞章から一転して、説明的な詞章へと変わる。

さらに場面は転じて、完全に大毒蛇となった女が、日高川を泳ぎ渡る様子を描く（**図5**）。それに続く上巻末尾の詞章には、「これを見む人は、男も女もねたむ心を振り捨て、慈悲の思ひを成さば、仏神の恵みあるべし」と、「縁起絵巻」を実見する人びとに対して、嫉妬心をかなぐり捨てるならば、必ずや仏神の加護があることを、少々説教口調で説いている。ここにも、道成寺側の意図が見え隠れしていることを、指摘しておきたい。

8

ところで、下巻冒頭詞章中の、

> 日高郡道成寺と云ふ寺は、文武天皇の勅願、紀大臣道成《みちなり》公奉行して建立せられ、吾が朝の始めて出現の千手千眼大聖観世音菩薩の霊場なり。

は、きわめて簡単であるものの、前述の「宮子姫髪長譚」に通ずる、本来の道成寺にまつわる縁起由来の片鱗を覗かせる。しかし、詞章は再び若い僧と悪女たる人妻との因縁譚に戻っている。

上巻と同じく、冒頭は長文の詞章があり、結末に至るまでのストーリーが述べられている。これに続いて、道

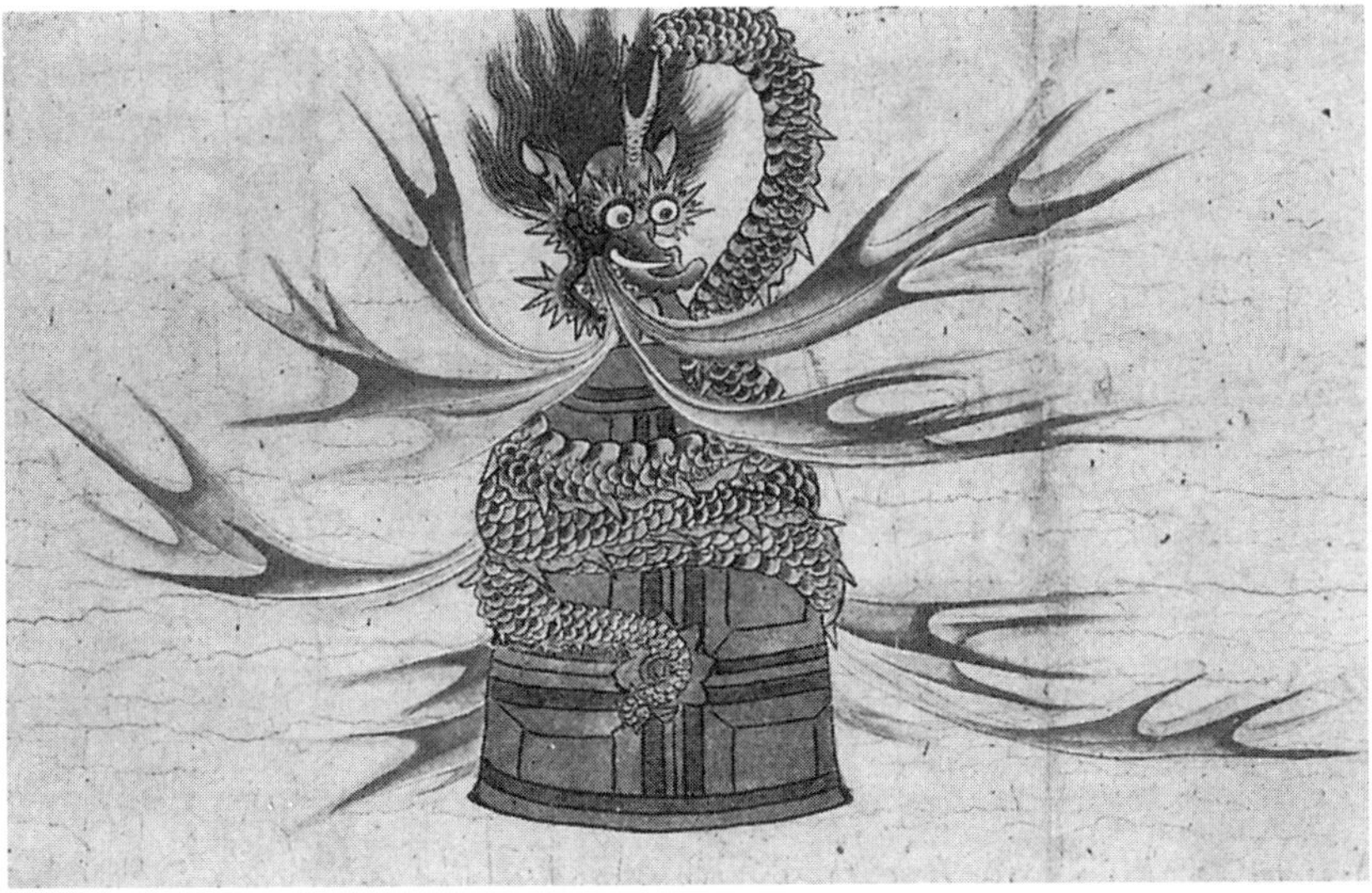

図6

成寺の境内を描いた場面が描かれるが、あるいは、この辺に錯簡があるのだろうか。右の縁起由来と悪女譚との間に道成寺境内図を挿入した方が、原形に近いような気がしてならないのだが。

前記詞章に続いて、その詞章と呼応する絵画場面が次々と展開するが、画中詞はいずれも会話から成り立っている。何と言っても下巻のクライマックスは、日高川を渡りきった大毒蛇が、道成寺の境内に入ってきて、若い僧の隠れた鐘を三巻き半して龍頭を啣《くわ》え、鐘ごと焼き尽くす場面である（**図6**）。そこには説明文も画中詞もない。

前後するが、下巻冒頭の詞章の終りは、次のような文章で結ばれている。

> 此の事を倩《つらつら》私《ひそか》に案ずるに、女人の習ひ、高きも賤しきも、妬心を離れたるはなし。古今の例《ためし》、申し尽くすべきにあらず。されば、経の中にも「女人地獄使　能断㆓仏種子㆒　外面似㆓菩薩㆒　内心如㆓夜叉㆒」と説かる、心は、女は地獄の使ひなり。能く仏に成

る事を留め、上には菩薩の如くして、内の心は鬼の様なるべし。然れ共、忽ちに蛇身を現ずる事は世に例なくこそ聞こえけれ。又、立ち返り思へば、彼女も只人にはあらず。念の深ければか丶るぞと云ふ事を、悪世乱末の人に思ひ知らせむために、権現と観音と方便の御志、深き物なり。且《か》つは、釈迦如来の出世し給ひしも、偏《ひとえ》に此の経の故なれば、万の人に信を取らせむ御方便貴ければ、憚りながら書き留むる物なり。開き御覧の人々は、必ず熊野権現の御恵みに与《あづか》るべき物なり。又、念仏十返、観音名号《みようごう》三十三返、申さるべし。

「女人地獄使　能断仏種子　外面似菩薩　内心如夜叉」の偈文は、広本系『華厳経』からの引用になり、女の悪心が外部に出た時は、鬼のような外見になるのだと強調する。女の瞋恚・嫉妬という悪業をいやが上にも描いてきたのは、その戒めを力説することによって、道成寺に参詣者の足を向けさせようとする意図があったものと思われる。

『本朝法華験記』以下、ヒロインを寡婦もしくは人妻とし、その女人がこともあろうに仏に仕える若い僧に懸想し、情交を執拗に強要し、僧に拒絶され、賺《すか》されたと分かると、瞋恚や嫉妬の鬼と化した。その心中の想いを外に向かって表したのが、大毒蛇の姿であった。

古来、五障三従の身であるべきだとされる女人が、異性として僧を対象とするということ自体、あられもない重罪であると考えられた。そこで、女人を教化宣揚すべく、「道成寺縁起絵巻」は作成されたと解せられるのである。この「縁起絵巻」が作られる時点まで、中世における庶民信仰のメッカたる熊野の参詣道からわずか三キロメートル外れた道成寺にわざわざ足を運ぶ巡礼者は少なかったに違いない。参詣者獲得・寺院経済確立が火急の要でもあり、そこで考え出されたのが、道成寺の観音と熊野権現とを結び付けた、悪女救済の異例な「縁起絵巻」の作成だった。

今でも、善爺善婆（?）を前に、寺僧らによってこの「縁起絵巻」の絵解きがなされている。

〔注〕

（1）奥沢康正訳『外国人《がいこくじん》のみたお伽《とぎ》ばなし―京のお雇い医師ヨンケルの『扶桑茶話』―』（思文閣出版、一九九三）。

（2）田中貴子「再生する物語―『道成寺縁起絵巻』の魅力」（『あやかし考―不思議の中世へ』所収、平凡社、二〇〇四）。

（3）注（2）に同じ。

（4）小峯和明「中世説話文学と絵解き」（一冊の講座『絵解き』所収、有精堂、一九八五）。

（5）下巻末に別紙で足利義昭の花押と、その由来がある。由来を左に引いておく。

右、此の御判は、御公方《くぼう》様、天正元年十二月日、興国寺に望み、御座を移さる節、此の縁起を御所望為《た》るの間、即ち御目に懸くるに、御感斜めならず。「日本無双の縁起為るべし。時代迥《はる》かに此の歓見不思儀なり」と。末代の御禄を仰せ出だされ、御判を印さる。時に、別当永叶《えいきょう》、御盃に御太刀一腰御馬一疋を相添へ、下し給ひ候のみ。

足利義昭が興国寺で閲覧した天正元年（一五七三）より以前の成立であることは、動かない事実である。

（6）以下、引用にあたっては、読者の便を考えて原文にはない送り仮名やふり仮名等を付したことをお断りしておく。

Ⅱ 熊野信仰

その教化と参詣

林　雅彦

一　熊野比丘尼と絵解き

1

かつて、熊野比丘尼と称された女性宗教家が、熊野権現の慈悲を説くべく、地獄や極楽の描かれた絵画を絵解きして、全国各地を巡り歩いた。その説教の様子は、雑俳集『広言海』に収められた一句、

あどを打絵とき地獄を見た様に

の如き語り口であったろうと思われる。

俗人の絵解きが零落した底辺で生きねばならない芸能者だったことは、室町期に成立した『三十二番職人歌合』絵巻に、「いやしき身しなおなじきもの」として、千秋万歳法師と対の形で描かれているところから、容易に理解出来よう。伝道絵解きのひとりたる熊野比丘尼の境涯もまた、同様であった。職掌がら、勧進比丘尼と呼ばれ、絵解き比丘尼とも後に唄比丘尼とも呼ばれた彼女たちは、熊野・伊勢に詣でた後、諸国を巡り歩いては熊

野牛王や護符類を配札、籾集めをする折々、物語をしたり絵解きしたり、あるいは簓《ささら》を摺りつつ歌を歌ったり、庶民を対象に熊野信仰の教化宣揚を日々の業《なりわい》とするのだった。

こうした勧進活動を通して、「蟻の熊野詣《もうで》」「蟻のとわたり」といった語彙が生ずる程、貴賤上下の区別なく、人々は競って熊野参詣に赴いた。しかし、得意とする絵解きをはじめ、熊野比丘尼の勧進活動を記した中世資料はほとんどと言ってよい程、存在しないのである。幸いにも、近世の資料を繙くことで、中世末期から近世初期の熊野比丘尼の絵解きの光景を知ることが出来るばかりか、後に遊芸や春を販ぐ業へと零落していく姿をも垣間見ることが可能である。

2

「熊野観心十界曼荼羅」（地獄絵）の絵解きを描いた初期の文献のひとつに、慶安（一六四八〜五二）頃に刊行された三浦為春『犬俤』の、

　地獄の事も目の前にあり
　うつしゑを熊野比丘尼はひろけ置て

がある。連歌（連句）形式という制約にもかかわらず、後述する山東京伝の『近世奇跡考』に掲げる挿図を連想させるような、絵巻の絵解き風景が端的に表現されていて、妙である。

浅井了意『東海道名所記』（万治二年（一六五九）四月以後成立）巻二には、挿図を添えて、

いつの比《ころ》か比丘尼の、伊勢熊野に詣《まう》でて行《ぎやう》をつとめしに、その弟子《でし》みな伊勢熊野に参《まゐ》る。この故に、熊野比丘尼と名づく。其中に声よく哥をうたひける尼《あま》のありて、うたふて勧進《くはんじん》しけり。その弟子また哥をうたひけり。又熊野の絵《ゑ》と名づけて、地獄極楽《ぢごくごくらく》すべて六道の有様《あり》を絵に画《か》きて、絵《ゑ》ときをいたし、奥深《おくふか》くおはします女房達は、寺詣《まう》で談議《だんぎ》なんども聴《き》く事なければ、渡世を知《し》らぬ人のために、比丘尼は許《ゆる》されて仏法《ぶつぽう》をもすすめたりける也。

（傍点引用者・以下同じ）

の如く記されている。熊野比丘尼が仏法弘通に用いた絵画は、「熊野の絵」と名付けられ、「地獄極楽すべて六道の有様」を描いたもので、声よき比丘尼は歌を歌って勧進したという。また、『御湯殿の上の日記』文明十二年（一四八〇）八月三日条の「ゑときけふは女はうたち申さたなり」など、文明年間の記事と同じく、許されて御殿の奥深く伺候し、女房たちに絵解きして仏法を勧めた旨の記述も見られる。しかるに、この『東海道名所記』が書かれた万治年間頃には、

いつの間にか唱《とな》へ失《うしな》ふて、熊野《くまの》伊勢には参《まゐ》れども、行《ぎやう》をもせず、戒《かい》をやぶり、絵《ゑ》ときをも知らず、哥を肝要《かんよう》とす。緑《みどり》の眉《まゆ》ほそく、薄化粧《うすげしやう》し、歯《は》は雪よりも白《しろ》く、手足《あし》に胭脂《べに》をさし、紋《もん》をこそつけねど、たんがら染せんさい茶《ぢや》、黄《き》がら茶《ちや》うこん染、黒茶《くろちや》染に白裏《うら》ふかせ、黒《くろ》き帯《をび》に腰《こし》をかけ、裾《すそ》けたれて長《なが》く、黒《くろ》き帽子《ぼうし》にて頭《かしら》を味《あぢ》に包《つつ》みたれば、その行状《なりふり》はお山風《ふう》になり、ひたすら傾城白拍子《けいせいしらびやうし》になりたり。「持戒《ぢかい》の比丘尼《びくに》を犯《をか》すものは、その科《とが》五逆罪《ぎやくざい》の内なり」と経には説《と》かれたるに、比丘尼の方より、つきつけの切売《きりうり》をいたし侍ることの悲《かな》しさよ。（中略）今の熊野比丘尼《くまのびくに》は、勧進《くわんじん》のために許《ゆる》しうたはせし哥も、国風鄭風《こくふうていふう》にうつりて、みな男《をとこ》をかたらふなかだちとなれり。

（『東海道名所記』巻二）

と、既に熊野比丘尼本来の絵解きは廃れ、歌念仏や流行り歌を口にし、あるいは、売色を業とする者も出てきたのである。変貌した彼女たちは歌比丘尼とか浮世比丘尼・売比丘尼と呼ばれ、歌と売色に明け暮れする姿が文献にしばしば登場してくる。

例えば、元禄三年（一六九〇）刊『人倫訓蒙図彙』「哥比丘尼」項を繙くと、挿図とともに、

もとは清浄の立流《たてよ》にて熊野を信じて諸方に勧進しけるが、いつしか衣《ころも》をりやくし、歯をみがき、頭をしさいにつゝみて小哥を便に色をうるなり。功齢《かうれう》歴たるをば御寮《おりやう》と号し、夫に山伏を持、女童の弟子あまたとりてしたつる也。都鄙に有。都は建仁寺町薬師の図子《づし》に侍る。皆是末世の誤なり。

のような一文を載せている。比丘尼は山伏、即ち、熊野御師を夫に持ち、女童を弟子としてたくさん抱える者まで現れる始末。「皆是末世の誤なり」と言わしめているのである。また、正徳五年（一七一五）の序文を掲げる増穂残口『艶道通鑑』「雑之恋」にも、

又朝朗《あさぼらけ》より黄昏《たそがれ》まで所定《さだ》めず惑《まど》ひ歩行《あるく》、日向臭哥比丘尼《ひなたくさきうたびくに》の有様《ありさま》。（中略）何時《いつ》の程よりか隠《かく》し白粉《をしろい》に薄紅《うすべに》つけて、付髪《つけがみ》・帽子《ぼうし》に帯幅《おびはゞ》の広《ひろ》くなり、知《し》らぬ皃《かほ》にて思はせ風俗《ぶり》の空目遣《そらめづか》い、歩姿《あゆみすがた》も腰据《こしす》への六文字《ろくもんじ》。「米嚙《かみ》て菅笠《すげがさ》が歩行《ありく》」と笑《わらは》れしは昨日《きのふ》になりて、林故《りんこ》が笑顔《わらひがほ》が大掖《たいゑき》の芙蓉《ふよう》と見へ、長春《ちやうしゆん》が後付《うしろつき》が未央《びやう》の柳《やなぎ》と眺《なが》めらる。筏《いかだ》に乗《の》りて川狩《かわがり》を嬉しがり、饅頭《まんぢう》に飽《あい》て西瓜好《せいくわずき》する僻者共《くせものども》は、「さつぱりとしたるが面白《おもしろ》し」と、斎明《いみあき》にも精進堅《しやうじんがため》にも及くものなしと、是《これ》を翫《もてあそぶ》ぞかし。

と堕落の様子が見られ、同様に、文久二年（一八六二）成立の谷川士清《ことすが》『倭訓栞』も、

熊野比丘尼といふは、紀州那智に住て山伏を夫とし諸国を修行せしが、いつしか歌曲を業とし拍板をならしてうたふ。こをうたびくにといひ、遊女と伍をなすの徒多く出来れるを、すべて其歳供をうけて一山富めり。此淫を売るの比丘尼は一種にして懸御子とひとしきもをかし。

の如く、遊女まがいの唄比丘尼と化した彼女たちの歳供を受けて、熊野那智山は富んでいる旨指摘するのである。『青栗園随筆』巻六においても、

紀州那智の比丘尼は皆山伏を夫とし、諸州歌曲を以て勧進する比丘尼を総べて、其の歳供を受く。殊に東都色を売る比丘尼数千人有りて、多く供料を贈る故、一山富みて豊かなる一在家なり。

と、『倭訓栞』と酷似の記事を載せているが、いずれも天野信景『塩尻』（元禄十年（一六九八）以降成立）を援用しているのである。

前後するが、延宝六年（一六七八）序を有する藤本箕山『色道大鏡』巻十四第十七「熊野比丘尼篇」には、

熊野比丘尼《くまのびくに》は師匠《ししやう》をお寮《れう》といひ、此寮《このれう》に抱置《かかへをく》を弟子《でし》といふ。師弟《してい》名目《みやうもく》に顕《あらは》れぬれど持戒修善《ぢかいしゆぜん》の業《わざ》に非《あら》ず。己《をのれ》を償《つくの》はん渡世《とせい》のためのみなり。故《かるがゆへ》に幼年《やうねん》の貧女《ひんによ》に抱《かか》え集《あつ》め、髭髪《ひんはつ》を剃除《ていぢよ》して尼《あま》となし、先早歌《まつさうか》をならはしむ。漸《やう〱》二つ三つ句《く》を続《つゝ》くるに至《いた》り、いまだ物いふ舌《した》まはらず、口開《くちひら》けざるに腰《こし》に桧《ひ》の柄杓《ひしやく》をさゝ

しめ、菅《すげ》なる小笠《こかさ》をきせて、はや勧進《くはんじん》に出せり。五六歳《さい》の小尼《せうに》いまだ歩行《ほかう》だにかなはざるを、先輩《せんぱい》につれさせて町《まち》をめぐらしむ。小尼足《せうにあし》さだまり我《わが》すむ寮《れう》をみしりて帰《かへ》りくるほどこそあれ、日々《にちく》の勤《つと》めおこたらせず、或《あるい》は寒暑《かんしよ》(ママ)を、厭《いと》ひなどして寮《れう》を出かぬれば、笞《しもと》をもつて追《おひ》うつ。かへりて家《いゑ》に入れば勧進《くはんじん》の米《こめ》を改《あらた》む。腰《こし》にさゝせたる柄杓《ひしやく》に一はいの米《こめ》を小尼《せうに》が一日の運上《うんじやう》とす。若柄杓《もしひしやく》にみちざる時は食《しよく》をひかへてあたへず、夜《よる》は終夜《よもすがら》早歌《さうか》を稽古《けいこ》させしむ。眠《ねむ》りがちに声詬《こゑをく》る、時は拳《こぶし》をもて頭《かしら》をうつ。是極卒《これごくそつ》に異《こと》ならずして呵責《かしやく》に似《に》たり。小尼英年《せうにゑいねん》に及《およ》び、歌《うた》のふしこゑ漸《やうく》境《さかい》に入れば、此時黒色《ときこくしき》の帽子《ぼうし》を免許《めんきよ》す。是《これ》より鳥目《ちやうもく》百銭米《せんこめ》一升《せう》づゝを毎日《まいにち》の運上《うんじやう》とさだむ。（中略）又修行《しゆぎやう》の為《ため》にかたちをやつし、熊野《くまの》三山《さん》に詣《けい》して法施《ほうせ》をたてまつるもい、あり。

の如く、当時廓制度と不即不離の関係にあった熊野比丘尼について、かなり詳細に実態を記述していると言えよう。これに続く「熊野比丘尼を愛する法用」の一節にあっては、熊野比丘尼の表裏二芸に言及する。即ち、

当道不堪《とうだうふかん》の人、彼《かれ》をよび入れてくつろがしむるてだてをしらねば、掛絵を所望し、血盆経《けつぼんきやう》を求《もと》む。是古風《これこふう》にて初心《しよしん》の至りし疋夫女子《ひつふぢよし》にあらずんは、奚《なんぞ》是を望まんや。

だというのである。本書を参照、もしくは、触発されて書かれたと言われる井原西鶴の『好色一代男』（天和二年（一六八二）刊）においても、「いつの頃よりおりよう猥りになつて、遊女同前（然カ）に相手も定めず」とあり、同じく『好色一代女』（貞享三年（一六八六）刊）にも、「むかしはかゝる事はあらざりしに、近年遊女のごとくなりぬ」とある如く、当代売色の徒と化した熊野比丘尼の風態を無視してはなるまい。

かかる比丘尼の業の変遷に関して、加藤曳尾庵（玄悦）は『我衣』「牛王箱」で、

> 牛王売の比丘尼は元熊野牛王宝印を売に出す、比丘尼に文庫の内へ入れてもたせ、又腰に勧進ひさくをさゝせ、米は貰はせたる修行なり、寛文の頃「びんざゝら」をもたせ歌をうたはせしより風俗大に下る、尤唱歌もやひなり、此時より売女のきざしをあらはせり、天和の頃より世上遊女はつかうするにより、かやうの族も売女とはなりたり、然れども元来僧形なれば衣服は木綿を著したり。

と、興味深い指摘をしている。つまり、傍点部に見るように、堕落して売女同然となった比丘尼たちではあったが、世間では未だに庶民を相手とする熊野信仰の代弁者と見做していたことも、動かしがたい事実だったのである。

3

山東京伝は、文化元年（一八〇四）刊『近世奇跡考』巻二・八「歌比丘尼」項において、次の如く記す。

> 「残口之記」に、歌比丘尼、むかしは、脇挟《わきはさみ》し文匣《ぶんこ》に巻物入《まきものいれ》て、地獄《ぢごく》の絵説《ゑとき》し、血《ち》の池《いけ》のけがれをいませ、不産女《うまずめ》の哀《あはれ》を泣《なか》する業《わざ》をし、年籠《としごもり》の戻《もど》りに、烏《からす》牛王《ごわう》配《くば》りて、熊野権現《くまのごんげん》の事触《ことぶれ》めきたりしが、いつのほどよりか、かくし白粉薄紅《おしろいうすべに》つけて、分鬢帽子《つけびんぼうし》に帯《おび》はゞ広《ひろ》く成し云々下略。「東海道名所記」万治中板本云、比丘尼ども一二人いで来て、歌をうたふ。頌歌《せうか》は聞もわけられず、丹前《たんぜん》とかやいふふしなりとて、たゞあゝ〳〵と長た

らしくひきづりたるばかりなり。次《つぎ》に柴垣《しばがき》明暦中はやり小歌とやらん。もとは山の手の奴《やつこ》どもの踊歌《をどりうた》なるを、比丘尼簓《びんざさら》にのせてうたふ。みどりの眉《まゆ》ほそく、薄化粧《うすげしやう》し、歯は雪よりもしろく、くろき帽子《ぼうし》にて頭《かしら》をあぢにつゝむ云々下略。かゝれば熊野比丘尼の風、万治の頃《ころ》はや変《かは》りたり。「紫の一本」に、めつた町に、永玄、お姫、お松、長伝などいふ名とりの比丘尼ありしよしをしるす。是天和中の事なり。めつた町は神田多町の古名なり。此歌ひくにといふもの、今はたえて名のみ残れり。

即ち、初めに前掲増穂残口の『艶道通鑑』の一節を引き、熊野比丘尼本来の教化活動である絵解きに触れ、続けて『東海道名所記』の記事を援用しつつ、彼女たちの変容が始まったのは、夙に万治（一六五八〜六一）頃だったと考察、併せて「熊野比丘尼絵説図」と題した、御殿女中と思しき三人に「地獄絵」の絵巻を拡げて絵解きしている比丘尼の姿を描いた絵画一葉を掲載する。

同様に、山東京伝の『骨董集』（文化十一年（一八一四）刊）上編下之巻・後の「勧進比丘尼絵解」項は、右に掲げた『近世奇跡考』中の絵画とは全く異なる絵解きの光景を描出した「古画勧進比丘尼絵解図」と称する一葉を示し、加えて、『三十二番職人歌合』や『東海道名所記』『日次紀事』等の先行資料を渉猟、熊野比丘尼の絵解き全般にわたって見事な考証を試みている。長いが、その全文を次に掲げておく。

下《しも》にいだせる古画《こぐわ》、その風体《ふうてい》をもて時代《じだい》を考《かんが》ふるに、寛永の比《ころ》かけるものにて、勧進比丘尼《くわんじんびくに》の絵解《ゑとき》する体《てい》にぞあるべき。「東海道名所記」浅井了意作、万治中印本巻二に云、「いつのころか、比丘尼《びくに》の、伊勢熊野《いせくまの》にまうで、行《ぎやう》をつとめしに、その弟子《でし》みな伊勢熊野《いせくまの》にまいる。この故《ゆゑ》に熊野比丘尼《くまのびくに》と名《な》づく。其中《そのなか》に声《こゑ》よく哥《うた》をうたひけるあまのありて、うたふて勧進《くわんじん》しけり。その弟子《でし》また哥《うた》をうたひけり。また熊野の絵《ゑ》と名づけて、地《ぢ》ごく極楽《ごくらく》すべて六道《ろくどう》のあり様《さま》を絵《ゑ》にかきて、絵《ゑ》ときをいたし、おくふかくおはします女房達《にようばうたち》は、寺《てら》にまうで談義《だんぎ》なんどもきく事なければ、後世《ごせ》をしらぬ人のために、比丘尼《びくに》はゆるされて、ぶつほうをもすゝめたりけるなり。いつの間《ほど》にかとなへうしなふて、くま野伊勢にはまいれども、行《ぎやう》をもせず、中略絵《ゑ》ときをもしらず。哥《うた》をかんようとす、云々《しかぐ》」とあり。かゝれば、昔《むかし》の勧進《くわんじん》比丘尼《びくに》は、地獄極楽《ぢごくごくらく》の絵巻《ゑまき》をひらき、人にさしをしへ絵解《ゑとき》して、仏法《ぶつほう》をすゝめたりき。下《しも》の古画《こぐわ》の体《てい》を見るに、寛永の比《ころ》にいたりてはそれを略《りやく》し、かの絵巻《ゑまき》は手《て》に持《も》てる計《ばか》りにて、比丘尼《びくに》二人《ふたり》むかひ居《ゐ》て、絵解《ゑとき》の言《ことば》に節《ふし》をつけて、拍子《はうし》とりてうたひしにやとおぼゆ。「日次紀事」延宝、貞享のあひだに作れり一月の条《くだり》に、「倭俗《ワゾク》彼岸《ヒガン》中《ノウチ》、専《モツハラ》作《ナス》二仏事《ブツジヲ》一。民間《ミンカン》請《シヤウジテ》二熊野比丘尼《クマノビクニヲ》一使《シム》レ説《トカ》二極楽地獄《ゴクラクヂゴクノ》図《ヅヲ》一。是《コレヲ》謂《イフ》レ釈《トク》レ画《エヲ》、云々」とあれば、延宝、貞享の比《ころ》までも、其《その》なごりはありけんかし。「艶道通鑑」に、「歌びくにむかしは、わきはさみし文匣《ぶんこ》にまき物入て、ぢごくの絵説《ゑとき》し、血《ち》の池《いけ》のけがれをいませ、不産女《うまずめ》の哀《あはれ》を泣《なか》するわざをし云々といへり。今説経祭文《せつきやうさいもん》と云ものに、不産女《うまずめ》ぢごく、血《ち》の池《いけ》ぢごくなどとてあるも、絵解《ゑと》きのなごりなるべし。血《ち》の池《いけ》ぢごく物語をよむに、「血盆経」偽経なるはさら也に、目連《もくれん》、羽州追陽県《うしうつゐやうけん》に到《いた》り、血盆池地獄《けつぼんちぢごく》の中《うち》に、女人許多種々《によにんあまたしゆぐ》の罪《つみ》を受《うく》るを見《み》て、悲哀《ひあい》して、獄主《ごくしゆ》と問答《もんだふ》の事あるにもとづきて、いともさなく作《つく》りたる物ながら、文《ことば》はおのづからふるめいたる所あればなり。又今地《ぢ》ごく絵《ゑ》を杖《つゑ》の頭《さき》にかけて、鈴《れい》をならし、地蔵和讃《ぢざうわさん》をとなへて、勧進《くわんじん》するも、この遺意《ゐい》にやあらん。「勧進聖判職人歌合」天文六年以前の物といへりに、絵解《ゑとき》といふ者《もの》あり。その図を見るに、俗体《ぞくたい》にて烏帽子小素襖《ゑぼしこすあう》を著《き》、琵琶《びは》をいだき、杖《つゑ》さきに雉《きじ》の尾《を》をつけたるを持《もち》、おのれがまへに画巻《ゑまき》の如《ごと》き物をおけり。絵解《ゑとき》の花の哥《うた》に、「見所《どころ》や絵《ゑ》よりもまさる花の紐《ひも》とかうとかじは我《わが》まゝにして。同述懐《じゆつくわい》の哥に、「絵《ゑ》をかたり琵琶《びは》ひきてふる我世《わがよ》こそうきめ見えたるめくらなりけれ。判《はん》の詞《ことば》を考《かんが》ふるに、古《ふる》き軍物語《いくさものがたり》のさまなどを画巻《ゑまき》にして、杖《つえ》もてさしをしへつゝ、絵解《ゑとき》に節《ふし》をつけて、平家《へいけ》などをかたるやうに、琵琶《びは》に合せてかたれるにやとおぼゆ。杖頭《つゑさき》に雉《きじ》の尾《を》つけたるは、しば〱さししめすに、絵巻《ゑまき》の破《やれ》そこねざるため歟《か》。比丘尼《びくに》の絵《ゑ》ときも、是等《これら》のうつりけるにや。

（傍線引用者）

因みに、傍線を施した記述に該当する絵画が、京伝の著作に見出だされるのである。本書刊行に先んじて、寛政十年（一七九八）に出された『四季交加』下巻所収図が、それである。なお、この図を含めて、今までに触れた絵画資料は、後に触れることとしたい。

また、文政十三年（一八三〇）序文の喜多村信節『嬉遊笑覧』巻三「書画」を繙くと、長文で、

古へゑときといふものあり、「三十二番職人歌合」に絵解き花の歌「みどころや、絵よりも勝る花の紐とかうとかじを我まゝにして、判云上略いひかなへたる姿こと葉雉の尾さしてをしへずとも絵解の歌とはいかでか聞ざらむ、又述懐のうた「絵をかたり比巴ひきてふるわが世こそうきめみえたるめくらなりけれ、判云、平家は入道のすがたにて盲目なり、絵をとくは俗形にして離婁が明をおもてとしてしかも四絃を弄せり、しかるに絵をかたり比巴ひくといひうきめみえたるめくらといひて、自他の所作をよく読わけたる心ふかく聞ゆ云々あり。其絵を見るに判詞にいへる如く俗形にて、比巴を抱き雉の尾付たる柄のながき物を持、箱より出したる絵をその蓋の内に置たり、雉の尾はさし教ゆるに絵のいたまざる為と見ゆ、荏柄天神縁起の内にも絵解みえたり。このわざ後には熊野比丘尼のすることとなれり、「東海道名所記」いつの頃にか比丘尼の伊勢熊野にまうでゝ行をつとめしに、その弟子みな伊勢熊野にまいる、この故に熊野比丘尼と名付、その中に声よく歌をうたひけるあまの有てうたふて勧進しけり、その弟子また歌をうたひけり、又熊野の絵と名づけて地ごく極楽すべて六道のあり様を絵にかきて絵ときをいたし、おくふかくおはします女房達は寺にまうで談義なんどきくことなければ、後世をしらぬ人のために比丘尼はゆるされて仏法をも勧めたりける也。いつの程にかとなへうしなふて熊野伊勢には参れども行をもせず云々、絵ときをもしらず歌を肝要とす、みどりの眉ほそくうすけしやうし歯は雪よりも白く手足に胭脂をさし、紋をこそ付ねたんからそめ、せんさいちや、

黄からちや、うこん染、くろちやぞめに白うらふかせ、黒き帯にこしをかけ裙けたれてながく黒きぼうしにてかしらをあぢにつゝみたればその行状はお山風なり、ひたすら傾城白拍子になりたりと有。もと絵解は絵を指て見せその物語を比巴に合せてかたるは専ら後世を勧るものにはあらず、比丘尼後にははやり歌をうたひ手拍子をうちなどして終に好色の方に流れたり、「説教祭文」に、うまずめぢごく血の池ぢごくといふものあり、是は偽経の血盆経によりて作れるものなり、比丘尼これをうたひしなるべし 比丘尼のことは遊女の条に委し。併せ見べし。

とある。「荏柄天神縁起」の中に俗人絵解きの芸態が見られるという指摘と、末尾の「説教祭文」からの引用以外には、前半部分の俗人絵解きの芸態に関しても、あるいは、後半部分の熊野比丘尼の芸態や本来の教化活動の変遷に関しても、『三十二番職人歌合』と『東海道名所記』を引用しての考察は、前掲『骨董集』とそれ程異なった意見を見出だすことは、無理である。しかしながら、近世後期における「熊野比丘尼像」を垣間見ることの出来る資料だと言えよう。

今まで眺めてきた近世文献資料の伝えるところを要約しておくならば、時代や社会の趨勢とは言いながら、近世初期の段階で、熊野比丘尼は「唱へ失ふて、（中略）絵ときをも知らず、哥を肝要とす」[1]るようになり、専ら歌を歌ったり、春を販いだりする者も登場してきた。「地獄絵」を前に拡げて絵解きしたのも、もはや過去のこととなってしまった。それでも、比丘尼たちは、勧進活動の名残りを留める文箱（絵箱）と柄杓を手離そうとはしなかったのである、と。

4

近世もごく初期の頃、京の民間では、八月の彼岸に熊野比丘尼をそれぞれの家に請じて、「地獄絵」を解き、語らしめる行事があったようだが、延宝四年（一六七六）の黒川道祐『日次紀事』二月条に、

倭俗彼岸ノ中、専ラ作ス二仏事ヲ一、民間請シテ二熊野比丘尼ヲ一、使ムレ説カ二極楽地獄図ヲ一、是ヲ謂フレ掲トレ画ヲ

と記述されている。十五世紀末の『御湯殿の上の日記』や『後法興院記』等にも、八月に限って絵解きが邸内にやって来た旨の記事が幾つか見られ、興味をひかれるところである。

無色軒三白の『好色訓蒙図彙』（貞享三年（一六八六）刊）を見ると、

むかしをきけば、沙法も手またふして、阿爺《とゝ》もたず、魚くはず、寺参にうとき家美様《かみ》、談義も説法も耳にとまらぬ女、わらべに、地ごく極楽のゑをかけてゑときしてきかせ、老の坂のぼればくだる、つねならぬ世の、無常をしめして、心なきにもなみだをこぼさせて、

の如く、談義や説法に日常無縁な女子供に感涙をもたらせた、熊野比丘尼の絵解く姿が実にいきいきと映し出されている。掛幅形式の「地ごく極楽のゑ」とは、上部に日月と四聖界を、下部に地獄をはじめとする六道界を、(2)そして中心部に「心」字を描くとともに、日月の下に「老の坂登れば降る」人生の無常・死生観を描いた図で、

熊野比丘尼所縁の秋田宝性寺や三重県志摩町熊野家・岡山県邑久《おく》町武久家など、全国各地に散在している。

元禄五年（一六九二）に刊行された井原西鶴の『世間胸算用』巻五・二「才覚軸すだれ」にも、

されば熊野びくにが、身の一大事の地ごく極楽の絵図を拝ませ、又は息の根のつゞくほどはやりうたをうたひ、勧進をすれども腰にさしたる一姅《いつしやう》びしやくに一盃《いつぱい》はもらひかねける

のように、絵解きの様子が記されている。一日当たりの運上米として、一升柄杓一杯のノルマは、成人の比丘尼にとっても決して容易なことではなかったのである。

前掲『艶道通鑑』は、比丘尼の教化像を、

昔は脇挟《わきばさみ》し文匣《ぶんこ》に巻物入《まきものいれ》て、地獄の絵説《ゑとき》し血の池の穢《けがれ》を忌《い》ませ、不産女《うまずめ》の哀を泣《なか》する業《わざ》をし、年籠《としごもり》の戻《もど》りに烏牛王《からすごわう》配《くば》りて、熊野権現《ゆやごんげん》の事触《ことふれ》めきたりしが、（下略）

と記述、本居内遠の『賤者考』は、

勧進比丘尼は歌比丘尼とも熊野比丘尼ともいふ、地獄の絵巻物を昔は持ありきて絵解して婦女輩を勧進したりしが、絵巻物はすたれて一種の歌をうたひ柄杓を持ありくことなり、もと熊野に来りて、かの絵巻物をうけ諸国をありきける由なるが、今は本国には総て此者なし。

と、後年の〝唄比丘尼〟の姿を記している。しかも、かつて熊野に詣でた折には絵解きのための絵巻を授けられた旨の貴重な記述に、注目しておかねばならない。文政十年（一八二七）の水野蘆朝『盲文画話』にも、左の傍点部記述に相応する挿図を添えて、

> 往古より衣を着ざる比丘尼の、地獄極楽の巻を持ち歩き、老婆婦女などにその巻の絵解して、極楽地獄の有様を物語りて渡世せり。これを絵解比丘尼と唱へしが、後は熊野の牛王を持ち来り、入用の者へ売り、これを熊野比丘尼と云ふ。この比丘尼買色と変じて、もつぱら身を売ることとなり、その頃唄比丘尼とて、買風なる頭巾を冠り、紅をほどこし、幅広の帯胸高に結び下駄をはき、美敷甲掛けて、左に牛王入し箱を抱え、右にはびんざさらと云ふものを指にはめ、これを鳴らして唄を諷ひ、町々の門へ立ち、手の内を貰ふ。（中略）今は衣着ざる比丘尼と言ふもの絶えてなし。

の如く、比丘尼の変容のさまが述べられているのである。

5

熊野比丘尼の絵解きの語り口とは、はたしていかなるものであったのか。簡単ながら、近世初期の例として、中川喜雲の『私可多咄』（万治二年（一六五九）刊）の

> むかしくまのびくに絵をかけて、是は子をうまぬ人、死で後とうしみをもちて、竹のねをほる所なりといふ

をきく、おなご共なみだをながし、さてゐどきすみて後びくに、とふやうは、子をうみてもそだゝぬものは、うまずとおなじ事かといへば、比丘尼こたふるは、それはうまずよりすこしつみあさし、さればとうしみはゆるして、たけのねをいがらにてほらするといふたは、よいかげんな事なり、

をあげることが出来る。不産女地獄の場面を絵解く口ぶりが伝わってくるのである。また、貞享四年（一六八七）刊の艸田斎（苗村丈伯）『籠耳』巻四・二「地獄沙汰銭《じごくのさたもぜに》」においても、語り口こそないが、

くまの比丘尼《びくに》地獄《ぢごく》の躰相《ていさう》をゑにうつし、かけ物《もの》にしてゑときし女《をんな》わらへをたらす、かのうまずの地ごく両婦《ふため》ぐるひのぢごくは、たやすくゑときせぬを、女子どもなを聞《きゝ》たがりてしよもふすれば、百廿文の灯明銭《とうめうせん》をあげられよ、ゑときせんといへば、われも〳〵と珠数袋《じゆずぶくろ》のそこをたゝき、銭《ぜに》をだしあわせてきけば、又血《ち》のぢごく針《はり》のぢごくなど、云事をいひきかせ、女《をんな》の気《き》にかゝるやうにゑときして、ひたと銭《ぜに》をとる　これよりぢごくのさたも銭《ぜに》といふ也

の如く、掛幅形式「地獄絵」を絵解く模様が活写されており、併せて、掛幅絵を解き語る熊野比丘尼の挿図も掲載されているのである。

貞享三年（一六八六）十月以後、翌四年正月以前に竹本座で上演されたと思しい近松門左衛門の『主馬判官盛久』第四「びくに地ごくのゑとき」には、

そも〳〵わうしやうごくらくの、くものうてなにのりの花、上ぼんれんにうかふ事、此世のこの身このまゝ

にとりもなおさずじやうぶつす、こしふをんとはとかれたり、かばかりちかきごくらくも、つくりしつみがおにとなり、心のつるぎ身をせむる、一百三十六ぢごく、むけんけうくはんあびやうちん、此世のいろはあだ花のなさけのなみだながれても、せうねつの火はきへやらず、れんりのふすまあたゝかに、ひよくのとこをかさねても、ぐれんのこほりはとけがたし、そもや人げん一人は三ぜのしよぶつくるしみて、つくりたてんとし給ふを、十月にたらでおろしごの、しよぶつ一どにみこゑをあげなげかせ給ふ御なみだながれて、たきつちのぢごく、くはゐんとなつて身をこがす、扨其次はさよ衣、わがつまならぬじやいんかい、しつとのけふりねたみのほのほ、僧をおとせし女のばち、びくにをおかせしおとこのつみ、むみやうの馬のけをふるひ、ぐどんのうしがつのをふり立、六だう四しやうをくるりとゐんくははこゝに、めぐりくるまの我からと、かひも涙にふししづむ、是はまたうまずのぢごく、たけのはやしにをとろへて、かげもよろ〳〵たよ〳〵とたどり、よろはふあはれさやちすじの、とうしんたぐりもて、心のやみにくれたけの、たけのねをほるしのだけの、つえにすがりてなくばかり、くらしやつらしめいあんじやう、そも此くげんと申はしやばにて人のめをくらまし、とかなき人をろうに入、又せきのとのせきもりに、ゆきゝをなやます其むくひ、四方は石のくはんぬきに五たいをせめられ、五色のおにが夜に三ど日に三ど、時こそ来れとかしやくをなす、土はせいけん山はてつぢやう、五百生々つきせぬゐんぐは弓取とてもとゞまらず、力有とて頼れず、頷ひ給ふな人々と、無量《むりやう》の弁舌《べんぜつ》よどみなく語給へは、せき守は此さんだんに恐をなし、上下わなゝきみをふるはし、色をへんしてみへにける

と、まさしく絵解きの語り口が見られる。

前掲『私可多咄』の引き写し以下、

談議も説法も耳にとまらぬ女、わらべに、地ごく極楽のゑをかけてゑときして、（『好色訓蒙図彙』）
血の池の穢れを忌ませ、不産女の哀を泣する業をし（『艶道通鑑』）
絵解して婦女輩を勧進したりしが（『賤者考』）
老婆婦女などにその昔の絵解して（『盲文画話』）

といった一連の記述は、中世以降近世初期、それも近世のごく初めまで盛行した熊野比丘尼の絵解きする対象が、多くは女性たちであったことを、何よりも如実に物語っていると言えよう。

6

熊野比丘尼が、「熊野の絵と名づけて、地ごく極楽すべて、六道のあり様を絵にかきて、絵ときをいたし」（『東海道名所記』）た、「熊野の絵」「地獄極楽の絵」とも称された「熊野観心十界曼荼羅」[3]（以下「観心十界曼荼羅」と略称）絵解きの対象としたのが、多くの場合女性たちであったことは、既に述べた通りである。雑俳にも「女同士絵説比丘尼を取巻て」（立羽不角編『俳諧双子山前集』、元禄十年（一六九七）成立）と詠じられている。

佐渡・織田常学院の記録[4]によると、「観心十界曼荼羅」は、熊野・那智の滝の上方にある花山院所縁の山上堂に納めたといい、「熊野比丘尼諸国関所通り切手となるは此絵にして、一連一連所持せるなり。熊野比丘尼支証也」の如く、件の絵画が熊野比丘尼の通行手形そのものとして通用したとある。以下、熊野比丘尼に関する絵画資料をとりあげることとする。

7

まず、近世初頭の元和・寛永頃（一六一五～四四）成立と思しく、実に細部に至るまで鮮明に描いているアメリカ・フリア美術館（ワシントンDC）蔵「住吉神社祭礼図」（二曲一双）（**図1**）をあげねばならない。中世末以来の「観心十界曼荼羅」絵解きのリアルな芸態を伝える貴重な資料である。即ち、祭礼で賑う摂津国一の宮・住吉大社の太鼓橋に向かって右側の橋詰めに、女子供を相手に「観心十界曼荼羅」を掲げて絵解きする比丘尼は、髪が隠れる白頭巾を被《かぶ》り、白小袖に白帯を前結びにした出で立ちで、左膝を立てた恰好で絵に向かう。その口元は半ば開き、右手に持った楚《しもと》の先は、紐で棒に結び付け、吊された掛幅絵の中心部よりやや上部の「心」字を指しており、絵解きの熱演ぶりが伝わってくるようである。風俗図屏風の点景に過ぎぬ、しかも、画中画という制約にもかかわらず、上部左右に日輪・月輪を描き、その下に半円形の「老の坂のぼればくだる」（『好色訓蒙図彙』）人間の生涯、所謂「人生の階段図」を図し、さらに、「心」字の下部に閻魔王庁や火炎車、血の池地獄など、地獄の諸相を中心に、六道世界のさまを細かく描いている。絵解きの場で用いられたこの画中画が「観心十界曼荼羅」であることは、疑う余地もなく、唯一無二の見事な画証なのである。

図1　住吉神社祭礼図（フリア美術館蔵）

　前述の比丘尼の背後には、「観心十界曼荼羅」や牛王、護符類を収める絵箱（牛王箱）が見える。また、比丘尼の右脇には、剃髪姿の小比丘尼が一人、左手に勧進柄杓を持って控える。その周囲では、五人の女性たちが立ったまま比丘尼の絵解きに耳を傾けつつ、絵に見入る。中央後ろ姿の女は、吾が子と思しき幼女を左肩に乗せ、もう一人の年長の幼女を左脇に従えている。他の女性たちは皆被衣《かづき》を被っている。さらに、画面向かって右側には、被衣を上げて眺めている女たちの肩越しに、絵解きを覗き込む、長キセルを肩にした若衆の姿も描かれている。

因みに、昭和五十七年（一九八二）三月末、全米アジア学会のパネル・ディスカッションに招かれて渡米した折、フリア美術館を訪れ、「住吉神社祭礼図」を実見する機会があった。それまで誰も触れていなかったのだが、絵解きの場面のすぐ左上にも比丘尼たちが描かれていたのである。

フリア美術館には、もう一つ比丘尼が登場する、岩佐又兵衛（一五七八～一六五〇）の工房で作られた二十四図二冊から成る画帖（現在は額装）中の第十五番「座頭の行進」[5]がある。手に杖を持ち、三味線を抱えたり琵琶を背負ったりする琵琶法師の一行を眺めながら、傍らの石に腰掛けて休息を取る、白頭巾に花柄の着物を纏った比丘尼と、白衣に赤帯を締めた小比丘尼が描かれている。比丘尼は右脇に絵箱を抱えているが、蓋はなく、身の中には巻物と護符らしきものが見える。小比丘尼は左に勧進柄杓を持ち、右手で琵琶法師たちを指さしている。前図とともに、勧進比丘尼の生業《なりわい》を描いた例として知られる。

同じく、江戸初期作成のバーク・コレクション（アメリカ・ニューヨーク）蔵「京名所風俗図屏風」[6]（六曲一双）**（図2）**にも、白頭巾・白衣姿の勧進比丘尼が登場する。京・嵐山の渡月橋近くの法輪寺参道（石段）入口正面に、楚で指し示しつつ絵解きする比丘尼が描出されている。地面に筵を敷き、その上に白木に吊した図には、花模様をあしらった赤い縁取りがされ、上部に赤雲、その下に緑樹と紅葉樹とを取り混ぜた山容、この山に登って行く人物三名、道の左右には屋根が描かれている。かように簡略化された画中画からは、「観心十界図」なのか「那智参詣曼荼羅」なのかは決めかねるが、東洋文庫蔵『御すい殿』の挿絵（図3）の構図と似ている。被衣を被った女性や子供の他に、男性も含めて十余名が絵解きを視聴する。

大阪歴史博物館の「京大坂市街図」(7)（六曲一双）（図4）左隻第四扇もまた、熊野比丘尼の古態たる絵解きの光景を描いた逸品である。方広寺大仏殿と豊国廟とが見られるが、方広寺西側の築地前に掛けられた一幅を、白頭巾を被った比丘尼が楚を手に女人たちに絵解きしている。その画中画は、赤線で縁取りされ、緑濃き山が前後して二つ、この半円形の山を登って行く二人と、下って行く二人が、右から左へと描かれている。下部には黒い屋根の棟が三つ見える。

参考例として、東京国立博物館の鎌倉時代成立とされる「老の坂図」があげられよう。右の画中画を、「のぼればくだる」老の坂図、即ち、「観心十界曼荼羅」と考えてよいだろうか。

当該場面の右側には、大傘をさし、棒簓《ささら》を手にした男が立っているが、この人物は簓説教者であろう。同様に、左隻第三扇の方広寺大仏殿前でも、僧形像を描いた掛幅絵の前には人形が一体あり、その左右に座す老僧と尼僧が鉦を叩いている。当時、寺社の周辺に集まって喜捨を乞う遊行者・芸能者たちの姿を写し取ったものであろう。また、大阪城天守閣蔵「大坂城下図屏風」(8)（八曲一双）（図5）右隻第五扇にも、絵解きする熊野比丘尼が見える。大坂城下・東横堀川の橋上中央で白頭巾を被り、白衣の上に黒い羽織を着た比丘尼は、右手に握った楚で画中画を指し示す。向かって右側には、小比丘尼が座っており、その前には黒い絵箱があり、蓋の上には投銭が乗っている。件の橋の、上側の橋には琵琶を背負った琵琶法師が、下側の橋の袂には橋勧進する聖と小屋が、それぞれ描かれている。前掲「京大坂市街図」と同様、大勢の人々が集まる寺社や巷街には、おのずと遊行者・芸能者がやって来た様子を示す、近世初頭の風俗画である。

さらに、絵解きの光景を描いた作として著名なのが、「遊楽図」（図6）である。昭和四十四年（一九六九）六月、

図4　京大坂市街図（大阪歴史博物館蔵）

図2　京名所風俗図屏風
（バーク・コレクション蔵）

図5　大坂城下図屏風（大阪城天守閣蔵）

図3　『御すい殿』（東洋文庫蔵）

図6　遊楽図（個人蔵）

三越本店で開催の「初期肉筆浮世絵屏風」展に出品された二曲一双の本図は、長年にわたって現蔵者不詳のため、その折りの「展観目録」に掲載された図版二葉しか手懸りはなかったが、個人の所蔵に帰した旨、近頃仄聞する。都市の広場であろうか、傀儡師の小屋掛けや鐘鋳勧進、あるいは鉦叩き、簓説教者などの遊行者・芸能者とともに、比丘尼の絵解きが活写されている。即ち、白頭巾を被った比丘尼は、横長の大画面の掛幅絵を楚で指し示しながら、絵解きしているのである。上部中央には閻魔王庁が、また、向かって左上端には針の山が、それぞれ見える。下部には半円形の山容の上を人々が登降、所謂人生の階段を登降している。現在知られていないが、はたして当時は「観心十界曼荼羅」の上下を入れ替えた図柄もあったのであろうか。

絵の前には、蓋を身の下に重ねた箱があり、身の中に賽銭が幾個か入っている。絵解きに聞き入る者はおよそ二十人。女子供に混じって男の姿も二、三人見える。座る者あり、立つ者あり。また、被衣を被る女もいれば、笠を被った女もいる。笠を被って風呂敷包みを背負う女は旅人なのか、それとも商人か。向かって左側からは、子供が走って来る。変化に富み、かつ、細かな人物描写がなされているのである。

8

熊野比丘尼が絵解きする図は、書籍中の挿絵にも見られる。

貞享四年（一六八七）刊の艸田斎（苗村丈伯）『籠耳』巻二「地獄沙汰銭《ぢごくのさたもぜに》」の一節に、「くまの比丘尼、地獄の躰相をゑにうつし、かけ物にしてゑときし、女わらべをたらす」[9]とあるのに呼応する挿絵（**図7**）は、室内で男女を相手に楚で画中画の血の池地獄を描いた箇所を指し示す図柄となっている。簡略化されてはいるが、他に双《ふた》女《め》地獄と不産女《うまずめ》地獄も描かれているのである。本文だけでは語り尽くせぬ部分を、挿絵が補っているとも言えよ

図7　艸田斎『籠耳』

図8　山東京伝『近世奇跡考』

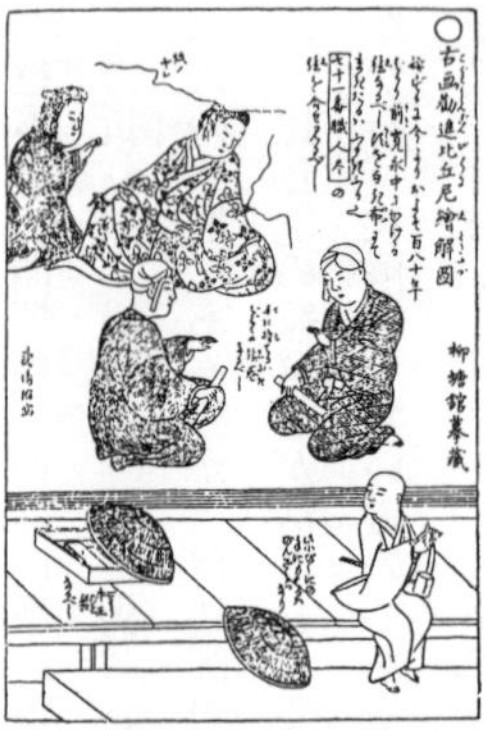

図9　山東京伝『骨董集』

う。

　時代は下るが、文化元年（一八〇四）刊、山東京伝『近世奇跡考』巻二・八「歌比丘尼」項には、考証家でもあった京伝らしく、増穂残口の『艶道通鑑』「雑之恋」項を引用し、「脇狭し文匣に巻物入て、地獄の絵説し、血の池のけがれをいませ、不産女の哀を泣する業をし」とあり、近世初頭には絵巻物の形をした「観心十界曼荼羅」が存したことを仄めかしている点に注目しておきたい。「熊野比丘尼絵説図」と題する挿絵（図8）には、大名屋敷の奥女中であろうか、立派な身形《みなり》の女性三人に、絵巻に描かれた閻魔王庁の場面を拡げ、絵解きしている黒頭巾の比丘尼が描かれている。三人のうちの一人は、何やら身につまされることがあったとみえて、手拭で顔を覆って泣いているが、残りの二人は、食い入るように絵巻を覗き込んでいる。比丘尼の脇には絵箱がある、という図柄である。

　さらに京伝は、『骨董集』（文化十一年（一八一四）刊）上編下之巻・後の「勧進比丘尼絵解」項においても、前著『近世奇跡考』で引いた残口の『艶道通鑑』該当部分を引用、「古画勧進比丘尼絵解図」（図9）と記載した絵解きの光景を描く一図を載せる。若い男女の前で、白い頭巾を被った比丘尼二人がそれぞれ巻いたままの絵巻を手にして向き合う。右上部には、「按ずるに今より百八十年ばかり前寛永中にかける絵なるべし。頭を白き布にてまきたるは、ふるきふり也。七十一番職人尽の絵を合せ見るべし」の一文がある。比丘近世初頭の勧進比丘尼（絵解き比丘尼）としての本来の生業が考証されていて、重要な資料だと言えよう。比丘尼たちの間には、「手に持てるはぢごくの絵巻なるべし」と記した一文がある。縁側に腰掛けた小比丘尼は、腰に勧進柄杓をさし、その脇に「此小びくにの手にもてるは、びんざさらなり」と記される如く、両手に編木《びんざさら》を持つ。小比丘尼の向かって左先の縁側には、二人の比丘尼の笠と絵箱があり、傍らに「牛王箱なるべし」の説明文が書かれている。

こうして前述の『艶道通鑑』『賤者考』『盲文画話』に加えて、この山東京伝著作中の二図及びその前後の記述を見ると、周知の掛幅絵「観心十界曼荼羅」とは別個に、絵巻物の形をした「地獄極楽図」（「観心十界曼荼羅」）があったと見做すのは、決して想像に難くない。国学院大学図書館には、絵巻形式の「那智参詣曼荼羅」（一巻）が存することは、従来から知られていたが、その後早稲田大学図書館ゴルドン文庫中に絵巻の「観心十界曼荼羅」の存することが、吉原浩人氏によって紹介されていることを[10]、付記しておく。

9

近世初期に成立した風俗図には、勧進配札渡次の熊野比丘尼の風姿を描いたものがある。

東京国立博物館本（舟木家旧蔵）「洛中洛外図」屏風（**図10**）は、洛中の扇屋前を歩いている比丘尼たちの姿を描き出している。即ち、絵箱を脇に抱えた比丘尼三人と、その後ろに、喜捨を受けた米の入った袋を担ぎ、勧進柄杓を手にした小比丘尼が従う光景である。

鶴来家本「洛中洛外図」（**図11**）にも、絵箱を手にした三人の比丘尼と、絵箱を手に、勧進柄杓を腰にさした小

図10　洛中洛外図（東京国立博物館蔵）

図12　四条河原図巻（金田家本）

図11　洛中洛外図（鶴来家本）

図13　四条河原遊楽図（ボストン美術館蔵）

図14　都鄙図巻（奈良・興福院蔵）

比丘尼一人が登場する。小比丘尼を伴う比丘尼は、笠の下に白い頭巾を付けているのが、はっきりと見てとれる。また、金田家本「四条河原図巻」（図12）は、絵箱を各自抱えた三人の比丘尼を描く。ともに黒い帽子を被り、二人は黒い笠も着けている。二人は勧進柄杓を携えてもいる。

ボストン美術館の「四条河原遊楽図」（図13）も、黒い頭巾を被り、小脇に絵箱を抱く比丘尼二人が、勧進柄杓を手にした小比丘尼をそれぞれ従えた姿を描いている。

さらに、画僧・住友具慶（一六三一～一七〇五）作「都鄙図巻」（奈良・興福院《こんぶいん》蔵）（図14）にも、黒頭巾を被った比丘尼が、笠を被り絵箱を抱いた小比丘尼を伴って歩む姿が見られる。

このように、近世初期の時点でも、黒頭巾を被った熊野比丘尼の姿が垣間見られることに、少しく注目しておきたい。

林家本「大坂市街図」（図15）には、白頭巾を被り、掛幅絵の入った絵箱を右脇に抱える比丘尼と、米袋を背負った比丘尼が描かれているのである。

MOA美術館（静岡）蔵「歌比丘尼図」は、画題の通り歌比丘尼を描いたものであろう。笠の下に黒い投げ頭巾を被り、右手に蒔絵の施された絵箱を携える美人画として、広く知られる。歌比丘尼と化しても、絵解き比丘尼（勧進比丘尼）の生業に必携であり、象徴でもあった絵箱を携えることを忘れてはいなかった。

この他にも、国立歴史民俗博物館の「江戸図屏風」左隻第一扇・第三扇[11]、出光美術館蔵「江戸図屏風」右隻第八扇及び左隻第三扇[12]に、それぞれ熊野比丘尼と小比丘尼が、絵箱や勧進柄杓を携えたり、あるいは、米の袋を担いでいたりする風体が描かれている。

「春日若宮祭典絵巻」[13]（図16）を繙くならば、そこにも二人の比丘尼と小比丘尼が登場する。中央に描かれた比丘尼は、右脇に絵箱を抱えている。

図17　春朗画「八月　びくに」

図15　大阪市街図（林家本）

図16　春日若宮祭典絵巻（春日大社蔵）

図19　高見沢版
「三幅対中　かんだ風」

図18　高見沢版
「歌比丘尼」

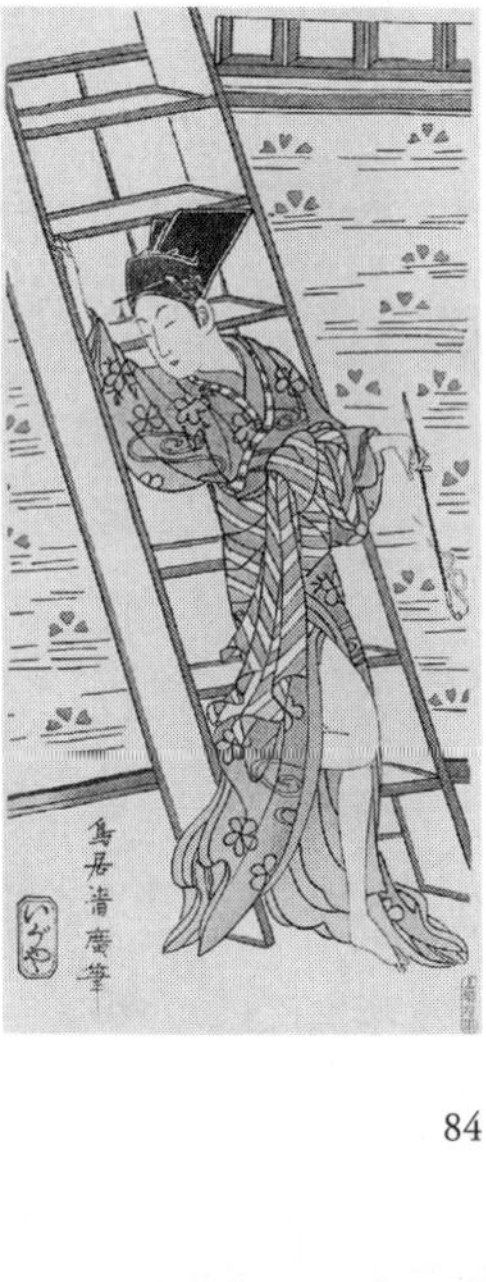

第十四回浮世絵大入札会（二〇〇三年十月）に出品された中判の浮世絵「八月　びくに」（寛政頃、春朗―若き日の葛飾北斎・林雅彦蔵）（**図17**）は、笠を被り、帯を前結びにし、高下駄を履いた比丘尼二人と、黒頭巾を被り、勧進柄杓を手に、草履を履いた小比丘尼、それに三味線を弾く女性が配されている旨のみ記しておく。[14]

高見沢版には、「鳥居清廣筆」と明記のある歌比丘尼の図（**図18**）（林雅彦蔵）が存在する。着物の前が割れ、襦袢の一部と左足が剥き出しになった比丘尼が、梯子に寄り掛かる彩色画である。作者の鳥居清廣は宝暦年間（一七五一～六四）に活躍した鳥居清満の弟子と思しい人物で、役者絵や美人画で知られる。

なお、もう一つ高見沢版に近藤清春描く「三幅対中　かんだ風」と記された図（**図19**）（林雅彦蔵）は、投頭巾と加賀笠を被り、黒衣を纏い、胸高帯を締めた比丘尼と、投頭巾と加賀笠を被り絵箱を左脇に抱える小比丘尼と、何も被らない小比丘尼とを描いている。清春は、宝永～享保（一七〇四～三六）頃の絵師である。

10

以下、近世諸書に掲載された挿絵中の熊野比丘尼の勧進配札の様子についても、触れることとする。

前掲東洋文庫蔵・室町時代物語の『御すい殿』には、右上部に「くまの三つの御山」と記された挿絵（**図3**）がある。そこには、熊野の御師《おし》に案内されて登拝して行く参詣者（六十六部か）の旅姿とともに、絵箱を小脇に抱えて坂道を登って行く二人の比丘尼の姿がある。二人とも白い頭巾に白衣・黒帯の出で立ちだと読み取ることが出来る。上部には、社殿の階《きざはし》の一部や屋根も見える。比丘尼たちは、熊野の本願所へ赴く途中なのであろうか。

中世末期の熊野比丘尼の俤を伝えるのが、万治二年（一六五九）以前に成った浅井了意の『東海道名所記』所

図22　井原西鶴『好色一代女』

図20　浅井了意
『東海道名所記』

図23　『人倫訓蒙図彙』

図21　井原西鶴
『好色一代男』

図24　菱川師宣
『和国百女』

収挿絵（図20）である。主人宅から逃げ出した二人の比丘尼は、ともに黒い頭巾を被り、絵箱を抱えている。

次に、井原西鶴『好色一代男』（天和二年（一六八二）刊）所収の挿絵（図21）には、それぞれ黒頭巾に髪を包み、絵箱を脇に手挟んだ二人の比丘尼の旅の出で立ちが見られる。同じく『好色一代女』（貞享三年（一六八六）刊）の挿絵（図22）にも、黒頭巾姿で小舟に乗る二人の比丘尼が描かれており、座っている方の比丘尼は、絵箱を携えている。

元禄三年（一六九〇）刊『人倫訓蒙図彙』「歌比丘尼」項の挿絵（図23）には、「ししまひ（獅子舞）」と対で「うたびくに（歌比丘尼）」が登場する。その恰好は、今まで見てきた歌比丘尼の例に違えず、黒い頭巾を纏い、帯を前結びにした二人の比丘尼――そのうちの一人は絵箱を手挟んでいる――と、笠を被った小比丘尼とが描かれる。

また、菱川師宣描くところの『和国百女』（元禄八年（一六九五）刊）を繙くと、黒の投頭巾を被った比丘尼二人――一人は笠も着用し、絵箱を抱える――と、勧進柄杓を腰にさし、笠を被った小比丘尼が出て来る（図24）。

さて、江戸も後期、文化九年（一八一二）の二世瀬川如皐の『只今御笑草』の挿絵（図25）を見ると、ともに黒の投頭巾と帯を前結び姿の比丘尼と小比丘尼が出て来るのである。比丘尼は絵箱を抱えている。

天保八年（一八三七）の『守貞謾稿』巻二十の「妓扮」は、貞享三年（一六八六）刊『好色訓蒙図彙』の「比丘尼丸女《まるた》」を挿絵（図26）とともども引用する。即ち、二人とも黒頭巾を被り、右側の比丘尼は絵箱を右脇に手挟んでいるが、その恰好は歌比丘尼のそれである。当該の文によれば、ともに化粧を施し、小歌を生業とする、とあるから、紛れもなく、歌比丘尼あるいは浮世比丘尼であることが知られる。また、巻二十二「娼家下」には、『我衣』所載の比丘尼図（図27）を掲げる。白衣を纏い、白頭巾と笠を被り、帯は前結び、左脇に絵箱を抱える図である。さらに後半部では、前述の「妓扮」に掲載した『好色訓蒙図彙』所収図を再度採録し、売色を専らにす

図27 『守貞謾稿』
巻二十二

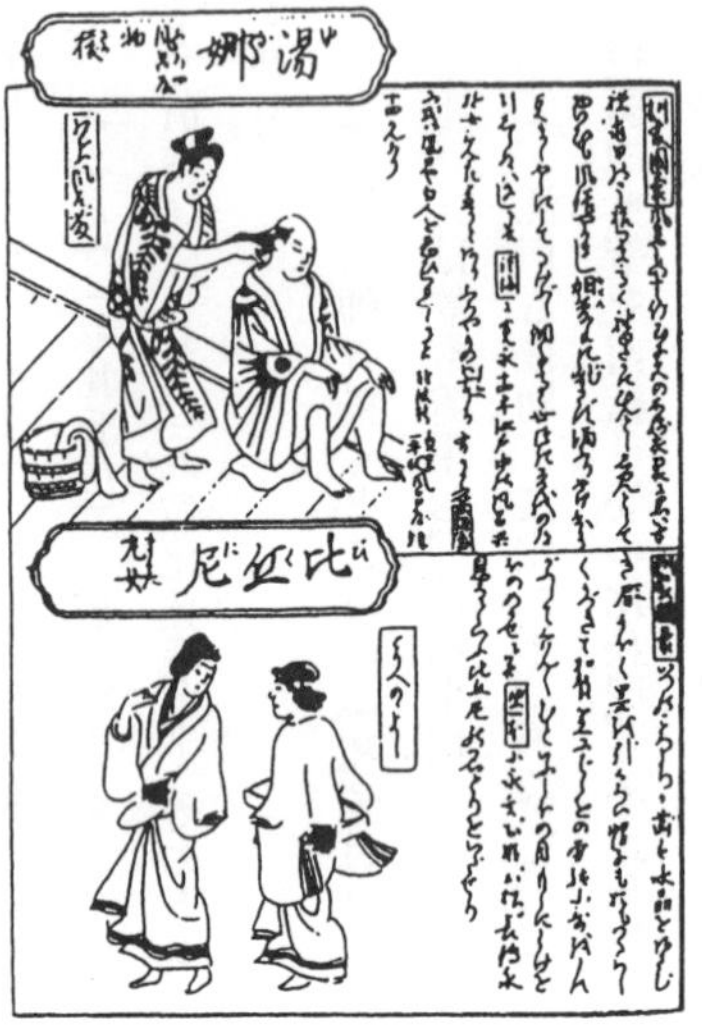

図26 『守貞謾稿』巻二十

図25 二世瀬川如皐
『只今御笑草』

図28 『伊勢参宮名所図会』「間の山」

る歌比丘尼の風姿だと説いているのである。

他に、享保八年（一七二三）の『百人女郎品定』巻下は、西川祐信描くところの「哥びくに」図を掲げる。黒頭巾に前結びの帯姿の比丘尼、その後ろに黒頭巾の上に笠を被り、帯を前結びにし、絵箱を抱える比丘尼、二人の小比丘尼のうち一人は絵箱を抱え、もう一人は勧進柄杓を手にしている図柄となっている。また、『伊勢参宮名所図絵』の「間《あひ》の山」（図28）にも、旅人を誘う二組の熊野比丘尼が描かれている。

11

これまで長々と述べてきた熊野比丘尼の配札勧進活動に関する絵画資料をあらまし整理すると、大きく二つに分けることが出来る。

白衣を着、白い頭巾を被った熊野比丘尼の風姿は、前代から継承されてきた古態――絵解きを生業とする勧進比丘尼・絵解き比丘尼を現わすものである。

これに対して、黒色の頭巾の着用、前結びにした胸高帯の比丘尼は、歌比丘尼・浮世比丘尼と化した女性宗教家の姿を象徴する身形《みなり》だと言えよう。

熊野比丘尼の職掌の変容は、江戸初期と意想外に夙かったのである。

〔注〕

（1）『東海道名所記』巻二参照。

（2）東京国立博物館に鎌倉期成立と伝えられる「老の坂図」（実際には室町期の作と思われる）なる一幅があるこ

とを明記しておきたい。

（3） 岡山県立博物館「絵ときの世界」展（二〇〇五年一一月二日～一二月四日）の展示解説によると、岡山県建部町・豊楽寺本の旧軸木には「奉再建十界曼荼羅……寛政十一年（一七九九）巳未天五月八日」とあるという。「フォーラム 絵解きの世界『熊野観心十界曼荼羅を読み解く—生と死を結ぶもの—』」（岡山県教育委員会・岡山県立博物館主催）における瀧川和也氏発表「地方に残る熊野観心十界曼荼羅—伝来のあり方—」の中で紹介された三重県久居市・蓮蔵寺本の享保九年（一七二四）裏書にも、「奉寄附一心十界之図 一幅」とあるという。即ち、江戸中期に「十界曼荼羅」「一心十界之図」と呼称されていた例として、注目しておきたい。

（4） 後藤近吾「織田常学院記」（『相川郷土博物館報』二号、一九六二）参照。

（5） バーバラ・ルーシュ『もう一つの中世像 比丘尼・御伽草子・来世』（思文閣、一九九一）参照。

（6） 楢崎宗重「新出京名所風俗図屏風について」（『国華』八六八号、一九六四）参照。

（7） 根井浄『補陀落渡海史』（法蔵館、二〇〇一）参照。

（8） 脇坂淳「大坂を描く諸屏風の脈絡」（『大阪市立美術館紀要』六号、一九八六）参照。赤井達郎『絵解きの系譜』（教育社、一九八九）参照。

（9） 第5節参照。

（10） 吉原浩人「絵巻になった『熊野観心十界曼荼羅』——早稲田大学図書館ゴルドン文庫本考——」（『関山和夫博士喜寿記念論集 仏教 文学 芸能』（関山和夫博士喜寿記念論集刊行会、二〇〇六）参照。

（11） 注（7）根井浄『補陀落渡海史』参照。

（12） 注（7）根井浄『補陀落渡海史』参照。

（13） 徳田和夫「熊野比丘尼の文芸像」（『悠久』二四号、一九八六）参照。

（14） 林雅彦「春朗画『八月 びくに』覚書」（『絵解き研究』一八号、二〇〇四）参照。

付　「熊野学」研究の今昔

はじめに

「熊野」は今注目されている。二〇〇四年七月の世界遺産登録をめざして、和歌山・三重・奈良三県をはじめ関係市町村がこぞって活発な誘致運動を行ってきた結果、二〇〇四年七月七日、中国・蘇州市において開催されたユネスコ・第二十八回世界遺産委員会で、「紀伊山地の霊場と参詣道」が世界文化遺産に登録された。そこで観光客が熊野へ多数押しかけることとなったのである。その一方で、熊野地方の山・川・滝・海の豊かな自然環境の破壊への危機感も強く、現に近年環境問題が取沙汰されていることも事実である。そうした中で、元来神の宿れる自然（言霊《ことだま》・木霊《こだま》）をも包括した総合的な「熊野学」の構築をめざし、あらためて「熊野」を見詰め直そうという機運が昂まっている。その基底には、ひとり熊野だけではない、日本各地で変貌する山・川・海に寄せる危機の思いが存するからである。

「熊野学」の対象となる地域は、おおよそ和歌山県田辺市を含む西牟婁郡と、同新宮市を含めた東牟婁郡、三重県熊野市を含めた南牟婁郡、同尾鷲市を含めた北牟婁郡の、牟婁四郡と想定される（平成の大規模な市町村合併により、組合せや呼称の変更が生じているが、ここでは、二〇〇四年四月現在の呼称とする）。

以下、「熊野学」の領域ごとに些か研究成果を紹介し、熊野に寄せる思いを同じくする人々へのコールとしたい。

「熊野」とは

新宮出身の故佐藤良雄[1]は、エッセイ「『熊野学』ということについて」[2]（「熊野誌」四二号、平成8〔一九九六〕・12発行）において、回想とともに、後進に「熊野学」構築を託すべき提言として、「熊野」を東西南北の牟婁四郡に限定して欲しい旨述べた上で、地理的には、熊野川を挟んで、東は南北の牟婁郡（三重県）、西は東西二つの牟婁郡（和歌山県）を示し、その中心に熊野三山を据えるのがよい、と説いている。

因みに、「熊野」に言及する際、その範囲は概ね佐藤の主張と一致することを、あらためて確認しておきたい。

総合的研究

「熊野」を考える時、先ず田原慶吉編『東牟婁郡誌』上・下（大正6〔一九一七〕）[3]を挙げねばならない。また、佐藤良雄が敬慕した旧制新宮中学校の教員だった郷土史家小野芳彦の『小野翁遺稿熊野史』（昭和9〔一九三四〕）も見逃せぬ。ともに、熊野の歴史や信仰から自然まで触れており、歴史的意義をも有する研究書である。前後するが、石田茂作『那智発掘仏教遺物の研究』（昭和2〔一九二七〕）は、夙くに熊野三山の経塚中最大規模の経塚の全容を説き明かした労作で、戦後昭和四十三・四年（一九六八・六九）、同六十年（一九八五）の本格的な発掘・

調査に多大な影響を及ぼした。

その後の熊野史の全貌を扱った著作と言えば、宮地直一の『熊野三山の史的研究』（昭和39〔一九六四〕）であろう。即ち、熊野三山の成立から中世初期までを取りあげ論じている。

昭和二十八・九（一九五三・五四）の両年、地方史研究所が実施した総合調査は、三山と奥の院たる玉置山《たまきさん》を含めた熊野の考古・民俗・近世社会経済史・史料を収め、瀧川政次郎編になる『熊野』（昭和32〔一九五七〕）として刊行された。さらに、国学院大学熊野学術調査団が昭和三十七年から三十九年（一九六二～六四）にかけて、宗教史・民俗学・文学史・芸能史・文献・美術史・考古学にわたって総合的に調査・研究、その成果を「熊野学術調査報告特集」と題して正続二回「国学院雑誌」上に掲載したのだった。

直近の例としては、「国文学解釈と鑑賞」が、「『熊野学』へのアプローチ」（林雅彦編集）と題する正続二回（平成15・16〔二〇〇三・十月号、二〇〇四・三月号〕）にわたる学際的特集を編み、近年の研究成果を披瀝する。編者の林は、この二冊の特集を改編増補、「国文学解釈と鑑賞」の別冊の形で「熊野その信仰と文学・美術・自然」を平成十九年（二〇〇七）一月刊行した。

熊野に関する調査・研究は、地元でも多領域にわたって活発に行われ、その成果は機関誌に次々と発表されている。則ち、二〇〇七年十二月現在、新宮市では、熊野地方史研究会・新宮市立図書館が「熊野誌」を五三号まで、熊野歴史研究会が「熊野歴史研究」を一四号まで刊行している。また、田辺市では、紀南文化財研究会が「くちくまの」を一二九号まで、一三〇号以後『熊野《くまの》』と改称して一三一・一三二合冊号まで刊行している。眼を三重県に転ずると、みえ熊野学研究会が、〝みえ熊野の歴史と文化シリーズ〟と題し、現在まで『熊野道中記いにしえの旅人たちの記録』『熊野の民俗と祭り』『熊野　自然と暮らし』『熊野　参詣道　伊勢路を行く』『熊野灘　磯の辺路紀行』『熊野の文学と伝承』『熊野の歴史を生きた人々』の七冊を公刊している。

和歌山県は、田辺市本宮町に世界遺産センターを設立し、情報の収集と発信に取り組んでいる。また、新宮市教育委員会には数年前まで熊野学情報センター準備室があったが、その後熊野文化振興室と改称、市立図書館と相俟って、将来「熊野学」の総合研究の拠点としての熊野学センター設立を検討中である。さらに、和歌山県では、熊野信仰をはじめ、熊野の学術的集大成化を図るべく、「熊野学シンポジウム」を開催してきた。また、三重県及びみえ熊野学研究会も「みえ熊野学フォーラム」を東京や名古屋で開催している。さらに、二〇〇七年三月には、尾鷲市内に県立熊野古道センターを開設、熊野古道伊勢路を中心に参詣記や大庄屋文書などの熊野研究に邁進している。東京でも、北区飛鳥山博物館が和歌山県と共同で「熊野学講座」を開催している。

社会経済史

児玉洋一『熊野三山経済史』（昭和16〔一九四一〕）は、中世の荘園・師檀関係、あるいは近世の貸付金等々、文字通り熊野三山の社会経済史について論じた一書である。新城常三の大著『新稿社寺参詣の社会経済史的研究』（昭和57〔一九八二〕）もまた、熊野詣《もうで》を理解する上で欠かせない社会経済史の必読書だと言ってよかろう。

熊野信仰と絵解き

熊野信仰と言えば、本宮・新宮・那智の三山と那智山青岸渡寺のそれが、中心をなすことに異論はないだろう。この三山一寺に、新宮市など八つの地方自治体を加えて構成される熊野三山協議会が夙くから活動し、講演会などの開催や調査の類に携わってきたが、その果たす役割は今日にあっても大きな存在として県内外に知られている。

参詣者がかつて往還した大辺路・中辺路・小辺路・伊勢路の所謂熊野古道をめぐる調査・研究の成果は、昨今、前述の熊野歴史研究会や紀南文化財研究会から『報告書』の形で、また、みえ熊野学研究会の〝みえ熊野の歴史と文化シリーズ〟でも刊行されている。これが、世界遺産の登録へと向けて大きな弾みとなったことは、否めない事実である。さらに、大辺路刈り開き隊の近年の活動も注目されるものである。なお、近年の成果に、海の熊野古道とも言うべき補陀落渡海を論じた根井浄の大著『補陀落渡海史』（平成13〔二〇〇一〕）がある。谷川健一氏の指導を得て「海の熊野地名研究会」も作られ、「会報」を出している。さらに、山本殖生の『世界遺産〝川の参詣道〟熊野川の魅力』が、平成十八年（二〇〇六）が刊行された。〝街道の日本史〟の一冊として、小山靖憲・笠原正夫編『南紀と熊野街道』（平成15〔二〇〇三〕）も刊行された。加えて、みえ熊野学研究会や、平成十七（二〇〇五）年三月立ち上げられた国際熊野学会の会員たちの中に、伊勢路の「熊野」（熊野街道伊勢路）の研究に取り組む研究者の存在も、忘れてはならない。熊野古道の整備がいよいよ求められている。

熊野那智大社宮司の故篠原四郎が、小冊子ながら、熊野信仰や那智山信仰を中心に、勝れた内容を有する『那智叢書』二十五冊（昭和37〜52〔一九六二〜七七〕）を刊行したことを強調しておきたい。速玉大社の宮司故上野元も、同様に『速玉文庫』と称する小冊子十五冊（昭和39〜59〔一九六四〜八四〕）を上梓した。それらは、速玉大社の由緒・祭礼・文化財などをテーマごとに纏めたものである。ともに、神社内部からの発言として、注目出来よう。

蔵田蔵編『熊野』（昭和43〔一九六八〕）は、熊野曼荼羅・神像・古神宝・建築等々の当時第一線研究者の論文を載せ、さらに、熊野の神事・行事に関する報告、豪華カラー写真を併載している貴重な一書である。

基礎的資（史）料として、『熊野速玉大社古文書古記録』（昭和46〔一九七一〕）、『熊野那智大社文書』（昭和46〜

52〔一九七一～七七〕）が相次いで刊行された。併せて、豊島修・根井浄・山本殖生によって『熊野本願所史料』（平成15〔二〇〇三〕）も刊行され、今後熊野本願所の組織・活動などを考察する上で、大いに利用し得る。阪本敏行『熊野三山と熊野別当』（平成17〔二〇〇五〕刊）も、注目すべき書である。

昭和五十年代は、熊野山伏や熊野比丘尼たちの絵解きを含む布教活動の研究も、盛んとなった。林雅彦『日本の絵解き―資料と研究』（昭和56〔一九八一〕）、萩原龍夫『巫女と仏教史―熊野比丘尼の使命と展開』（昭和58〔一九八三〕）が刊行された。前者は熊野比丘尼の絵解きを、後者は熊野比丘尼の果たした役割を論じ、次世代に大きな影響を及ぼした。他に、大島建彦、豊島修、篠原四郎、バーバラ・ルーシュらも、熊野比丘尼に言及している。平成十八年（二〇〇六）三月には、明治大学で九百人を集めて、林をコーディネータに「『日本の絵解きサミット』山岳霊場と絵解き」と題して、パネル・ディスカッションと実演がなされ、『台本集』と『報告書』も作成された。

こうした先駆者の研究成果を元に、平成十九年（二〇〇七）根井浄・山本殖生編著『絵解き比丘尼を絵解く』が刊行されたことは、喜ばしい限りである。なお、絵解き研究会会誌「絵解き研究」20・21合併号（平成19〔二〇〇七〕・8）は、「熊野観心十界曼荼羅を読み解く」を特集する。

「熊野観心十界図」については、西山克、黒田日出男の一連の研究があり、近年、兵庫県立博物館の小栗栖健治の博捜とそれに基づく分類がなされている。また、十数点に及ぶ三重県下の「熊野観心十界図」の発見に尽力した瀧川和也の存在も忘れてはならない。研究に取り組む際、「熊野観心十界図」の意図するところが何かを見失わないように、肝に銘じておかねばならないことを付記しておきたい。

新宮市で生まれ育ち、市教育委員会に奉職する山本殖生の一連の論考も、熊野信仰研究上重要なものであり、成果の集大成が待望される。

文学方面では、林や徳田和夫、渡邊昭五、小林健二らの論考がある。

熊野と修験道

和田翠編『熊野権現』（昭和63〔一九八八〕）は、熊野信仰、修験道に関する好論を収める。吉野・熊野・大峯を論じた宮家準『大峯修験道の研究』（昭和63〔一九八八〕）、熊野三山に関する資料や参詣記を掲載した『神道大系』（平成元〔一九八九〕）、研究成果の集大成たる豊島修の『熊野信仰と修験道』（平成2〔一九九〇〕）、郷土史家二河良英の『熊野の研究』（平成4〔一九九二〕）、新城美恵子『本山派修験と熊野先達』（平成11〔一九九九〕）など、次々と貴重な著作が刊行され、修験道研究の飛躍的進展が見られる。日本修験学会の「山岳修験」36号（二〇〇五・十二）は、熊野特集を組んでいる。

併せて、青岸渡寺高木亮英の奥駈復活という実践行も、忘れてはならない。高木は、寒中・厳冬の季節、那智四十八滝の滝行の復活も行っている貴重な人物である。

熊野地方の市町村史の刊行も数多く、地元ならではの記述が見られる。近年刊行の加藤隆久編『熊野三山信仰事典』（平成10〔一九九八〕）に付された全国二千五百九十二の「熊野神社」総覧は、熊野信仰の地方展開の手懸りとなり得る。

民俗・方言など

夙くに雑賀貞次郎は、『牟婁口秘集』（昭和4〔一九二七〕）、『南紀熊野の説話』（昭和9〔一九三四〕）をはじめ、戦後の昭和二十年代にも民俗に関わる著書を三冊出している。杉中浩一郎の活動も見逃せないが、『熊野の民俗と歴史』（平成10〔一九九八〕）が近頃日の目を見たことは、喜ばしい。下村巳六の『熊野の伝承と謎』（平成7〔一九九五〕）もある。梶晴美編『奥熊野のはなし—須崎満子媼の語る三〇〇話』（平成17〔二〇〇五〕）も世に出た。濱岸宏一・小倉肇の活動も忘れてはならない。

南方熊楠

在野の博物学者であり、民俗学者でもあった南方熊楠に対する関心は、近年も根強い。熊楠自身の著述は、文庫本でも容易に読むことが出来る。また、熊楠に関する著作も、毎年数点刊行されているが、ここでは、地元在住の中瀬喜陽『覚書　南方熊楠』（平成5〔一九九三〕）、近年の原田健一『南方熊楠進化論・政治・性』（平成15〔二〇〇三〕）と、「國文學」（平成17〔二〇〇五〕・八月号）が「南方熊楠—ナチュラルヒストリーの文体」と題して、特集号を出したことを先ず紹介しておく。「國文學」には、南方熊楠資料研究会・南方熊楠顕彰会・熊楠関西研究会等の研究成果の一端が披瀝されている。

南方熊楠記念館は、平成十七年（二〇〇五）に『南方熊楠記念館40周年記念誌』を出した。二〇〇六年五月田辺市内の南方熊楠邸跡に南方熊楠顕彰館が開館したのも、まことにうれしいことである。なお、田辺市・南方熊楠邸保存顕彰会からは、『南方熊楠邸蔵書目録』『南方熊楠邸資料目録』が刊行されている。

大逆事件と熊野

大逆事件から百年、熊野地方の犠牲者六名の名誉回復が新宮市議会で全会一致可決されたのも、画期的な出来事であろう。平成十五年（二〇〇三）、〝「大逆事件」の犠牲者を顕彰する会〟によって、西村記念館の庭の一隅に「志を継ぐ」と刻された顕彰碑が建立されたが、その後新宮駅近くに移されたことも、特記しておく。

ところで、浜畑栄造『大石誠之助小伝』（昭和47〔一九七二〕）、森長英三郎『禄亭大石誠之助』（昭和52〔一九七七〕）などの伝記が夙に刊行されている。近年、社会主義運動の研究家・山泉進『平民社の時代—悲戦の源流』（平成15〔二〇〇三〕）、及び山泉編の明治大学人文科学研究所叢書『大逆事件の言説空間』（平成19〔二〇〇七〕）も公刊され、後者には、「佐藤春夫の大逆事件」その他の論考を収める。

熊野の生物

『虫たちの熊野』（平成12〔二〇〇〇〕）で著名な、今は亡き後藤伸の、「人も自然のうち」という言葉に象徴されるように、貴重な熊野の自然を後世に残そうという願いのもと、生涯を捧げたことは、広く知られるところである。その意志を受け継いだ和歌山県自然環境研究会・南紀生物同好会等々に属する玉井済夫・水野泰邦、「いちいがしの会」の竹中清夫妻や辻田友紀らを中心とする調査・研究・実践活動は、今後の熊野を考える上で重要である。新宮在住写真家の楠本弘児や、東京から移り住んだ細谷昌子も、後藤の影響を受けた人々で、近年荒廃していく熊野の自然に眼を向け続ける。

中嶌章和・瀧野秀二を中心とする熊野自然保護連絡協議会や、三重県熊野市在住の植物学者花尻薫や、花尻の影響を受けて、自然・人文に目配りのある三石学の研究・活動も、注目せねばならない。

林業・漁業

林業に関しては、野村寅夫編『近世すさみ林制史料』（昭和43〔一九六八〕）及び『幕末大塔林制史料』（昭和52〔一九七七〕）、庄司海村『熊野河林業誌』（昭和28〔一九五三〕）が知られる。新書版ではあるが、戦時中の乱伐や戦後の針葉樹林のみの植林に加え、過疎化の中で顧みられなくなった森林問題を、川と関連付けて分かり易く訴える作家で、熊野の森に言及した著作の多い宇江敏勝『森のめぐみ熊野の四季を生きる』（平成6〔一九九四〕）は、一人でも多くの人に読んで欲しい一冊。疲弊しきった我が国の森を再び豊かな森として蘇えらせるために。

漁業も、山・川の環境が大きく作用することは、言うまでもない。

夙く中根七郎『古座漁業誌』（昭和9〔一九三四〕）が刊行されたが、その後、田村栄『江川漁業史』（昭和48〔一九七三〕）、笠原正夫『近世漁村の史的研究―紀州漁村を素材にして』（平成5〔一九九三〕）が出された。鯨に関しては、太地五郎作『熊野太地浦捕鯨乃話』（昭和12〔一九三七〕）をはじめ、捕鯨史編纂委員会編『鯨に挑む町―熊野の太地』（昭和40〔一九六五〕）、『熊野太地捕鯨史』（昭和44〔一九六九〕）の二冊、太地亮『太地角右衛門と鯨方』（平成15〔二〇〇三〕）など一連の研究成果が刊行されている。なお、太地町立くじらの博物館があることを付け加えておく。

熊野を訪れた文人墨客

江戸時代以降、熊野を訪問、滞在した文人墨客は少なくない。また、熊野出身の文学者も数多いが、これから研究を志す人々のために、浦西和彦・半田美永の好著『紀伊半島近代文学事典―和歌山・三重』（平成14〔二〇〇二〕）を紹介しておきたい。

今後の課題

近世から近代の「熊野」という地域図（地図）を渉猟・分析することによって、今日置かれている「熊野」の抱える問題点が浮き彫りされる可能性もある。

加えて、天平年間の「無漏《むろ》」の記述は「牟婁」に通じること、古代以来の日本が動く時熊野が動いたこと、そして、江戸時代の口熊野と奥熊野という二区分の持つ意味などを考えることによって、明治政府の和歌山・三重両県に跨る「熊野」地域の分断化は、歴史や住民を無視した行政だったことが理解されよう。

「熊野学」の領域は、これだけではない。実に幅広い。それゆえ、今こそ総合的な「熊野学」を構築し、日本全国へ、世界へ発信せねばならないと考える。

前述のように、二〇〇五年三月二十七日国際熊野学会が設立され、人文・社会・自然の各領域研究者ばかりでなく、熊野に深い関心・興味を抱く国内外の人々、さらには、学生・生徒・各種団体（行政機関・企業・研究会）の参加を求めたところ、二〇〇七年十二月末現在、四百五十名余りの会員を擁することとなり、熊野をめぐる新たな活動が緒についたことを併記しておきたい。

また、『熊野の謎と伝説』の著者で、関東新中会（旧制新宮中学校・新制新宮高等学校同窓会）の澤村経夫やNPO法人紀州熊野応援団の嵩聰久氏らに代表される熊野出身者たちの熊野に寄せる熱き思いと支援態勢も、記しておく。

〔注〕

（1）敬称は省略した。以下同じ。

（2）二〇〇三年四月、百三歳で天寿を全うされた佐藤氏を慕う関係者によって、翌四年六月遺稿集『熊野懐旧録』が刊行された。本稿も巻頭に収められている。

（3）発行所に関しては、林雅彦「『熊野学』研究文献目録抄」（『国文学解釈と鑑賞』の別冊（平成19〔二〇〇七〕・一月）を参照願うための便宜を考えて、刊行年は「平成18〔二〇〇六〕」の如く表記した。以下同じ。

二　女性による女性のための「人生の階段図」絵解き　「九相図」を視野に入れつつ

1

熊野信仰を鼓吹するために、熊野比丘尼が「那智参詣曼荼羅」「熊野の本地絵巻」とともに絵解きに用いた絵画に、「熊野観心十界曼荼羅（熊野観心十界図）」(1)一幅（口絵3）がある。この絵画の上部には、あたかも虹の架橋のような半円があり、その上を右から左へと順に年齢を加えながら歩む男女の姿が描かれている。じっと目を凝らして見ると、右端鳥居の脇に産屋があり、鳥居の前後には幼児の這う姿が見え、その上部には、梅の枝や柳の枝を手にした少年が登場している。さらに上に進むにつれて青年男女の着飾った姿が描かれている。そして最上部には、幾組かの壮年男女を描く。そこから先、左へ降っていく半円上には、初老の男女や、孫に手を引かれた老婆、杖に縋る老人が登場するが、とりわけ老婆の姿が目に付く。降り切った所にある鳥居の左脇には、墓場があり、犬や狼、烏などが屍を求めてうろついている。反対側には閻魔王庁の光景が描かれている。半円上部には右から左へと、樹木の四季の移ろいも描かれている。件の絵画の下半部には、六道、特に女性に纏わる血の池、不産女《うまずめ》、両婦《ふため》、賽《さい》の河原といった種々の地獄のさまが描出されている。転じて、半円の直下には、仏・菩薩・声聞・縁覚の四聖界を描き、仏・菩薩の真下に「心」の字を配している。

2

近世初頭の元和・寛永期（一六一五〜四四）に作成されたアメリカ・フリア美術館蔵「住吉神社祭礼図」(2)は、右の「観心十界図」を絵解きする熊野比丘尼像を、画中画という制約があるにもかかわらず、実にリアルに描き出している。即ち、折りしも祭礼で賑わいを見せる摂津一の宮住吉大社の太鼓橋の袂、熊野比丘尼がターゲットとするのは、女性たちであった。有髪が隠れるような頭巾を被り、白小袖に白帯を前結びにした出立ちの比丘尼は、左膝を立てた姿勢で「観心十界図」に向かっている。口元は半ば開かれ、右手に持った楚《しもと》の先は掛幅絵の中心部より少しばかり上に位置する「心」の字を指していて、絵解きの真っ最中、といった光景である。絵解きの熱演ぶりが、あたかもその場にいるような錯覚を与える程に活写されているのである。比丘尼の背後には、問題の「観心十界図」をはじめ、牛王札や各種の護符、梛《なぎ》の葉などを収めた絵箱が置いてある。さらに、比丘尼の右後ろには、剃髪姿の小比丘尼がひとり、左手に勧進柄杓を持って控えている。この周囲には、女性が五人立ったまま、比丘尼の絵解きに耳を傾けつつ、「観心十界図」に見入っている。中央後ろ姿の女性を除き、他の女性たちは被衣《かづき》を被っている。後ろ姿の女性は、吾が子と思しい幼い女児を左肩に乗せ、もうひとりの姉と思われる幼女を左脇に従えている。右側の被衣を挙げて覗き込む女性たちの背後には、長煙管を担いだ若衆の姿も見える。

そして、画中画の「観心十界図」上部左右に日輪・月輪を、その下に半円形の〝人生の階段〟や「心」字、六道のさまを図していることも、明記しておく。

加えて、熊野比丘尼の生業たる「観心十界図」の絵解きを表現した絵画資料として、本図の評価はきわめて高いのである。

「住吉神社祭礼図」ほど精緻とは言えないが、比丘尼が「観心十界図」を絵解く図は、ニューヨークのバーク・コレクション蔵「京名所風俗図屏風(3)」や大阪市立博物館蔵「京大坂市街図」、大阪城天守閣蔵「大坂城下図屏風(4)」あるいは個人蔵「遊楽図(5)」にも見られる。京・大坂のような大都市の巷街や寺社の境内で、いずれも女性を対象に絵解きしていたことが知られるのである（図版はⅡ・一を参照）。

3

書籍の挿図にも、熊野比丘尼の絵解きの光景を垣間見ることが出来る。

前にも引いた艸田斎（苗村丈伯）『籠耳』（貞享四年（一六八七）刊）巻四・二「地獄沙汰銭《じごくのさたもぜに》」によれば、

くまの比丘尼《びくに》地獄《ぢごく》の躰相《ていさう》をゑにうつし、かけ物《もの》にしてゑときし女《をんな》わらへをたらす、かのうまずの地ごく両婦《ふため》ぐるひのぢごくは、たやすくゑときせぬを、女子どもなを聞《き》たがりてしよもふすれば、百廿文の灯明銭《とうめうせん》をあげられよ、ゑときせんといへば、われも〳〵と珠数袋《じゆずぶくろ》のそこをたゝき、銭《ぜに》をだしあはせてきけば、又血《ち》のぢごく針《はり》のぢごくなどゝ云事をいひきかせ、女《をんな》の気にかゝるやうにゑときして、ひたと銭《ぜに》をとる　これよりぢごくのさたも銭《ぜに》といふ也

（傍点引用者・以下同じ）

の如く、不産女地獄をはじめ、両婦地獄・血の池地獄・針の山など、女性の現実生活中にマッチした場面に関しては、その都度百二十文の灯明銭を出さねば絵解きしない旨の本文とともに、室内で男女に絵解きしている模様

を描いた挿図（Ⅱ・一・図7参照）を掲げる。画中画の「観心十界図」には、残念ながら〝人生の階段〟は見られないが、両婦・不産女の両地獄があり、比丘尼が楚で血の池地獄を指している。してみると、本文・挿図ともに明らかに女性を意識していることが知られるのである。

因みに、黒川道祐『日次紀事』延宝四年（一六七六）二月条に、

倭俗彼岸ノ中、専ラ作ス二仏事一ヲ、民間請シテ二熊野比丘尼一ヲ、使ムレ説カ二極楽地獄ノ図一ヲ、是ヲ謂フレ掲トレ画ヲ

と、彼岸に京の地にあっては、家毎に熊野比丘尼を招き入れ、「極楽地獄ノ図」、つまり「観心十界図」を絵解きしてもらう習慣があった。ここでも対象は女性だったと思われる。

考証家でもあった山東京伝の『近世奇跡考』（文化元年（一八〇四）刊）「歌比丘尼」項では、増穂残口の『艶道通鑑』（正徳五年（一七一五）序）「雑之恋」項に記述された「脇挟し文匣に巻物入て、地獄の絵説し、血の池のけがれをいませ、不産女の哀を泣する業をし」を引いているように、近世初頭、掛幅絵とは別個に、絵巻形式の「観心十界図」が存した旨述べ、「熊野比丘尼絵説図」（Ⅱ・一・図8参照）と題した挿図一葉を掲載する。即ち、御殿女中と思しき三人に「観心十界図」絵巻の閻魔王庁の場面を示しつつ絵解きしている光景を描いている。京伝は『骨董集』（文化十一年（一八一四）刊）上編下之巻・後の「勧進比丘尼絵解」項でも、

昔《むかし》の勧進比丘尼《くわんじんびくに》は、地獄極楽《ぢごくごくらく》の絵巻《ゑまき》をひらき、人にさしをしへ絵解《ゑとき》して、仏法《ぶつほう》をすゝめたりき。下《しも》の古画《こぐわ》の体《てい》を見るに、寛永の比《ころ》にいたりてはそれを略《りやく》し、かの絵巻《ゑまき》は手《て》に持《も》て計《ばか》りにて、比丘尼《びくに》二人《ふたり》むかひ居《ゐ》て、絵解《ゑとき》の言《ことば》に節《ふし》をつけて、拍子《はうし》とりてうたひしにやとおぼゆ。

と述べ、右の本文に呼応する挿図「勧進比丘尼絵解図」（Ⅱ・一・図9参照）一葉を掲げる。挿図中の右上部に「按ずるに今より百八十年ばかり前寛永中にかける絵なるべし。頭を白き布にてまきたるは、ふるきふり也。（下略）」の一文があり、生業の勧進に勤しんだ熊野比丘尼の頭巾は、後に春を販いだ「歌比丘尼」とか「浮世比丘尼」と称されるようになった比丘尼たちの黒頭巾とは異なる、白頭巾だったことに言及しているのである。

4

ところで、雑俳集の不角編『俳諧双子山前集』（元禄十年（一六九七）成立）には、

女同士絵説比丘尼を取巻て

の一句があるが、女性たちは熊野比丘尼の絵解き、〝人生の階段〟をも含む「観心十界図」絵解きに強い興味を抱いていたのである。

次に貞享三年（一六八六）刊の無色軒三白『好色訓蒙図彙』を引く。

むかしをきけば、沙法も手またふして、阿爺《とゝ》もたず、魚くはず、寺参にうとき家美《かみ》様、談義も説法も耳にとまらぬ女、わらべに、地ごく極楽のゑをかけてゑときしてきかせ、老の坂のぼればくだる、つねならぬ世の無常をしめして、心なきにもなみだをこぼさせて、……

図1　おいのさか図（東京国立博物館蔵）

図2　人生の階段図（フランス）

「地ごく極楽のゑ」とは、言うまでもなく「観心十界図」のことであり、傍点を付した「老の坂のぼればくだる」とは、〝人生の階段〟を指す表現にほかならない。

東京国立博物館には、室町時代に作成された「おいのさか図」一幅（**図1**）が伝わっている。険しい岩山の坂を右から登り、左へ降りて行く人物を描いた図で、登り降りする人々は全て男性の九人だが、よくよく眺めてみると、同一人物の次第に加年していく姿を表現したものだと考えられる。夙くに、萩原龍夫氏が推察されたように[6]、十歳ずつ描かれているとするならば、登山は十歳から始まり、頂上が五十歳、山を降り切ったところが九十歳と見做される。十歳ずつ刻んでいく形式は、ヨーロッパ各地に伝わる「人生の階段図」（**図2**）ときわめて類似性を有する。ただし、「人生の階段図」は左端が誕生場面で、以下右に向かって十歳ずつ進み、右端が百歳で死を迎える場面であるが、いずれの場面でも男女一対の形で描かれており、我が国の「おいのさか図」や「観心十界図」と相違する。また、我が国の図が右方向から左方向へと進行するのに対して、「人生の階段図」は全く逆方向へ進んで行く。そこには、東西文化の根本的な違いが想定されるのである。

鑑みるに、万治二年（一六五九）刊の中川喜雲『私可多咄』を繙くと、「観心十界図」に関して、

むかしくまのびくに絵をかけて、是は子をうまぬ人、死で後とうしみをもちて、竹のねをほる所なりといふをきく、おなご共なみだをながし、さてゐどきすみて後びくに、ゝとふやうは、子をうみてもそだゝぬものは、うまずとおなじ事かといへば、比丘尼こたふるは、それはうまずよりすこしつみあさし、さればとうしみはゆるして、たけのねをいがらにてほらするといふたは、よいかげんな事なり、

とあり、今まで眺めてきた資料と同様、絵解きの対象は女性である旨記されている。

これまで長々と触れてきた「観心十界図」に描かれた「老の坂のぼればくだる」〝人生の階段〟もまた、女性のための人生行路の架橋だったのである。

5

琵琶湖畔にある天台宗の名刹聖衆来迎寺に伝わる国宝「六道絵」十五幅（鎌倉中期成立）は、恵心僧都源信の著述『往生要集』中の六道に関わる記述部分を絵画化した大部の掛幅絵として知られることは、周知の通りである。

寺伝に従えば、円融天皇の御代、源信に命じて巨勢金岡に『往生要集』を絵画化せしめ、それを宮中の紫宸殿

に安置はしたが、絵箱の中から夜な夜な鬼に苛まれて啜り泣く亡者の声が聞こえてきたので、円融天皇はこの絵を源信に下賜した絵画が、件の掛幅絵だと伝えられている。元来は三十幅だったが、後年の織田信長による比叡山焼討の際、現存十五幅は焼失を免れ、聖衆来迎寺に伝えられたという。大串純夫氏「十界図考（上）」(7)に引く聖衆来迎寺蔵『六道絵相略縁起』（近世後期の板本）序文にも、

抑当寺十界之絵相の来由を奉レ尋に、恵心僧郡永観二年往生要集を撰玉ひ、唐土に渡し玄宗皇帝の叡覧ニ達せしに、普《あまね》く四明学者を勅して、往生要集を講談せしめ玉ふ時に、帝王冠を傾玉ひ、其等聴聞之臣等道俗へ綸命して、東に向ひて日本小釈迦源信如来と謹で三拝なさしめ玉ふ。依而異朝まで念仏弘世の道師と申は此故なり。我朝にてハ人王六十四代円融院法皇に奉二備へ一に、叡覧深く信受し玉ひて、末代女御后妃のためにと、此絵相を画かし玉ひて、則三十幅にあらはし玉ふ。然るに惜むべし上四聖界十五幅ハ元亀の兵火に焼失す。残る所の下六道の分十五幅は、当寺に収りて今に什宝たり、嗟嘆《ああ》娑婆にてつくる罪科の応報此絵相に現然たり。諸人恐るべし謹むべし。尚委くハ往生要集に見へたりト而云

と、成立をめぐる記述が見られる。しかも、女御后妃のために作られたとも記している点に注目しておきたい。

第二幅「等活地獄」から第十二幅「無常相」までと第十五幅「天道」の都合十二幅は、『往生要集』第一「厭離穢土」の内容を絵画化したものである。寛文八年（一六六八）には、女御后妃の鑑賞のために、場面のところどころに貼紙が付された（明治二十二年（一八八九）の修理時に剥がされた）が、それらも全て『往生要集』からの引用だったという。地獄の場面よりも人間界のそれの描写に秀で、とりわけ、人間道を描いた第九幅「人道不浄相」（**図3**）は、所謂「九相図」と称される絵画であり、その内容は最も凄惨な絵柄となっている。即ち、第一

の「新死相」から第九「古墳相」までひとりの女性の死後の状態を写実的に描いているのである。現在、この「六道絵」の絵解き台本が幾つか伝わるが、ここでは参考に、大津市坂本の田中家蔵本「六道絵相略縁起」[8]（明治二十九年（一八九六））所収当該の「第九人間道」の全文を左に掲げておく。

人間ハ、過去《コ》ニ五常五戒ヲ持ツ徳ニ依テ生スルナリ、
先ツ人間界一生ノ苦ノ相ヲ云ヘハ、略《ラク》シテ三ツ有リ、一ニハ不浄相、二ツニハ苦ノ相、三ツニハ無常ノ相ナリ、先ツ不浄トハ、人間ノ身ノ中ハ諸ノ〔ママ〕不浄物常ニ其ノ中ニ充満ス、八万四千ノ虫アッテ、足ノ趺ヨリ頭ノギリ〱ニ至ル迄テ昼夜ニ血肉ヲ吸ヒ、亦タ九十九万ノ毛空（穴カ）ヨリ汗出テ常ニ臭シ、人間ハ、面ニ端厳美麗ノ相ヲ作ルトイヘトモ、糞穢中ニ満テ臭キコト限リナシ、又タ死シテ後チ姿ノカハルニ、九ツノ相アリ、委ク絵相ニ見ヘタリ、人間ノ生アル内ハ皆ナ花ニ戯レ月ヲ眺メ、詩ヲ作リ酒ヲ呑ミ、夫々ニ栄陽（耀カ）栄花（華カ）ニホコリ、

図3　人道不浄図（滋賀・聖衆来迎寺蔵）

月日ヲスグトイヘトモ、若シ病ノ床ニ臥ナハ、顔色モ早ク哀《衰カ》ヱテ見ル影モナク、息キ断ルヤ野山ニ捨ラレ、此ノ時ハ平生シタシミシ妻子眷属モ伴人モ誰レ有テ問フ人モナク、地蔵和讃ニ在ル通リ妻子珍宝及王位《ギユウヲウ》眷属牛馬大《多カ》ケレト、一ツモ従フ物ソ无《无カ》キ、魂計リ独リ中有ニ入リ行ク旅、実ニアハレナリ、屍《シカバネ》ハ塚ノ間ニ留テ、肉ヲ分タル子ニ至ル迄テ遠サケラレ、実ニ哀ナル姿ナリ、

古歌ニ云、

盛リナル花ノ姿モ散リ果テ丶哀ニ見ユル春ノ夕《ユウ》グレ

第一ニ新死ノ相、□間无キ所□《ナカ》リ、

第二ニ膀脹《ボウ》ノ相ハ、ハレフクレル処ロナリ、

第三ニ膿《ノウ》血ノ相、色ロ替リ、身ノ不浄ヲ袍《ツツム》ム皮ハツヒニ破レ、己《已カ》ニ諸ノ不浄内ヨリ出ル処ナリ、

第四ニ、膖《フ》乱ノ相、虫シ涌《ワキ》出テ青蝿《アオバイ》ミチテ螯《サシ》食ヒ、臭キコト限リナシ、

第五ニ噉《タン》食ノ相、虎狼野干《ロヤカン》ノ類ヒ、或ハ鷲《ワシ》鳥等ノ類ヒ呼ビホヘ、或ハサケビ、各々キソテ食《ママ》フ処ナリ、

第六青瘀《シヨウヲ》ノ相、顔色悉ク消《キヘ》テ筋骨《ジヨウコツ》計《ハカリ》リ連リタリ、皮肉半ハ残テ青々トシテ、眼玉ハ抜テ哀ナル姿ナリ、

第七白骨ノ連相、皮肉悉ク尽テ、五体未タハナレザレトモ、風雨ニサラサレ、白骨ニナン〳〵トシ、衣類ハ壊《ヤツレテ》レテ処々ニ散テ如斯《レ》ニ《フシ》ナレハ、彼ノ白骨ニハタレモ男女ノ別ヲ立テ、愛念ヲ起ス者ナシ、

第八白骨散相、五体ノ節々悉ク離散シテ、彼ノ処此ノ処ニ在テ、花ヲアザムクバカリノミドリ髪モ草ノ根ニ纏テ散リ乱ル姿ナリ、見レハ実ニ愛ス可キニ有ラザルハ、女色ナリ、

第九古墳《フン》ノ相、人間死シ去テ焼《ヤケ》ケバ灰トナリ、埋メハ塊トナリ、跡ト形《カタ》モナクシテ、魂《タマシ》ハ冥途《メド》ニ行テ形チハ止マラス、漸ク残ル、者ハ、雨露ニ晒サレタル古キ卒塔婆《ソトバ》ノミ也、元ヨリ五陰《ヲン》ハカリノ身ナレハ、誰《タレ》人モ早ク後《ゴ》生ノ一大事ヲ心ニカケテ、此身ニ執着《シユウジヤク》セヌガヨキナリ、

此ニ人皇五十二代嵯峨天皇ノ佚人ニ檀林皇宮ナレトモ、美麗ナルコト世ニタクヒナシ、御姿ヲ見ル者ハ悉ク恋慕《レンボ》ノ思ヒヲナシケル由《ヨシ》故ニ、我レ死タラバ、西岡ノ野原ニ捨テ呉ヨトノ御遺言ニ任《マカ》テ捨玉フ処、貴賤男女市ヲナス如クニ、拝見ニ行タルガ、七月七日ニ御姿カハリハテ、ツイニハ白骨ノ散相トハ御成ナサ《ママ》レタト云コト、諸ノ書中ニ在リ、是レハ、衆生ニ恋慕ノ思ヒヲナシテ罪ヲ造ラシタカ故ニ、端顔美麗ノ粧《ヨソヲヒ》ヒ又ハ御身ノ上ニ於テ、世ニカタヲ并ル者ナシト雖トモ、人間ノ不浄ノ有様、誰レ人モ死シテハ同シ不浄ナレハ、末世ノ衆生ニ迷《マヨ》ヒヲトカサシメン為ニ捨サセラレタモフナリ、

これによれば、第九幅に描かれた女性は、三筆のひとりとしても知られる嵯峨天皇の夫人檀林皇后だという。歴代皇后の大半が藤原氏の出自である時代に、彼女は伴氏出身であったからであろうか、主人公に擬せられている（管見の限りでは、京都市・西福寺の「九相図」一幅がこの女性を檀林皇后だと口伝する以外、全て小野小町だとしている）。

近世数多くの板本が刊行されたが、筆者も無刊記（元禄年間（一六八八～一七〇四）頃刊）の絵入り板本と、延宝三年（一六七五）刊絵入り板本『新體九相詩』その他を有するが、後者は書名に見る限り、従前の「九相図」とは異なり、男性を主人公とする一書ゆえ、あらためて後日考察することとし、本稿では無刊記板本の挿図全て（**図4～12**）を掲げることで、近世に盛行した「九相図」の享受を垣間見ることとしたい。

6

広く流布した「九相図」は、一般に中国は北宋の文人蘇東坡（一〇三六～一一〇一）の作と伝えられる「九相

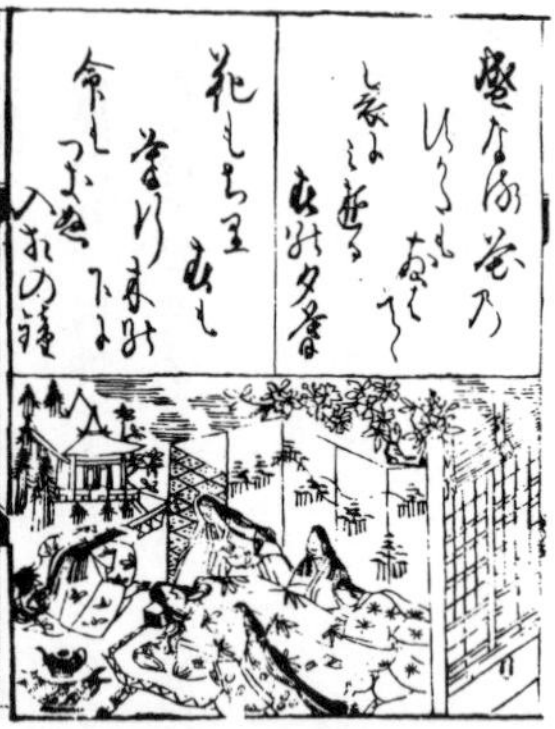

図4 「第一新死相」

図5 「第二肪脹相」

図6 「第三血塗相」

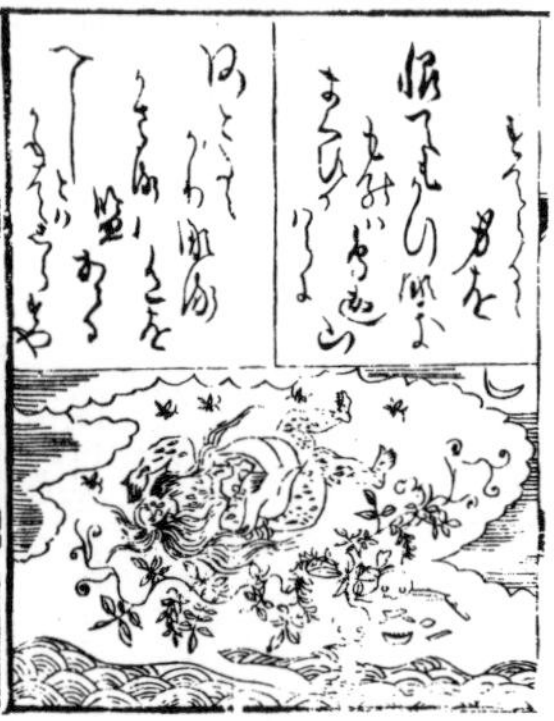

図7 「第四方乱相」

図8 「第五食噉相」

図9 「第六青瘀相」

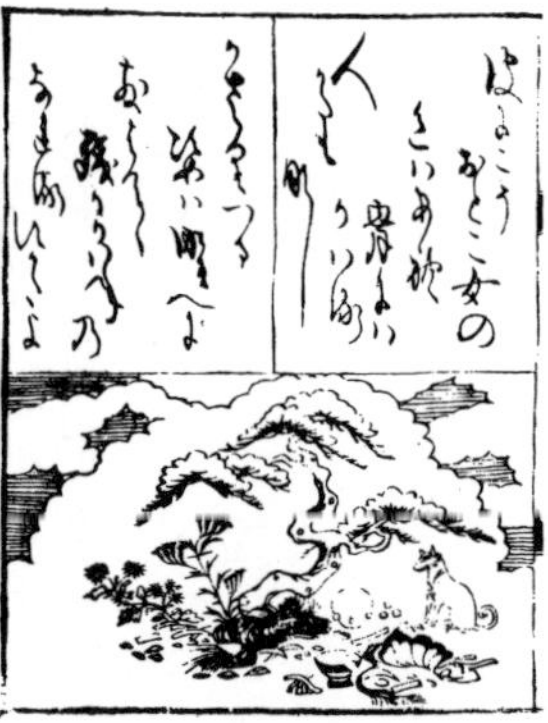

図10 「第七白骨連相」

図11 「第八骨散相」

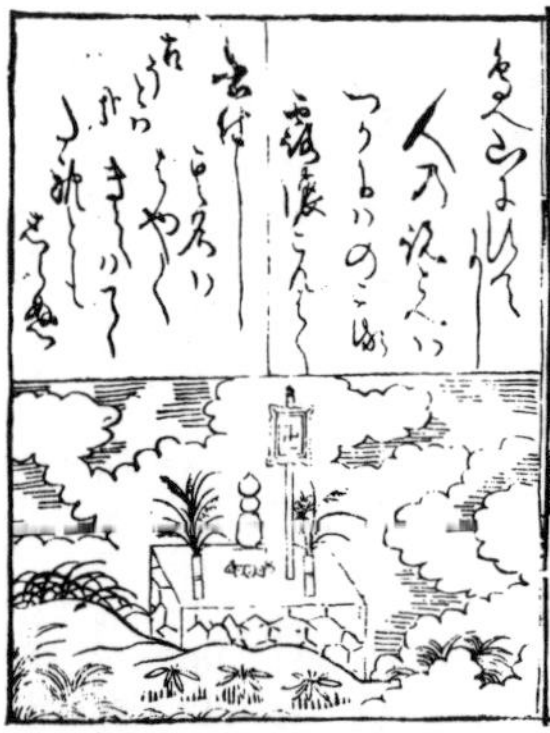

図12 「第九古墳相」

詩」に依拠し、小野小町の死後の不浄変相を描いた図だと言い伝えられてきた。

「九相図」は、人間の死骸が腐敗し、やがて白骨となり、さらに土灰化していくまでの九場面を観想する図として作られ、人々の肉体への執着を断ち切るべく、時代が下ると、説教唱導の場で用いられもした。確たる文献資料はないが、かつては前述の京都・六道の辻にある西福寺がそうであったように、多くの場合、女性を前に絵解きされたであろうことは、想像に難くないのである。

思えば、室町時代、能楽を大成した世阿弥（一三六三～一四四三）の『風姿花伝（花伝書とも）』「年来稽古条々」は、少年から五十余歳に至るまでの各々の年齢に見合った修行の様相を提示している。また、真宗中興の祖と崇められる蓮如（一四一五～九九）が説いた「白骨の御文《おふみ》（御文章とも）」にも、

朝には紅顔ありて、夕には白骨となれる身なり。

とある。波瀾万丈の八十五年の生涯を送った蓮如なればこその重みのある言葉である。彼は四人の妻に次々と先立たれ、若い五人の娘にも死なれ、嫡男順如をも四十二歳で失った。そればかりか、六歳の時に別れた生母にも再会は果たされず、継母如円にも死なれた。加えて、大谷御坊の破却、吉崎御坊の焼失など、この世の無常を肌で感じ取っていたであろうと想像される。

この「白骨の御文」に先んじて、平安中期、藤原公任（九六六～一〇四一）撰『和漢朗詠集』巻下「無常」には、

794　朝有㆓紅顔㆒誇㆓世路㆒、暮為㆓白骨㆒朽㆓郊原㆒　義孝少将

という詩句が存在する。

否、我が国にあっては、さらに遡った文献が存在した。弘法大師空海（七七四〜八三五）の『遍照発揮性霊集』巻十の「九想詩《きうさうの》十首」(9)が、それである。写実的な表現に満ちているので、左に和訳された全文を掲げることとする。

新死《しんし》の相《さう》　第一

世上《せしやう》日月《じつげつ》短《みじか》し　泉の裏《うち》は年歳《ねんさい》長《なが》し　速疾《そうしつ》なること蜉蝣《ふいう》の如《ごと》し　暫爾《さんじ》にして同じく落崩《らくほう》す
風雲《ふううん》のごとして貪庫《とんこ》を辞《じ》す　火埒《くわらつ》のごとして欲城《よくじやう》を罷《や》む　生期《しやうご》既《すで》に数《かず》に盈《み》ちて　死籍《しせき》方《まさ》に名《な》を注《しる》す
諸《もろもろ》の寿命《じゆみやう》は霞《かすみ》の若《ごと》し　忉利《とうり》は匠堂《しやうだう》に非ず　救《すく》ひ贖《あがな》へども未《いま》だ解《さと》らざる所なり　詠吟《えいぎん》して懐《おも》ひ傷《いた》む

肪脹《はうちやう》の相《さう》　第二

虎狼《こらう》争《あらそ》ひ食《くら》ふ所　丘陵《きうりよう》は虚《むな》しく且《また》広し　人跡《じんせき》隔《へだ》てて猶《なお》断《たた》れたるごとし　皎潔《けうけつ》として明月《めいげつ》度《わた》る
蕭瑟《せうしつ》として秋の葉満《み》つ　悲しびを含《ふく》むで起《た》つて四《よも》に望む　但《ただ》屍《かばね》一人《ひとり》あるを観《み》る　裸衣《らい》にして松丘《しようきう》に臥《ふ》せり
髪《かみ》を被《かうぶ》つて長夜《ちやうや》に眠《ねぶ》る　唯《ただ》四相《しさう》を以《も》て遷《うつ》る　昔時《むかし》は萬牲《ばんせい》の厨《くりや》あり　今は更に百獣《はくしう》の膳《そなへ》なり

青瘀《しやうお》の相《さう》　第三

鬼吏《きり》永《なが》く脱《のが》るること無く　死坑《しかう》深くして底《そこ》無し　満月《まんげつ》已《すで》に光を掩《おほ》ふ　宝鏡《ほうけい》転《うた》た白皎《はくけう》なり
既《すで》に飄《ひやう》を被《かうぶ》る燈《ともしび》の如し　復《また》落花《らくくわ》の枝に同じ　日往《ゆ》いて転《うた》た爛《らん》を増す　月来《きた》れば更に自《おのづか》ら黛《くろ》む
白蠕《はくせん》は孔《あな》の裏《うち》に蠢《むごめ》く　青蝿《せいよう》は骴《ほね》の上に飛ぶ　昔日《むかし》の愛《あい》を尋《たづ》ねむと欲《ほつ》するに　一《ひと》たびは悲しび一たびは愧《は》づ

べし

方塵《はうぢん》の相《さう》　第四

四大は良《まこと》に厭《いと》ふべし　五陰《ごおん》は理《り》として恃《たの》み難《がた》し　風火《ふうくわ》去つて還《かへ》らず　水土《すいと》将《まさ》に朽敗《きうはい》せむとす

青黒《せいこく》にして且寛満《またくわんまん》なり　膿《う》むことは猶《なほ》瘀《つじ》み爛《ただ》れたる莠《はぐさ》のごとし　九孔《きうかう》より流《なが》るる所の汁《しる》　一界甚《いつかいはなは》だ臭穢《しうゑ》なり

猛獣其の側《かたはら》に踞《うづくま》る　禍烏《くわう》鳴《な》いて一《ひと》たび提《ひつさ》ぐ　体《てい》は此の野《や》の塵《ちり》に留《とどま》る　魂《たましひ》は何《いづれ》の処にか帰りなむとする

方乱《ほうらん》の相《さう》　第五

見縛《けんばく》は超《こ》え難《がた》き網《あみ》　分段《ぶんだん》は恆《つね》の報《ほう》に非ず　命《めい》の速かなること飛ぶ箭《や》の如し　身《しん》の空《くう》なること朝《あした》の露《つゆ》の如《ごと》し

玉顔《ぎよくがん》は且膿血《かつかつのうけつ》す　芳体《ほうてい》は徒《いたづら》に敗腐《はいふ》す　臭気《しうき》風を逐うて遠《とほざ》かる　膏腹《かうふく》は炎《ほのほ》に随《したが》つて流る

錦衣《きんい》は其の爛《ただ》れたるを羞《は》づ　光枕《くわうしん》は人の観《み》るに非ず　悲歎《ひたん》するに及ぶ所無し　涙《なんだ》を拭《ぬぐ》うて還《かへ》つて路を移す

瑣骨猶《さこつなほ》連なれる相《さう》　第六

影《かげ》に畏《おそ》れて陰《かげ》を知らず　蝶《てふ》の如くして世雲《せうん》に居《を》り　命《めい》の短《みじか》きことは電光《でんくわう》よりも急《すみや》かなり　松下《しようか》の塵埃《ちんあい》となる

平生《へいせい》には市朝の花　今は白骨《はくこつ》の人なり　黄鵠子《くわうこくなんぢ》を呼ぶに非ず　青柳復田《せいりうまたてん》に非ず

春花《しゆんくわい》徒《いたづら》に自《おのづか》ら香《かうば》し　明月《めいげつ》空しく山を照《てら》す　呼鳴《ああ》永《なが》く寂寞《せきばく》として　終《つひ》に独《ひと》り春を知らず

白骨連《はくこつれん》の相《さう》　第七

寂寞《せきばく》として人跡希《じんせきまれら》なり　蕭散《せうさん》して聚落《しゆらく》に遠《とほ》し　見るに朽敗《きうはい》の髏《かばね》有り　倏然《しゆくぜん》として中沢《ちゆうたく》に在り
松柏良陰《しようはくりやういん》をなし　荒茨湿席《くわうししふせき》を蓋《おほ》ふ　風雲《ふううん》に恆《つね》に曝《さら》されて　霜露《さうろ》更《さら》に自《おのづか》ら瀝《しただ》る
日来《きた》れば日に随《したが》つて枯《か》れぬ　年去れば年を逐《お》つて白し　青柳《せいりう》の根《ね》を殖《う》うと雖《いへど》も　豈能《あによ》く鶣鵲《へんじやく》を招《まね》かむや

白骨離《はくこつり》の相《さう》　第八

永《なが》く無きことは夢の虚《むな》しきが如《ごと》し　塵境《ぢんきやう》は如泡《によはう》の体《てい》なり　娑婆《しやば》は厭《いと》ふべき所なり　閻浮《えんぶ》は楽しび寐《い》ぬるに非《あら》ず
膚血《ふけつ》は夜《よる》の月に異《こと》なり　骨柳《こつりう》は復《また》花に非ず　爪髪《そうはつ》は各《おのおの》草《くさ》を塵《けが》す　頭頸《づきやう》は東西《とうざい》に散《さん》ず
落葉半体《らくえふなかばてい》は覆《おほ》ふ　秋《あき》の菊《きく》時に愛すべし　涙《なんだ》を垂《た》れて禁ずること能《よ》くせず　空しく是《こ》れ人の為に啼《な》く

成灰《じやうけ》の相《さう》　第九

山川《さんせん》は萬世《ばんよ》より長《なが》く　人事《じんし》は百年《はくねん》より短《みじか》し　髏膝已《ろうしつすで》に尽《ことごと》く滅《めつ》して　棺槨《くわんくわく》猶《なほ》し塵《ちり》と成《な》りぬ
魂尸《こんし》は依《よ》る所無《ところな》し　神魄豈墳《しんばくあにつか》を守《まほ》らむや　碑《ひ》の上に聊《いささ》かに名《な》を題《てい》す　隴底《りようてい》に空《むな》しく君を斂《をさ》む
日月《ひびつきづき》に黄白《くわうはく》の土《つち》なり　終《つひ》に黒風《こくふう》の山に帰《き》す　唯三乗《たださんじよう》の宝のみ有り　修《しゆ》せざれば八苦《はつく》の人《にん》なり
六識今何《ろくしきいまいづく》にか在る　四大劣《わづか》に名を余《あま》すのみ　寒苔《かんたい》は壊《つか》を縁《めぐ》つて緑《みどり》なり　夏の草は墳《つか》を鑽《き》りて生《な》る
嚢《ふくろ》の中に糧尚《かてなほ》在り　松下《しようか》に髪猶青《かみなほあを》し　蒼蒼《さうさう》たる隴雲《りよううん》合《あ》ふ　瑟瑟《しつしつ》たる夜《よる》の松の声あり
諸行無常

これらは、新死相から始まり、成灰（骨が散らばり朽ち果てて灰のようになること）に至るまでの屍の変化に即した表現を見せている。

7

我が国の思想・文芸の底流には、このような人生の終焉に関する悲哀や愛別離苦の感慨が脈々と流れており、その潮流の一部は絵解きの世界にまで及んでいると見做すのも、強ち誤りとは言えないであろう。

見てきたように、「九相図」は必ずしも女性のみを対象としたものではないが、熊野比丘尼が女性のために絵解きした「熊野観心十界曼荼羅」に描かれた「老の坂のぼればくだる」〝人生の階段〟図の周縁を些か考えてみた。

〔注〕

（1）以下、「観心十界図」と略称する。
（2）～（5）本書第一章の図版参照。
（6）萩原龍夫『巫女と仏教史―熊野比丘尼の使命と展開―』（吉川弘文館、一九八三）参照。
（7）大串純夫『来迎芸術』（法蔵館、一九八三）所収。
（8）林雅彦・穂田和夫編『絵解き台本集』（三弥井書店、一九八三）に翻刻。
（9）引用は、渡邊照宏・宮坂宥勝校注『三教指帰　性霊集』（日本古典文学大系、岩波書店、一九六五）に拠る。原漢文。

三　女人と子供の巡礼

西国巡礼・伊勢参宮の場合

1

我が国にあっては、院政期以降、天皇・上皇・法皇をはじめとする皇室関係者・貴紳から庶民に至るまで、盛んに霊験あらたかな寺社へ詣でる旅「巡礼」が行われた。

「巡礼」という語彙を漢和辞典類で繙くと、韓愈と並んで「韓張」と称された中国・唐代の詩人張籍（七六八頃〜八三〇）の「送㆔令孤尚書赴㆓東都留守㆒詩」と題する詩の一節に、「行香暫出天橋上、巡礼常過禁殿中」（傍点引用者・以下同じ）とある旨、記述されている。

我が国に眼を転じてみると、巡礼が隆盛となった鎌倉時代の易林本『節用集』には、「巡礼」と表記されているが、永禄二年（一五五九）の『節用集』では「順礼」とあり、伝本によって二通りの用字法が見られるのである。

『日葡辞書』を見ると、"Iunrei Meguri vogamu"の如き語彙が存在する。この続きを『邦訳 日葡辞書』から引くならば、「聖地巡礼、または、聖地巡拝。Iunrei suru. 聖地を巡礼する。例、堂塔を巡礼して（平家巻四）。仏の安置してある寺、すなわち、仏堂や高い塔を見ながら巡拝して回って」と記されている。前後するが、『平安遺文』

「延暦寺文書」には、「日本国求法僧最澄往㆓天台山巡礼㆒将㆓金字妙法蓮華経等㆒」の記述が見られる。

因みに、室町時代に作られた『三十二番職人歌合絵巻』（幸節家本）の第七番に、左の高野聖と合わせて右に巡礼が登場する。「おいずりにはなの香しめて中いりのみやこ人の袖にくらべむ」の和歌とともに、下に揚げるような図（**図1**）が描かれている。

詞書にも見られるが、巡礼の手にした納札や笈摺の背中に「三十三所」と書かれた文字が見えることから、この巡礼が西国三十三所の巡礼であることが知られる。足元には納札とともに柄杓が描かれているが、この柄杓自体を「巡礼」ともいう。当時の巡礼の出で立ちは、既に今日と同様笈摺・菅笠・脚絆・甲掛・草鞋《わらじ》に杖を携え、納札を持つ。巡る寺々で御詠歌（巡礼歌《うた》）を唱え、宝印（朱印）を受けるのが、習わしだった。巡礼歌は、夙く奈良時代から行われ、現在伝わる哀調を帯びたそれは、江戸時代以前に成ったものだという。

図1　巡礼「三十二番職人歌合絵巻」
（幸節家本）

ところで、『太平記』巻二十七「雲景未来記の事」は、羽黒の山伏雲景なる人物が、京の都の名迹を巡礼する話を載せている。

またこの頃、天下第一の不思議あり。出羽《では》の国羽黒《はぐろ》といふ所に、一人《いちにん》の山伏あり。名をば雲景とぞ申しける。希代《きたい》の目に逢うたりとて、熊野《くまの》の牛王《ごわう》の裏に告文《かうぶん》を書いて出だしたる未来記有り。雲景諸国一見ことごとくあつて、過ぎにし春の頃より思ひ立つて都に上り、今熊野《いまくまの》に居住して華洛《くわらく》の名迹《めいせき》を巡礼する程に、貞和《ちやうわ》五年六月二十日の事なるに、天龍寺《てんりゆうじ》一見のために西の岡にぞ赴きける。官の庁の辺より、年六十ばかりなる山伏一人行きつれたり。かの雲景に「御身《おんみ》は、いづくへ御座ある人ぞ」と問ひければ、「これは諸国一見の者にて候ふが、公家・武家の崇敬《そうぎやう》あつて建立する大伽藍《だいがらん》にて候ふなれば、一見つかまつり候はばやと存じて、天龍寺へ参り候ふなり」とぞ語りける。
（傍点引用者。以下同じ）

このように、巡礼にあたって、起請文を書いた熊野牛王を携えた点でも、注目しておきたい。

2

院政期、皇室や貴紳の間で競い合うように熊野詣《もうで》が頻繁に行われ、後白河法皇の三十三度以下、鳥羽上皇の二十三度、後鳥羽上皇の二十八度といった具合に、貴賤の別なく熊野へ数多く参詣することで、現世の利益・死後の救済——現当二世の安楽——を齎《もたら》してくれるのだという信仰が存在した。参詣するにあたっては、元来厳粛な精進潔斎がなされねばならなかったのである。物見遊山的な面は、かつてなかったと言ってよかろう。

中御門右大臣藤原宗忠（一〇六二～一一四一）の『中右記』を繙くと、熊野詣の発願から成就までに実に二十八年間の歳月を要している。宗忠は二十歳の時、熊野詣をすべく発願、精進潔斎を始めたが、飼犬が死んだために中断せざるを得なかった。その後再び厳しい精進を努めていると、今度は叔父の僧侶の訃報に遭遇、またしても断念しなければならなかった。かくて発願から二十八年後の天仁二年（一一〇九）十月、漸く熊野詣の宿願は達せられたのである。この道中さまざまな出来事に出くわしている。例えば、十月十八日条に、

次登二鹿瀬山一、登レ坂之間十八町、其路甚嶮岨、身力已尽、林鹿遠報、峡猿近叫、触レ物之感自然動レ情、漸下レ坂之間日已暮（下略）

と、参詣道の難所のひとつである鹿瀬山での難儀ぶりを記している。

熊野信仰と女性との関わりも既に深く、翌十九日条には、道成寺近くの日高川が増水し、対岸で困惑する下向の女房二三人について記している。即ち、

過二道場《（成カ）》寺前一渡二日高川一、河水大出、下向女房両三人居二河岸一、不レ知二誰人一、仍遣レ馬渡、又送二菓子等一

とある。宗忠は女房たちに馬を貸し与え、無事に川を渡らせ、その上に果物を贈っている。「不レ知二誰人一」とあるから、身分のさほど高い女房たちではなさそうだが、このように、女人の熊野参詣も当時少なくなかったことを、右の記事は物語っている。宗忠の行為は、布施行そのものだと言ってもよい。さらに、二十五日未明、岩上王子社の近く、岩上峠でも、

社辺有二盲者一、従二田舎一参二御山一者、聞二食絶由一給レ食

の如く、田舎から熊野へ詣でる途中で飢えに苦しむ盲者の姿を目の当りにして、自分たちの持参した食糧を分け与えている。これも、布施行だった。これらの記事を眺めると、この頃既に熊野詣の階層の広範に及んでいたことが知られるのである。なお、紀伊国の王子社二十余や先達の具体的な行動が記載されていることも、指摘して

おく。

十月二十六日、宗忠は、ついに念願の熊野本宮証誠殿に詣でることが出来た。その感慨を、

二ケ度留之後、此廿八年不ㇾ遂㆓本意㆒也、今日幸遂㆓参詣之大望㆒、参㆓証誠殿御前㆒、落涙難ㇾ抑、随喜感悦、
如ㇾ此之事定有㆓宿縁㆒歟、三種大願暗知㆓成熟㆒

と書き記している。

また、建仁元年（一二〇一）、後鳥羽上皇の熊野参詣に扈従した藤原定家は、『熊野行幸日記』と題する参詣記を残している。前年、『新古今集』の撰者を拝命した定家は、後鳥羽院にとって四回目の熊野詣に随行、文学的な右の参詣記を物したが、そこには六十余の王子社に関して触れており、甚だ興趣をそそられる。と同時に、熊野詣の難所に苦渋する定家の姿も垣間見ることが出来るのである。

鎌倉時代に編纂された『玉葉和歌集』巻二十「神祇歌」にも、熊野詣に関わる一首が見られる。

待ちわびぬいつかは此処にき《（紀）（来）》の国やむろ《（牟婁）》の郡は遙かなれども

この歌は筑紫に侍りける人の子の、三つにて病して日数重なりけるを、親ども嘆きて熊野へ参らすべきよし、願書を書きておきながら怠りけるを、年月へて七歳にてまた重くわづらひける時、託宣ありけるとなん

和歌の後にある詞書を見ると、幼児の重い病気の平癒を願掛けすると、その児の病いはまもなく治った。治る

と、人は現金なもので、お陰参りをついつい怠ってしまうもので、これもその例外ではなかった。四年の歳月が過ぎ、再び子供は重病を患うこととなった時、熊野の神の託宣として、「待ちわびぬ」の歌が詠まれた、というものである。庶民にとって、筑紫からはるばる熊野へ参ることは、決して時間的・経済的に容易なことではなかったことを、この一首は物語っている。

今まで見てきた如く、熊野の参詣道は起伏に富んだ道で、難儀することは容易に想像されるにもかかわらず、人びとは熊野詣に励んだのだった。かくして、後に「蟻の熊野詣《もうで》」「蟻の熊野参り」といった諺を生み出したのである。

3

西国三十三札所は、翔之恵鳳の『竹居清事』（康正元年（一四五五））や『長谷寺縁起』の記述では、長谷寺を建立した徳道上人によって始められたと伝える。また、西国巡礼を最初に扱った文献たる『寺門高僧記』を繙くならば、件の三十三札所は、寺門派の行尊大僧正（一〇五七～一一三六）によって確立されたといい、巡拝の順序は現行のそれと異なるものの、札所そのものはすべて現行と一致している。『寺門高僧記』は、さらに応保元年（一一六二）、覚忠大僧正が西国巡礼を行った旨、述べている。

これらの記述から、西国三十三札所は、遅くとも院政期に確立していたと言えよう。

「西国巡礼」という呼称は、『峯相記』の記述が現存最古として知られるが、右に引いた『竹居清事』中には、「巡礼の人、道路識るが如し」（原漢文）とか「小簡に某士某人三十三所巡礼の字を書し、これを茶店におく」（原漢文）とあり、西国三十三所巡礼の盛行が庶民階層にまで広く浸透していたこと、また、「三十三所巡礼」と記した納札を茶店などで頒布していたこと、などが知られる。同じく室町時代の『天隠語録』にも「巡礼の人、村に溢れ、里にみつ」（原漢文）と、巡礼のブーム化が語られている。

　このように、鎌倉時代以降、貴賤の別なく、那智山青岸渡寺を含めて、所謂西国巡礼がいよいよ盛んになっていったのである。

4

　熊野詣、あるいは西国巡礼の女人の姿を描いた図として、「道成寺縁起絵巻」をあげることが出来る。上巻第九紙から第十紙にかけて、従者の男を伴った女人が、先達の山伏に導かれて、下向する姿が描かれている（**Ⅰ・三・図2参照**）。即ち、白衣を纏った女は、虫垂笠を被り、脛巾《はばき》を巻き、手に杖を携えた出で立ちである。また、続く第十一紙には、立派な虫垂笠を被った女人が、馬に乗って下向する光景が描かれている。その姿恰好と、虫垂笠を被った女と荷を背負った従者の男が後方《しりえ》からついて来るところを見ると、上臈女房だと考えられるのである（**Ⅰ・三・図3参照**）。これらは、中世後期における熊野詣（西国巡礼）の女人の風俗をとらえた図として、貴重なものである。

　さて、江戸時代の子供の西国巡礼姿を描いたのが、近松半二他の手に成る浄瑠璃『傾城阿波の鳴門』である。この作品は、明和五年（一七六八）六月、竹本座で上演された。後には、女義太夫でも語られるようになったが、今日では第八「巡礼歌」の段をのみ演ずることが多いので、長文で煩雑ではあるが、左にその概略を引く。

善悪《よしあし》を、何《なん》と浪花《なには》の町外《まちはづ》れ、玉造《つくり》に身を隠《かく》す阿波の十郎兵衛本ン名隠し、銀十郎と表《おもて》は浪人内證《ないしやう》は、人は夫《そ》レ共白波《しらなみ》(不知)の、夜の稼《かせ》ぎの道ならぬ、身の行末ぞ是非《ぜひ》も無なき、(中略)国次グの刀詮ン議の為、重《おも》い忠義に軽《かる》い命、捨《すつ》るは覚悟《かくご》と云《いひ》ながら、肝心《かんじん》の其刀、在リ処《か》も知レぬ其内に、若此《もし》事が顕はれては、是迄尽《つく》せし夫トの忠義、皆徒事《みなむだ》と成《なる》のみか、死ンだ跡迄盗賊《とうぞく》に、名を汚《けが》すのが口惜《おし》い、盗ミ騙《かたり》も身慾《よく》にせぬ、女夫《めをと》が誠を天道《てんたう》も憐《あわれみあつ》有て国次グの、刀の詮議済《せんぎすむ》迄の、夫トの命助ケてたべ」と、心の内に、神仏《かみほとけちかひ》誓は、重《おも》き観世音《くはんぜおん》、

[a]補陀落《ふだらく》や岸打《きしう》つ波は、三熊野《みくまの》の、那智《なち》のお山に、響《ひび》く滝津瀬《たきつせ》」、[b]年シは、漸《やうや》うとを〴〵の道を、掛《か》けたる、笈摺《おひづる》に、「同行二人《どうぎやう》」と記《しる》せしは、一人リは大悲《ひ》の蔭《かげ》頼む、「ふる里を遙々《はる〴〵》、此処《ここ》に、紀三井寺《きみゐてら》、花の都も、近くなるらん、順礼《じゆんれい》に御報謝《ほうしや》」と、言《い》ふも優《やさ》しき国訛《なまり》、「テモしほらしい順礼衆、ドレ〳〵報謝進《ほうしやしん》ぜう」と、盆《ぼん》に精《しら》げの志《こゝろさし》、「アイ〳〵有難《ありがたう》ござります」と、言《い》ふ物越《ご》しから褄《つま》はづれ、「可愛《かはい》らしい娘の子、定めて連レ衆は親御達チ、国は何処《いづく》」と尋《たづね》られ、「アイ国は阿波《あは》の徳島でござります」、「ム、何じや徳島、さつても夫レはマア懐《なつか》しい、私《わし》が生《うま》れも阿波の徳島、そして父様《と》や母様《か》と一ッ緒《しよ》に順ン礼さんすのか」、「イヱ〳〵其父《と》様や母《か》様に逢《あひ》たさ故、夫レで私《わし》一人リ、西国《さいこく》するのでござります」と、聞《きい》てどふやら気に懸《か》かる、お弓は猶も側《そば》に寄リ、「ムム父《と》様や母《か》様に逢《あひ》たさに西国するとは、どふした訳《わけ》じや夫レが聞《きき》たい、マア其親達チの名は何ンと云《い》ふぞいの」、「アイ如何《どふ》した訳じや知《し》らぬが、三つの年シに、父《と》様や母《か》様も私《わし》を祖母《ばゞ》様に預ケて、何処《どこ》へやら、行《い》かしやんしたげな、夫レで私《わたし》は、祖母《ばゞ》様の世話《せわ》になつて居《ゐ》たけれど、どふぞ父《と》様や母《か》様に逢《あひ》たい顔見たい、夫レで方方《ほうぼう》と、尋《たづね》て歩《ある》くのでござります、父《と》様の名は阿波の十郎兵衛、母《か》様はお弓《ゆみ》と申《まうし》ます」と、聞《きい》て喫驚《びつくり》お弓が取付キ、「コレ〳〵、父《コレアノ》《と》様は十郎兵衛、母《か》様はお弓、三つの年シ別れて、祖母《ばゞ》様に育《そだて》られて居《ゐ》たとは」疑《うたが》ひも無《な》い我娘と、見れば見る程稚顔《おさながほ》の見覚《みおぼえ》の有額《あるひたい》の黒子《ほくろ》、ヤレ我子か懐《なつか》しやと、言《い》はんとせしがイヤ待テ暫《しば》し、夫婦は今も取《と》らるゝ命、元トより覚悟《かくご》の身なれ共、親子と言《い》はば此子に迄どんな憂目《うきめ》がか、

らふやら、夫レを思へばなま中《なか》に、名乗リだてして憂目《うきめ》を見んより、名乗《なの》らで此侭返《このままかへ》すのが、却《かへ》ッて此子が為ならんと、心を鎮《しづ》め余処《よそ》余処しく、「ヲ、夫レはまあ〳〵年シはも行《いか》ぬに遙々《はる〴〵》の処を、能《よ》ふ尋《たづね》に出《で》さしやつたのふ、其親達チが聞《きい》てなら、嘸嬉《さぞうれ》しうて嬉しうて飛立ツ様《やう》に有《あら》ふが、侭《まま》ならぬが世の憂《うき》ふし、身にも命にも代《かへ》て可愛《かはい》子を振《ふ》り棄《すて》、国を立退《の》く親御《おやご》の心、よく〳〵の事で有《あら》ふ程に、むごい親と必々《かならず〳〵》恨《うらま》ぬがよいぞや」、「イヱイヱ物体《もつたい》ない何ンの恨《うらみ》ませう、恨《うらむ》る事は無《な》いけれど、小《ちい》さい時別れたれば父《と》様や母《か》様の顔も覚《おぼえ》ず、余処《よそ》の小供衆が、母《か》様に髪結《かみゆふ》て貰《もら》ふたり、夜ルは抱《だか》れて寝《ね》やしやんすを見ると、私《わし》も母《か》様が有ルなら、彼《あ》の様《やう》に髪《かみ》結《ゆう》て貰《もらは》ふものと 羨《うらやま》しうござんす、どふぞ早ふ尋《たづね》て逢《あひ》たい、ひよつと、逢《あは》れまいかと思へば、夫レが悲しうござんす」と、泣いじやくりするいぢらしさ、母は心も消《き》へ入《いる》思ひ、（下略）

このように、出奔した父母を探すべく、女の子ひとりで西国を巡礼することも、少なくなかったであろう。年端も行かぬ女の子ひとりだけでの巡礼は、道路が整備された江戸時代とはいえ、誘惑の魔の手が多かったと想像されるのである。路銀は持っていても、宿に泊ることが出来ず、人の家の軒先に一夜の宿と定めても、その家の者から箒で叩き出される始末、と訴える主人公お鶴であった。省略した後半部には、百両という大金を所持していたがために、探し求める父親の手で誤って一命を落としてしまうという、悲しい物語である。

なお、傍線部(a)の歌は、西国三十三所の第一番・那智山青岸渡寺の御詠歌、傍線部(b)の歌は、第二番・普陀落山金剛宝寺、俗に紀三井寺の御詠歌として知られている。

ここで、女人の書いた江戸時代後期の旅日記を見てみよう。駿州在の主婦山梨志賀子『春埜道久佐』は、寛政四年（一七九二）二月から五月にかけて西国旅行に出かけた折の旅日記である。この時、志賀子五十五歳だった。四男東平（二十二歳）と義弟、それに従者を伴って、芸州厳島まで赴いている。その途次、伊勢に参宮し、さらに、吉野川を舟で西国三十三所の第三番・風猛山粉河寺に詣でた折の記事が注目される。

> 三月朔日。吉野川を舟に乗、粉川《(ママ)》寺にまふづる。大きなる筏十四、五間ばかりなるを、あまた下し侍るなり。粉川寺は西国順礼第二《(ママ)》番の道場なり。其夜は岩手といふ在所に宿る。同宿りに熊野十津川と云所の者のよし、女性壱人宿れり。年の程三十計と見えてもの語りす。三十三所順礼にいでたるが、ほどなく古郷へ帰るべし、親のもとへせうそこ遣したきに、かきてたびてんやといふ。

粉河寺の近くの岩手に一夜泊った志賀子は、十津川に住む歳のころ三十歳ぐらいのひとり旅の女巡礼と出会い、親元へ送る手紙の代筆を頼まれた、というエピソードである。

江戸時代後期に至ると、女人、それも女のひとり旅（巡礼・遍路）に出る者も登場するようになった一例である。

五十歳代の女性が連れ立って巡礼に出かけるという事例も、西国三十三所をはじめ、各地の巡礼に見られるようになった。

近代でも、北原白秋の叙情小曲集『思ひ出』と題する明治四十四年（一九一一）六月の詩集に収められた「わが生いたち　二」の一節に、

> まだ見ぬ幸を求むるためにうらわかい町の娘の一群は笈に身を窶し、哀れな巡礼の姿となつて、初めて西国
> 三十三番の札所を旅して歩るく

と、若い町の娘たちが、笈摺に身を窶《やつ》し、巡礼の一群となって歩く姿を書き留めている。

ところで、江戸時代一般に巡礼たちは、通行許可証に相当する「送り一札」を携えていた。左に引く「送り一札」は、少々事情を異にする。

文政十年（一八二七）、祖父と孫の巡礼が伊勢路をとって西国へと向かったが、祖父が新宮領高岡村（現三重県紀宝町高岡）で病気療養するも、空しく亡くなってしまった折の一札である。


遠州佐野郡高山村太平並びに兼二郎両人の者、神社仏閣拝礼に罷《まか》り越し候処、右太平儀道中より病気にて四から五日以前、当村迄罷り越し候処最早一向歩行も出来難く難儀に及び、養生致され下され候様願に付き即ち宿に申し付け世話致し候へども養生相叶わず当月二十日に病死致候間、村の掟《おきて》の通り土葬に処置致候、然る処孫兼二郎幼年の者に候へば帰国致しかね候に付、「往来《おうらい》一札」相改め候処、相違もこれなく候に付支配役所へ相達し送り出し候間、其村へ御取計いを以て国所迄御届け遣わされ候様致度存じ奉り候　以上

文政十亥四月二十六日
紀州牟婁郡新宮領高岡村
庄屋　忠次郎
兼二郎持物　一　袷　一ツ
一　羽織　一ツ
一　単物　一ツ
順村々
御役人衆中

江戸時代、旅で行き倒れになった場合、所持金でその地に葬り、亡くなったことをその者の故郷へ連絡しなくてもよいことに定められていた。しかし、高岡村の庄屋忠兵衛は、後に残された幼い孫の兼二郎をなんとか無事に遠州・高山村（現静岡県掛川市原里か）へ送り届けんがため、その道々の村役人・庄屋宛に書いた「送り一札」の一枚である。

こうした客死は、熊野詣・西国巡礼ばかりか、その他の地の巡礼にあっても、現実に少なからず起こり得る事例として、想像に難くない。悲しくも人情溢れる出来事だった。

親子三人連れの巡礼姿が、『西国三十三所名所図会』に掲載されているので、参考に供すべく掲げておく（**図2**）。父親の纏った笈摺の背中には「西国三十三所」、同じく娘の笈摺の背中には、「奉順礼西国三十三所」の文字がそれぞれ読みとれるのである。

図2　親子の巡礼（『西国三十三所名所図会』）

5

次に、女人・子供の「お伊勢参り」「伊勢参宮」について、少々触れることとする。前掲山梨志賀子の『春埜道久佐』を繙くと、三月初めの部分に、次のようなお伊勢参りの模様が記されている。

明れば三日（四日カ）。櫛田、明星の茶やなどいへるを過て、宮川船わたしなり。伊勢山田、水溜吉郎太夫方、年来の祈りの師にて侍るまゝ、彼家につきぬ。

四日《（五日）》。空も晴やかに、まづ外宮へもふで、その外すゑ〴〵のやしろ伏拝み、内宮へ心ざし、いそぐ道より雨ふりいでぬ。衣のぬるゝはうけれども、はる〴〵まふでし心を先にたて、五十川《（五十鈴カ）》に口すゝぎ、内宮へもふで侍りぬ。猶浅間《（朝熊カ）》へも思ひ侍りしかども、雨いよ〳〵ふりしきりければ、はれて後にこそとて立かえり、其夜は明見町といへるにかり枕し侍りぬ。夕つかた、雨も少しをやみ侍りしまゝに、古市とかや聞きし遊里も、程ちかければまかりぬ。遊ぶ君あまた、伊勢音頭とかやいへる唄にあはせておどり舞侍る。まことに興ある事にこそ。偖よめる。

　にぎはへる里の名にあふ梅柳いづれをとらぬ錦とぞ見る

戌の刻過る程に宿りに帰りぬ。あるじ、やさしき人なりければ、

　神風やいすゞの川のわたりとて心もきよきやどりなりけり

六日。雨はれぬれば朝とく宿りを立いでゝ、浅間山《（朝熊山）》へのぼる。よべの雨に道いとあしく侍りしを、杖にたすけられてからうじて六十丁ばかりあがりて茶見世の有しに、しばし休らひ見やるに、鳥羽の浦すつ《（ヘカ）》て海上一眼に見わたして風景いはんかたなし。（下略）

一行は、外宮へ詣でた後、降り始めた雨中を内宮に詣で、雨が上がった夕方、古市に出かけ、伊勢音頭に合わせて遊女たちの舞うのを見物した、というのである。男の巡礼ならば、参宮の後《のち》、精進落としと称して遊女たちとどんちゃん騒ぎをするところであろう。志賀子は話の種に出かけて行ったと思しい。

遡って、『一遍聖絵』には、五十鈴川で水垢離する一遍たち僧尼の姿が描かれていて、興味深い。一遍をはじめとする僧たちは上流に、尼僧たちは下流に位置して、身を潔めている。ここにも男女の置かれた立場の違いが垣間見られる。

志賀子の参宮から五十年後、九州は筑前植木（現福岡県直方市）の薬種商の内儀・阿部峯子が記した『伊勢詣日記』（天保十一年（一八四〇））にも、次のような記述が見られる。

神風やいせの大御神を始奉りて、すめらぎの大宮所の御ありさまをも、をろがみ奉らん事をはやくより心つくして物しつるを、いつしか年もかさなりて、明れば天保十一年になりぬ。鳴ざりし鳥も来鳴、咲ざりし花も匂ふ頃ほひ、四方の霞の長閑なるに、ひたすら花の都恋しく、いかにやせましと思ひける折から、近き里のゆゐ子のおもと、伊勢の浜荻をゝり敷て旅ねせんと思ひ立給ふときゝて、しのびて人をやりてとはしむれは、そなたも忍びの旅なれは迚深くつゝみたまへれど、かくなむ思ひ侍ると洩し給ふに、嬉しさ何にかたとふべき。夫より家の子とある物にもかたりけるを、さらばとて忍びて旅のよそひなどものす。もとよりみそかごとなれば、はらからにも深くつゝみければ、したしきかぎり聞つけて来るのみになん。又ゆゐ子のおもとより赤馬（間カ）の関にて物すべきよし言おこせ給ひければ、おのれはきさらぎ廿日あまり三日といふに門出すとて、

我門を出るこゝろのゝどけさよみやこに行と思ふ旅には

うまのはなむけとて、わがまなごとある茂樹、

君行かば五十鈴の河の川水にこゝろ深めて神祭せよ

かへし、

いつ行て心のあかをすゝぐべき五十鈴の川の清きながれに

（中略）

十三日（四月）、明星の茶屋をうち過、宮河にて、

あかづきし旅の衣も宮川の水に清けくなりにけるかな

さて中川に付《(着カ)》ぬ。こゝより日高ければ、みな〳〵二見の浦に汐あみして後に、二大神に詣《モウテ》奉らんとてゆく。扨、此わたりを千尋の浜といふを聞てよめる。

玉くしげ二見のうらはふたゝびもみたびもみまくほしとこそ思へ

かくて朝くま《(熊カ)》山に登りて、夫よりたそがれのころ内宮のわたりに付ぬ。こゝにやどる。明れば卯月十四日、朝とくみそぎなどして詣。五十鈴河にて、

ねぎかくるこゝろをけふは深めつゝ五十鈴の河にみそぎをぞする

夫より、御社に詣て、先、何くれと奉りてねぎごとす。さて、けふは御衣更のみ祭にて、はたどのより筥に入てはこぶ。されば又、昼の九ツといふに詣づ。此度は二ツの御門をひらけば神の御前を近く拝み奉る事、みめぐみの有がたさうへなう思ひ奉りて、

宮人の卯の花衣みるからにこゝろ涼しき神祭かな

扨、友の人〳〵はいそぎ外宮にいたる。おのれはともするものとたゞ二人にて、爰を出て合《(間カ)》の山をこゆ。けふは此祭に参でんとて人さりあへずなむ。かたはらにあやしき古家のうちよりこゝもかしこも打はやしてうたふ有さま珍らしさ云計なし。爰より古市を通りて外宮に詣奉る。扨、先に出る人々の処にいたりて宿をさだむ。

十五日、こゝにとゞまる。又、此宮に詣づ。（下略）

峯子は、博多近くに住む国学者伊藤常足の門下生で、二月二十三日から五月九日までの七十日間、伊勢参宮の旅に出た。同行者は、友人で主婦のゆゐ子らだった。山梨志賀子と同じく、峯子とゆゐ子も年齢は既に五十歳を

過ぎている。

当時、女性も五十歳ぐらいになると、子育てを終え、身体もいたって健康で、生活にゆとりが出てきたので、長年の望みだった巡礼に赴いたようである。

岡村憲太郎『続　伊勢路の落語』には、「親父と娘の巡礼」というタイトルの話が掲載されている。原題は未詳であるが、伊勢山田の河崎近くに、神田久志本という場所があり、そこに「茨の竜やん」と呼ばれる無頼漢がいた。博打に負けた夕方、巡礼親子が門口にやってきた。肌の色は黒いが、なかなか可愛い娘なので、いただいてしまおうかという、まことに物騒な話である。

何気なくひょいと見ると、親と娘の様な格構だ。この巡礼は親父は目が見えない。それで娘は杖を曳いて親父はその杖につられて、詠歌を唱え、何か戴き物があると、親父の頭から掛けて居るずだ袋に入れて、娘がととさん入れて下さいましたんな、と云う。すると親父は丁寧に頭を下げて、おありがとうございます。とお礼を云って歩いて居ります。今日も日暮近く竜やんの家の軒に立って、鈴を振り乍ら、唱え始めました。それを見た竜やんは、くそやかましい、追い返してやろうと思って、ひょいと娘の顔を見ると色こそ黒いが可愛いい顔立ちだから、こりゃ追い返してはもったいない。親父は汚いが少々我慢して娘をいただいてやろうと決めました。お袋は、妹のお産でしばらく帰って来ない。よし家へ泊めてやろうとそこは茨、

竜「巡礼様や、丁度お前様達よい所へ来てくれたなあ。今日はな俺の死んだ親父の命日や、よかったら仏様に詠歌の一つも上げてくれんか。何にもないが夕飯だけはうんと食べて下さい。これも死んだ親父の引き合わせかもしれん。親父もよろこんで呉れるやろぞい。まあ〳〵上っておくれ。そこの井戸端で足でも洗いな。」

親「それはそれは御親切に有りがとう御座います。それでは御言葉にあまえまして、念仏の　つも上げさせてもらいますかいのう。」

と井戸端で足を洗ってわらじをといて家に上り、念仏を唱え、詠歌を一通りすますと随分時間もかかりますので、其の内に夕食の支度も出来ましたので、竜はどうもありがとう。これで死んだ親父も喜びますわい。さあ飯でも食べて下され。御馳走は出来ませんが、麦飯に鰯の素干、大根漬で遠慮せんとやって下さい。それとも父っさん、いける口なら、どぶ六のよいのがあるから一杯やるか。

親「こりゃどうも、永い間お酒の匂いも嗅いだことがございません。よろしかったらいただかせて下さいませ。」

と空腹の処へ五郎八茶碗に一杯やったもんだから、五臓六腑にしみ亘り、こりゃ結構でございました。と夕食をいただきますと、腹の皮張りゃ目の皮たるむと云う諺通りねむくなりました。竜は、おやじ様今晩はうちへ泊って行きなさい。隣の部屋の押入の中に布団がありますから、娘様敷いてあげなさい。俺しも戸締りをしてねますから、ととう〱泊めてしまいました。

親父は、お酒の加減で白河夜舟の高鼾、娘もつかれて居るから、ぐっすり寝込んでしまって居りますから時刻はよしと竜はそろそろ夜這にはいり、娘の布団の中にもぐり込んでうまくおさえ込んでぐっとだきしめますと、娘も呼吸苦しくなって目がさめてびっくりして、

娘「あれ、父さん入れて下さいましたわいなあ。」

と云うと、親父びっくりして起き直り、娘はもう貰いに歩いておったのかと思って丁寧に頭を下げ、

親「おありがとうございます。」

右の話も、（落語とは言え）巡礼の姿の一コマを写し出したものだと考える。弥次・北の伊勢参宮の道中を滑稽に描いた十返舎一九『東海道中膝栗毛』の二編下にも、巡礼の祖父と孫娘の話が出てくる。ある宿で、この巡礼が報謝で手に入れた米を、夕食時に弥次郎兵衛・北八も相伴にあずかった折、北八が孫娘に眼を付けるが、宿の女主人も先刻承知で、寝る段になって、巡礼は二階へ、弥次郎兵衛・北八は一階へとそれぞれに床をとるのだった。

ばゞ「サアみんな、そべらしやいませ。内ががいにせばいから、わしと順礼の女のしうは、天上へあがつてねますべい　ト九ツばしごを二かいへかけて、じゆんれいのむすめをつれてあがる。六部は笈のうちより紙帳など出し、かぶる。あるじのおやぢもじゆんれいも、うすへらなるふとんのやふなものをひつぱり、いろりのはたへころげてねる　北八「コリヤ小便がもるよふだ　弥「おいらもいつしようにいかふ　トうらくちへ出　弥二「アノ順礼め、ぶつちめよふとおもつたら、二かいへ行おつた。いま〱しい　北八「さつきからはなしている内そつと手をにぎつたり、尻《しり》をつめつたりして、ちわをしていたがおめへしるめへ　弥二「うそをつくぜ　北八「うそでない。今夜アノ娘をぶつちめて見せよふ　弥二「はやいおとこだ　トうちへはいり、うらぐちをしめてねる　か丶る木賃《きちん》どまりのわびしきも、はなしのたねとはいひながら、凌《しの》ぐべきむしろ屏風も、破壁《やれかべ》をもる風の音《おと》、いたくも更《ふけ》行鐘に目覚て、北八あたりを伺《うかゞ》ひ見れば、皆旅労《たびつか》れのかけ合鼾《いびき》ゴウ〱スウ〱ムニヤ〱　時分はよしときた八、そつとおき上れども、あかりはなくまつくらやみ、そこらあたりを、さぐり廻して、よふ〱とはしごにとりつき、二かいへあがり見れば、天井はたけすのこにて、そのうへにむしろをしきたれば、あるくと、ミシリ〱となるにおどろき、やがて四ツばひになつて、さぐりまはり、むすめとおもひ、ばゞアがねている、ふとんの中へはいこみ、そろ〱なでまはし、ゆすりおこせば、ばゞアめをさまし「だれだ、あによヲする　トいふこへに、北八うろたへ、さてはかどちがへせしと、にげだすひやうしに、あしへたけのとげをたて丶、ばつたりこけると、竹すのこをふみぬき、下へどつさりおちるおと、ミシ〱ガラ〱ストウン。内のおやぢめをさまし「あんだ〱　二かいのばゞ「あんだかしらないが、とつぴやうしもない。みんなおきなさろ〱　このおとにろくぶも順礼もおきあがり　六部「どゐらいおとがした。あかりをつけなさろ。まつくろくて、あんだかかんだか、しれないぞ（下略）

誤って北八は床を踏み抜いてしまい、階下へ落ちたことで、この娘は事無きを得たという。『東海道中膝栗毛』には、他にも弥次郎兵衛・北八に執拗に報謝をせがむ乞食同然の巡礼や、十二、三歳の巡礼の集団が、弥次郎兵衛・北八を言葉巧みに騙すといった話柄が見られる。

6

人はなぜ巡礼に出るのか。それはまず、幸福や救済を求めて旅に出たのだろうと考えられる。また、悩みや苦しみを捨てたいと願っての巡礼もあったろう。病気や怪我の平癒祈願も考えられる。今は亡き親や兄弟、逆縁のわが子の霊を慰撫鎮魂するという意味の巡礼もあった。やがて江戸時代になると、物見遊山的な巡礼も登場してくる。

本章では、女人・子供に焦点を当て、熊野詣・西国巡礼とお伊勢参りを取りあげた次第である。

Ⅲ

不生への覚醒　道元、親鸞、一遍

金山秋男

序　禅浄一如

かつて、柳宗悦はその著『南無阿弥陀仏』の中で、自力聖道門と他力浄土門について、「自即他、自他不二そのことが、仏法の心そのものではないであろうか。二つに分けるのは一つに会うためではなかったか(1)」と述べたことがある。法然から親鸞を経て一遍へという日本の浄土教の展開と徹底の果てに、「自力他力を絶し、機法を絶する所を、南無阿弥陀仏といへり(2)」と一遍がいうように、他力の一道に徹したということが、「やがて自力の一道にそれが邂逅して来ることも示す」というのである。たしかに、一遍のいう「機法一体」は道元のいう「本証妙修」と相似た意味を有するし、一遍の「南無阿弥陀仏」はそれ自体が道元の「本証」と同じ全き世界を指し示している。「六字の中に本生死なし、一声の間に即ち無生を証る(3)」の「六字」と「一声」を、それぞれ「本証」と「妙修」と入れ替えてみれば、道元の言としても少しも異とするにはあたらない。

のちに詳しくみるように、浄土門がいつしか禅門に近づいているようにみえるのは、弥陀から賜った信心と絶対他力を説く親鸞も、信不信を不問に付し、自力他力超脱を説く一遍も、その眼目は、念仏による浄土往生というより、ともに自我による分別やはからいが徹底して捨棄され、自心が放下《ほうげ》される道であったからである。信に頼るとしても、名号に依拠するにしても、まさにそこが両者それぞれの有的自己（自我）の捨て場であり、死に場所にすぎず、同時に我執を葬った当処が弥陀の浄土にほかならない。他方、禅も自力聖道門とは呼ばれているものの、実はその真面目は、己れの修行により成道への力をみがくというのでは断じてなく、徹底して自力を放下し、本証に乗託することで、自力的作仏を離却しつくす道である。

そもそも、大乗仏教が大きな乗り物にできるだけ多くの迷える衆生を積み込んで、彼岸に渡すための教えである以上、その展開がやがて法華一乗を経て、天台本覚門を生むことになることは理の当然であったといってよい。この点で、日本仏教の出発点ともいうべき聖徳太子の仏教が、『法華経』に基づく在家仏教であったことは断じて看過されてはならない。舶来の南都仏教や多少の例外を別にすれば、現在にまで至るわが国の在家仏教の基礎は、既に太子においてうち立てられていたのである。それを受け継いだ最澄が、法華一乗の立場からラディカルな仏性論、戒律論を展開し、奈良仏教を擁護する徳一などとの間で論陣をはったことは周知であるが、天台の仏性論はさらに自然仏教ともいうべき真言密教の影響下で、ますます仏性本具の幅、すなわち成仏できる衆生の範囲を拡大することになる。

鎌倉新仏教は、すべてこの天台本覚思想の上に立脚するものであり、聖道、浄土二門のように、一見成道過程に関して、対極の立場に立つように見えるものの、「一切衆生悉有仏性」というより、むしろ、もともと成仏は実現しているのに、無明によってそれに気づいていないにすぎないとする点では何ら変らない。では、どのようにして往生でき、正覚を成ずることができるのか。その方法論的差異が、法然の念仏、道元の坐禅、日蓮の題目となって現われたにすぎない。「本願」「本証」「本門」とは、もとより無上菩薩の在処にほかならず、道元の正法禅が修証一如であるように、無上菩薩は念仏、坐禅、題目に即現する。即今即処の行の当体がそのまま成菩提道の現場であり、修にそれぞれなにがしかの差はあっても、それらはともに、仏教の繁雑な教理を煮つめ尽し、余分なものをそぎ落した果ての、抽象性、思弁性の一切を埋却した具体的エッセンスにほかならない。

仏教は、いうまでもなく、法（ダルマ）を中核とするが、それはもとより静止した理体ではなく、動態として、機に応じて様々に化現するから、その現われが様々な仏名で呼ばれるにすぎない。つまり、理としての法身仏が、働きとしての様々な応身（化身）仏として化現し、また、それらの本願やそれに基く救済行によって、それぞれの菩薩が正覚を得て、様々な報身仏が生れてくるというわけだ。しかし、絶対者は概ねどのように高位な神であれ、不定なる神命への通路にすぎない。そして、その不定なる神命の根源は、「神聖なる無」とでもいうべきものにほかならず、無相の本地が神々の彼方におわすという感覚は概ねどこでも自然なものであったに違いない。

しかし、「アッラー」にせよ、プロティノスの「一者」にせよ、老荘の「道」にせよ、仏教の『真如』同様、本来名付け得ないものに、無理に与えられた仮名《けみょう》にすぎず、絶言絶慮というように、それらは二相分別（言葉）以前の消息である。しかも、これらの「絶対無」（渾沌）とでもいうべきものは、無に徹しつつ同時に万物の母体でもあって、『老子』も「名無し、天地の始。名有り、万物の母[4]」で始まる。要は、有無両相にあって、どちらにも染まず著せず、有無透脱の境涯が開かれてはじめて、勝義諦的にものが観えるということである。先の『老子』に続くのは「常無欲以観其妙、常有欲以観其徼《きょう》」。つまり、「常無欲」だけなら世界は渾沌としかうつらず、「常有欲」だけでも世界は浮遊する現象（空華）のみで、真相の留め金を失う。この双面性を、意識論的に井筒俊彦は次のようにいう。

> 「常無欲」とは深層意識の本源的なあり方。常に無欲、すなわち絶対に執着するところのない、つまり名を通して対象として措定された何ものにも執着しない、「廓然無聖」的、「本来無一物」的意識状態である。
>
> （中略）
>
> これに反して表層意識の見る世界は、「存在」がいろいろな名によって、つまり言語的に、分節され、

様々な事物がそれぞれ「本質」によって規定された存在者として生起してくる世界、「徼」の領域である。(5)

いうまでもなく、どちらかが望ましいあり方というのではない。眼目は、「常無欲」と「常有欲」が同じ意識野に同時炳現することで、「妙」と「徼」の世界が、互いに対立しつつも、同じ一つの存在地平の中で、やはり同時炳現しつつ、円融しているという点にあるのだ。井筒もいうように、「真如」とは、第一義的には、宇宙に充満する無分節全一態の存在エネルギーであり、本源的には「空」だが、同時に、真如以外には世に一物も存在しない。つまり、「真如」とは万物・万象の本体であって、それ自体は非顕現だが、千々と別れ乱動して止まない万象そのものが、そのまま現象顕現する次元での真如であるというのが『大乗起信論』などの核心をなす。「常無欲」の観る世界と「常有欲」の見る世界は、一見鋭く対立しつつも、有と無を不二の相にみつめる悟達の眼には、決定的な断絶はない。ただ、流転生滅を繰り返す現象世界のみが実在と思い込むなら、すべて妄念の世界、逆に、その乱動する雑多な万象が真如そのものの挙体顕現とみるなら、すべてが真ということだ。以下、親鸞、道元、一遍について述べる前に、仏教にみる解脱の構造を、このような双面性と全一性との一見相矛盾する相貌に探ってみよう。

仏教のキーワード「諸法実相」と「諸法無我」とは同じコインの表裏にすぎない。華厳思想では前者を「理事無礙」といい、後者を「事事無礙」といって、それぞれの現象形態を「性起」と「縁起」と呼ぶが、それらは「空」という同じ真如を別々の角度からいい表わしているにすぎない。それを、やはり井筒俊彦の図に手を加えて図示すれば次ページのようになる。上の「理」(空)の自己分節・展開が諸法としてのa、b、c、d、eということで、諸法は「理」の性起(挙体顕現)とするなら、同様に諸法はそれぞれ「理」を通してお互いにつながって同時現起(縁起)しているということである。どれかひとつの「事」(たとえばc)が、それだけで存在する

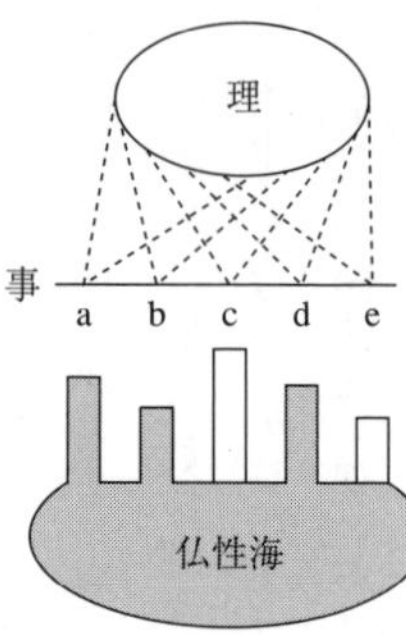

ということは原理上ありえない。「諸法無我」というのも「縁起」の別名にすぎず、万物の生滅は衆法の合成によってのみ現起するということである。何もかもが相依相関においてのみ存在するこの世界では、図下部にみるように、万物はいわば樽として仏性海に浮いているにすぎず、われわれが我執において己れを閉じなければ（たとえば、cとeは底が閉じている）、一味平等の仏性界の法性水を通して、それぞれ別々ながらに、他の万物と不二一体ということである。禅で悟りを開くことを、よく「底が抜けた」というのも、たとえば図中のa、b、dの仏性海と接している底が抜けることによって、それまで自己に閉じて、他と二相対立していた自分が仏性海（上図でいえば「理」）と吹き透しになり、宇宙大の自己を現ずるばかりか、山河大地あらゆる万物に自己を認めることになる。脱我はそのまま全自己の現成である。

第一節　十牛図

このような悟証へのプロセスは、禅門古来の指南書、廓庵禅師の『十牛図』(6)では、次の見開きのように示されている。ここでは、理は地として、事は図として表わされているというのがこの十牛図のいわば眼目なのだが、そのような戦略はみる者には隠されている。ひとまず、人が「本来の自己」ともいうべき牛を求め、つかまえて、牧し、やがて一体になり、その果てに「本来の自己」は完全に自己化してしまって、牛の姿が図中から消えるというのが、第一から第七までの表層的プロセス。このように捉えて事足りるのなら、第七忘牛存人は修道の完成（覚道）であり、第八以降は全く不要である。

第八人牛倶忘では、人も牛も、否、図そのものが完全に脱落している。これは前図で牛が忘じられ、今度は人も、というにとどまるものではない。それまでのプロセスとは全く異質な事態が生じていることは、第八に付された序「凡情脱落、聖意皆空……両頭不著、千眼難窺。百鳥含花、一場懡㦬」[7]を前図に付された頌「騎牛已得到家山、牛也空兮人也閑」[8]と比較してみれば明らかである。ここでは、やっと到り着いた悟達の境位があっさり離却されているのみならず、そもそも、なにかを求め、得て、そして忘じるという手続きそのものが、ことごとく空ぜられている。つまり、唯心論的にすべて（の意味）を生み出す自我＝心に大死することで、それまでの自己の自己へのはからいという閉じられた回路が断たれているといってよい。

いずれにせよ、人牛、主客などと分別されていた経験世界の差別相が、一挙に空無化される第八のような境位が覚知されたとき、禅ではそれを「無」とか「廓然無聖」と呼び、成道への不可欠なエレメントだが、それに劣らず重要なことは、その「無」も、先に述べたように決して静態に甘んじることなく、無もまた無とばかりに、再度差別相に突き抜けてくる。そこを「真空妙有」とも「無一物中無尽蔵」ともいい、特に禅門では仏道の眼目とされている。『十牛図』に示されるような主として臨済系の修道過程を図示すれば、上に示すようなものとなろう。

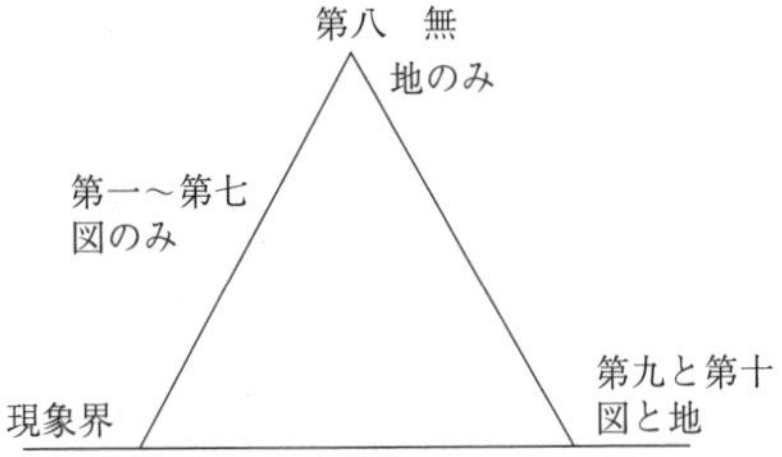

第八で決定的に重要なことは、図がことごとく消去されてはじめて、その図を背後から支えている不可視の地が顕在化するばかりか、そもそも図そのものがすべてこの地の中での出来事であったということだ。廓庵禅師の工夫が光る点は、何といっても、すべてを地＝一円相の真如世界に収め、図中に去来するすべての形象を、円相＝理の自己限定・顕現として示していること。上田閑照はいみじくも、次のようにいう。

図2

図1

廓庵「十牛図」

「夫諸仏は、真源、衆生は、本有なり」

図1　第一尋牛

「従来不失、何用追尋」

図2　第二見跡

図3　第三見牛

図4　第四得牛

図5　第五牧牛

図3

図5

図4

図7

図6

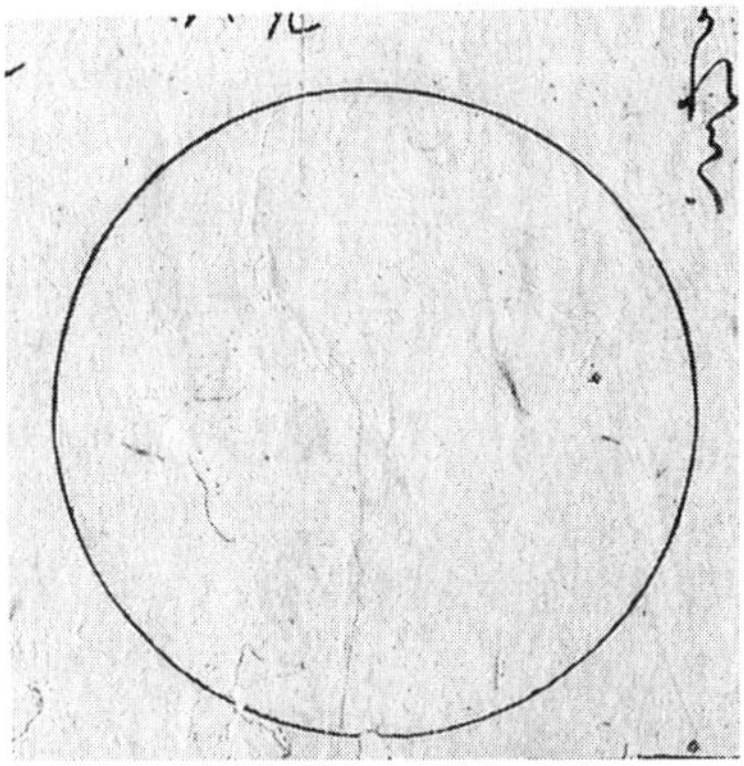

図8

図6　第六騎牛帰家

図7　第七忘牛存人

図8　第八人牛倶忘

図9　第九返本還源

「水自茫茫花自紅」

図10　第十入鄽垂手

図10

図9

このように第一から第七まですべて一円相の真世界の出来事として一円相から見られるならば、尋牛からはじまった自己探求の歩みはいわゆる「証上の修」(悟りの中での修行)という意味になってくる。悟りの中で悟りが求められていたのである。それが悟りの実修でありつつ。否、迷うということ自体がすでに悟りの中であったのである。はじめから、「真の自己」の中で、「真の自己」として自己が自己を求めていたのである。ということは、求められていた真の自己ははじめから、実は牛の姿で表わされるものではなく、表わすとすれば、円相で表わされるものであったのである。(9)

いずれにせよ、一旦地の存在に気づいた修道者の眼には、一見図の復活とみえる第九・十の境位においては、図と地(事と理)、それから図中の事はすべて透過的であり、もはや目にみえる図柄にとらわれることはない。自己が自己を求めるという自己関心の主軸が抜かれたここでは、自己は本来の脱自性として絶対無の場所(理＝仏性海)に真に切り開かれている。波と水にたとえていうなら、第一から第七までは水の覚知抜きの波のみ、第八の空円相は波を空じ尽くした水のみ、第九および十は水に淵源することが十分覚知され、妙有に転成した波の動きといえるだろうか。ここに現成した脱我的自己に現前する第九序の「水自茫茫花自紅」は甦った自己と別ものではない。つまり、主客未分の境位に投げ還された(返本還源)自己の観る水と花はもはや、われわれが経験世界で対象的に見る素朴実在論的な水と花ではない。主我性がきれいに脱落しているここでは、「水自茫茫花自紅」が有的自己から脱我的自己への甦りの具体をなしており、上田氏の言い方を借りれば、水が流れ、花が咲いていることがそのまま私が私であるということだ。私がそれを見ているのではなく、私といわない私が無心に花咲き、水流れる場所になっている。逆にいえば、私が前もってあるのではなく、私が在るという現象自体が目の前の花咲き、水流れるにおいて生起しているということ、つまり、自分が今立ち会っている花咲き、水流れる以外に、先験的あるいは特権的な自己は全くないということだ。それをこそ「水自茫茫花自紅」というのであり、水も花も私も、そのおのづからにおいて（理事無礙）、しかも、万象の存在論的関係性（事事無礙）として現起しているにすぎない。素朴実在論的に固渇していたそれぞれのものが、ここでは本来の生々躍動たる自在な姿を取り戻している。

第十入鄽垂手《にってんすいしゅ》でも、既に空円相に真に切り開かれている無我性が、その涅槃に住せず、第九が人と自然とすれば、今度は人と人との出会いにおいて生起する相が示されている。先に述べたように、無（理）は妙有妙用に転成するが、諸法無我の絶対無の境位には内外二相はないのだから、もともと出ることもない。むしろ、鄽（世間の巷）そのものが実は「空」にほかならず、図中で出会う人物はどちらも主客の枠組を持たず、円相から析出された同じ根源的リアリティを分けもって現われる脱我的自己同士といってよい。第七の一種の「自己実現」までは、他者と出会っても、その他者にはいつも自己が自己をという関係（自己関心）の影がさしていたが、ここではじめて他者に開かれ、その他者への関係そのものがそのまま脱我的自己となって現成している。第九の境位と同様、自我のことを他者にかぶせるのではなく、逆に他者のことがそのまま自己の事になっているといってもよい。

いずれにせよ、ここでは主我のもつ能動性も完全にどこかに置き忘れてきており、ただ「提瓢入市、策杖還家」[10]するにすぎない。しかも、法執をもきれいに埋却したここでは、脱我的自己の「酒肆魚行」そのものが俗人たちを成仏させていくのだから、表題の「垂手」にも、既に利他力にまといつく気負いは微塵もなく、文字通り手をだらりと下げたまま「直教枯木放花開」するにすぎない。無論、その働きは彼のものだが、その働きを生み出している根源は杳として窺い知れず、それを「柴門独掩、千聖不知」、つまり、どんな聖者も彼の境涯を測り知ることはできぬというのである。彼にあっては世俗的な鄽そのものが、法性三昧の当処にほかならず、そこでの交わりが自然に人を「化令成仏」するのである。一旦「色」に大死して（即空）、再び「色」（妙有）に甦った自己と自然一体の風光を辻村公一は次のように表現している。

思いのままに行じて、それが法に適うのみならず、新たなる法を歴史的現実のうちに生み出していく。そういうことができるのは、一切の規範や戒律がそこから成り立つところのもとを体得しているからである。(11)

第二節　道元

道元が叡山で逢着した大疑団「本来本法性、天然自性心、与麼ならば三世の諸仏、なにによりてか発心修行するや」を解決するのは天童山如浄会下における「身心脱落」においてである。この身心脱落には以後の道元の仏道を決定づける二つの要素を見てとることができる。一つは、今まで述べてきた色空一如の脱我的主体の確立、もう一つは諸仏の「本法性」上になお重ねられる発心修行、すなわち悟上得悟、仏成仏の「本証妙修」の確立である。

この二つはもとより表裏一体ではあるが、前者から述べれば、道元の主体の在り方がいわば第八の空円相の絶対無に完全に切り開かれ、脱我的自己に決定的に変換されるのがこの身心脱落という事態である。その前提が身心、色空、能境等二相の埋却。たとえば、能と境とが互いに自閉的であることを止めて、脱自的に己れを開いて互いに向き合うとき、いずれが主とも客とも区別し難い幽深なる空間が姿を現わす。渺々として言葉にし難いこの脱自的存在認識の風光を、道元は宏智正覚の『坐禅箴』から次のように引用している。

仏仏の要機、祖祖の機要、事に触れずして知り、縁に対せずして照す。事に触れずして知る、その知、自ら微なり。縁に対せずして照らす、其の照自ら妙なり。其の知自ら微なるは、曽て分別の思い無し。其の照自ら妙なるは、曽て毫忽の兆無し。曽て分別の思い無く、其の知、偶すること無くして奇なり。曽て毫忽の兆無く、其の照取ること無くして了なり。水清くして底に徹し、魚の行くこと遅遅たり。空闊くして涯りなく、鳥の飛ぶこと杳杳たり。(12)

先に引いた『老子』の一節を、自内証を基に肉付けし、かつ詩的表現を与えたものといってもよいが、無心的主体は「事に触れずして知り、縁に対せずして照らす」。主客二相を離却した主体に現前するのは、対象性（ノエマ）を払拭し尽した純粋無雑なノエシスそれ自体であり、魚と鳥のみならずそこに立ち会っている私は、他の一切に対しても、己れを開いた透明性を獲得して、互いとの間に不思議な存在相通があり、存在融和がある。これをモデルにした道元の「正法眼蔵坐禅箴」では、最後の二句が「水清くして地に徹す、魚行て魚に似たり、空闊くして天に透る、鳥飛んで鳥の如し(13)」となっている。主客対立のシンタックスの解体したところに脱自的に現起した魚は、魚であるよりも魚に似ているのであり、鳥は鳥の如く飛ぶのである。存在の有相と無相との相即相入の風光、いわば「応無所住而生其心」を語って、これに勝るものを私は知らない。

身心脱落により自分がなくなれば、世界中が自分である。主体にまつわる様々な執着が断たれて、内から外に向って門戸が完全に開かれることで、そこに現成する無心的主体は宇宙と本質的に一体となり、吹き通しとなる。この世界いっぱいの自己を、道元は全自己と呼ぶのだ。これは天地を坐禅において自分に摂してみる場合だが、逆に世界大に自分を拡大してみれば、世界だけあって自己はない。しかし無くなった自己は、かえって一切の物に帰しているから、山があればその聳え立つ姿は自分であり、川があればその流れが自分の姿である。「渓声山色」の巻には蘇東坡の悟道の偈「渓声便ち是広長舌、山色清浄身に非ざること無し、夜来八万四千偈、他日如何が人に挙似せん」[14]が引かれ、人と山水との不思議な相即相融の消息が開示されている。悟りを開くのは東坡自身か、それとも山水かと道元はいうが、釈尊の「我与山河大地同時成道」を俟つまでもなく、事事無礙の観点からすれば、人と山水は同時成道するのが当然であって、人が身心脱落するのと山水が渓声山色としての本来の面目を現ずるのは同時であるということだ。万象が万象と自由無礙に感応道交しているこの世界では、まさに

……自己をならふというは、自己をわするるなり、自己をわするるといふは、万法に証せらるるなり、万法に証せらるるといふは、自己の身心および他己の身心をして脱落せしむるなり。[15]

であって、脱落した人と山水との真の相見相逢底においてはじめて、太古から変らぬ響きとともに流れ来たり流れ去ってきた谷川の水が、八万四千の偈を唱えはじめるのだ。自己と山河大地がともにそれぞれみずからでありながら、同時におのずからに相手を転じつつ自得している脱落共同世界、ここではあらゆる事物事象が、ありのままに絶対的真実の相（公案）を露呈しており、そこを「諸法実相」の巻には「ここをもて実相の諸法に相見するといふは、春は華にいり、人は春にあふ。月は月をてらし、人はおのれにあふ。あるいは人の水を見る、これおなじく相見底の道理なり」[16]とある。ここでは、既に素朴実在論的な主観は跡かたもなく払い尽くされており、脱自的主体から眺められた実相は、主客二元の生み出す単相的世界像とは全く異なり、万象が互いに浸透し合い、重々無尽に交錯しながら、それぞれ本来の存在論的位置に住している姿を映し出している。「山水経」巻の冒頭の一節はそのような諸法実相の幽深な位相を表現している。

而今の山水は、古仏の道現成なり。ともに法位に住して、究尽の功徳を成ぜり。空劫已然の消息なるがゆゑに、而今の活計なり。朕兆未萌の自己なるがゆゑに、現成の透脱なり。[17]

次に、道元の仏道の第二の特徴すなわち「本証妙修」について触れねばならない。既に述べたところからも明らかなように、大乗仏教や天台本覚などの本基をなす万法一如や宇宙一体、すなわち理事不二、諸法実相の上に展開される道元の弁道が、禅宗一般の迷妄を払って正覚を得、此岸を離れて彼岸に渡る式の転迷開悟、転凡入聖の待悟見性禅と著しく異なることはいうまでもない。道元からすると、「本来本法性、天然自性心」とするなら、なにゆえにそれを現実即今に生かすことができないのか、迷いや汚れから完全に解放されているのがわれわれの本来なら、そこをこそ発心修行の出発点とすべきではないのかということになる。

いずれにせよ、待悟見性禅と道元の正法禅との決定的な違いは、仏教の原点である釈尊成道のどの時点に修行の発足を置くかにあるといってよい。道元の仏法はあくまで釈尊大悟時の自受法楽の禅定に基点を置き、それをそのままの形で継承するものであり、成正覚以前の修行弁道は仏祖釈尊により既に完了済みのものとして、その正覚の内容をそのまままるごと信受し、信仰と実践の基盤をそこに置くのである。釈尊悟道時の自内証が「有情無情、同時成道、草木国土、悉皆成仏」すなわち、森羅万象は本法性・本証そのものの展開としての世界であり、従ってなんぴとの修行も、その上に立ち、証上の修として、それを味わい尽す悟上得悟、仏成仏にほかならないということだ。従って、先の「十牛図」に即していえば、道元の身心脱落は第七の極点においてもまだ残っていた自己の身心の完全な脱落であり（第八）、そこに即現する天地万物は、もとより法性そのものの展開、すなわち本証の世界であるから、万法即ち脱落身心ということになる。道元が師、如浄から受け継いだのはただ一つ、「参禅はすべからく身心脱落なるべし」すなわち、脱落身心においてさらに脱落の行を行ずべしということ。そこでは修は証達成の手段では断じてありえず、そもそもわれわれ自身も本法性として属しているこの本証世界では、もとより生仏相対や修証隔別はなく、この自受用・他受用法楽世界では仏証仏、すなわち、本証を妙修によってそれとして確認していく行があるのみである。妙修上に即現する本証世界の消息を語って、次の一節に勝るものはない。

もし人一時なりといふとも、三業に仏印を標し、三昧に端坐するとき、遍法界みな仏印となり、尽虚空ことごとくさとりとなる。ゆゑに諸仏如来をしては本地の法楽をまし、覚道の荘厳をあらたにす。および十方法界、三途六道の群類、みなともに一時に身心明浄にして、大解脱地を証し、本来面目現ずるとき、諸法みな正覚を証会し、万物ともに仏身を使用して、すみやかに証会の辺際を一超して、覚樹王に端坐し、一時に無等等の大法輪を転じ、究竟無為の深般若を開演す……

わずかに一人一時の坐禅なりといへども諸時とまどかに通ずるがゆゑに、無尽法界のなかに去来現に、常恒の仏化道事をなすなり。(18)

と、ここでは端坐の一行よりほかに、何ものも期待するもののない(無所得・無所悟)妙修の完全無欠な絶対性が表出されている。「わずかに一人一時の坐禅」が「得一法通一法、過一行修一行」そのままの全行全通として、「去来現」の万法と響き合い、共に「常恒の仏化道事を」なし合う、時空を越えた宇宙的感応道交の場を現成させている。

しかし、道元の仏法で最も重要なことは、本証という本具の徳は静止凝結していることができず、修行弁道を通して、それ自体を活動に転ぜしめるということである。次の一節は「悟来の儀」としての本証の働きを明確に示している。

仏法には修証これ一等なり。いまも証上の修なるゆゑに、初心の弁道、すなはち本証の全体なり。かるがゆゑに修行の用心をさづくるにも、修のほかに証をまつおもひなかれとをしふ。直指の本証なるがゆゑなるべし。すでに修の証なれば、証にきはなく、証の修なれば、修にはじめなし。ここをもて釈迦如来、迦葉尊者ともに証上の修に受用せられ、達磨大師、大鑑高祖、おなじく証上の修に引転せらる。……妙修を放下すれば、本証手の中にみてり。本証を出身すれば、妙修通身におこなはる。(19)

と、修証一如を説くここでは、修の即今即処、一挙手一投足の上に「直指の本証」が現起し、坐禅も、四六時中の行持も本証そのものの働きにほかならないとする。しかし、ここでの窮めつきは、なんといっても「証上の修に受用せられ」「証上の修に引転せらる」という受動態にある。坐禅弁道はすべて、己れの発心修行に発する自発的な行と見えながら、その実は自己心内の仏ともいうべき本証に催され、引きずられて行じていたにすぎないということだ。われわれが坐禅を行ずるのではない。本証が本証を妙修しているというのだ。

それでは、どうして自己心内の仏性すなわち本証は動き出すのか。道元は時節到来、すなわち機が到り、縁が熟すれば本法性＝本証はじっとしておれぬのだという。六祖慧能でいえば、たまたま『金剛経』の一節「応無所住、而生其心」という一節を耳にしたこと。正に先の「十牛図」でいえば、第九、十の境涯を表わす言葉だが、生涯を樵夫で過してきた、修行もなく無教養な慧能の肚にストンと落ちた。道元はこの事態の消息を執拗なまでに究尽する。経文に悩まされて発心したとしても、そこでは何が動いたのか。動き出したのは自己の存在の根底をなす仏心、そして慧能の発心に共に随喜した母の仏心であり、「本来本法性」であって、最初から悟っている法性（本証）は、機を得て縁が熟すればじっとしてはおられない。その本証を具した仏心を、道元は名付けようもない不可思議な働きとして「恁麼《いんも》」といい、その仏心を具えた人を「恁麼人」というのだ。既にわれわれは恁麼人であるから、恁麼の事すなわち仏心を発動しないわけにはいかないというのである。それ故、われわれが菩提心を発するというより、菩提心自らが発動するというべきである。道元の発菩提心の菩提心発への言い換えもそのことを指しているのであり、本証妙修でいえば、本証が現われて、坐禅という妙修を誘い出すこと。右の文中の「証上の修に引転せらるる」という受動態に、その消息が現われている。

第三節　親鸞

そもそも、浄土の法門は本覚思想に依拠しつつも、上品上生から下品下生までの、到底無視しえない現実の差異を直視することから成立したといってよい。しかも、浄土教は常に末法の世の中でも極悪深重の凡夫たる己れに視座を据えた上での欣求浄土の教えである。つまり、わが心内の穢土の自覚と、そこからの解放への絶望と哀しみが弥陀信仰の根底にあることを見落してはならない。まさに「唯我独悪」、地獄一定、そこに少しでも自己弁明が残れば、それは全き懺悔とはならず、回心と往生への契機を失うのである。浄土教の根本原理は、柳宗悦の次の言葉に窺われるといってよいだろう。

だが自分こそ罪人の罪人だと気づかせて貰うと、世界の光景は俄然として一転する。自分が無限小に小なのであるから、自分に非るものは無限大に大となる。小我と大我が前向きに触れ合う。自己の無限小とは、もはや自己を残さぬことである。残る何ものもなくなる時こそ、自己の全き捨棄である。この捨棄のその刹那は、無限大なるものに当面するその瞬間である。ここで小が大に接し、穢が浄に即する。否定が肯定に直結するのである。この転換の刹那を、我よりすれば往生という。なぜなら無限小の無限大への投入だからである。仏よりすれば正覚という、なぜなら無限大の無限小への顕現だからである。我が往生と仏の正覚とは同時同体となる。[20]

要は、大乗思想から、法華、一乗仏教、そして天台本覚への歩みは、救わるべき衆生の最底辺をどこまで下げ切ることができるか、というあくなき挑戦であったといってよい。寄進や造寺造塔はいうに及ばず、賢愚、浄不浄など一切の二相を不問に付し、絶対無差別、無条件の救済を、誰にでも納得できる理論として如何に構築できるか、浄土門の祖師たちの血のにじむような格闘は、そこにこそあったのである。そのためには、何よりもまず己れを、どこまで底下罪悪の存在として認受し切れるか。それができた分だけ、その最底辺をなす己れ以上の一切の衆生が、済度されるという原理である。正に、それ自体が菩薩の利他行の真髄といってよい。その最下層の己れが救われる最後のよすがとして、法然は善導に依りながら、法蔵菩薩がたてた四十八願中、第十八願を選択するのである。つまり、それが下品下生のわれわれでも弥陀の摂取不捨にあずかるためにクリアしなければならない最易最低のハードルということであり、自力に挫折し、他力に頼ると決意した以上、念仏以外はなしえないし、不要であるばかりか、かえって雑毒であるというのが、法然の到達点である。釈尊の根本仏教以来、はじめて凡夫が仏教の眼目に据えられたのである。親鸞のいう「誠に知んぬ。悲しき哉、愚禿親鸞、愛欲の広海に沈没し、名利の大山に迷惑して、定聚の数に入ることを喜ばず、真証の証に近づくことを快まず、恥づべし、傷むべし矣」[21]も、こうした自覚の延長線上にあることはいうまでもない。

凡夫が、その往生のために、ギリギリの瀬戸際で最後に依拠しうるのが、弥陀の第十八願だが、それは次の通

り、

たとい、われ仏となるをえんとき、十方の衆生、至心に信楽して、わが国に生れんと欲して、乃至十念せん。もし、生れずんば、正覚を取らじ。ただ五逆と正法を誹謗するものを除かん。[22]

と、念仏するものは、罪ある者、愚かなる者、高ぶる者とを問わず、済度されることが断言されている。末尾の但書も、『観無量寿経』では除かれており、単なる抑止条項として、絶対無条件の救済が約束され、キリスト教やイスラム教など他の世界宗教に比しても、はるかに広い救済幅を誇っているかにみえる。

しかし、浄土教における救済の急所は、実は、右の願中の「至心に信楽して、わが国に生れんと欲して」にあったのである。世に言うところの三心の問題であるが、誰にでも容易くできる「乃至十念」にではなく、三心を具えてにこそ、浄土教の眼目があったということだ。『観無量寿経』でいえば、至誠心、深心、回向発願心の三心。法然以降の浄土教の主眼は、念仏往生の前提として、この三心を如何に具えることができるかに絞られたといってよい。しかし、三心にみるような真実清浄な心を、この底下の凡夫に要求することは、浄土教本来の絶対無差別、無条件を破ることではないのか。自分で自分に清らかな信心を具えることができるなら、それは凡夫とはいえまい。浄土門の中心問題は、自分で自分の心をどうにかすることが本当にできるのか、に窮極するのである。

浄土系の流れの中での、親鸞の真骨頂は、「地獄一定」ともいうべき心内の闇を直視し、絶望するだけでなく、善導や法然のように、その自覚をバネに、むしろ清らかな信心を起せという要請にも絶望せざるを得なかったことにある。真実の心、深い信心、そして往生への至純な願いを、「悪性やめがたき罪悪深重の凡夫」が起すことが本当にできるのか。浄土教が、一切の可能性に絶望せざるをえない下品下生の凡夫に開かれた法門とすれば、その凡夫に三心を救いの条件として要求することは、途轍もない矛盾ではないのか。

親鸞の真宗において特徴的なことの一つは、成正覚に至る従来の階梯に反して、証（無上正等覚）に直結するものとして、行（念仏）ではなく、信を置いたことである。『教行信証』というタイトルの配列が、既にそのことを表わしている。『和讃』に云く、

弥陀の本願信ずべし　本願信ずるひとはみな
摂取不捨の利益にて　無上覚をばさとるなり(23)

と、ここでも「無上覚」成就の条件として、「信ずる」ことしか語られていない。つまり、覚りは行によるのではなく、あくまで信によるという、ここに親鸞の浄土教の眼目がある。しかし、ここにとどまるなら、所詮それは善導や法然の延長線にすぎない。親鸞の真面目は、行も信もすべて已れから発するものではなく、弥陀の本願による賜物であって、何ものも衆生所発のものはないという点にある。親鸞にとっては、発心・修行・菩提・涅槃のすべてがわれわれ所発の事態ではない。彼は『無量寿経』の次の一節に着目する。

十方恒沙のもろもろの仏・如来は、みな、ともに無量寿仏の威神功徳なることを讃歎したもう。あらゆる衆生、その名号を聞きて、信心歓喜せんこと、ないし一念もせん。至心に廻向して、かの国に生れんと願わば、すなわち往生することをえて、不退転に住すればなり。(24)

ということは、諸仏・如来の弥陀に対する讃仰称名があって、はじめてわれわれ衆生の「信心歓喜」があるということ。とすれば、教行信証のすべてが、われわれの行為に一切かかわらず、既に弥陀の十劫正覚に実現していたことになる。さらにいうなら、次の第十七願にみるように、この諸仏・如来の称名号にしてからが、実は成道以前の法蔵菩薩の本願において願われていたということである。

たとい、われ仏となるをえんとき、十方世界の無量の諸仏、ことごとく咨嗟《しさ》して、わが名を称えずんば、正覚を取らじ。(25)

と、これは諸仏・如来の称名行自体が、本願に願われていたからこそ実現するものであることを裏うちするものであり、これを受けて(聞名して)はじめて、われわれの中にも信が芽生えてくるということである。とすれば、すべては弥陀のはからい(大悲心)の中での出来事にほかならない。

さらに、ここで重要なことは、死を待たず、信決定のその時がそのまま「無上道を成じて諸々の如来と等しからん」当処であるということ。ここから、従前の浄土教の枠を越えて、「平生業生」や「正定聚」という概念も出てくるのであるが、その意味は、ここに至ってはじめて、希求すべき浄土という架空概念を去って、即今即処の弥陀の本願成就、すなわち、念仏に即現する「常来迎」の道に出たということである。それは道元でいえば、打坐の当処に本証が姿を現わすのと同様、親鸞も弥陀の自分に対する純粋な想いの中で、諸法実相に匹敵すべき「自然法爾」の風光に浴していたということだ。従って、三心も、もとより己れの側より起す信心ではなく、むしろ、自力を完全に放擲して、弥陀の大悲心に抱かれ、貫かれること、そこに大安心の境界が最初から用意されていたということである。親鸞にとっての行と信の本質は、「しかれば、もしは行、もしは信、一時として阿弥陀如来の清浄願心の廻向成就したまふところにあらざることあることなし[26]」に窮極するといってよい。あるがままに、煩悩熾盛のわれに対する弥陀の想いに身を任せるということ、それがそのまま自心に死に切るということであり、同時に弥陀の命根に帰入することにほかならない。文法的には明らかに無理な「至心に廻向して」という衆生所発の表現の「至心に廻向し給えり」への読み変えも、むしろ仏法の核心への読み込みの深さと、衆生済度への想いの深さの証左以外のなにものでもあるまい。竹村牧男がいうように、「如来の一心に包まれ、貫かれるとき、おのずから如来の御名を称えるであろう。それは自我が徹底して否定され、真実の自己として蘇える体験[27]」である。親鸞の場合も、信決定の時が、「十牛図」について付した先の三角形の頂点、つまり大死一番であり、以後の彼の衆生化導は、自己に死に、弥陀に甦った還相回向にほかならない。

第四節　一遍

一遍の宗教を考えれば考えるほど、彼は仏教史を、古神道や山岳宗教の方向へ逆走しているのではないか、という不可思議感を禁じえない。なるほど、彼は幼少の頃、浄土宗西山派の流れをくむ聖達のもとで得度し、派祖証空からみれば孫弟子、歴とした浄土教の法系に属するが、少くとも再出家以降の彼の信仰と実践をみれば、法然、親鸞はいうにおよばず、証空とも根源的に異質であるといわざるを得ない。それは、回向不回向から来迎の問題、念仏や六字名号の意味にまで及び、柳宗悦のように、浄土教の発展、その徹底のプロセスの究極に一遍を位置づけるだけで済むものではない。むしろ、一遍はこの法門の外に立ち、浄土教というフォルムあるいは衣を得ることで、古来の民間信仰や山岳宗教にしたたかに息づいてきた原始的宗教の情念に、新たな表現を与えたというのが本当のところだろうと思う。そのように観なければ、修験道と念仏と禅定を混合・結合したような一遍の宗教的本質はみえてこない。

たとえば、彼の一所不住の遊行という宗教実践形態にしてからが、他の宗祖におけるような、一所定住を基本とするあり方とは全く異なり、それは真言や天台などの高度に理論化された密教以前の、山岳修行者の山林抖擻《とそう》や持経聖の回国巡礼に直結するといっても過言ではない。こうした古来の優婆塞的な遊行聖を、ひとつの教団の宗祖に据えるということ自体が、土台無理な話で、時宗という宗派がどこか不安定で、さしたる隆盛をみないのも、宗祖の意志を徹底しようとすれば、勢いこの教団は解体せざるをえないという矛盾を、最初から抱え込んでいたからである。

宗教というものはどれもそうだが、教団を作るとたちまち保守化して、本来のおおらかな自由さを失う。教団も寺も持たず、ただ信仰とその実践だけに生きていたら、これ以上の自由はない。このことを誰よりも知り尽くしていたのが一遍であり、死に臨んで「わが化導は一期ばかりぞ」といったように、もとより教団を作る意図は全くなく、それを作らないためには寺も持たず、寺を持たなければ常に移動していなければならない。これが一遍の遊行の論理であり、諸大寺に住する僧尼のような生活の安定を犠牲にするかわりに、精神の自由と創造性を手にしたのである。

従って、一遍が再出家にあたり、最初の修行地として、南都諸大寺は論外としても、比叡山でもなく、高野山でもなく、四国菅生の岩屋を選んだというのも、理由のないことではない。岩屋こそ、四国修験道切っての霊場にほかならず、古来衆生救済のための験力をつけるために、修験者たちが集まってきていたところである。一遍は、その翌年には高野山を経て熊野に向かう。これも当時の代表的な修験道の聖地を目指したのであり、特に、熊野本宮は阿弥陀浄土とされ、修験道と念仏往生が混然一体となった霊場のメッカであったことはいうまでもない。ここに岩屋で再出発し、熊野で決定的な回心を果たすという、修験道ならではの図式が見えてくる。一遍の宗教の根底に、山中他界に基礎を置く、修験的な、一種マジカルなものが感じられるのはこの故である。たとえば、一遍は「南無阿弥陀仏に帰命する」というが、「南無」とはもとより「帰命」の謂だから、一種のトートロジーのようなものだが、彼が究極めざしていたのは、「南無阿弥陀仏」の名号と一体になることであり、この仏我一如の当体を措いて、人間に救いはないという直感に執拗にとどまることでしかなかったのである。いうまでもなく、ここでは「南無」の機と「阿弥陀仏」の法は不二・一体であり、この実相真如からみれば、認識対象としての弥陀など所詮有限にすぎず、そのような虚像にとらわれること自体が、人間本来の自由を売り渡すことでしかない。一遍にとって自由を阻害するのは、教団や教理ばかりではない。本尊そのものにしてからが、えてして法執として自分を繋縛するものでしかないとするこの徹底した「捨聖」は、親鸞にはギリギリ最後まで残った弥陀に対する信までも、捨て果ててしまうのである。彼はいう。

称名の外に見仏を求むべからず。名号すなわち真実の見仏なり。肉眼をもて見るところの仏は真仏にあらず、もし我等当時の眼に仏を見ば、魔なりとしるべし。(28)

つまり、一遍に唯一大切なのは、まさに只今、口をついて出る六字名号、それこそが永遠不変にして、しかも念々に転変とどまるところを知らない絶対的実在。それ以外はすべて魔縁であり、その無限なる実在と合一することでしか真の自由は得られないということなのである。

ところで、一遍の宗教を特徴づけるのは、なによりもまず、遊行と賦算と踊り念仏とされるが、その根底には、やはり山岳信仰や修験道にまつわる禊や神託や死霊鎮魂があることは『一遍聖絵』などの諸資料から明らかである。彼は念仏賦算について抱いた疑問を、周知のように、熊野本宮証誠殿の権現夢告の託宣で解き、これが釈尊以降の祖師たちの成道に匹敵する念仏成道となるわけだが、その成道もどこか法然法系の回心とは異なり、熊野権現が山伏の姿で現われてきたように、熊野の聖たちの伝統を踏まえねば、十全たる領解に到達できないものである。

一遍が熊野へ向けて辿ったルートは、今でいう中辺路だが、本宮旧社地に入るには、最後に音無川を徒渉しなければならない。いわゆる「濡れ草履の入堂」だが、下半身を濡らしたまま証誠殿で、熊野権現＝阿弥陀如来の霊告を待ったはずである。そして、一遍がここで出会う阿弥陀仏とは、易行としての専修念仏のみで足りるとする法然や親鸞たちにとっての弥陀ではなく、険路を越えた果てに、禊の苦行までも要求する、山中他界の修験道的な阿弥陀如来であったということだ。賦算に際し、念仏札の受け手に信心が必要か否かという問に対する権現の神託は次のようなものだ。

融通念仏すすむる聖、いかに念仏をばあしくすすめらるるぞ。御坊のすすめによりて、一切衆生はじめて往生すべきにはあらず。阿弥陀仏の十劫正覚に、一切衆生の往生は南無阿弥陀仏と必定するところ也。信不信をえらばず浄不浄をきらはず、その札をくばるべし。(29)

ここで何よりも重要なことは、一遍が熊野権現から「融通念仏すすむる聖」と呼びかけられているということである。ここには浄土系の専修念仏僧の面影は既になく、修験的な山の念仏聖の本領が露わになっている。しかも、一遍の成道の機縁となった念仏も、インドの龍樹、世親から、中国の曇鸞、道綽、善導を経て、わが国の源信、法然、親鸞と流れてゆく正統の法系とはどこか根本的に違った、陀羅尼的な呪文としての念仏であり、それを称えればすべての罪障を消す呪力のある滅罪の念仏であって、浄土法系一般の往生のための念仏ではない。だから「信不信をえらばず浄不浄をきらはず」くばるのは符呪としての念仏札なのであって、賦算こそ以後十六年にわたる一遍の遊行遍歴としての宗教生活を決定するものである。この観点からみれば、一遍にとっての六字名号には、修験山伏が唱える陀羅尼「ノーマクサンマンダバサラダ」などと同様、神聖なる言葉（真言）には、現実を動かす力があるという、古来の言霊信仰がしたたかに息づいているといって間違いない。

従って、一遍の一所不住の遊行は、修験道の山林抖擻に相当し、それ自体が不断の自己否定行であって、その滅罪行を通して神仏がわれに憑依するという古来の人神信仰と呼応する。再出家以降の一遍の信仰と実践とをみれば、既に外来の文化宗教としての浄土教から離脱し、純密、雑密を遡り、自然宗教としての山岳信仰や古神道、あるいは無数の如法経回国聖たちの伝統に根ざし、最も原初的な庶民宗教としての素朴な浄土信仰を生きていたといってよい。ここでは、たとえば法然におけるように、宗教と呪術は明確に分化していない。彼の法語には次のようにある。

又云、我法門は熊野の御夢想の口伝なり。年来浄土の法門を十一年まで学せしに、惣じて意楽を習ひ失はず、然を熊野参籠のとき、御示現に云、「心品のさばくりあるべからず。此心はよき時もあしき時もまよひなるゆゑに、出離の要とはならず。南無阿弥陀仏が往生する也」と云々。われ此時より自力の意楽をばすてたり。(30)

と、「此心はよき時もあしき時もまよひなるゆゑに、出離の要とはならず」というように、既にここで「三心」超脱が語られ、所詮頼りとはならないわが心から弥陀の慈悲への飛躍が明示されているが、ここで最も重要なのは「南無阿弥陀仏が往生する也」という熊野権現の不思議な言葉である。これは阿弥陀仏と一体となることで、そのまま往生成仏するという古来の即身成仏を踏まえなければ、おおよそナンセンスな託宣というほかない。ここでは既に、行為としての念仏を重視する法然や、弥陀への信で足りるとする親鸞とは、どこか決定的に違う宗教的境地が開かれている。しかし、信不信も浄不浄も問われることのない、アナーキーな宗教に見えながら、一遍の遊行遍歴は、自己のみならず一切の衆生の犯せる罪を贖うという深い罪業感に裏打ちされており、この国の庶民信仰に根ざした呪術的修行や滅罪的自己否定なしに、『聖絵』にみるような多くの乞食非人、癩者までも含み込んで、人の心をとらえることができたはずはない。彼にとっての念仏とは次のようなものだ。

たとえば、火を物に付けんに、心にはやけなとおもひ、口にはやけそといふとも、此言にもよらず、念力にもよらず、只火おのれなりの徳として物をやくなり。水の物をぬらすも、是に同じ事なり。然のごとく名号もおのれなりに、往生の功能をもちたれば、努々義にもよらず、心にもよらず唱ふれば往生すると、他力不思議の行と信ずるなり。(31)

というように、火に紙が触れれば、めらめらと燃え上るように、人が六字名号（賦算札）に触れさえすれば、弥陀と同一化するという呪術的不思議に、一遍の宗教の本質があったのである。この同一化を我と弥陀との機法一体というが、それも遊行という一種の苦行滅罪による、神の我への憑依という古来の民俗信仰を下敷にしてこそ、十分に理解されうる事態である。「南無阿弥陀仏」に、仏（神）我一如の境位がひらかれてはじめて、「されば念々の称名は、念仏が念仏を申なり」という究極の境地が現成するのだ。次の法語は、その境地を明示している。

……南無阿弥陀仏と一度正直に帰命しつる一念の後は、我われにあらず、心も南無阿弥陀仏の御心、身の振舞も南無阿弥陀仏の御振舞、言も阿弥陀仏の御言葉なれば、生きたる命も、阿弥陀仏の御命、死ぬる命も阿弥陀仏の御命なり。……

仏こそ命と身とのぬしなれやわがわれならぬこころふるまい(32)

と、ここでは「南無」する機と帰命さるべき「阿弥陀仏」の法との二相分別は完全に超克され、まさに新約聖書ガラテヤ書の「我キリストと偕に十字架につけられたり。最早われ生きるにあらず、キリスト我内に在りて生くるなり」(33)というパウロに匹敵する神（仏）我一如の境涯に達している。一遍が真に自利から利他へ、つまり、往相回向から還相回向へ決定的に転換するのは、この時点からである。法蔵菩薩が阿弥陀仏になったように、智真は「十と一とは不二にして無生を証し」(34)て、真に一遍となったのである。『聖絵』の作者聖戒は、一遍のこの宗教的転換を、熊野権現から授った「聖頌」として書きとどめ、これがのちに時宗の根本教義となるのだが、その頌とは次のようなものだ。

六字名号一遍法　十界依正一遍体
万行離念一遍証　人中上々妙好華(35)

この句頭の一字を合わせて、一遍のくばり札の「六十万人決定往生」が生まれたことは別としても、重要なことは、熊野権現の夢告を得て、一気に「一遍法」「一遍体」「一遍証」「妙好華」が体得実現され、一（弥陀）と遍（衆生）とが完全に相即する境位に達したということである。華厳流にいうなら、まさに「理事無礙」であり、ここでは、一＝理＝仏と遍＝事＝衆生とが、それぞれ別々であるままに、無礙に相即相入し、名号の中に包摂されてしまっている。自心を放下し、自我に死に切った脱我（仏）としての一遍は、熊野本宮で、こちら側の一切

の努力に全く関わらない確実な救いを、呪文ともいうべき六字名号に見出したのである。法語にいう、

決定往生の信たたずとて、人毎になげくはいはれなき事なり。凡夫の心には決定なし。決定は名号なり。しかれば決定往生の信たたずとも、口に任せて称名せば往生すべきなり。[36]

ここにいう「決定は名号なり」は、先の権現の言葉「南無阿弥陀仏が往生する也」と全く同じ呪術的、神秘的消息を伝えるものである。このような境地に立てば、森羅万象が次のように、念仏を唱えはじめるのも驚くにあたらない。

地獄を厭ふ心もすて、極楽を求むる心もすて、又諸宗の悟をもすてて申念仏こそ、弥陀超世の本願にはかなひ候へ。かやうに打ちあげ打ち上げとなふれば、仏もなく我もなく、まして此内に兎角の道理もなし。善悪の境界皆浄土なり。外にもとむべからず、厭ふべからず。よろず生とし生けるもの、山河草木、ふく風たつ浪の音までも、念仏ならずといふことなし。[37]

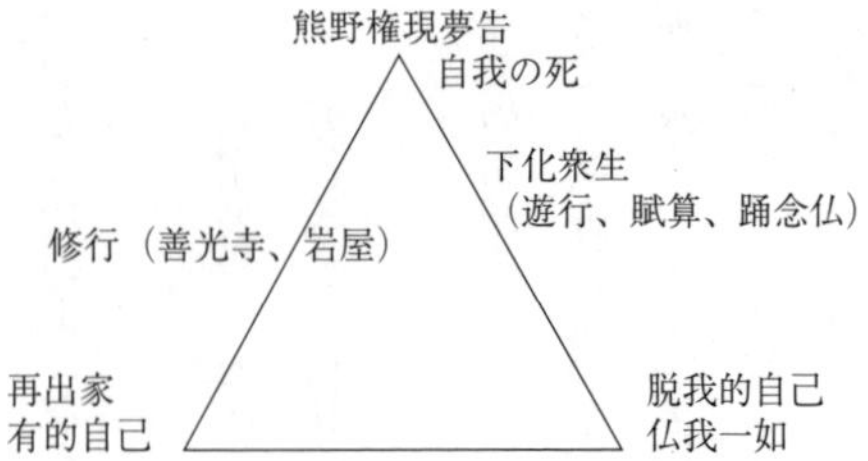

ここで一遍の求道過程を、先の三角形に即して図示してみれば、上のようになろう。このように、機法をはじめ一切の二相現象を六字名号に収め、そこをこそ不二・一如の支点としている一遍に注目すれば、一遍の仏道も、浄土門の壁を破り出て、禅門に限りなく近づいていくのも不思議とするに足りない。信不信や浄不浄を不問に付

し、六字名号に自力他力超越の当処をみる一遍の念仏の眼目は、自我による分別、はからいが徹底して捨棄され、自心が放下される道にほかならない。この観点からみれば、親鸞も同様で、彼は信のみを強調するが、その信心も、もとより己れの起こす信ではなく、弥陀のわれを想う一心を、ひたむきに己れを虚しくして受けとることにすぎないから、念仏は自我の捨て場であり、自心の死に場であるという事情は変らない。

いずれにせよ、「他力称名に帰しぬれば、憍慢なく卑下なし。その故は、身心を放下して無我無人の法に帰しぬれば、自他彼此の人我なし」[38]と述べる一遍にとって、道元にとっての脱落身心の坐禅同様、名号とは一切の「自他彼此の人我」を去った不生の絶対境にほかならず、その他力不思議の名号こそ弥陀の大悲そのものの結実体であり、また仏智そのものの受肉体であるといってよい。従って、それは生死流転せざる本無生の本分であり、その本分の境涯を一遍は次のように述べている。

今、他力不思議の名号は、自受用の智也。故に、仏の自説といへり。随自意といふ心なり。自受用と云は、水の水をのみ、火が火をやき、松はまつ、竹はたけ、其体おのれなりにして生死なし。然に、衆生、我執の一念にまよひし以来、常没の凡夫たり。爰に、弥陀の本願他力の名号に帰しぬれば、生死なき本分に帰るなり。[39]

と、特に前半は浄家がいっているのか、禅家がいっているのか分からないような表現である。「自受用」とは、修行して得た功徳を自らに受用することだが、それが「水が水をのみ、火が火をやき、松はまつ、竹はたけ、其体おのれなりにして生死なし」の世界である。一遍が「念仏が念仏申す」と語るのはこの世界でのことにほかならない。念仏には仏と人との二はなく、坐禅同様、唯仏与仏の行である。一遍はこのとき既に、このような仏智の世界（諸法実相）に確実に参入していたといってよい。この辺の消息を、唐木順三は次のように述べている。

静かに観れば物皆自得といったのは芭蕉であったが、一遍にも自身放下底の物皆自得の相が随所にある。身も捨てよ、心も捨てよ、捨てることも捨てよ、「心をはこころの怨とこころえて、こころのなきをこころとはせよ」、そういうところへ出たとき、火は是れ火、水は是れ水、松は松、竹は竹といふ単純率直な無礙自得の世界がひらかれた。認識主体（心）とその対象（物）との二元の関係とは違って、万法がおのおの、自受用三昧にあるという現成世界、松は松の、竹は竹の、本来の面目を現成している世界、そういう世界を一遍は見た。いろなるいろぞ色はいろなる。色が色の本来の面目を発揮して自若。山是山、川是川。如如とか、露堂堂とか、赤裸裸とか、さらには恁麼とか、私はさういふ禅語を一遍の随所において感じた。[40]

このような世界では、相対し、相別れては人も人たりえず、物も物たりえず、仏も仏たりえない。まさに機法一体の名号の当処では、南無と阿弥陀仏の二は称名の中に消え、六字名号となって一つに生きる。南無の機も、弥陀の法も単独では意味を失う。仏も人もない、念仏みずからの念仏、そこに一遍の宗教の帰趣があり、その世界ではただ名号が名号を聞いているのである。称名において、穢土は穢土であるまま浄土に変貌する。それは、火是れ火、水是れ水、松是れ松という簡明率直な無礙自得の世界、その同じ風光を親鸞は「自然法爾」といい、道元は「諸法実相」と表現しているにすぎない。それぞれ名号、念仏、坐禅と途は違っても、その名号や弥陀や本証そのものからの促しによって引転され、さし向けられたある絶対的な働きに乗託しているにすぎない。

〔注〕

（1）柳宗悦『南無阿弥陀仏』（岩波文庫、一九八六、二二〇頁）

（2）一遍「播州法語集」『一遍上人語録』（岩波文庫、一九八五、一五九頁）

（3）同『一遍上人語録』巻上（四六頁）
（4）『老子』上篇第一章（中公文庫、一九七三、五頁）
（5）井筒俊彦『意識と本質』（岩波文庫、一九九一、一六－一七頁）
（6）廓庵「十牛図」の図版は、林雅彦氏蔵、慶安二年版『四部録』所収のものを使用した。また本稿は、上田閑照・柳田聖山著『十牛図――自己の現象学』（ちくま学芸文庫、一九九二）中の上田氏の文章から多くの示唆を受けている。テキストの引用も同書から。
（7）上田閑照・柳田聖山、同書（二三九頁）
（8）同右（二三二頁）
（9）同右（一五五頁）
（10）同右（二五六頁）
（11）辻村公一「十牛図について」（『禅の語録16』所収、筑摩書房、一九七二、一七六－一七七頁）
（12）宏智正覚『宏智広録』巻八（『大正新脩大蔵経』四八巻、大蔵出版、一九二四、九八頁）
（13）道元『正法眼蔵』「坐禅箴」上（一三九頁）。以下同書からの引用は日本思想大系『道元』上・下（岩波書店、一九七〇）の頁数を示す。
（14）同右「渓声山色」上（二八九頁）
（15）同右「現成公案」上（三六頁）
（16）同右「諸法実相」下（二九頁）
（17）同右「山水経」上（三三一頁）
（18）同右「弁道話」上（一三－一四頁）
（19）同右（二〇頁）
（20）前掲『南無阿弥陀仏』（一二五－一二六頁）
（21）親鸞『教行信証』「信巻」（日本思想大系11、岩波書店、一九七〇、一〇八頁）
（22）「無量寿経」巻下『浄土三部経』（岩波文庫、一九六三、三七頁）
（23）親鸞「正像末浄土和讃」（『親鸞和讃集』岩波文庫、一九七六、一五一頁）

(24) 前掲「無量寿経」巻下（一八六頁）
(25) 同右、巻下（一七六頁）
(26) 前掲『教行信証』「信巻」（八四頁）
(27) 竹村牧男『親鸞と一遍』（法蔵館、一九九九、一二二一一一二三頁）
(28) 前掲「播州法語集」（四四頁）
(29) 『一遍聖絵』（岩波文庫、二〇〇〇、二五頁）
(30) 前掲「播州法語集」（三七頁）
(31) 同右（八〇頁）
(32) 同右（八五頁）
(33) 新約聖書「ガラテヤ書」（二・二〇）
(34) 一遍「十一不二頌」前掲『一遍上人語録』巻上（四四－四五頁）
(35) 一遍「六十万人頌」同右、巻上（四四頁）
(36) 前掲「播州法語集」（二〇頁）
(37) 前掲『一遍上人語録』巻上（三四－三五頁）
(38) 前掲「播州法語集」（三九頁）
(39) 同右（五一頁）
(40) 唐木順三『無常』（筑摩書房、一九六五、一六三－一六四頁）

Ⅳ

無常仏法

道元の死生観と宇宙観

金山秋男

序　諸行無常

この世にあるものはみな、転変とどまるところを知らず生滅して、永遠に変わらないものは何ひとつない。仏教の三法印のひとつ「諸行無常」を定義すれば、このようなことになるのだろうか。それをわれわれ人間にあてはめれば、「生老病死」とも、「生住異滅」ともいえるだろう。このプロセスは不可避であり、それが仏教特有の「一切皆苦」の人生観の根底をなすが、同時にそれが大乗仏教、そして本稿において展開されるであろう道元の仏道の人生全面肯定的思想・実践への出発点でもある。要は、その生滅の苦を苦しみと受けとめず、それを超えていくにはどうしたらよいかということである。

たとえば、有名な「無常偈」。無常の苦をどうしたら解脱できるかと黙想する雪山童子・釈尊の前に、羅刹に変身して姿を現わす帝釈天が「諸行無常　是生滅法」の偈を高らかに説く釈尊『前生譚』の一場である。釈尊が身を挺して受けとった偈の後半は「生滅滅已　寂滅為楽」。つまり、生ずるとか滅するとかいう二相にとどまっていると苦しむが、生滅ありながら、それがそのまま心静かな安楽であるという不二の境涯に解脱すべきことが指し示されるのである。

しかし、一般には「無常」とはどうにもならない運命に対する呪詛と諦めのこもった「はかなし」という暗い感情である。王朝文芸に頻出する「はかなし」について、唐木順三は次のようにいう。

はかがゆく、はかばかしくはかどるということは、客体のひとつの在り方である。その外界の「はかばかしい」こと、「はかのゆく」ことのテンポと、そのあまりのはかばかしさについてゆけない自分の心理・情緒のテンポのずれが、「はかなし」「はかなき」という感情である。この主体的感情、情緒をもって逆に外界のはかばかしく移るもの、はかのゆきすぎるテンポを測定、計量するとき、あまりにはかばかしく過ぎゆくものが反って「はかなき」ものに映る。かくして「はかなき命」「はかなき世の中」が出てくる。またそのはかなさを忘却しようとするとき、「はかなしごと」、はかなきすさびが出てくる。

「はか」「はかがゆく」ことは元来、外界の事実、また外にあらわれた仕事量であったのだが、そこから転じて、「はかなし」という心理、情緒、感情が出てきた。(1)

このように、「無常」や「はかなし」が、人間のこの世界における有り様、つまり、主客二相分裂に胚胎する悲哀感や不条理感という心理を内容とするものであることは明らかである。「生死」という概念も、仏教では六道輪廻を繰り返す迷界での在り方を表わすが、すべてを二相相対としてみるわれわれは、意識と存在との間に口をあけているこの生死のクレヴァスをどう仕様もない。このような無常感は武家が世を席巻する末法の世界の中で更なる深刻さを加え、『平家物語』のような無常感の美学を生み出してゆくが、それとほぼ同時代の鴨長明の『方丈記』の結末も次のようなものだ。

そもそも、一期の月影傾きて、余算、山の端に近し。たちまちに三途の闇に向はんとす。何のわざをかかこたむとする。仏の教へ給ふ趣は、事に触れて執心なかれとなり。今、草庵を愛するもとがとす。閑寂に著するもさはりなるべし。いかが、要なき楽しみを述べて、あたら時を過ぐさむ。

静かなる暁、この理を思ひ続けて、みづから心に問ひて曰く、世をのがれて、山林に交じはるは、心を修めて道を行はむとなり。然るを、なんじ、姿は聖人《ひじり》に似て心は濁りに染めり。栖はすなはち、浄名居子の跡を汚せりといへども、たもつ所は、わづかに周梨槃特がおこなひにだに及ばず。もしこれ、貧賤のむくいのみづから悩ますか、はた又、妄心の至りて狂せるか。その時、心さらに答ふることなし。ただ、かたはらに舌根をやとひて、不請の阿弥陀仏、両三べん申して止みぬ。(2)

この結末のつけ方には、長明が当時の聖たちの宗教的限界を見据えながら、そこから一歩も踏み出せない己れの無力感と不条理感を文学的に意味づけて納得しようとする、ある種のあざとさが見え隠れしている。それは、のちの吉田兼好の『徒然草』の「心に移り行くよしなしごとを、そこはかとなく書きつくれば、あやしうこそものぐるほしけれ」(3)に見るような、「この世の諸々の事象を無為の海面に起伏する波としてみる」(4)ドラスティクな無常観とは似て非なるものだ。長明と兼好との間には、道元をはさんで一世紀余の開きがあり、ともに武家たちの盛衰と無縁であったはずはないが、この三者で無常に対する態度が決定的に違っていたことは看過されてはならない。長明は無常をむしろ詠嘆し、それを文学的に定着することに心を砕き、兼好は眼の人に徹することで、無常をひたすら見据えたにすぎない。それらは無常を基点にそれぞれの身の処し方を表わしており、容易に優劣を論ずることはできないが、同時に、無常感から無常観への深まりも無視されてはならない。王朝期から中・近世にかけての無常に処するあり方を、一種弁証法的に「すき」から「すさび」を経て、「わび」に至る過程ととらえた唐木順三の文章を再度引用すれば、道元の中世以降の精神史に果した絶大なる役割が浮び上ってこよう。

すさびからわびへの道には兼好に欠けてゐるものがでてこなければならない。観察や批評に対して実践(修行）と体験が、無為の止観に対して彼方より行なはれはかられるといふ行と信が出てこなければならない。すきの主体的、偏執的情熱を超えた法悦が出てこなければならない。空転する裸形の時間の一刻一刻を、行為によって埋めていくものが出てこなければならない。しかもそれが単なるすきごとであってもならず、すさびごとであってもならない。(5)

唐木が別の所で指摘しているように、王朝期には、西行をはじめ幾多の歌人法師が現われ、歌道と仏道とは互いに手段となり、目的となっていたことは事実としても、このいわば半僧半俗のありようは、その徹底への過程で、ある種の必然的な深化の途を辿ることになる。己れの無常がいわば存在論的に深まり、単なる「すきごと」や「すさびごと」では処理し切れなくなっていくということだ。唐木は『中世の文学』の道元の章に「中世芸術の根底」という副題をつけて、日本の中世芸術が、まさに道元を根底にして、しかも無常を支点に根本的な世界観の変換を果たし、世阿弥や利休や一休や芭蕉にみる「一即一切」ともいうべき、日本独特の文芸・芸能精神の祖型を生み出していった事情を明るみに出している。

道元の場合も、釈尊における「四門出遊」などにおける無常感と同じように、諸行無常の素朴な感覚から出発する。無常から仏道への出発点をなしたのは、たとえば次のような感覚だ。

真実無所得にして利生の事をなす。即ち吾我を離るる第一の用心なり。此の心を存せんと思はばまづ無常を思ふべし。一期は夢の如し。光陰は早く移る。露の命ちは消え易し。時は人を待たざるならひなれば、只しばらく存じたるほど、聊かのことにつけても人の為によく、仏意に順はんと思ふべきなり。(6)

と、ここでの「無常」は「一期は夢の如し。光陰は早く移る。露の命ちは消え易し」にみるように、当時王朝歌人たちや長明の無常感と少しも変るものではない。しかし、ここには、「真実無所得にして」「吾我を離るる」「仏意に順はん」など、のちに展開される道元の広大な修証観や宇宙観の種子が確実に息づいていることを見落してはならない。本稿は、彼の「身心脱落」によってどのように「吾我を離」れ、どのようなコスモロジーを確立し、かつ「仏意に順」うことによって、どのように生死を解脱していったのかを検証する試みであるが、そのような道元の仏道を可能ならしめた背景について少しく紙数を割いてみたい。

聖徳太子の著とされる『維摩経義疏』から日本仏教は始まったといってよいが、そこにはその後展開される仏教の日本的特徴が鮮やかに現われている。その中でも重要なのは、のちの法身説法や無情説法につながっていく、仏から衆生への働きかけであろう。その仏は、元来あらゆる形相を超え、太虚をもって体をなす法身仏だが、しかも、大智をもって十方世界を照らし、大悲やむことなくして衆生を化導する如来である。法身仏から衆生へのこの働きかけに、決定的に動力を与えたのは、空海による毘盧遮那仏のいわゆる果分不可説の逆転であろう。彼によって、本来不可説であるはずの法身仏の説法に根拠が与えられたが、それによって如来と衆生・諸法との間の交通（理事無礙）が活発になっただけではない。衆生（諸法）間の交通（事事無礙）も、これによって活性化し、仏性界＝衆生界そのものに、無限の豊穣さと奥行きを与えることになったのだ。しかも、このような現象界はもとより、如来の禅定裏の自受用三昧に生起する世界であり、われわれも三昧を通じてのみこれに参加できるというのである。

道元の仏道もまた、このような流れと無縁ではありえない。彼の「弁道話」の巻の冒頭は次のようなものだ。

諸仏如来、ともに妙法を単伝して、阿耨菩提を証するに、最上無為の妙術あり。これただ、ほとけ仏にさづ

けてよこしまなることなきは、すなはち自受用三昧、その標準なり。(7)

つまり、毘盧遮那（大日）如来だけではない。その一仏の無限分節体としての諸仏如来も、はたまた坐上に即現するわれわれ諸仏も、究尽の悟りを実現するのに、最も確かな標準が自受用三昧であるというのだ。のちにみるように、諸法が実相であるとする道元の三昧世界は、空海のいう如来三昧中に生起する華厳的法楽共同体とさほど違うものではない。その三昧に参入するのに依拠するものが、加持かはたまた坐禅かの違いがあるばかりだ。たとえば、空海の密教世界は次のようなものである。

五大にみな響きあり
十界に言語を具す
六塵ことごとく文字なり
法身これ実相なり(8)

と、ここにみるように、「五大」「十界」や「六塵」はすべて大日如来法身の三昧中の「響き」や「言語」や「文字」に満ちている。この「実相」世界では、妄想の言語や文字ですらが、ことごとく如来の海印三昧の深みから生れて出てくる真言にほかならない。耳を澄ませば、尽法界は諸仏如来の呼び交わす響きや言語で溢れている。万象がそのまま如是相として、絶対的な姿、すなわち実相を呈しているというのも、のちにみる道元の「諸法実相」の前提をなすものといってよい。

文字といえば、道元入宋時の老典座との問答「如何ならんかこれ文字」「一二三四五」が思い出されるが、のちに道元は文字で埋め尽した経典について、次のようにいう。

いはゆる経巻は尽十方界これなり、経巻にあらざる時処なし……このゆゑに尽十方界に森々として羅列せる長短、方円、青黄、赤白、しかしながら経巻の文字なり。(9)

しかしどれほど世界が万巻の経典でちりばめられていても、それを読む力がなくては何にもならない。お経を読むには全身これお経になってしまえばよいと道元はいう。

空海も「言語を具」した「十界」をどのように現起させ、かつそれを実践的に捉えていくかにまで説き及ぶ。『即身成仏義・頌』の有名な一節、

六大無礙にして常に瑜珈なり
四種曼荼各離れず
三密加持すれば速疾に顕はる
重々帝網なるを即身と名づく
法然に薩般若を具足して
心数心王刹塵に過ぎたり
各五智無際智を具す
圓鏡力の故に実覚智なり(10)

と、ここでも身・口・意の三業は、それ自体人間の行為というよりも、如来そのものの働きといってよく、仏の働き（加）と衆生の受けとめ（持）が、三業に対応する「三密」行において出会うとき、マクロコスムとミクロコスムの間の一体性が体証されるというのだ。ここでは、すべて（諸法）がすべて（諸法）とつながり合い、重なり合い、呼びかけ合っている華厳的理事無礙、事事無礙世界が現出している。これと、坐禅弁道の上に現成する道元の次のような世界とはほとんど隔たりがない。

もし人一時なりといふとも、三業に仏印を標し、三昧に端坐するとき、遍法界みな仏印となり、尽虚空ことごとくさとりとなる。ゆゑに諸仏如来をしては本地の法楽をまし、覚道の荘厳をあらたにす。および十方法界、三途六道の群類、みなともに一時に身心明浄にして、大解脱地を証し、本来面目現ずるとき、諸法みな正覚を証会し、万物ともに仏身を使用して、すみやかに証会の辺際を一超して、覚樹王に端坐し、一時に無等等の大法輪を転じ、究竟無為の深般若を開演す。……このとき十方法界の土地草木、牆壁瓦礫、みな仏事をなすをもて、そのおこすところの風水の利益にあづかるともがら、みな甚妙不可思議の仏化に冥資せられて、ちかきさとりをあらはす。この水火を受用するたぐひ、みな本証の仏化を周旋するゆゑに、これらのたぐひと共住して同語するもの、またことごとくあひたがひに無窮の仏徳そなはり、展転広作して、無尽無間断、不可思議、不可称量の仏法を、遍法界の内外に流通するものなり。(11)

この中の「三業に仏印を標し、三昧に端坐するとき、遍法界みな仏印となり、尽虚空ことごとくさとりとなる」というのは、教義の違いはあっても、修上に現起する事態としては、空海における「三密加持」をもって、大日如来の三昧世界に溶け込むこととさほど違うものではあるまい。しかも、この三昧は一人一時の坐禅であっても「諸法と相冥し、諸時とまどかに通ず」る妙修にほかならないから、坐上に尽有と尽時がまるごと収まってしまう。法界いっぱいの自己という時には、無論自己もない。この脱我的自己をこそ、道元は全自己ともいい、すべては身心脱落の所産である。

道元にとって、坐禅は身心脱落のための手段ではない。身心脱落とは何かという道元の疑問に、如浄が坐禅こそそれだと答えているように、坐禅と身心脱落は表裏一体。坐禅は外形、身心脱落はその中味とでもいうべきものだ。滞宋中に得たもの、それを道元は、

山僧、叢林を経ること多からず、なおざりに天童先師に見えて、当下に眼横鼻直なることを認得して人に瞞せられず、すなはち空手にして郷に還る。ゆへに一毫も仏法なし……。(12)

という。「眼横鼻直」つまり、ただ物を物の通りに認得すること、それ以外に仏法などというものは何も学ばず、空手にして日本に帰って来たというのである。身心を脱落した空手、空身でなければ、物を物の通りに観ることはできないということだ。仏法などというものも、ある意味では物の見方にすぎない。そんな色眼鏡をかけなくても、只だ坐ればわかるというのである。

道は教義に通ずることではなく、身心を放下する当処の一念、そこにその全貌を現わす。正に捨てることがそのまま得ること(「放てば手にみてり」)であり、『学道用心集』にあるように、発心がそのまま得道という所以である。名利を抛たなければ発心にならぬと道元はいう。無明に根を下ろした吾我名利、世縁妄執を断つこと。その決意を促すものが無常観だというのだ。無常観とは刻々移り行く真実の正視である。いつ死ぬかも知れぬ自分

を直視すること。無論、それは無常に脅えたり、そのような運命を呪ったりすることではない。真に無常を正観する時、貪名愛利に何の意味があるか。それを道元は「まことにそれ無常を観ずるとき、吾我の念生ぜず、名利の念起らず」というのだ。坐禅弁道以外のすべてを抛ったところに身心脱落が現成する。道元の坐禅弁道とは全身心を抛っての求道であり、道に対するふるいつく憧れであり、いのちまでも投げ出して道に托し切り、ひれ伏す姿にほかならない。道元の修行は本証の上に重ねられる「安楽の法門」には違いないが、その根底には、たとえば臨済系に属する無門慧開の、次のようなすさまじい実存了解に劣らぬ気魄が秘められているといってよい。

三百六十の骨節、八万四千の毫竅を将って、通身に箇の疑団を起して、箇の無の字に参じ、昼夜に提撕せよ。虚無の会を作すことなかれ。箇の熱鉄丸を呑了するが如くに相似て、吐けども又た吐き出さず、従前の悪知悪覚を蕩尽し、久久に純熟して自然に内外打成す。……驀然として打発せば天を動かし、知を動かし……仏に逢っては仏を殺し、祖に逢っては祖を殺し、生死岸頭に於て大自在を得ん。(13)

無門と道元の違いは本証の自己に対する信のみで、身心を抛つ修行への真摯さでは毫も差異はない。無門が「箇の疑団を起」すことを修行の発足とするのに対して、道元は法性としての自己への執拗なまでの確信をこそ発足としているにすぎない。その堅忍不抜の信を、次節でみるように、道元は「渾身似身」つまり通身これ信のみというのである。このような深信においては、吾我に発する浅間しい自己は既にない。いのちまでもいらぬという信に功利打算が入り込む隙はない。大切なのは、道に殉じ切ることで、その刹那、道は現前しており、そこでは自己と道は互いに相即相入して一体となっているということだ。

以下、道元における身心脱落体験を基軸にして、彼の壮大なる死生観、宇宙観を探る試みである。

第一節　本証妙修

周知のように、道元が「本来本法性、天然自性身、与麼ならば三世の諸仏、なにによりてか発心修行するや」の大疑団に突き当ったのは、天台座主公円僧正のもとで得度して間もない十四、五歳のときのことである。おそらく鋭敏、潔癖なる少年、道元なればこその疑問であるが、これは大乗仏教を煮つめ切った天台本覚思想の本質的矛盾をついていたといってよい。われも含めて、尽大地、尽虚空に一物として法性の顕現でないものはないはずなのに、なぜ敢えてそれを改めて証得しようとして、発心、修行しなければならないのか。このいわば宗教的亀裂こそが、「待悟為則」一色ともいうべき当時の見性禅への疑問・不満としてこげつき、一切の功利打算を払い切った、無所得、無所悟の弁道、すなわち、只管打坐へ道元を導いた原動力といってよい。

宋朝の見性、待悟禅は生仏相対、修証隔別を前提とするものであり、結局は転迷開悟、転凡入聖に帰着する。しかし、これは結局、事と理、諸法と実相を二元に帰せしめるものであり、のちにみるような万法一如、宇宙一体という本覚思想の前提をみずから破るものでしかない。大乗、本覚思想の一隅として、見性禅においても本来成仏、本具仏性は当然の前提だが、修行実践となると必ず己れを凡夫衆生に貶め、改めて自分で本具仏性を検証しなければならないとする修証観は、結局のところ、釈尊の自内証とその開顕である仏教経説の根底を信受していないかの如くである。しかし、こうした迷悟二相を前提とした待悟禅は今も跡を絶たない。榑林皓堂はこの辺の事情を次のように的確に指摘している。

最も重要なることは性具（仏性本具）の我れの確信と、それの護持保任である。もしそれが護持保任されるならば、常恒に仏の座に坐するのであって、迷妄の凡夫ではありえない。凡夫身そのままの仏身である。いな本成仏身の現実化である。それゆえに修と証を対せしめ、生仏迷悟を相対し、一を克服して他に証入するという如き階次的修証観は、浅薄であって究竟とはなし得ない。禅の学道があらゆる二見相対観を否定して、一元に徹するにありとするならば、初発足から二元観を捨ててかからねばならぬ。修証の二元観に固執しつつ一元に証入することを求めるならば、そのこと自体すでに矛盾である。たとい同一仏性（仏性本具における同一）を信じ、衆生本来成仏を肯定するにしても、見性禅の如く、実際修行の場合、われわれの現実は仏ではなく、煩悩具足の衆生であるとして修行させるならば、思想的には本覚門、実践的には始覚門であって、思想と実践とにズレがあるとせねばならぬ。本来本法性ならば、その信（渾身似信）を実践修行の基盤とすべきである。自己自身が仏であることが信ぜられるならば、改めて衆生の線に引下げて修行させる要はない。思想と実践とにズレがあってならぬことはいうまでもない。参学仏祖道に限らず、人生百般のことはみなそうであるのに、学道に関してだけは、そのズレを問題とせぬばかりか、それをこそ真の学道となすことは奇怪千万と云わねばならない。[14]

先の道元の疑団は、その「ズレ」をこそついており、彼が参禅弁道において少しもブレることがなかったのは、自己と一切万法の根源的絶対性、すなわち本証への確信によるものである。「公案話頭をみて聊か知覚ある様なりとも、それは仏祖の道にとほざかる因縁なり。無所得無所悟に端坐して時を移さば、即ち祖道なるべし[15]」と道元が確言できたのも、身心脱落以来、彼の坐上に即現する本証を絶えず認得していたからに違いない。

いずれにせよ、宋朝の待悟見性禅と道元の仏法との決定的な違いは、仏教の原点である釈尊悟道のどの時点に修行の発足を置くかにあるといってもよい。なるほど成正覚以前は釈尊の端坐も、悟りを目指した待悟禅であったことは否定できない。しかし、菩提樹下の大悟の時点における彼の禅定は、既に自受法楽の三昧にほかならない。道元が自分の仏道を当時の宗派禅と区別して、「仏祖正伝の仏法」と称するのも、それがあくまで成正覚時の釈尊の自内証に基点を置き、それをそのまま継承するものであり、悟道前の修行は仏祖により既に完了済みとして、その正覚の内容をまるごと信受し、信仰と実践の基盤をそこに置くからである。つまり、釈尊の一見明星時の覚証「我与山河大地同時成道」をそのまま受容すれば、一切衆生、天地万物の自心自性について、改めて検証する必要はなく、釈尊の見性体験を改めてなぞることは屋上屋を架すにすぎないということ。従って、臨済禅の如く成道以前の釈尊の禅定に立脚すれば待悟見性禅になり、翻って成正覚時点に立脚すれば、道元の「証上の修」となる。道元の仏法はこうして仏教成立の原点をそのまま受けつぎ、それを自己において味わい尽す悟上得悟、仏成仏にほかならない。通身これ本証を体現してこそ、たとえば、次のような坐禅が現成する。

驀然として尽界を超越して仏祖の屋裏に大尊貴なるは結跏趺坐なり。外道魔党の頂𩕳を踏翻して、仏祖の堂奥に箇中人なるは結跏趺坐なり。(16)

と、ここでは端坐の一行よりほかに、何ものも求め、期待するもののない妙修の完全無欠な絶対性が表出されている。坐禅という身心の具体行を通して、本法性を単なる理として受容するのではなく、それをそのまま事として現実に生かすのである。理（真如）はあくまで事（現象）と一如でなければならない。しかも、それは理（本証）の挙体発動としての事（修）にほかならず、法性本具なるが故の、そのまるごとの現成としての坐禅弁道、それをこそ妙修といい、またそれが自受用三昧ゆえに「安楽の法門」ともいうのである。

仏法には修証これ一等なり。いまも証上の修なるゆゑに、初心の弁道、すなはち本証の全体なり。かるがゆゑに修行の用心をさづくるにも、修のほかに証をまつおもひなかれとをしふ。直指の本証なるがゆゑなるべし。すでに修の証なれば、証にきはなく、証の修なれば、修にはじめなし。ここをもて釈迦如来、迦葉尊者ともに証上の修に受用せられ、達磨大師、大鑑高祖、おなじく証上の修に引転せらる。……しるべし修をはなれぬ証を染汚せざらしめんために、仏祖しきりに修行のゆるくすべからざるとをしふ。妙修を放下すれば、本証手の中にみてり。本証を出身すれば、妙修通身におこなはる。(17)

と、修証一如を説くここでは、修の即今即処、一挙手一投足の上に「直指の本証」が現起し、坐禅をはじめあらゆる行持が、本証そのものの働きにほかならないとする。それにしてもここでの窮めつきは、なんといっても「証上の修に受用せられ」「証上の修に引転せらる」にみる受動態にある。つまり、われわれをして道を求めさせ、修に駆り立てるもの、それは万法に内在する本証だというのである。

無論、この「証上の修」は本証を妙修させる源泉であるから、本法性といってもよいし、本具仏性といってもよいが、いずれにせよ、われわれに内在するこの仏徳は静止凝結していることができず、刻一刻の行持を通してそれ自体を活動に転ぜしめる。その活動性が自己を揺り動かして坐禅弁道へ駆り立てるという、それを「引転」というのだ。しかも、その徳はいうまでもなく仏性に根差した徳であるから、その現われとしての坐禅弁道も仏の行にほかならない。仏行なら坐禅はそのまま完全無欠であるから、悟りなど他に求めるべきものはない。

ところで、凝っとしておれぬ自己心内の仏は、どのようにして動き始めるのであろうか。それを道元は時節因縁という。道元が何度も言及する六祖慧能の場合は、彼が巷で耳にした『金剛経』の「応無所住、而生其心」。この言葉に身震いするが如き感激を覚えた慧能は、明眼の師の下でそれを究めなければならない。その熱い思いを母も聞き入れてくれたというが、それでは、経文を聞き、経意に促されて発心へ向けて動き出したのは何か。それこそ慧能の仏心であり、慧能の決断に随喜したのも母の仏心にほかならない。機を得、縁によって動くが、動くそのものは機縁に触れれば凝っとしていられない仏心である。道元はその仏心の働きを「恁麼《いんも》」といい、その働きに受用せられる人間を「恁麼人」というが、既に恁麼人であるなら、恁麼事に引転されないではいられない。慧能の発心は正にそのようなものであり、道元の発心もそうとしかいえない。道元は発心すなわち「発菩提心」を「菩提心発」と言い換えているが、そうとしかいいえない不可思議な仏の招きを彼が体証していたからにほかならない。われわれが坐禅弁道に志すとしても、それは内なる仏心が発動するからだと道元はいう。妙修というのも、本証が蠢き出して、止むに止まれず行じてしまう坐禅弁道である。正に「仏道をならふといふは自己をならふなり。自己をならふといふは自己をわするるなり。自己をわするるといふは万法に証せらるるなり……」であって、「自己をわする」こと、すなわち身心脱落とは万法に具現している本証の働きに自己をまるごと乗託し、それに随順することにほかならない。

親鸞における阿弥陀如来の本願力に催されてする念仏、日蓮における妙法に転ぜられて唱える題目と、この「本証に引転せられ」て行ずる坐禅とは、いずれも本覚思想を不断にこの世界に現実化（既に救われていることの確認）するという面で、本質的な類型をなしているといってよい。本証それ自体の自己開顕としての端坐は、逆にいえば、本証に受用せられ、それに引転せられての坐禅であるから、尽法界をも包摂して、そのまま法界身を現成せしめる即坐成仏である。待悟禅が悟りを求め、歯をくいしばって行なう意識的な行として強為といえるのに対して、道元の修はおのずからなる修、なにか絶対的なものからの招きに身を任せて行ぜられる修という意味で、本証の云為といってよいだろう。

いずれにせよ、本願の念仏、本証の坐禅、本門の題目というように、鎌倉時代の一種の宗教改革を貫いているのは、本覚思想を突き抜けて、その先のドン詰りにある疑いに疑いえざる信――本願、本証、本門に対する絶対的な信である。つまり、それぞれの宗祖にとって、信決定こそがそのままそれぞれの行と直結し、同時に成仏を決定づけているということだ。道元の場合も、如浄会下における「身心脱落」以来、本証とそれに貫かれている自己への信が、それをそのまま現実の上に生かすという行に転換されて、信行一致を実現しているといってよい。帰朝後間もなくの『学道用心集』には、既に次のように書かれている。

自己もと道中にあって迷惑せず、顚倒せず、増減なく、誤謬なきことを信ずべし。かくのごときの信を生じ、かくのごときの道を明らめ、依って而してこれを行ずる、乃ち学道の本基なり。(18)

と、道元の行が最初から強烈な道（本証）への信に裏打ちされていたことを看過してはならない。とかく行のみを重んじるとされる道元の修は、堅忍不抜の本証に対する信に支えられてこそ、妙修たりえているといって間違いない。その強烈な信をこそ、彼は「渾身似信」と呼ぶのである。

渾身似信を信と称するなり。かならず仏果位を随他去し、随自己す。仏果位にあらざれば、信現成にあらず。このゆゑにいはく、仏法大海、信為能入なり。おほよそ信現成のところは、仏祖現成のところなり。(19)

と、本証の「仏法大海」の云為は、そのまま渾身これ信というべき深信底において受けとめ、そのまま行ずるところに「仏祖現成」、それを「信為能入」というのだ。尽法界が正法（本証）顕現の世界とするなら、それをまるごと信受することがそのまま「仏果位」証入であって、さらにそのまま「如来全身」現成となるのは自然な事理だ。「仏法大海、信為能入」という表現は、本証に対する信決定のときには既に仏法界に入ってしまっているという意味で、信の宗教ともいうべき親鸞の「正定聚」能入にまさに近接しているといってよい。

ともあれ、修が本証（公案）の現成にほかならないことは、ことさらに強調されねばならない。「証をはなれぬ修」を染汚してはならないと道元はいう。ここに「染汚」という道元のもうひとつのキーワードが出てくるが、染汚するとは、本証すなわち、自性清浄心を信ぜず、従って生仏相対や迷悟隔別の二相観が入り込んでしまうことである。修の絶対価値は修証不二においてのみ成立するのであって、それを二相においてみれば、それは所詮証悟のための手段や方法にしかすぎず、その尊厳性を傷つけることになるのを「染汚する」というのだ。修がそのまま証とすれば、その行為そのものが絶対行となる。先に引用した一節にあるように、「妙修を放下すれば、本性手の中にみてり」。「弁道話」の巻には「放てば手にみてり」という名句もあるが、手に満ちてくるもの、それは実相を呈した尽虚空（宇宙全体）ということ。修がそのまま仏威儀として、刻々を全自己（全仏祖）の働きたらしめているという事情を語っている。このように、修の即今即処が仏威儀として、無限の価値を抱懐するものとすれば、道にある者が、道を行ずることは「悟来の儀」であって、もとよりそれは「本証に引転され」た不染汚の修証であるというのが道元の仏法の眼睛である。

見性、待悟禅が二相不生の世界の実現を図るのに対して、道元のみる祖師禅は、あくまで二相未萌（本証一元）の世界の現成を行持の即今即処に見出しているのだ。刻々、公案が現成し、諸法が実相を呈している世界、しかも、それは証を離れぬ修の上に即現する風光である。本証妙法と見性禅の根本的対比を、榑林皓堂は次のように的確にまとめている。

現成公案と公案現成とは別である。文字を逆にしただけではあるが、意味は天地懸隔である。前者は仏の荘厳世界、後者は凡夫衆生の世界である。前者は「莫図作仏」の世界、後者は「図作仏」の世界、さらに云えば、前者は本覚の世界、後者は始覚の世界である。仏の世界は唯仏与仏であって仏のみ住する。また存在するものは悉く仏界の荘厳である。それ故にたとい山河大地、日月星辰があり、ないし「諸仏あり、衆生あり、迷あり、悟あり」とするも、現成公案のそれらである。そうした諸仏荘厳の世界を現実化しようとすることは、公案現成の努力としては尊ばるべきであるが、それよりも更に重要なことは、法界――尽十方界は無始以来、現成公案であることの自覚であり、信受である。……看話工夫（公案）によって公案現成を図らずとも法の世界（現成公案の世界）は、知不知、証未証に拘らず厳然である。云うならば経験以前の大事実である。凡愚としては、そのこと自体を明らめてはいないが、だからと云って現成していないのではない。現成公案の世界は這裏であり、即今であり、自己であり、他己であるから、迷中又迷も現成公案であり、悟上得悟もまた現成公案である。[20]

道元は終始唯仏与仏の公案が現成している世界にあって（自己もと道中にあって）、「迷惑せず、妄想せず、顚倒」せず、ただ三昧の中でその世界をそのまま受用せよというのである。なすべきことは刻々と行尽すること、それが無限に「仏を証しもてゆく」覚道の荘厳にほかならず、そこに公案が即現するということである。

ところで、本証妙修すなわち不染汚の修証について、日常生活を通して最も直接的にその本質を開示してくれるのは、「洗面」と「洗浄」の両巻であろう。通常は洗浄をうるために洗面するが、本証露現の法界であってみれば、顔面も水も本法性として、もとより浄不浄を超脱している。「水なにとしてか本浄ならん、本不浄ならん」とすれば、洗面とは浄不浄超脱の水をもって、浄不浄にあらざる顔面を洗うということにすぎない。しかも道元のいう如く、身心ともに不可測量であり、すべては無限につながり合って一体である法界量なのだから、その意味では、法性水をもって法界を洗うことにすぎない。発心修行と同様、それはもとより不染汚の洗面である。それを道元は次のようにいう。

ただ仏祖の修証を保任するとき、用水洗浣、以水澡浴等の仏法つたはれり。これによって修証するに、浄を超越し、不浄を透脱し、非浄非不浄を脱落するなり。しかあればすなはち、いまだ染汚せざれども澡浴し、すでに大清浄なるにも澡浴する法は、ひとり仏祖道のみに保任せり。(21)

尽十方界が悉く浄不浄を透脱し、真如実相を呈し、如来全身をなしているのだから、このことは当然のことだが、右の文章の要点は、不染汚が決して修証にとどまるだけでなく、洗面など日常の行持全般を領していることである。

他方、「洗浄」巻も、不染汚の修証が僧堂内のみにあるのではなく、東司上にもあることを示すものである。否、通常不浄の場所とされる東司にこそなければならぬという趣旨である。この意味で面白い公案がある。如浄の師は雪竇智鑑だが、その門下で修行していたとき、如浄が浄頭に志願したことがある。いわば便所掃除ともいうべき端役だが、智鑑には不浄を浄化しようとする如浄の修をめぐる未熟さがみえており、不染汚の仏祖道に違背するとしてなかなか許可しない。それでもこれを契機に、なんとか仏祖道の真髄つまり不染汚の修証をつかませてやろうとして、「不染汚の所いかんが浄得せん」と如浄を追いつめる。切羽詰った如浄は「不染汚の所を打す」を呈し、師の印可を得たとされる。「洗浄」巻の冒頭「仏祖の護持しきたれる修証あり、いはゆる不染汚なり」(22)は道元によるいわば不染汚の宣言だが、それは遠く八世紀の六祖慧能と南嶽懐譲師資間の商量と響き合っている。南嶽がはじめて六祖に参じたときの対話。

六祖問う、なんの処よりか来たる。曰く、嵩山より来たる。祖曰く、なにものか恁麼に来たる。曰く、説似一物即不中。祖曰く、かえって修証すべきや否や。曰く、修証はすなはち無きにあらず、染汚することは得ず。祖曰く、ただこの不染汚、諸仏の護念したまうところなり。汝すでにかくの如し、吾もまたかくの如し。[23]（原漢文）

仏法を求めるのはよいが、そもそも求める者自身は一体何か、というのが六祖の本意だが、駆出しの南嶽にはその趣旨がわからない。八年に及ぶ修行の末、南嶽が出した答えが「説似一物即不中」。しかし、六祖はさらに追求する。法界万象はなるほど恁麼（なにもの）とでもいわねば、いいようのない絶対的なものだからもとより迷悟超脱だが、それなら修行によって証を得るという如き転迷開悟的修証観は無用となるが如何。それに対する南嶽の答えが「修証即不無、染汚即不得」である。万法の根源に徹すれば、もとよりそのような修証観の入る余地はないが、それにもかかわらず本証・不染汚の修証はあるということだ。それは迷悟、浄不浄など一切の相対を超脱した修証であり、万有本具の法性を確認し、かつそれをひたすら保任する修証にほかならない。その徹底が只管打坐であり、現実即今が不断に本証・不染汚の現前ならば、それを「護念」する妙修以外、新たに開拓するものは何もない、ということだ。

六祖の「諸仏之所護念」は次のように、「洗浄」巻にも生々と生きている。

身心これ不染汚なれども浄身の法あり。また身心をきよむるのみにあらず、国土樹下をもきよむるなり。国土いまたかつて塵穢あらざれどもきよむるは、諸仏之所護念なり。仏果にいたりてなお退せず廃せざるなり。その宗旨、はかりつくすべきことかたし。作法これ宗旨なり、得道これ作法なり。[24]

と、この巻には、日常のどうでもよいような作法がこれでもかとばかりに記されているのも、「作法これ宗旨なり、得道これ作法なり」であって、その一挙手一投足が「諸仏之所護念」であるからにほかならない。そして、ここでもまた重要なことは、洗浄が単に身体の一部を浄化するのみならず、「国土樹下」つまり尽法界を浄化するとしていることである。一元的本証法界においては身土もまた不二であることは言うを俟たないが、それに加えてここでは、一浄一切浄といういわば華厳的意味合いが付加されている。しかも、それは仏法によって仏界を保任し、受用する修証であるから、「身心に修行を威儀せしむる。正当恁麼時、すなはち久遠の本行を具足円成せり。このゆゑに修行の身心本現するなり」というように、この「久遠の本行」も全く過不足なき本証自現の威儀であり、「不染汚の所を打す」修証である。言うまでもなく、洗面も洗浄も「本証に受用せられ」「引転せられ」た悟来の儀であり、「自己の強為にあらず、威儀の云為」にほかならない。

このように、われわれが広大無辺とみる『正法眼蔵』の教理はことごとく日常生活の中に縮蔵されている。「家常」の巻には古聖先賢がいかに生活と仏法とを一如として生きていたかの実例に溢れているが、この巻は次の文章で始まる。

おほよそ仏祖の屋裏には、茶飯これ家常なり。この茶飯の儀、ひさしくつたはれて、而今の現成なり。このゆゑに仏祖茶飯の活計きたれるなり。[25]

と、こまごまとした日常の茶飯事の中に仏祖がおり、仏祖の全生命が輝いているというのである。大切なのは、現実の底にある根源的なもの（本法性）を行において刻々磨き出すこと、すなわち理を事において現実化することにほかならない。そこに道元が叡山で遭遇した天台本覚思想にまつわる疑団とその解決があり、知解や心のあり方ではなく、あくまで行の相続不断において、本証の荘厳（公案）が諸法の世界に現成するというのである。まさに「現成公案」巻の名句「得一法通一法、遇一行修一行」、すなわち一事一物を空しうせず、一時一行に「わが尽力」を傾倒することで全法、全行に通じ、「行仏」を現成せしめ、諸法も「仏事」を行ずるということになる。同巻の末尾には、次のような公案が記されているが、まさに本証と妙修との関係を語ってこれに過ぎるものはない。

麻谷山宝徹禅師、あふぎをつかふ。ちなみに、僧きたりてとふ、「風性常住、無処不周なり、なにをもてさらに和尚あふぎをつかふ」。師いはく、「なんぢただ風性常住をしれりとも、いまだところとしていたらずといふことなき道理をしらず」と。僧いはく、「いかならんかこれ無処不周底の道理」。ときに師、あふぎをつかふのみなり。僧、礼拝す。[26]

ここで風性とは法性真如のこと、従って、僧の問いは「法性真如（本証）がどこにでも行きわたっているのなら、今更煩わしく法を求むる必要などないではないか」ということ。これは道元自身が叡山で突き当ったあの大疑団そのものにほかならない。宝徹は答える。「風性はなるほど常住普遍なれども、それを捉えぬ者には普遍も普遍にならぬではないか」と。いきおい僧は更に問う。「されば普遍を普遍たらしめる道理いかん」。それに答えず、ただ悠々と扇を使っている禅師の意図は言わずとも明らかであろう。つまり、「得一法通一法、遇一行修一行」においてはじめて法性真如は現成するということ。しかも、一行を行じ、一法に通じれば、そのまま全行全通であるということだ。まさに「この法は、人人の分上にゆたかにそなはれりといへども、いまだ修せざるにはあらはれず、証せざるにはうることなし」[27]ということである。

もとより、本証妙修が成立するためには、道元の場合、如浄会下における「身心脱落」が不可欠の前提をなすが、以下、第二節ではその身心脱落の事態を玄沙の「尽十方世界是一顆明珠」から、第三節では「脱落身心」に現成する風光を諸法実相に現成する而今の山水から、そして第四節では「脱落脱落」の境涯を無常（生死）即仏法の観点から検証しつつ、道元のコスモロジーを素描する試みである。

第二節　一顆明珠

これまでわれわれは、本証妙修に焦点を絞ることで、万象の根源的一体性が坐上に即現すること、またそのような後得智からみれば、この世界はことごとく証上の万法として、現象即実在であることを前提にして論を進めてきた。現象即実在とは法の偏在といっても同じことだが、真如、理（空）、法性、仏性、実相など様々な言葉をもって示される「実在」は、日常われわれが見聞覚知する眼前の諸現象に即して存するということ。換言すれば、万象は実在なるものの顕現展開であるということで、それ自体としては、『大乗起信論』や華厳、天台思想に基づいたものであり、なんら道元独自のものではない。道元の真骨頂は、これらの思想を超えた実践にあり、修行によってそれまでの教宗が摑んだ真理を現実化することにこそあるといってよい。「しるべし仏家には教の殊劣を対論することなく、法の浅深をえらばず。ただし修行の真偽を知るべし」[28]と、道元が修行を強調する所以である。その修上に即現するのが実相であり、本来言語的には表現できるはずのない消息をあえて『道得』しえたものが『正法眼蔵』全巻といってよい。あくまで妙修に徹しながら、そこに現起する自内証をできるだけ忠実に描写すること。道元にとって妙修と道得は表裏一体であるから、道得しえないものは所詮真実ではなく、宗派禅の説く「不立文字、教外別伝」などは怠惰の隠れ蓑にすぎない。

本節で詳しく取り上げる「一顆明珠」巻は一二三八年、道元三十八歳時の示衆だが、彼の後得智をもってはじめて展開されたコスモロジーといってよい。このような宇宙観定立を経てこそ、本証自現のこの世界をそれとして表現していく場を築き、やはり本証の働きの一部をなすわれわれの生死去来にも、狭量な我を脱した実相からの視野が与えられる。先にみたように、道元は無常感というアポリアをも、如浄会下の身心脱落において脱落させていたとみてよい。身心脱落とはなによりもまず、「常・一・主・宰」を本質とする我の実体性の滅却であり、そこでは「はかなし」という無常感は意味をもたない。無常感とは「諸行無常」や「諸法無我」という仏教の（宇宙の）基本原理に違背する感情である。正観すれば抗い難い原理だが、主我に胚胎する無常感から無常観への転換には、主体のあり方が有的自我から脱我的自己に決定的に変換されていなければならない。その転換点が道元の場合、「身心脱落」と道著されているのだ。

本巻の標題をなす「一顆明珠」とは、唐代の禅僧、玄沙師備の言葉。長年、雪峰義存の下で修行に励んだが、行き詰った彼は遍参の旅に出る。雪峰山を出ようとした矢先、石に躓いて足の指を思いきりぶつけ、「流血し痛楚」したという。寺に立ち戻った玄沙と雪峰のやりとり、

……忽然として猛省していはく「是身有に非ず、痛何れより来たる」。すなはち雪峰へかへる。雪峰とふ、「那箇か是備頭陀」。玄沙いはく、「終に敢て人を誑さず」。この言葉を、雪峰ことに愛していはく、「たれかこの言葉をもたざらん、たれかこの言葉を道得せん」。雪峰さらにとふ、「備頭陀なんぞ遍参せざる」。師い

はく、「達磨東土に来たらず、二祖西天に往かず」といふに、雪峰ことにほめき。[29]（原漢文）

玄沙のこの悟証の機縁の眼目は、「是身有に非ず、痛何れより来たる」にある。「是身」が実体でないというのは仏法のいろはだが、にもかかわらず否定しようもないこの痛みを感じているのは誰か。無論、理屈でこのように考えたわけではない。一瞬のうちに、世界を領する痛みの中に己れが陥入してしまったにすぎない。正に西田幾多郎の「純粋経験」への融入。そこには石も、痛む足も、痛覚する我もなく、世界は是れ痛み、その痛みを通して世界が我に、我が世界に相即相入した瞬間である。これまでの叙述からも明らかなように、宇宙と我との一体感、それを措いてわれわれに絶対安心（悟証・成道）の途はない。個は個であって個ではない。鈴木大拙がいうように、個は超個においてはじめて個たりうるということ。その超個をキリストと呼ぼうと、阿弥陀仏といおうと、はたまた本証と呼ぼうと、そこにしか救済感や安心感はありえず、次にあげる三例は同じ消息を示唆している。

我キリストと偕に十字架につけられたり。最早われ生きるにあらず、キリスト我内に在りて生くるなり。[30]

わが身をも心をも、はなちわすれて、ほとけの家になげいれて、ほとけのかたより行はれて、これにしたがひもてゆくとき、力をもいれず、心をもつひやさずして、生死をはなれ、仏となる。[31]

仏こそ命と身とのあるじなれわが我ならぬこゝろ振舞[32]

いずれにせよ、この時の玄沙にとってこの痛みは、客体たる足や石と主体たる私の意識・感覚との間に生じた事態ではない。痛みをとれば、痛みが天地一杯、われをとればわれが天地一杯。石と足と私と痛みとの関係など、所詮すべてを統覚し整秩している実体化された「われ」が世界領解するために造り出されたシンタックスにすぎない。要は、「一方を証すれば、一方は暗し」である主客未分の境位ではじめて、世界（＝自己）そのものが露わになるということ。この主客未分の中ですべてが音に包まれてしまえば、たとえば、「香厳撃竹」となり、色彩がどっと押し寄せてきてすべてを領してしまえば、たとえば「霊雲桃花」となるにすぎない。それでは、そこで彼らは何をか得たのか。何も得はしない。ただもとよりそこにあったものをそれとして（如是相において）認証したにすぎない。彼らに生じたのは、世界と吹き通しになることで、意識に先立つ「柳は緑、花は紅」「雀はチュンチュン」「烏はカアカア」といった何の変哲もない「平常心是道」にほかならない。

玄沙の場合は、この痛みを機縁に世界と融け合った。雪峰師の「那箇か是備頭陀」は文字通り「どうして遍参に出かけないのか」でもよいが、伏在する意味は「遍参を止めるのに見出したお前さんの本来の面目如何」。玄沙の答え、「終に敢て人を誑さず」も、迷悟とか、浄不浄などあらゆる二相分別にだまされるのはもう止めにしたということである。しかし、玄沙の得悟に気づいた雪峰はさらに追求の手をゆるめない。「備頭陀なんぞ遍参せざる」。これに対する玄沙の「達磨東土に来たらず、二祖西天に往かず」は身心脱落した道元の「一生の参学の大事了畢」と全く同じく、「今更達磨のように東土を訪ねることも、慧可のように法を求めて西天に赴く必要もない」ということ。そんなことを今更しなくても、俺はもともと法と一体だったのだという発見である。そもそも一切衆生はそのまま覚証裏にあり、それを俺はいま確実に摑んだということ。その境位に立った玄沙にしてみれば、達磨や慧可のみならず、あんた雪峰さんもどうでもよい。まさに、先に引いた『無門関』の「仏に逢っては仏を殺し、祖に逢っては祖を殺し、生死岸頭に於て大自在を得ん」ということであり、玄沙はここで、それまでの二相分別にまつわる我執ばかりでなく、悟りにまつわる法執からも一気に離脱している。無論、師・雪峰に対する忘恩の表明ではない。同じ法（本証）に照らされた受用三昧の境涯に共に坐しているということであり、雪峰が「ことのほかほめ」たのも、「弁道話」巻にいうように、玄沙の覚道が「ゆゑに諸仏如来をしては本地の法楽をまし、覚道の荘厳をあらたに」していることで、ここにあるのは仏性そのものの挙体現成にすぎず、雪峰も玄沙も釈尊以来の正法眼蔵涅槃妙心そのものになっているここでは、「師資二面裂破して、師匠なく弟子」[33]もない。ともに初祖達磨になりきっているのだから、今さら「達磨不来東土」の必要もなく、二祖慧可になりきっている玄沙が法を求めて「不往西天」も当然である。成道を果たした玄沙が学人接化のために、いつも用いたのが「尽十方世界是一顆明珠」だが、ここに生じた事態を岸澤惟安は次のようにいう。

さ、これで釈迦牟尼仏も正法眼蔵涅槃妙心、迦葉尊者も正法眼蔵涅槃妙心。あざむきようがない。そうすると終に敢て人を誑かさず、これは玄沙の破顔微笑だ。慧可大師の「礼三拝後位に依って立つ」だ。礼三拝が尽十方世界で、依位而立が一顆明珠、そうなる。だから尽十方世界一顆明珠ということと、終に敢て人を誑かさずということとちがいはしない。このことばがたしかに尽十方世界一顆明珠ということをまる出しにしたことばだ。そうするとこれが、世尊拈華瞬目、迦葉破顔微笑とおなじことだな。そうすると師匠と弟子が、無心無心徹底無心、師資をいわず尽界一枚の正法眼蔵涅槃妙心だ。一顆明珠が現成したのだ。[34]

この尽十方世界を現成といい、一顆明珠を公案といえばそのまま現成公案にほかならず、前者を諸法、後者を実相といえばそのまま諸法実相となり、それらはまたそのまま「一切衆生悉有仏性」を述べたもので、仏教の根幹をなす宇宙万象全肯定の道得にすぎないが、玄沙の場合はその真相を「流血し痛楚」したときの「是身非有、痛自我来」において体証したことが重要なのだ。一顆明珠は概念ではなく、尽十方世界を領する具体的なこの痛みと直結している。この肝心要めの「痛自何来」を西有穆山の『正法眼蔵啓迪』（以下『啓迪』）はいみじくも次のように拈提している。

一顆明珠は偶然ではない。これは本文にある「痛自何来」というのから出た悟りである。玄沙はこの痛自何来で力を得た。ナラその痛自何来とはぜんたいにどうしたことじゃ。「是身非有、痛自何来」というこの是身は、いうまでもなく我が分段五尺のからだである。この色身は四大仮和合である。仮和合じゃによって四大分離すれば、残るものは微塵もない。さればこの身は本来空寂である。それを非有という。さて本来空の是身なるに、痛むというのは何ごとかと……。ここで玄沙の面目が脱体現成した。この何来が大力量じゃ。何来というからちょっと見るといかにも疑いの辞のようじゃが、玄沙の何来はそんな浅見でない。是身非有の端的、直きに来るに来処なく、去るに去処なく、一切諸法、悉皆解脱無生不可得というを、一見に見破されたのである。これ開山なれば身心脱落、脱落身心というところじゃ。「アー痛ッ」という的面に法界の無生を徹見して、法界一如に承当した。忽然猛省とはここである。これがそもそもこの珠（明珠）の出処である。もうこのとき玄沙は珠になり切っておる。(35)

涅槃妙心にせよ、一顆明珠にせよ、ともに法界全体を占め、全体に遍満したものであり、もとより対象化を超脱したものであるから、それに裏打ちされた尽十方世界が「広大にあらず微小にあらず、方円にあらず、中正にあらず。活鱍鱍にあらず、露廻廻にあらず、さらに生死去来にあらざるゆゑに生死去来なり」(36)というように、あらゆる形相限定を超えたものであることは言うまでもない。これを「空」といっても、あるいは華厳のように

「理」といっても同じことだが、それは目には見えず、かつ見えないながらに紛れもなくそこにわれわれは生きているということだ。すべてを包み込み、すべてに遍在していれば、「さらに生死去来にあらざるゆえに生死去来なり」というのも、もとより生も死もそして痛みも来処去処が全くないのだから当然である。してみれば玄沙が遍参を中止したのも、法を悟った今では改めて遍参の必要なしという以前に、一顆明珠として法が遍在しているこの尽十方世界では、そもそも来往はありえないということを表わしているといってよい。雪峰の「那箇是備頭陀」も悟証裏において発せられた言葉であり、達磨が今誕生した第二の達磨に真個の相見を果す一瞬である。再び『啓迪』から引用すれば、

この来往のないところまで行きつかにゃ偏参でない。坐っておってしかも法界を踏破せにゃ偏参でない。偏参はここじゃ、那辺にも行き這裡にも還る、あるいは這那両頭ともに不是なる道理もある。あるいは這那の両頭ともに是なることもある。参来参去、いよいよ相見という時は来往はない。これ玄沙なれば一顆明珠というところである。尽界一色解脱の境界ゆえ、ただ一顆明珠になり切る。往来はないが必ず相見はある。この相見底の時節がすなわち一顆珠現前の時節である。(37)

ところで、那箇とか恁麼というのはともに宋代の俗語だが、この意味を特定できない言葉が、禅門ではよく尽十方世界とか無上菩提を表わすに際して使われる。「何来」もそうだが、生いずれより来たり、生いずれに去るも、痛みいずれより来たり、いずれへ去るも、こことかあそことかいえない以上、何処というしかなく、何処という所は本来ないのだから、場所がなければ尽十方世界ということになる。それは場所だけの問題ではない。「証」も同じことで、名前によって特定できなければ、雲散して尽十方世界に溶け込んでしまう。事（色）の背

後に理（空）が現起する瞬間だが、「那箇是備頭陀」と「終不敢誑於人」こそ、先に触れた六祖慧能と南嶽との商量「なにものか恁麼来」と「説似一物即不中」と同じ消息を語るものにほかならない。玄沙でいえばなにものか恁麼に痛むといっても同じことで、ここではじめて彼の恁麼来が現成し、多分、同時に全身是一顆明珠として再蘇を果したといってよいだろう。この意味でこそ、「是身非有、痛自何来」がそのまま尽十方世界一顆明珠なのであって、それは道元でいえば、身心脱落においてかえって全自己を現成したことと変らない。痛みも尽十方世界なら、生も死も尽十方世界。とすれば、われの死とともに尽十方世界滅、われの誕生とともに尽十方世界起ということであり、のちに述べるように、尽法界を生とし、尽法界を死として生きるなら、「生也全機現、死也全機現」ということにほかならない。「一顆明珠」巻本文はさらに次のように続く。

つひにみちをえてのち、人にしめすにいはく、尽十方世界是一顆明珠。ときに僧問、承る和尚言へること有り。尽十方世界、是れ一顆の明珠と。学人如何んが会得せん。師曰く、尽十方世界、是れ一顆の明珠、会を用って麼にか作ん。師、来日却って其の僧に問ふ。尽十方世界、是れ一顆の明珠、汝作麼生か会す。僧曰く、尽十方世界、是れ一顆の明珠、会を用って麼にか作ん。師曰く、知る汝が黒山鬼窟裏に向かって、活計を作すことを。(38)

この商量の眼目も、先の「恁麼来」と同様、「用会作麼」である。僧が問うように、「尽十方世界、是一顆明珠」は会得できるとかできないとかの問題ではない。紛れもなく自分自身が一顆明珠であるのに、彼はその外側に身を置いて（対象化して）、理解しようとしているのだ。玄沙の「用会作麼」は、僧のそのような二見に向けられている。要は、一顆明珠になりきってしまうこと。この「用会作麼」は「痛自何来」と何も変らず、ともに

「なにものか恁麼来」と同じ身心脱落、つまり法界一如の消息を暗示しているにすぎない。自分の全身こそが尽十方世界であり、一顆明珠が見たければわが身を見ればよい。するとたとえば礼拝というひとつの行持の中に、尽十方世界の正法眼蔵涅槃妙心が現成しており、絶対帰依、つまり任せきる心がおのずから礼拝になれば、礼拝の時には自分は無い。礼拝する仏の中に入ってしまうからである。三たび『啓迪』を引けば、次のようになる。

ここにおいて皆よくこの珠を見込め。珠は珠はといっておったら、決して珠の手に入る時はない。ただ十方界を珠と見込むが肝要である。その十方界の珠を知るには、十方の性相を徹見するが肝要である。十方界の性相を徹見するには、自分が尽十方なるを知るが肝要である。自己の尽十方なることを知るには、まず珠になるが肝要である。自己これ珠という時、尽十方なる珠も知れる。会不会の入込む場所はない。会不会のあるは能所対待だ、二物があったら尽十方界なる珠は見えぬ。「用会作麼」に力を得れば十方通暢である。通身無影像、触処珠に非ざるはない。何ぞ会と不会とを論ぜん。会不会みな明珠じゃ、玄沙はこの意をもって答えられた。(39)

と、ここまではそれほど難しくはない。問題はこの公案末尾の玄沙の言葉「知る汝が黒山鬼窟裏に向って、活計を作すことを」をどうとるか。多くはここで躓いて、「黒山鬼窟裏」を迷いの世界と受けとめている。たしかにこの問僧は自分自身が一顆の明珠そのものであることに気づいていないが、これまで述べてきたように、玄沙のいわば本証自現の一顆明珠からは一物も洩れるものはない。この僧も然りであり、この問答にしてからが、一顆明珠の自己展開であり、仏祖のいう黒山鬼窟裏の活計というのも一顆明珠にほかならず、その黒山鬼窟裏とはどこだというなら、それは尽十方世界であり、われわれの全身であって、同時に正法眼蔵涅槃妙心そのものだといってよい。

ただ誤ってはならないのは、われわれの身心がそのまま一顆明珠であることは事実としても、父母から生れたこの身のままで一顆明珠というなら、もとより仏道などという面倒なものが開発される必要もないということである。「弁道話」巻に「仏家には教の殊劣を対論することなく、法の深浅をえらばず、ただし修行の真偽をしるべし」といわれ、「修せざるにはあらはれず」といわれていたのも、磨かざれば珠も明珠にならず、本証というのも妙修においてこそ即現する実相にほかならないからである。あくまで黒山鬼窟が一顆明珠として現成するのは、玄沙や道元の後得智から見込まれた事態であり、問僧の迷眼には黒山鬼窟は黒山鬼窟としかうつらない。たしかに、世俗諦的にしかものが見えないわれわれからすれば、玄沙は「悟上得悟」、問僧は「迷中又迷」の境にあるというにすぎないが、世俗、勝義の両諦が同時に観える玄沙からすれば、迷悟二相二見は我と天地一如において既にすっかり離却されており、すべてが一顆明珠の挙体顕現であるから、迷は迷のまま本証の自己展開であるということだ。

ところで、身心脱落で自己が文字通り脱落してしまえば、かえって世界中が自分となる。まさに「三界唯一心」ともいわれるこの世界では、自分と相対するものは何ひとつなく、あるのはただ自分のみ、釈尊の「天上天下唯我独尊」もその事態をさしているにすぎない。空手・空身になってしまえば、この身このまま天地いっぱいのわれが現成する。この事態を道元は「全自己の現成」というが、玄沙のように「尽十方世界是一顆明珠」といっても同じこと。坐禅そのものがそうだが、尽界を自己に摂するか、逆に身心脱落して自己を世界に溶け込ませてしまうかは表裏一体で、自己だけあって世界なしか、世界だけあって自己なしかの違いにすぎない。ただ、脱我的自己はかえって天地の一物一物に帰しているから、渓声山色のすべてが自分の姿であり、明星の輝きはそのまま自分の輝きである。この玄沙の身に生じたのと同じ事態を敢て道得したのが蘇東坡の、

渓声便是広長舌　山色無非清浄身
夜来八万四千偈　他日如何挙似人(40)

であり、同様に眼前に広がる桃花を機縁に悟りを開いた霊雲志勤の成道偈、

三十年来尋剣客　幾回葉落又抽枝
自従一見桃花後　直至如今更不疑(41)

であって、末尾の「直ちに至る永遠の今、疑惑のなごり、さらになし」こそ、玄沙の「終に敢て人を詐さず」と同様な覚証を表わすものにほかならない。玉城康四郎はこれらの転機をとらえて、次のようにいう。

こうした人びとの転機を見ると、それは谷川のせせらぎ、竹にあたる小石のひびき、春がすみにゆらめく桃の花などのような、自然の風景であり、おのずからなる動きであろう。しかし、かれらがこの機縁に出あうまでには、実に人知れぬ長いあいだの辛苦をなめている。それは忍耐と意志力の連続ではあろうが、しかしそのなかで、自我は摩滅し、我性はすり切れていく辛苦であり、ついにその果てには、自然のおのずからなる動きに、自己の全体が感得し融没するのであろう。自然、すなわちおのずからなるものに、実存の根源が開発されるということは、まことに意味深いといわねばならない。(42)

いうまでもなく、『正法眼蔵』全巻は、身心脱落によって開かれた道元の無分別後得智から語られたものであ

るが、この後得智の消息を語って「画餅」と「空華」両巻にすぎるものはない。「画餅不充飢」は世の常識であるが、万巻の書を読破しながら、師、潙山霊祐の公案「父母未生以前本来面目」を前に手も足も出ない香厳智閑の断腸の言である。実践を重視する禅宗一般からすれば、教義に通暁しても、さっぱり仏道の本義を了得できない学僧は軽蔑の対象で、そこから不立文字や教外別伝などのトレードマークも生れてくるわけだ。

諸行無常と並ぶ仏教の三法印のもうひとつは諸法無我だが、それは物を固定実体化して、不変の我（自性）があると考えたがるわれわれの無明を打破すべき真理である。本来無自性のものを実体化して執着するのだから、すべては空だと落ちつければ妄執も消える。物の生滅は縁の合成・離散にほかならない。たとえば、煩悩といえば、それをしも実体化してしまうのがわれわれの心性なのだ。それが万象の実相であり、人間の実相であると納得できれば、諸法の生滅や自分の生老病死も驚き脅えるにはあたらない。煩悩や迷いも例外ではなく、もとより固定された実体ではないのだから、妄本無体と知るところに安心の途が開ける。物を物の通りありのままに（如是相において）観ること、それ以外に安心の途はない。この単純な真理こそ、たとえば『般若心経』の骨子であり、諸行無常や諸法無我の真理を徹見せしめることで、われわれ衆生を涅槃寂静に道《みちび》こうというのがこの経典の眼目である。

道元のいう画餅とは、まさに諸法無我にほかならない。ただ、彼は画餅に徹すれば、腹は十分にふくれるという。それが「空即是色」に与えた道元独自の解釈である。いうまでもなく「色即是空」の「色」と「空即是色」の「色」は同じであって、同じではない。後者の「色」は空を潜り抜けて絶後に再蘇した色であるから、色（事象）の固定性や不透明性は既になく、色はそのまま空であり（理事無礙）、同時に他の色と異なりながらも一体でもある（事事無礙）という透明性を獲得し、実体化して執着するわれわれの煩悩の根は断たれている。とすれば、実際の餅だろうが、画にかいた餅だろうが何ら変りはしない。要は画餅なら画餅に徹すること。得道前の香厳は画餅で腹はふくれなかったが、道元はそれで満腹である。

この空こそ色にほかならないという事態をまた、道元は「空華」という言葉で道得する。空華もまた実体のない華。眼病などで、実は何もないのに目にちらつくもの、それが空華である。道元はここでも、実体のないものに自性を認める。その執着を断つために、一切空華というが、そこに止まらず、その空華でこそこの世界はできており、尽法界は空華の世界だというのである。むしろ、次節以下で述べるごとく、現実世界は無常・空華で固定性がないからこそ、変化や生成発展もあるわけであり、道元からすれば、空華を本当に見得る者でなければ、本分の人、道中に在る者ということはできぬというのだ。「梅柳の華は梅柳にさき、桃李の華は桃李にさくなり、空華の空にさくもまたかくのごとし」[43]と道元はいうが、それは梅花も桃花も空華も、空相においてこそ花開くということである。してみれば、人間という華もまた生死に咲くが、その生死そのものがまた空華にすぎないから、そのまま無生死にほかならない。そうなれば、尽界一切空華の自覚こそが肝腎であって、むしろ無執着に空華を観る者こそ覚道の人ということになる。

画餅、空華の世界、つまり縁起によってものごとが仮りに生起する世界では、時々刻々に万象は移り行き、まさに「生住異滅」する。しかし、この画餅、空華の自覚を措いて、人生百般の執着、愛着を断ち、身心脱落において万物が本来の面目を現じている世界へ、われわれを解き放つものはない。脱落身心の空相から色の世界に還ってくるときにこそ、空華の春を存分に楽しみ、画餅に舌鼓をうつことができるのである。

しかし、道元はここでとどまりはしない。画餅によって腹などふくれなくともよい、むしろふくれぬほうがよいともいうのだ。坐禅に即していわれているこの言葉は、無所得、無所悟の弁道を指し示しているのはいうまでもない。飢を充たすといえば、(本証において本来満ち足りた状態にもかかわらず)不足を補うことになり、それは一を他で補うことだが、本法性に立脚する限り、画餅は画餅でよいのだということに当然なる。別に補うべき不足などどこにもなく、一切のものはあるがままで欠目なく、充たすべき余地もない。画餅に満足する坐禅、つまり過不足なき坐禅弁道、そこに何の不足もなしと落ちつければ、腹など少しもふくれぬ画餅を心ゆくまで味わうことができる。画餅に舌鼓を打ちながら、空華の花見を楽しむことができる人、道元はそのような人をこそ本分の人というのである。世阿弥でいえば、時分の花から真の花とでもいおうか。本証妙修とは、一顆明珠たるわれが改めて尽十方世界是一顆明珠を体証しつづけることにほかならない。

第三節　諸法実相

古来、修道過程を単純化して三段階とし、それぞれそこに開かれる境位を語った代表的なものに、青原惟信の有名な次の文章がある。

老僧、三十年前、未だ参禅せざる時、山を見るに是れ山、水を見るに是れ水なりき。後来、親しく知識に見えて箇の入処有るに至るに及んで、山を見るに是れ山にあらず、水を見るに是れ水にあらず。而今、箇の休歇の処を得て、依前、山を見るに祇だ是れ山、水を見るに祇だ是れ水なり。(44)（原漢文）

つまり、凡夫は山を山と見、水を水と見るが、これは凡情でみる山水でしかない。同様に、山は聳え立って不動のもの、水は流れ流れて無常のものというのも凡夫の一偶の管見にほかならない。それが発心し修行が熟すると、玄沙や香厳や霊雲のように、頓悟として突然、山是非山、水是非水という境涯が開ける。これを掃蕩門といい、仏道修行の眼目をなす。道元の身心脱落も同様で、見るものはただ法性（理・空）のみであってそこには既に山も水もない。同一律と矛盾律が全く働かなくなった事態であって、客観世界を構成していた事物はことごとく融けて流れ出す。サルトルが『嘔吐』で描いた主人公ロカンタンに生じたのも（彼の場合は修証とは関係ないから現実離脱というべきだが）同様な現象である。いずれにせよ、禅でよくいわれる見性体験はこれで、「廓然無聖」という境位である。ところが禅の修道はここにとどまらず、空（無）もまた空とばかりに再び色（有）の世界に戻ってくる。『般若心経』が「色即是空　空即是色」と転倒した二句を重ねる所以であって、先の「色」と後の「色」は一旦「空」（大死一番）を潜り抜けることで、同じでありながら天地懸隔である。修行もここまで至らなければ、無用の長物であり、己れのみ良しと悦に入っている法執にすぎない。これこそ大乗仏教の極点であり、自利ののちに来る利他の世界である。

ところで、本節の標題をなす「諸法実相」とは『正法眼蔵』の中の一巻でもあるが、本来この天地法界の万物があるがままに真実の姿をとって現われているということで、大乗、華厳、法華、天台と一貫した本覚思想の中核をなすものである。要は、現象即実在ということで、この基本認識を様々な角度からわれわれ衆生に分からせようと慈悲をもって語られたのが『正法眼蔵』全巻といってよい。これもまた色と空との関係にほかならず、この二相炳現の風光を道元は「現成公案」といってみたり、「海印三昧」といってみたり、「本証妙修」といってみたりしているにすぎない。それをコンデンスしてみれば、次の短い一節になるだろう。

いまをしふる功夫弁道は、証上に万法をあらしめ、出路に一如を行ずるなり。その超関脱落のとき、この節目にかかはらんや。(45)

これを無限に拡大・展開したものが尽法界であり、正法眼蔵涅槃妙心であり、一顆明珠であり、その内容が諸法実相であり、現成公案ということだ。いうまでもなく、右の文章の「証上」とは真如実相にほかならず、第一段は証上万法、すなわち真如のあらわれた現象ということで、万象はあるがままに如実の実相を現成しているということである。また、第二段、出路一如とは前句を転倒したにすぎず、前者が現象即実在とするなら、これは実在即現象ということである。と、ここまでなら、『大乗起信論』や天台華厳の説くところと異ならず、なんら道元のオリジナルなものとはいえない。しかし、諸々の教宗と違って、行・実践を重んじる道元は以上の二段で終りとはしない。さらに第三段「その超関脱落のとき、この節目にかかはらんや」を設けた所以である。前二段だけなら、われわれは本来、証上の万法として、「われもと道中にあって、迷惑せず、顚倒せず」という理を覚ることでしかない。

しかし、これまで述べてきたように、本証・法性は一時も静止凝結しない動態としての働きであり、一刻も休むことなくこの世界に現象として打って出てくる。だから、大切なのは、現象即実在を現実生活の中で待ったなしの刻一刻として捉え活かすこと。そして、仏法がそのまま生活の中に溶融しきっていれば、今更現象即実在の如き詭弁まがいのことをいわなくても、現象即現象あるいは実在即実在として不二行（妙修）を繰り返せばよいということになる。こうした悟達の境を不断に超えていけば、今更「証上」と「万法」、「現成」と「公案」、「出路」と「一如」などの「節目」は不要ということだ。なぜなら彼は一切の節目の関を超脱した闊達の境位にあり、今更現象即実在などの教理を必要としないからである。

従って、諸法実相の理も道元にあっては、天台教学におけるような精緻だが、どこか思弁的にとどまるものではなく、彼の坐上における自内証の絶えざる活写にほかならず、道元の文体が哲学的というよりも、どちらかといえば感性や想像力を駆使した柔軟性のある文学的表現であるのも、言詮不及の境をなんとか道得しようとして自然に生れたものだからである。たとえば「はなてばてにみてり、一多のきはならんや。かたればくちにみつ、縦横きはまりなし」[46]という表現なども、証上万法や出路一如を超えた超関脱落の境涯の文学的表現にほかならない。それにしても、現象即実在（妙修に即現する本証）を語って次に勝るものはない。先に引用したので、肝腎な部分のみ再引用する。

もし人一時なりといふとも、三業に仏印を標し、三昧に端坐するとき、遍法界みな仏印となり、尽虚空ことごとくさとりとなる。……ここをもてわづかに一人一時の坐禅なりといへども、諸法とあひ冥し、諸時とまどかに通ずるがゆゑに、無尽法界のなかに、去来現に、常恒の仏化道事をなすなり。

『正法眼蔵』全巻の総論ともいうべき「現成公案」の巻も、これまで述べてきた修道に関する三段階を踏まえているが、間違えてならないのは、道元の示衆はすべて身心脱落以降の本証妙修に立脚したものであるから、青原惟信のいう第一段「山是山」の境位ははじめから問題にならないということだ。「現成公案」巻の有名な冒頭は、

諸法の仏法なる時節、すなはち迷悟あり、修行あり、生あり、死あり、諸仏あり、衆生あり。
万法ともにわれにあらざる時節、まどひなく、さとりなく、諸仏なく、衆生なく、生なく、滅なし。
仏道もとより豊倹より超出せるゆゑに、生滅あり、迷悟あり、生仏あり、しかもかくのごとくなりといへども、華は愛惜にちり、草は棄嫌におふるのみなり。[47]

と、この三段が先の「証上に万法あらしめ」と対応していることは明らかだが、いずれも悟来の儀としての本証

中の自内証を多角的に説いているにすぎない。右の文章でも重要なのは、第三段であり、これがあることにより、真如実相は「あり」とか「なし」など有無二辺にはないということが明らかになる。万法は色空でもなく、色空にあらざるものでもないということで、要はただ有無に即してしかも有無に堕せざる闊達の境を一刻一刻証していくのみである。道元にあっては、前二段はなお理屈の分際でしかなく、第三段においてそれを実践的に捉えることで、仏辺にも安住せず、それを透過して絶え間なき仏向上事に仏道の要諦が据えられているということだ。

右のような要諦が実践的に摑まれていれば、いかにわれわれの世界に生死があり、迷悟があろうとなんらの拘束とはならない。諸法がそのまま実相であることを如実知見していれば、過度な執着なく「愛惜」をもって華の散るにまかせ、「棄嫌」をもって草のおふるを楽しむこともできる。右第三段の言辞から既に明らかなように、禅の要諦は断じて枯木死灰的人生にあるのではない。青山惟信の先の文章の第三段「山是祇山　水是祇水」も絶後再蘇の境位である以上、感情の動くにまかせながらも、あらゆる固着を離却した闊達の境にあってこそ、下化衆生すなわち枯木に花を咲かせることができるということである。

いずれにせよ、万法（諸法）はもとより証上（実相）のものなのだから、証を知る者は万法を知り、万法を知る者はそれが証上のものであることを知るのは当然である。そして、そうであるなら、さらに一歩進んで「一方を証するときは一方はくらし」[48]こそが、道元にあっては、一連の現象即実在論の究極とならざるをえない。真に現象がそのまま実在とするなら、一方をあげれば他方はその中に蔵身して表には現われない。もとより「超関脱落」した二面、二辺である諸法と実相は一方をあげれば、他方も尽してしまうのは当然である。こうして、われわれは実相と聞けば、眼前の山川草木以外になく、しかもそれらもまた「空」と知り、逆に日月星辰をみれば真如実相にほかならないと如実知見する、それが仏祖の行履を己れの生活とするということである。

また、現象即実在はそのまま生活即仏法と言い換えることができるが、これを徹底的に拈提して、凡見をただすのが「家常」と「法性」の巻である。その要所のみに触れれば、これまで述べてきたことの補足と、次章への橋渡しになるであろう。そもそも、法性とは法界の如是性とでもいうべきものであるとして、榑林皓堂は次のようにいっている。

……それは森羅一切の中にそれ自体を全彰し、万象すべてを自体の中に摂するものである。しかし多くの人たちは禅師のいう如く、(一)「いま見聞する三界十方撲落してのち、さらに法性あらはるべし」と思い、「法性は、いまの万象森羅にあらずと邪計」している。(二)また中には「法性とは法界の本性なればそれはまさに見聞覚知の限界を超越するのみならず、存在の背後に存して永遠に生滅栄枯の埒外にある」という心常身滅の見解をなす外道もある。(三)乃至は「法性界には開華落葉あるべからず」と言うて静寂の彼岸と考える愚人もある。……しかし禅師によれば真理探究の初発足においては、それは神秘の扉中に堅くとざされていると思うけれども、開くに及んで過ぎ来し路こそかえって求むるそのものであったこと、すなわち到彼岸は彼岸到なることを見出す。されば誰やらの歌に「なかなかに人里近くなりにけり、あまりに山の奥を尋ねて」と言う如く、求むべき価値の世界は求めつつある現実を反省するところに見出さるるという。(49)

とすれば、法性とは日常の茶飯にも一挙手一投足にも見出さるべきであり、このような法性に裏打ちされた著衣喫飯をこそ、道元は行持というのであり、この境位からすれば、

一切衆生、無量劫よりこのかた、法性三昧を出でず。長く法性三昧中にあって著衣喫飯、言談祇対、六根運用、一切施為、尽く是れ法性。(50)

も当然のことである。さらに、天変地異にあって三界十方が撲落して一切が壊滅するとしても、それすらが法性の云為であって、そこに任せきれればおのずから無礙自在の境涯が開かれてくるということだ。
ところで、「諸法実相」の巻は『妙法蓮華経』（方便品）の「仏所成就、第一希有、難解之法、唯仏与仏、乃能究尽、諸法実相」を基軸に据えながらも、道元自身の自内証を展開したものであり、当該経典のみならずあらゆる経典の成立を可能ならしめる根本法華を自在に拈提するところに主眼があるといってよい。この巻は次のように始まっている。

仏祖の現成は、究尽の実相なり。……いはゆる如来道の本末究竟は、諸法実相の自道取なり、闍黎自道取なり、一等の参学なり、参学は一等なるがゆゑに。唯仏与仏は諸法実相なり、諸法実相は唯仏与仏なり、唯仏は実相なり、与仏は諸法なり。(51)

と、ここでは「究尽」という言葉が解脱とか脱落という意味で使われているが、重要なのは一般の理解と異なり、仏が生れ出て諸法実相を説くのではなく、もとより諸法がすべてそのまま実相であるこの世界では、「いはゆる如来道の本末究竟等は、諸法実相の自道取なり」といわれているように、如来道すなわち仏の言葉も、諸法実相が己れを道取しているのであり、そこに仏祖が生れ出ているにすぎないということである。第一節で述べたように、仏祖は「証上の修に引転せら」れて己れを道取しているのと同様、所詮諸法実相が諸法実相を修行し、道得しているにすぎない。それでは実相はどのように諸法として現成するか。

実相は諸法なり、諸法は如是相なり、如是性なり、如是身なり、如是心なり、如是世界なり、如是雲雨なり、如是行往坐臥なり、如是憂喜動静なり、如是柱杖拂子なり、如是拈華破顔なり、如是嗣法授記なり、如是参学弁道なり、如是松操竹節なり。(52)

と、諸法は一木一草、山河大地あるいはわれわれの一挙手一投足にほかならないが、そのすべてに「如是」が付されていることに注目すべきである。如是とは岸澤惟安もいうように、「如と是とでもって現成せるもの、如は平等の法をいい、是とは差別の法で、その平等と差別の法によって仏さまのお身が現成」するのだ。続けて岸澤は次のようにいう。

『金剛経』に、若見諸相非相即見如来、ということがある。これは普通に世間の人は、「若し諸相の相にあらざるをみれば」と訓んでいるが、そうではない。もし諸相と非相とを見ればすなわち如来を見たてまつる、とそう訓むのだ。諸相如来と非相如来と二人の如来だ。そのどちらを見ても、すなわち如来を見たてまつることができるというのだ。そしてその非相如来というのが如で、諸相如来が是だ。不思量底というのが如で、思量底が是だ。そうすると諸相、非相が如是となり、薬山さまは思量箇不思量といわれ、『金剛経』では、応無所住が非相如来で、而生其心が諸相如来だ。その両方が一人の仏さまのうえにあらわれるから、応無所住而生其心、ということになる。それが如是だ。(53)

このように、尽界にある尽有にはすべて「如是」が付されており、仏相を呈している。つまり、「尽有はつらなりながら仏と仏だ。すなわち究尽せるところの実相と実相で、究尽せる実相のみだ」ということになる。しかも、その尽有が唯仏与仏として「乃能究尽」すなわち限りなく解脱を繰り返していく様を諸法実相というのである。一刻も停止することのない諸法実相の働き、それを「唯仏与仏と出現於世するは、諸法実相の説取なり、行取なり、証取なり、その説取は、乃能究尽なり」[54]という。つまり、唯仏与仏（諸法）が世に出現するということは、諸法実相が己れの功徳を説き抜くことにおいて実現されているということだ。こうなると、尽十方世界の転変はことごとく諸法実相の自作自演の一人舞台という様相がみえてくる。先に触れた「証上の修に引転せらる」というのも、「菩提心発」というのも同じ事態で、迷悟、生死はじめあらゆるものを含みこんだこの世界の七顚八倒はすべてこれ諸法実相の自道取であり、それをこそ「唯仏与仏の出現於世」というのである。天地法界のダイナミズムは次の一節に究極する。

乃能究尽といふは、諸法実相なり、諸法実相は如是相なり、如是相は乃能究尽如是性なり、如是性は乃能究尽如是体なり、如是体は乃能究尽如是力なり、如是力は乃能究尽如是作なり、如是作は乃能究尽如是因なり、如是因は乃能究尽如是縁なり、如是縁は乃能究尽如是果なり、如是果は乃能究尽如是報なり、如是報は乃能究尽本来究竟等なり、本来究竟等の道取、まさに現成の如是なり。[55]

一見同じようなことの羅列にみえるこの叙述は、よくみるとその中にたゆみなくそれぞれ己れを究尽して実現していく諸法実相の運動性を感得することができるはずである。そもそも「乃能究尽」とは能く究め尽すことができるとの謂だが、究め尽した果てにもうその先はないドン詰りとして実相の究極点（悟境）があるというのではない。むしろ実相とは究め尽しつつなお能動的に動いていく運動態なのだ。つまり、この宇宙は究め尽して完成し、完成しながらもなお究尽をやめない活きを万物（唯仏与仏）の在り方として語っているといってよい。このように諸法実相をダイナミズムとして、しかも妙修上に捉えることにおいて、道元は我執にもとづく無常感ばかりか、ともすれば理論倒れになりがちな天台本覚思想を確実に超えたといってよい。それにしても、「一切衆生悉有仏性」という真理に対する道元の肉付けには異常なまでの運動性と奥行きが感じられる。

いはゆるの如是相は、一相にあらず、如是相は一如是にあらず、無量無辺不可道不可測の如是なり、百千の量を量とすべからず、諸法の量を量とすべし、実相の量を量とすべし。(56)

と、如是相すなわち実相にも諸法と同数の「無量無辺不可道不可測」といわれる言語に絶するほどたくさんの相があるということだ。しかも、ここでは万物がそれぞれ十如是を体現しつつ、かつ法界を尽しつつ重々無限に現起している事態、それを改めて諸法実相というのだ。一物一物がそれぞれ己れを究尽しつつ、唯仏与仏として互いに相見相逢底において存在するということ、それを道元は、

ここをもて実相の諸法に相見すといふは、春は花にいり、人は春にあふ、月は月をてらし、人はおのれにあふ。あるひは人の火をみる、おなじくこれ相見底の道理なり。(57)

というが、それでは「相見底」とはどのような消息をあらわすのであろうか。岸澤惟安は次のようにいう。

……そこで諸法が実相とぴたっと出会うのは、春の実相が華の諸法に入る。そのときは華だけで春はないから、出会うということはない。そのごとくに諸法が実相のうえに現成するのだ。また実相は人で、諸法は春で、人が春に会うて、暖かいなといっている。それは人が春に出会うたときだ。けれどもその暖かいという

ことが、春のお蔭だということを知らない。知らないのがほんとうだ。そうすると春と華と、人と春と別ものの
ように見える。実相と諸法と別もののように思われるが、諸法が実相に相見するということは、実相が実相に相見し、諸法が諸法に相見することだぞよというのだ。(58)

つまり、「実相の諸法に相見す」とは、法界が諸法を通じて実相としての法界と出会っているということであり、「月は月をてらし、人はおのれにあふ」というのも、尽十方世界が一顆明珠に、唯仏与仏として諸法が諸法に相見相逢している現実世界の無限の奥行きを語っているにすぎない。この理事無礙と事事無礙が相重なる事情を説明する玉城康四郎の次の文章は、その具体性と的確さにおいて卓越しているので、少々長いが引用してみよう。

たとえば、今わたしは眼の前の庭の木を眺めている。新緑の青々とした樹木が見える。その見えるとおりのままが諸法実相であることはいうまでもない。それをとくに如是相という。しかし如是相というのは、見えるままの新緑という一相ではない。それは測り知れないほどの複雑なすがたを呈している。眼にうつるのは青々とした緑であるが、そうしたなかで、緑は春に出会い、春は緑の中で雀に出会っている。また、わたしは春に出会い、緑はわたしに出会い、さらにわたしは緑のなかでわたし自身に出会っている。このように、青々とした緑の如是相において、さまざまな出会いが起こっているが、それは要約すれば、二つの方面が指摘できると思う。

一つは、天地万物の宇宙世界がそのままこの緑に映じているのであり、もう一つはわたし自身が徹頭徹尾この緑のなかに包まれているということである。つまり、宇宙そのものとわたし自身とが、いま緑のなかで

出会っている。[59]

ここに描かれた如是相からは自然に、万象が万象を映発しつつ浸透し合う。円融無礙な華厳的世界像を思い浮べることができるが、いうまでもなくそうした世界像は、対象を自己から切り離し、自分の尺度でそれを観察し、計測し、意味づけ、値踏みするのとはおおよそ違う、万物同時現起、相見相逢底において成立している。この唯仏与仏の共同態においては、すべてがすべてにつらなり合っていて、その一つ一つが中心であるから、どこにも統合すべき中心点はない。またお互いの間にある距離も、あるがままに無化されており、諸法はそれぞれ諸法として互いに独立していながら、己れの中になんらの凝固性や不透明性は保持していない。

もとより、このような諸法実相は世俗諦のみに身を置いていたのでは決して観えることはない。主体のあり方が有的自己から脱我的自己に決定的に変換されていなければ、このような真相とは所詮無縁である。万物がそれぞれ己れを究尽して、しかも重々無尽に相即相通している位相に遊化している境涯を語って、次の一節に勝るものを私はほかに知らない。『無門関』第二十四則、題して「離却語言」、

風穴和尚、因に僧問う、「語黙離微に渉り、如何にせば通じて不犯なる」。穴云く、「長えに憶う江南三月の裏、鷓鴣啼く処百花香し」。[60]

「離」とは万物の差別相を離却した法界平等一味相。それが『大乗起信論』のいうように、忽念として現象的差別相に転じて現起してくるものが「微」である。従って、問僧の「如何にせば通じて不犯なる」とは、差別、平等どちらにも偏せず、いわば理と事を共に生かしつつも、両辺を超越して、如何にして真の自在を得ることが

できるかということ。『維摩経』にみるように、われわれは語れば二相分別にとらわれて差別相に落ち、いたずらに黙すれば「離」に滞り、現実に機能している現象的差別相を全く活かすことができない。言葉の陥穽におちることなく、いたずらに己れの見聞覚知にとらわれることなく、また無にも執することなく、如何に己れを生々とした諸法実相の世界に解放することができるか。問僧の発したこの切迫したアポリアに、即座にしかし悠然と応じた風穴和尚の答えは「長憶江南三月裏、鷓鴣啼処百花香」。杜甫の句である。普通の人が口にしたら、なんのことはないただののどかな江南の春景色。しかし、「風穴、機掣電の如く、路を得て便ち行く」[61]。と無門慧開がわざわざ注意を喚起しているように、この自然描写が風穴和尚の禅機に触れて、質的転換を果し、蘇東坡の渓声山色のごとく、江南の春景色が無限な深みを開示し、万象が万象を荘厳する円融無礙の風光に変貌する。花と鳥と人が互いに浸透し合い、生々と交錯し合うこの江南三月の春景色は、諸法と諸法とのコスモロジカルな共生空間、すなわち諸法実相として現成しているのだ。「諸法のまさに諸法なるを唯仏と称す。諸法のいまし実相なるを与仏と称す」[62]。まさに妙修上の本証即現底において、諸法実相（理事無礙）と唯仏与仏（事事無礙）の交点が姿を現わす。脱落身心の風穴和尚によって花も鳥も江南も人も本来の面目を取り戻した身心脱落共同世界にすべてを忘じ尽し、一念も生じぬとき、語黙、離微の別など跡かたもない。

言うまでもなく、風穴禅師の舌頭から生れ出た江南の春景色は廓庵の『十牛図』（一四七頁参照）でいえば第九「返本還源」の風光を語るものであり、臨済の「四料簡」でいえば、「人境倶不奪」の消息である。ここではものを対象化する主我性そのものがきれいに脱落しており、鷓鴣が啼き花が咲いていることが、そのまま風穴の「私」を構成しているにすぎない。「長えに憶う」のも、私という自同律的な凝固性を払い尽くした透明な「私」。つまりここでは、私が鳥の声を聞き、花を見、江南三月を憶っているのではなく、私といわない私が虚心に鳥啼き、花咲く場所となっている。眼前に展開する鳥啼き、花咲いていること以外に、先験的な自己などはどこにもない。鶺鴒も百花も、そしてそこに立ち会っている自己もみな、みずからがおのずからに現起しつつ、同時にすべてが繋がり合って一体であるという実相を映し出しているにすぎない。

このように自然《じねん》に、自然でもって、自然を語ることは、すなわち自己を脱自的に語ることであり、そこには私ならざる私が無心に、しかも露堂々と現われている。まさに「語黙」「離微」いずれの二辺にも落ちず、みずからがおのずからに言語に開かれた場、それが言詮不及の脱落身心底であり、そうした脱我性においては、事は事であるまま言である。風穴と感応道交した春景色の透脱は、彼の言（道得）においてこそ、現成していることが看過されてはならない。

かくして、天地間の諸法はことごとく実相、すなわち仏の悟り（公案）として現成している。まさに「偏界不曾蔵」。すべては「表から見れば実相と見え、裏から見れば寂相と見える。寂相のなりでかくの如く公明に現成し、現成のなりでみな底が抜けておる。これがまことに万法の私のない、あり目通りのところ[63]」ということだ。この境位からみれば、鳥とか花とか人とかいっても、それらはもとより寂相だから、花は花であることに固着しないし、鳥も人もそれぞれ「有無色空」を超脱している。だから、花は花であるまま鳥に浸透し、鳥は花を転じ、花は人を転じ、人は鳥を転じ、鳥は鳥を転じ、人は人を転じつつ、互いに無限につらなり合い「底が抜けた」法爾としてのこの世界には、常識では考えられないような自由さがある。この諸法透脱共同体においては、花も鳥も人も、あらゆる事象が、己れの存在構造の中に他の一切を残りなく含んでいる。それが「一即一切」「一切即一」の諸法実相の真相である。

第四節　無常仏法

前節までで述べてきたように、『正法眼蔵』全巻を通して道元が一貫して語っていることは、諸法はすべからく実相にほかならないということ、われわれがいまここにこうして存在しているという現象も含め、山川草木、一切衆生のありのままの姿が、もともと公案の現成であり、仏界の荘厳として、そこでは仏法（本証）が普く活いているということである。一輪の梅華が花開くにも尽十方界の尽有の協力が要り、法性の働きとしての衆法の合成が要る。しかし同時に、花をそのような花としてありのままに、つまり実相として洞察しうるには、その洞察するわれ自身もまた、紛れもなく衆法の合成によって起滅する無常なるものであることが徹見されていなければならない。分別意識と自己執着をすっかり離却した脱落身心でなければならない。それによってはじめて、八万四千偈を唱える渓声山色や風穴和尚の眼前に展開する江南の春景色にみるように、固定した吾我から見られていた対象もまた、人間の身心脱落に対応して、本来の面目に立ち帰る。人間の我執や恣意から解放されて、本然の姿に立ち帰り、改めて他の万象と緊密にまた包括的に結び合う、そういう本然性の現前が諸法実相の世界である。大切なのは、先に触れたように、身心脱落において「尽十方世界是一顆明珠」となり、尽法界と吹き通しになり、諸法と実相が互いに蔵身し合って、「一方を証するときは一方はくらし」というごとく、万法が融通無礙に活かし合う「場所」に自己が真に切り開かれることである。

経巻・知識にしたがひて、法性の大道をあきらむるを、みづから法性をあきらむるとす。経巻これ法性なり、自己なり。知識これ法性なり、自己なり。法性これ知識なり、法性これ自己なり。法性自己なるがゆゑに、

外道魔党の邪計せる自己にはあらざるなり。(64)

と、「経巻」（森羅万象）と「知識」（師）と「自己」とが、完全に「法性」に包徹されているここでは、自己はもはやいかなる意味でも、自意識に汚染された自己ではない。それはすべてを含み込んだ全自己であり、形なきいのちともいうべき法性が顕わになり、滲透し、通徹していく法性三昧においてはじめて現成する主体であり、同時に物物生起する場所でもある。ここではもう、法性の外に主体はなく、主体の外に法性はない。しかも、この法性は一顆明珠であり、尽十方世界であり、全自己でもある。このいわば超個と個との関係を「現成公案」の巻は、魚と鳥の比喩で次のように述べている。

うを水をゆくに、ゆけども水のきはなく、鳥そらをとぶに、とぶといへどもそらのきはなし。しかあれども、うをとり、いまだむかしよりみづそらをはなれず、只用大の時は使大なり。要小のときは使小なり。かくのごとくして、頭々に辺際をつくさずといふ事なく、処々に踏翻せずといふことなしといへども、鳥もしそらをいづればたちまちに死す、魚もし水をいづればたちまちに死す。以水為命しりぬべし、以空為命しりぬべし、以鳥為命あり、以魚為命あり。以命為鳥なるべし、以命為魚なるべし。このほかさらに進歩あるべし。修証あり、その寿者命者あること、かくのごとし。

しかあるを、水をきはめ、そらをきはめてのち、水そらをゆかんと擬する鳥魚あらんは、水にもそらにもみちをうべからず、ところをうべからず。このところをうれば、この行李したがひて現成公案す。このみちをうれば、この行李したがひて現成公案なり。このみち、このところ、大にあらず小にあらず、自にあらず他にあらず、さきよりあるにあらず、いま現ずるにあらざるがゆゑにかくのごとくあるなり。(65)

要するに、ここでは超個と個との関係を、本証と妙修との関係として、「うを」と「水」、「鳥」と「そら」の比喩を通して、先の「得一法、通一法」「過一法、修一法」の行持の文脈で語っているにすぎない。さらに、

われを排列しおきて尽界とせり、この頭頭物物を時時なりと覰見すべし。……われを排列してこれをみるなり。自己の時なる道理、それかくのごとし。……要をとりていはば、尽界にあらゆる尽有は、つらなりながら時時なり。有時なるによりて、吾有時なり。(66)

と、超個と個のみならず、永遠と今をつなぐ結節点としても「われ」があるというのだ。つまり、去来（現象）を非去来（実在）につなぐところに「われ」がある。有時を刻々に経歴せしめる中心軸としての「われ」は、生滅流転に生きる現象的主体であると同時に、実在的非時間性（非現象態）を、寂然無相において受けとめる仏性そのものとしての主体でもなければならない。心真如と心生滅を刻々収斂し、また生み出す『大乗起信論』の「一心」あるいは「衆生心」のように。もともとわれわれの経験的現実とは、刹那生滅の世界にあると同時に、常住不変の実在の世界にもあるのだ。だから、このような二重世界の中心軸をなす「われ」は、言うまでもなく、互いに矛盾するこれら二面を具えた「われ」でなければならない。こうした空間と時間とわれとの関係を「全機」巻は次のようにいう。

生といふは、たとえば人のふねにのれるときのごとし。このふねは、われ帆をつかひ、われかぢをとれり、われさをさすといへども、ふねわれをのせて、ふねのほかにわれなし、われふねにのりて、このふねをもふねならしむ。この正当恁麼時を功夫参学すべし。この正当恁麼時は、舟の世界にあらざることなし。天も水

も岸も、みな船の時節となれり。さらに舟にあらざる時節とおなじからず。このゆゑに、生はわが生ぜしむるなり、われをば生のわれならしむるなり。舟にのれるには、身心依正ともに舟の機関なり、尽大地、尽虚空ともに、舟の機関なり、生なるわれ、われなる生、それかくのごとし。(67)

この一節は、われわれを生かしているいのちというものの不思議さにわれわれを直面させる。授かったからこそわれわれはいま生きているのであって、このいのちは、仏性同様、自分のものでありながら自分のものではない。それでいながら同時に、自分が生きようとしなければ、このいのちもいのちたりえないといういのちを生きているのである。そういう風にいのちというものを考えると、舟をめぐるすべてが同じいのちの中にあることがわかる。眼前にある山川草木だけではない。われも舟も岸も、それから今そこに目には見えないながらに存在する一切のものが全宇宙のいのちの中にある。そして、このいのちこそわれわれを終始貫いているダンマそのものにほかならない。道元が「しるべし、自己に無量の法あるなかに、生あり、死あるなり」(68)というのも、このことである。「自己」に閉じないここでは、自己の生も死もなんらの特別な意味をもたないから、執着の対象ともならない。そのとき、時も人間に意味づけられた固定性を脱して融通無礙な動きを始めるのだ。

有事に経歴の功徳あり。いはゆる、今日より明日に経歴す。今日より昨日は経歴す。昨日より今日に経歴す。今日より今日に経歴す。明日より明日に経歴す。(69)

これまで述べてきた仏法世界を時間論と空間論として統合して述べたのが「山水経」の巻である。その諸法実相はたとえばこの巻冒頭の次の一節に凝縮されているといってよい。

而今の山水は、古仏の道現成なり。ともに法位に住して、究尽の功徳を成ぜり。空劫已然の消息なるがゆゑに、而今の活計なり。朕兆未萌の自己なるがゆゑに、現成の透脱なり。(70)

と、ここで「ともに法位に住」する山と川は、紛れもなく普通の山水として現前しているが、同時にそれぞれ「空劫已然の消息なるがゆゑに」、また「朕兆未萌の自己なるがゆゑに」、真如実在の無媒介的発現として、眼前に存在しつつ、尽十方界に「究尽の功徳」を及ぼしているという意味で、素朴実在論的にわれわれが見る山水とはまるで違っている。「而今の山水は、古仏の道現成」であるという。それでは「古仏」とは何か。「古仏心」の巻には、次のような一節がある。「いはゆる古仏は、新古の古に一斉なりといへども、さらに古今を超出せり、古今に正直なり(71)」。とするなら、「而今の山水」も「古仏」ももともと特定性、個別性を超脱した絶対平等性を本源とすることは言うを俟たない。従って、「古仏の道現成」すなわち全自己の経巻として現前している「而今の山水」が、ともに各々の「法位」（存在論的地位）に住しながら、法性に裏打ちされた「尽時」「尽有」として現成しているわけだから、「究尽の功徳を成」じているのも当然である。それを道元はまた「しるべし、解脱にして緊縛なしといへども、諸法住位せり(72)」ともいう。諸法実相としての諸物のあり方を表現したもので、山は山、水は水としての存在位置を占め、現実に山や川として現前しているが、同時にこの山と川は「透脱」を無限に繰り返している（乃能究尽）山と川であるから、本源たる実在（理）を通して相互に相即融入しうる融通無礙な山水である。

道元は、山の究尽の功徳を芙蓉道楷の「青山常運歩」と霊門文偃の「東山水上行」に見る。分別の緊縛から解放された山は生々と歩き、易々と流れる。「古仏の道現成」である山が、「運歩もし休することあらば、仏祖不出現」であることに、なんの不思議もない。水の功徳も同様。「しばらく十方の水を十方にして著眼看すべき時節を参学すべし。人天の水をみるときのみの参学にあらず、水の水をみる参学あり。水の水を修証するがゆゑに、水の水を道著する参究あり[73]。要するに、人間界や天上界の見方に執していては、「水」のありのままの姿は見えてこない（一水四見）ということ。真如実在としての「水」を、尽十方世界是一顆の明珠として見据えるとき、「水」が「水」を参学（究尽）する解脱相が姿を現わす。つまり、「水」みずからが、おのずからにみずからである「水」の「道現成」が明らかになるということだ。而今の水の道現成の真相は、次の一節に究極する。

……しかあれば、仏土のなかに水あるにあらず、水裏に仏土あるにあらず、水の所在、すでに三際にかかはれず、法界にかかはれず。しかもかくのごとくなりといへども、水現成の公案なり。仏祖のいたるところには、水かならずいたる。水のいたるところ、仏祖かならず現成するなり。これによりて、仏祖かならず水を拈じて身心とし、思量とせり[74]。

と、既に「水」と「仏土」とは紛れもなく一如。してみれば、「水」は過・現・未という「三際」にも、またいかなる法界にもかぎられるということはない。つまり、「尽時」「尽有」として、あらゆる時間的、空間的限定を超えているということだ。

ところで、眼前の山水は生滅、常無常、動不動などの一切の二辺相対を超越して、「究尽の功徳」としての空劫已然の面目を現成していることは、これまで述べてきたことから明らかだが、『啓迪』はこの要所を次のように適切に提唱してくれている。

ところがさて、ここが仏法じゃ。仏法は動といえば天地万物みな動く、不動といえば久遠今時微塵も動かぬ。

その不動というのも、凡夫のいう推しつくねた不動ではなく、動というのも消えたものが再び出て来るということではない。もし諸法という時は不動のものは一つもない。またもし実相という時には一箇として移るものはない。それゆえ常に動いてしかも動かぬ、常に不動にしてしかも変る、かくの如く説き、かくの如く認得するのが仏法である。その常に運歩する動ずるというのは刹那生滅のことだ。常に安住して不動というは実相である。昔から山は山、水は水、柳は緑花は紅、凡聖迷悟、栄枯盛衰等少しもふりを変えぬは常安住である。この常安住の姿のままで片時も停まらず――桑田も蒼海となり、不心得のものは地獄に堕ち、悪人と変り、凡夫が賢聖と移りゆくが常運歩である。されば一大法界は非常非無常、本来動静に与からざるものだ。

さて、この動静を離れたところに我が立場を置いて、一切に倚りかからずして、即処即処に全生涯を尽してゆく、これが衲僧の行履である。この一切法の超越の面目を知らしめて、即処生涯分に随って足るの行履に任せしめんがために、いま頻りに山の功徳を唱えられる。しかしてこの山とは畢竟尽法界のことである。我れ等が空劫以前の心円地のことである。衲僧の行履じゃ。そこでその功徳は無辺際じゃ。一切動くものは不動、不動にして動である。ゆえに一切法は刹那に生滅するままでしかも三世常住である。この機関を体得して無量劫にも迷わず、安住不動にしてよく万物に応ずる底の大力量を得させようというのが開山のお慈悲である。そこでこれは山水で仏法の全体を拈ぜられる。されば山の諸功徳というのは、すなわち万物の功徳、我れ等真実人体の諸功徳ということになる。もしこの一段で僅かでもこの力量を得れば、まことに無量劫の大安楽じゃ……。この尽界の山水というを認得するがよい。(75)

要は、二相解脱において真如実相が即現するということ。この心境不二の境から発せられた道理はそのまま迷悟や生死一如においても毫も変らない。周知のように、「生死」の巻の冒頭には、夾山善会の「生死のなかに仏あれば生死なし」と定山神英の「生死のなかに仏なければ、生死にまどわず」という生死に関する対称的な言葉が並列されている。仏道の常識では「仏」を固定絶対化しない定山が真理に対して「親」であり、生仏相対をにおわせる夾山が「疎」とされるが、道元は「こころは夾山定山といはれし、ふたりの禅師のことばなり、得道の人のことばなれば、さだめてむなしくまうけじ。生死をはなれんとおもはむ人、まさにこのむねをあきらむべし」と述べて、この二つの言葉を「現成公案」の「悟上得悟」と「迷中又迷」と同様同じコインの表裏とするのだ。岸澤惟安の次の指摘は主として定山の言について述べたものだが、夾山の言が疎外されているわけではない。

これは『行仏威儀』の巻に、「大聖は、生死を心にまかす、生死を身にまかす、生死を道にまかす、生死を生死にまかす」とある。心にまかせ、身にまかし、道にまかすと言えば、生死と心と、生死と身と、それから生死と道と、みな二つのものがあるようにきこえる。それが二つあるうちは安心のできるものでない。はやく言うと、極楽往生の念仏をとなえると、極楽往生ができると言えば、極楽が目的となって、念仏はその目的を達するための方法となるのだ。目的を達してしまったら、その方法、手段は要らなくなる。それだから二物が対待するときは安心ができない。それでどうしてもゆきつまると、「生死を生死にまかす」。生死きりで、余物をまじえない。そのときはじめて迷いようがなくなる。そこが安心の場処で、どんづまりのところだ。いま定山禅師が、「生死のなかに仏なければ、生死にまどわず」と言われたのは、つまりこの生死を生死にまかして、生死のみで、仏という杖をつかない。つくべき仏の杖がないのだ。そのときただ生死の一本道があるのみだから、まどいようがない。純一無雑の生死きりだ。(76)

これを道元はまた、「生は来にあらず、生は去にあらず、生は現にあらず、生は成にあらざるなり[77]」ともいうが、生はそれ自体が尽法界である以上、その生は来処も去処もなく、全機現だから去来にわたりようがない。まさに「達磨不来東土、二祖不往西天」であって、生には去来のみならず現成未現成もまたない。死もまた同様だから、そこを「しかあれども生は全機現なり、死は全機現なり」というのである。

いずれにせよ、われわれは刻々を法性の中で生じ、法性の中で滅しているにすぎない。もとより「一切衆生は、無量劫よりこのかた、法性三昧を出でず。長えに法性三昧の中に在り、著衣喫飯、言談祗対、六根運用、一切の施為、尽くこれ法性なり[78]」と馬祖道一もいっているように、われわれの生死去来は一刻、一歩も法性を出ることはない。それは森羅万象もことごとく同様で、それを道元は「しかあれば、開華落葉、これ如是性なり。しかるに愚人おもはくは、法性界に開華落葉あるべからず[79]」という。開華落葉も、栄枯盛衰も、生老病死も残らず法性の中での法性の働きにすぎない。

「仏性」の巻にも、この観点から注目すべき一節がある。「しかあれば草木叢林の無常なる、すなわち仏性なり、人物身心の無常なる、これ仏性なり、国土山河の無常なる、これ仏性なる、これ仏性なるによりてなり[80]」はこれまでの叙述からも、理解に難くはないが、この極点には次の認識がある。

阿耨多羅三藐三菩提、これ仏性なるがゆゑに無常なり、大般涅槃、これ無常なるがゆゑに仏性なり。[81]

普通、神と仏、つまり神性と仏性を混同しているわれわれは、この「無常は仏法なり」には、鬼面人をおどろかす衝激を感じないだろうか。神が、そしてキリストが無常といえるのだろうか。イエスの生死去来はわかる。しかし、万物の創造主たる神が、アッラーが生死無常を免れないとしたら、西洋はその第一原因を喪失してバラバラになってしまうに違いない。むしろ、それこそがニーチェの「神は死んだ」の本当の意味であり、現代のニヒリズムの真の原因といってよいのかも知れない。それにしても、無常仏性こそ、宗教史上他に類例のない実相把握といってよいだろう。

先に、無常を観ずる心（慮知心）によって菩提を求める心が動き出すという趣旨を述べたが、「恁麼」の巻には発心のプロセスが次のように記されている。

恁麼なるに無端に発心するものあり。この心おこるより、向来もてあそぶところをなげすてて、所未聞をきかんとねがひ、所未証を証せんともとむる、ひとへにわたくしの所為にあらず。しるべし、恁麼人なるゆゑにしかあるなり。なにをもてか恁麼人にてありとしる。すなはち恁麼をえんとおもふによりて、恁麼人なりとしるなり。すでに恁麼人の面目あり。いまの恁麼事をうれふべからず。うれふるもこれ恁麼事なるがゆゑに、うれへにあらざるなり。また恁麼事の恁麼あるにも、おどろくべからず。たとひおどろきあやしまるる恁麼ありとも、さらにこれ恁麼なり、おどろくべからずといふ恁麼あるなり。(82)

と、なにか循環論法に巻き込まれた感があるが、この一節の骨子は、菩提心というも、それは「無端」に起ってくるものとしか言いようがなく、そこでの発心、修行、菩提、涅槃などあらゆる活動はすべて是れ「恁麼」の働きにほかならず、恁麼とは何かと求めるのも恁麼の働きとしかいいようがないのだから、驚いても怪しんでも、既に己れが恁麼の中に恁麼人としてあるという事態を受け入れるしかないということなのだ。唐木順三はこの辺の消息について、いみじくも次のようにいう。

慮知心をうながし、菩提を求めようとさせるその「心」は、「ひとへにわたくしの所為にあらず」とされる。私という実体があって、その私が私の心を働かせるのではないというのである。恁麼人の恁麼がそれを促し働かせるというのであろう。我々の心の働きで、なにひとつこの恁麼の働きでないものはない。なにひとつ恁麼の外にあるものはない。恁麼一枚、徹していえば恁麼三昧ということになろう。無常を感じ思はせる心も、この恁麼の働きである。なぜ恁麼が恁麼に働くかといえば、恁麼事をえようと恁麼人が思うからだということになるが、恁麼事も恁麼人も、また恁麼である点で恁麼三昧である。菩提、寂滅、正等覚、すべて恁麼が恁麼三昧に働いている姿をおいてほかにない。恁麼三昧裡においては働きそのものが寂静である。働きをさまたげる働きもまた恁麼であるのだから、恁麼ならぬ何物もない。恁麼の純粋行、無色透明の行為である。(83)

「恁麼」とは、もともと、ありのまま、あるいはそうとしか言いようのない位相を最も深い所で捉えようとして、古来の漢語に道元が新しい命を吹き込んで再生させた言葉だが、他の所で彼が「直趣無上菩提、しばらくこれを恁麼といふ」と言っているように、気がついたら自分がわけもわからず、仏性の中で生死の根源を求めて生きていたという事態を指し示している。

重要なことは、無常を観ずる求道者として、頼りにならないものをすべて捨棄した果てに、「ひとへにわたくしの所為にあらず」という境界に破り出てしまっているということである。「捨聖」と称される一遍の場合もそうだが、『正法眼蔵随聞記』にも放ち捨てるべきものが列記されている、しかし、「捨てる」といっても、「捨てることも捨てる……」と無限に繰り返しても、「捨てる」という意識を構成する主客二相が残ってしまう。一遍の場合は機法一体の称名を究尽して、念仏が念仏し、「吹く風、立つ浪ひとつとして念仏にあらずといふことなし」(84)という境涯に透脱したが、聖道門を歩んできたはずの道元も、その果てに、すべてを仏のはからいに任せるという明澄な風光を最後に現じている。彼が最までこだわった坐禅も、もとより本証に「引転せら」れたものであるから、仏の三昧に己れを托することでしかなかったはずである。「生死」の巻には、浄家の言と見紛うような表現が出てくる。

この生死は、すなはち仏の御いのちなり、これをいとひ捨てんとすれば、すなはち仏の御いのちをうしなはんとするなり。これにとどまりて、生死に著すれば、これも仏の御いのちをうしなふなり。仏のありさまをとどむるなり。いとふことなく、したふことなき、このときはじめて仏のこころにいる。ただし心をもてはかることなかれ、ことばをもていふことなかれ、ただわが身をも心をも、はなちわすれて、仏のいへになげいれて、仏のかたよりおこなはれて、これにしたがひもてゆくとき、ちからをもいれず、こころをも、つひやさずして、生死をはなれ仏となる。たれの人かこころにとどこほるべき。(85)

生死といえば、根本的に打開すべくもない無明という生死の根源的事実にして、主体の自己把握としては迷い以外の何ものでもなく、これを打破して解脱に向うのが発心、修行のプロセスとされているが、道元はここで生死を破る、捨てるという行為も「仏の御いのちをうしなふ」ことだという。むしろ、捨てるべき生死こそ仏の御いのちであり、厭うべき生死の根源態の外には、われわれの菩提もない。生死に即しつつ、生死に堕することもなく仏になるのは、紛れもなくこの生死にほかならないからだ。この生死そのものにこそ、道元は仏性を見出しているが、その生死こそ恁麼人の恁麼事だからである。まさに諸法実相のこの世界では「生死として厭ふべくもなく、涅槃としてねごふべき」ものもない。

〔注〕

（1）唐木順三『無常』（筑摩書房、一九六五、二五九－二六〇頁）
（2）鴨長明『方丈記』日本古典文学大系30（岩波書店、一九五七、四四－四五頁）
（3）吉田兼好『徒然草』同右大系30（八九頁）
（4）唐木順三『中世の文学』（筑摩書房、一九六五、三〇－三一頁）
（5）同右（三九頁）
（6）懐弉編『正法眼蔵随聞記』第四（筑摩書房、一九六三、一五五頁）
（7）道元『正法眼蔵』上「弁道話」（一一頁）。以下『正法眼蔵』からの引用は、日本思想大系『道元』上・下（岩波書店、一九七〇）の頁数を示す。
（8）空海『声字実相義』『弘法大師空海全集』第二巻（筑摩書房、一九八三、一三四頁）
（9）道元、前掲書・下「仏経」（七二－七三頁）
（10）空海『即身成仏義・頌』前掲書（二二五頁）
（11）道元、前掲書・上「弁道話」（一三－一四頁）
（12）道元『永平広録第一』（『道元禅師全集』第三巻、春秋社、一九八八、三五頁）
（13）無門慧開『無門関』（岩波文庫、一九九四、二二頁）
（14）榑林皓堂『道元禅の研究』（禅学研究会、一九六三、一七三頁）
（15）前掲『正法眼蔵随聞記』巻五（一九二頁）
（16）前掲『正法眼蔵』下「三昧王三昧」（二二三頁）
（17）同右・上「弁道話」（二〇頁）
（18）道元『永平初祖学道用心集』（『道元禅師全集』第五巻、一九八八、三七頁）
（19）前掲『正法眼蔵』下「三十七品菩提分法」（一八五頁）
（20）榑林、前掲書（三八頁）
（21）前掲『正法眼蔵』下「洗面」（九四頁）
（22）同右・下「洗浄」（一三一頁）

(23)『景徳伝燈録』巻五、懐譲伝(『大正新脩大蔵経』、五一巻、大蔵出版、一九二四、二四〇頁)
(24)前掲『正法眼蔵』下「洗浄」(一三二頁)
(25)同右・下「家常」(一七三頁)
(26)同右・上「現成公案」(三八－三九頁)
(27)同右・上「弁道話」(一一頁)
(28)同右・上「弁道話」(一七頁)
(29)同右・上「一顆明珠」(一〇二－一〇三頁)
(30)新約聖書「ガラテヤ書」(二・二〇)
(31)道元『正法眼蔵』「生死」(岩波文庫、四、一九九〇、四六八頁)。なおこの巻は日本思想大系版には含まれていない。
(32)一遍「播州法語集」(『一遍上人語録』岩波文庫、一九八五、八五頁)
(33)岸澤惟安『正法眼蔵全講』第三巻(大法輪閣、一九七三、二四八頁)
(34)同右(二四六頁)
(35)西有穆山『正法眼蔵啓迪』上(大法輪閣、一九六五、三五四－三五五頁)
(36)前掲『正法眼蔵』上「一顆明珠」(一〇四頁)
(37)西有、前掲書・上(三五五頁)
(38)前掲『正法眼蔵』上「一顆明珠」(一〇三頁)
(39)西有、前掲書・上(三七九－三八〇頁)
(40)前掲『正法眼蔵』上「渓声山色」(二八九頁)
(41)同右(二九二頁)
(42)玉城康四郎『道元』上(春秋社、一九九六、一四四頁)
(43)前掲『正法眼蔵』下「空華」(一五二頁)
(44)『五燈会元』第十七(前掲『大正新脩大蔵経』七三巻、三五八頁)
(45)前掲『正法眼蔵』上「弁道話」(一一頁)

(46) 同右（一一頁）
(47) 同右・上「現成公案」（三五頁）
(48) 同右（三五頁）
(49) 榑林皓堂『正法眼蔵とは』（大蔵舎、一九九一、一七八―一七九頁）
(50) 前掲『正法眼蔵』下「法性」（八四頁）
(51) 同右・下「諸法実相」（二一五頁）
(52) 同右（二一五頁）
(53) 岸澤、前掲書、第十九巻（五六九頁）
(54) 前掲『正法眼蔵』下「諸法実相」（二一六頁）
(55) 同右（二一六頁）
(56) 同右（二一六頁）
(57) 同右（二一七頁）
(58) 岸澤、前掲書、第十九巻（五八九頁）
(59) 玉城康四郎『現代語訳正法眼蔵4』解説（大蔵出版、一九九三、一〇八頁）
(60) 無門慧開、前掲書、第二十四則（一〇二頁）
(61) 同右（一〇三頁）
(62) 前掲『正法眼蔵』下「諸法実相」（二一九頁）
(63) 西有、前掲書・上（二九二頁）
(64) 前掲『正法眼蔵』下「法性」（八三頁）
(65) 同右・上「現成公案」（三七―三八頁）
(66) 同右・上「有時」（二五七―二五八頁）
(67) 同右・上「全機」（二七六頁）
(68) 同右（二七五頁）
(69) 同右・上「有時」（二五八頁）

(70) 同右・上「山水経」(三三一頁)
(71) 同右・上「古仏心」(一一三頁)
(72) 同右・上「山水経」(三三六頁)
(73) 同右(三三五頁)
(74) 同右(三三七頁)
(75) 西有、前掲書・上(四九三－四九四頁)
(76) 岸澤、前掲書、第二十三巻(六七六頁)
(77) 前掲『正法眼蔵』上「全機」(二七五頁)
(78) 同右・下「法性」(八五頁)
(79) 同右(八六頁)
(80) 同右・上「仏性」(五五頁)
(81) 同右(五五頁)
(82) 同右・上「恁麼」(二二三頁)
(83) 唐木、前掲『無常』(二八七－二八八頁)
(84) 前掲『一遍上人語録』(三四－三五頁)
(85) 前掲『正法眼蔵』四「生死」(四六九頁)

Ⅴ

古典期アテネにおける「墓標なき五十年」

ギリシア古代における葬礼と国家

古山夕城

はじめに

「生と死」の東西文化史という、地域の隔たりおよび時代の隔たりを意識しつつ、人間の生と死の文化を比較して見つめなおす、大胆で意欲的な試みの総合研究の中で、筆者に求められた役割は西洋古代の死生観を歴史的に探求することであった。

冒頭から、このような言い訳めいた文章で話を始めていくことは、まことに心苦しいのであるが、筆者の力量の限界によって、本稿がここで提示しうる内容は、前四八〇－四三〇年頃のアテネにおける私人墓標の不在に関する歴史的事情、というごく限られた部分にしか過ぎない。古代世界における異文化間の葬祭礼観念の比較検討も、ギリシア全般の死生観の変遷についての考察も、古典期の初頭から半世紀ほどアテネという局地的で特定された時期における研究のなかで、ほんのわずかに触れるに留めざるを得なかった。

しかし、このたびの総合研究における研究会と講演に参加し、アテネでの現地調査やヨーロッパ各地の博物館訪問で実物を観察する機会に恵まれたことを通じて、考古学データや図像解釈の方法に向き合いながら、それらを歴史的文脈に置きなおす作業の重要性と、東西文化に共通する人間の根底的な感覚や感情が、どのように政治や社会のあり方の変遷と関連づけて理解されるべきかという課題を充分に認識することができた。

そうした多くの機会と資料とに刺激を受けて、筆者の主たる専門分野であるギリシア古代史において得られた問題意識は、生きている者たちが亡くなった者たちをおくり出した際に残した痕跡から、当時の死に対する社会通念とポリスというギリシア独特の国家とが、歴史の現実の中でどのように係わりあっていたのか、というものであった。本稿は、その問題にアプローチしようとするささやかな試みであり、それをもって「生と死」の東西文化史総合研究への小論としたい。

ここで取り扱う墓標とは、埋葬された地所である墓所の上、ないしはその周囲に立て置かれた標識を指すが、主たる対象は石造の彫刻墓標である。(1)また、実際には、埋葬されていないにもかかわらず、人目につきやすい路傍や丘の上などに設置された墓標も、考察の視野に含んでいる。ただし、表題にあるように、本稿で研究の焦点を当てるアテネの当該時期には、国家によって埋葬される戦没者を除いて、原則として墓標が墓所に立てられることはなかった。

墓標なき時代の墓標を研究対象にすることは、一見、矛盾しているように思われるが、そのことがむしろ墓標の根源的な意味を暗示していることを、以下の論考によって提示したいと思う。議論の性質上、筆者の専門外となる考古学や図像学の成果を援用せねばならない箇所は少なくないが、叙述上の誤謬や事実の誤解があるとすれば、それは言うまでもなく筆者個人の責任である。

また、研究会で意見をいただくことのできた総合研究のメンバーと講演報告者の方々、それにアテネで調査に協力してくださった方々と、研究資料の収集・閲覧の機会を提供してくれた在アテネ英国研究所および米国古典研究所には、記して感謝の意を表したい。

さて、アテネの埋葬慣行を概観すると、前古典期まで特定の墓地や丘の上または路傍などの人目につきやすい場所に墓標を立てることは、少なくとも社会の上層階層の間では一般化していた。それら墓標は、陶器であったり、彫刻作品であったりしたが、いずれにしても、亡くなった故人のことを想う親族や親しい友人が私的個人として立てたものであって、戦場での国家慰霊碑とは異なる墓標であった。

ところが、ペルシア戦争の頃から、それら私人墓標はアテネの墓地からも路傍からも姿を消し、以後およそ半世紀にわたって、墓所に石造りの彫刻墓標が立てられることはなかった。ようやく、ペロポネソス戦争勃発の前四三〇年頃から、再び彫刻墓標が、前古典期の様式とはかなり様相を異にして復活してくる。この間、戦没者に対しては、国葬墓という形で埋葬地が用意され、デモシオン・セーマという立派な墓所モニュメントが存在した。まるで、「黄金の五〇年期」にぴったりと一致するような墓標なき五十年において、アテネの人々がその地域で伝統的に行われていた墓標設置の慣行を放棄し続けたのはなぜであろうか。そして、前五世紀の最終四半期に入って、再度、私人の墓所への墓標設置に積極的な姿勢をとるようになったことにも不可解な点が多い。

当然のことながら、その時期のアテネの人々がみな、戦争で戦士として国家のために殉じたわけではない。女性や老人や未成年者は、戦士となることはできず、もちろん国葬墓に入ることはできなかったのである。また、戦死によらずに亡くなる人も、決してわずかな数ではなかったであろう。本来ならば、そのような人々が亡くなった際に、その墓所に彼らのための墓標があっても不思議ではないであろう。

したがって、墓標を立てて死者を追悼することが、国家に独占されているようなアテネの状況は、異常と言うほかはない。本稿は、この常軌を逸脱した状況をアテネというポリスの歴史的文脈から改めて考察し、ギリシア古代の葬礼と国家の係わり合いにアプローチする視点を模索する試みである。

1　私人墓標の中断

アテネ私人墓において墓標の歴史が一時中断する前五世紀初頭は、アテネの人々がペルシア戦争という異民族の侵攻を経験した時期に相当する。この戦役が、直接、墓標設置の禁止あるいは忌避を招いたと即断すべきではないかもしれないが、その時期以降、国葬墓を除いて、アテネの人々の墓所に墓標が立てられなくなったことは事実である。前五世紀の末まで、墓の数に減少は見られないにもかかわらず、墓所を飾る墓標の数は非常に乏しく、わずかに知られる外国人の事例を除けば、墓標なき墓所が一般的であったと考えざるを得ない。(2)

とりわけ、彫刻墓標の文化がキクラデス諸島や東方ギリシア、あるいはテッサリア地方で発展する前五世紀において、アテネで墓標が姿を消してしまう現象はその特異性を際立たせている。(3) それゆえ、そのような現象が生じてきたペルシア戦争前後の歴史的状況を確認しておくことは、アテネの墓標なき五十年における墓と葬儀に対する態度の関わりや、墓標の機能を考察するにあたっても、決して無駄なことではないであろう。

(1) 墓標なき墓所と墓標の新形式

ペルシア軍の大軍勢が二度にわたってアッティカに侵攻し、田園と中心市の破壊と略奪の限りを尽くしたのは前四八〇－四七九年のことである。ペルシア軍は市街を焼き払っただけでなく、城壁や家屋や神殿など地上に立っていたものをことごとく打ち壊したとヘロドトスは伝えている。墓所に立つ墓標も、この時に手当たり次第に行われたペルシア軍の破壊と略奪を免れることはできなかった。パウサニアスはクセルクセスによって、「僭主殺しハルモディオスとアリストゲイトン」の肖像彫刻が運び去られたと述べているが、墓所に立つ類似の彫刻墓標のなかには、破壊されなくとも同様な運命をたどった墓標もあったであろう。(4)

アテネの人々の側でも、自国領内でのペルシア軍の略奪行為を予測して、事前に自家の墓所に立つ墓標を地中に埋納しておくことで、その被害に遭わないようにした者たちがいたとも推測されよう。前古典期に造られた人物彫刻墓標の代表的作品である「フラシクレイアの像」が、別のクーロス（青年立像）像と向き合って、まったく欠けるところのない完全な状態で発見されており、その発見前に知られていた銘文付の墓碑台座と合致したことから、略奪や破壊を回避するための意図的な埋納の事例と考えられている。この像の埋納については、ペイシストラトスのアテネ帰還を歴史的背景に想定されるようであるが、そのような傾向があったとすれば、ペルシア軍侵攻を前にして、アテネの富裕階層の間に彫刻作品の墓所からの避難や、立派な彫刻墓標設置の差し控えがあったということも充分考えられるであろう。(5)

さらに、ペルシア軍をサラミスの海戦と続くプラタイアの戦いで撃退した後、アテネの無防備な状態を改善すべく、テミストクレスの提案と指揮の下で中心市を囲む城壁が建造されることになる。この城壁建造は、スパルタの反対を押し切って短期日のうちに大急ぎで行われた作業であったため、石材として使えるものは何でも構わず利用された。ツキディディスは、そこには「多数の墓標など別の用途に造形された石材も嵌め込まれている」と、ペルシア軍が打ち壊した墓標や残していった台座などが、無作為に利用されたことを証言している。実際、ケラメイコス遺跡付近のテミストクレス時代の城壁からは、いくつものそれら墓標の一部が出土している。この時の城壁は中心市を取り囲むものであったわけであるから、そのような墓標利用は他の墓域でも同様に行われたに違いない。(6)

以上のように墓標に関連する当時の情況を復元すれば、前五世紀初頭の頃、アテネの墓域はその景観を一変させられたと言えるであろう。ペルシア軍の侵攻直前の時点から徐々に、墓所に立つ彫刻墓標は姿を消し始め、ペルシア軍占領下では墓所の蹂躙によって墓標は破壊されるか持ち去られるかし、ペルシア軍が撤退した後にも墓標は城壁建造の石材として利用し尽くされてしまったのである。アテネの人が好むと好まざるにかかわらず、墓標はこの時期に墓所から姿を消さざるを得なかった。これは墓標なき五十年が始まる外在的要因ではあるけれども、アテネの人々の墓のあり方に対する態度の時代背景として、決して無視するべきではない。

すくなくとも、戦前に墓所を立派な墓標で飾っていた富裕階層は、それまでと同様の墓標の復活を望んだであろう。フラシクレイア像の埋納も、ほんの一時的避難であったはずである。しかし、それはペルシア戦争後になっても再び墓所に返り咲くことなく一九七二年の発掘に至っている。[7] 戦役の後、すぐに墓標を立て直してペルシア軍の荒らした墓所を元通りに修復しようとする思いは、テミストクレスの城壁建造の前に沈黙せざるを得なかった。自分の家の墓所に立っていた墓標や台座が、城壁に無造作に組み込まれていくことを、はたして彼らはどんな気持ちで眺めたのであろうか。

このように考えるならば、ペルシア軍の蛮行への危惧だけが、墓標を設置したくともしにくい気持ちにさせる抑制的圧力として働いたのではないことが想像されるであろう。むしろ戦後の方が、墓標設置に対する抑圧が強くなったと思われる。なぜなら、墓所を犠牲にして完成された城壁は、個々人の墓所のあり方よりもアテネの存亡と安全保障の方が優先されるという国家的意志を、もっとも象徴的に示す建造物であったからである。そこには、私的個人の富の余剰は国家に対する奉仕に用いられるべきだ、とする観念が反映している。[8] したがって、ペルシアに蹂躙された墓所への墓標の復元設置も、富の誇示という側面を持つ限り差し控えるべき行為になったのである。

国家優先のイデオロギーの発現とも言える私人墓標の抑止は、戦没者については国家が全体として弔うとする国葬理念と裏表の関係にあると思われる。この時期に許された墓標モニュメントは、国家のために殉死した戦没者の国葬墓デモシオン・セーマに、合葬表記という形式で設立されたのである。おそらく、その先駆けとなったのは「マラトン戦士の墓」であろう。現在のマラソンにある塚（ソロス）がその墓であるとすると、その異様な特徴は墓標の歴史的観点からも看過すべきではない。[9]

このマラソン・ソロスに関しては、ウィトリィが墓所祭祀と半神祭祀の観点から興味深い論考を発表している。

彼によれば、マラソン・ソロスは次の三つの点で同時代の墓所とは異なる特徴を持っている。すなわち、地中の火葬遺骨を納めたトレイとその周囲のレキュトスの散乱、供物用の「供養溝」の存在、そして盛り土の大型墳丘と多数のステレ（板状墓石）の設置である。これらの特徴はいずれも、前八世紀後半～六世紀初頃の古い葬制に酷似しており、とりわけ副葬品とは別に供物を捧げ置く「供養溝」は、アッティカではすでに前六世紀半ばには消滅しているものであった。

こうした特徴からウィトリィは、前六世紀前半で衰退した墓所祭祀が、マラソン・ソロスによって新たな意味を持って復活してきたとみて、エウパトリダイ（良血氏族）による葬祭礼の隆盛と公的祭祀の欠如の時代から、前六世紀後半以降の新たなる半神祭祀を伴う宗教再編の時期を経て、戦没者を叙事詩の半神と同等に祀る国家的葬祭礼が登場したと論ずる。そして、墓標に関しては前六世紀に入って一般化するクーロス墓標とステレ墓標は、墳丘と火葬と供養溝を基本構成要素とするセーマから、被葬者の記憶を留めるための路傍の墓標であるムネーマへの転換を意味し、マラソン・ソロスは国家が両者を統合した形式であったと述べる。[10]

たしかにマラソン平野の墓は、戦没者たちの遺骸を集めて火葬し、犠牲式を含む葬送儀礼を執り行い、その上に塚を盛って造営された墓と考えられよう。その被葬者たちは、前四九〇年にペルシア軍の上陸を阻む戦いで、戦列を組んだ重装歩兵の戦没者市民であった可能性が高い。後に訪れたパウサニアスは、「その上には戦没者の名前を部族ごとに分けて刻んだ何本かの石碑が立っている」と記述している。[11]

だが、戦地での集団火葬埋葬というやり方は、ギリシアにおける戦場葬の仕方としては珍しいことではない。また、異民族相手の激烈な集団白兵戦による戦死は、遺体の著しい損傷と散逸をもたらし、個別的な埋葬を困難にしたであろう。十年後のプラタイア戦においても、戦地葬儀がポリスごとの集団埋葬として行われている。問題は、マラトン戦士は戦場葬ではあってもアテネ領土内で葬られ、その墓は英霊の眠る国葬墓として毎年の儀礼の場となり、そして何より、その後デモシオン・セーマに立てられたステレと同様に、戦没者は部族ごとの墓標に記名されたことにある。[12]

ケラメイコスにある国葬墓の最初の事例が、馬場氏の指摘するように、パウサニアスの記述を信頼して前四八〇年代前半のアイギナ戦のものであるとすると、デモシオン・セーマの整備はペルシア戦争中に劇的に展開し、国葬墓における集団記名墓標もそれに合わせて、マラソンの墓標をお手本に、部族別墓標として採用されたものと考えられよう。おそらく、そこに合葬される戦没者の慰霊式も、マラソン戦士に対する国家追悼儀礼に倣うかたちで、催されることになったと推測される。その点でマラトン戦士の墓は、全ギリシア的な軍隊葬の慣例に従って現地の人々に追悼供養を委ねたプラタイア戦の戦没者合葬墓とは異なり、後に続くアテネ特有の国葬墓の初源的様式を備えていたのである。[13]

アテネのペルシア戦争前後の時期における墓標の歴史的状況を、以上のような変遷として捉えるならば、ペルシア戦争の経験を契機として、私人墓所における墓標設置の忌避と並行して、国葬墓における墓標形式の形成が急速に進展したことが理解できるであろう。その墓標は、一つの石板に多数の人名が整然と刻まれているという、それまでのアテネの墓所にはまったくありえなかったタイプのステレであった。民主政治の平等主義を体現しているように見えるこの墓標は、個性的でもなければ芸術的でもなく、後にアテネへのデロス同盟拠出金の納入諸国をリストアップした「アテネ貢税表」とよく似た様相を呈していた。[14]

(2)　墓標のアイデンティティ

ところで、供養溝が衰退・消滅していった前六世紀前半に、アテネの墓標には銘文墓標という新たな形式が登場してきていた。それは、墓標スタイルがクーロス墓標であろうとステレ墓標であろうと、墓碑銘文を備えた墓標であり、アテネの富裕階層の間に墓標に対する精神的態度の変化を窺わせる現象であった[15]。

では、銘文の有無は、墓標におけるどのような意味を持つのであろうか。前古典期の墓碑銘文は、被葬者の人となりを韻文形式で表現するエピグラムであることがほとんどであり、生前の武勇や優れた人格、それに美しさを詠っているものが多い。しかしすべての墓碑に通ずる点は、被葬者の人名の明記である。場合によっては、墓の建設者（父親や兄弟など）あるいは墓碑製作者（石工や彫刻家）の名が併記されていることもあるが、もっとも重要な表示は、その墓が誰のものであるのか、という墓所の帰属である。

その意味では銘文は被葬者のID表示と言ってよいであろう。墓碑銘に一般的に見られる「わたしは何某の墓（セーマあるいはムネーマ）である」という定式的文言は、まさに埋葬された（あるいは追悼された）被葬者の記憶を不朽化する役割を果している。形状はいかにあれ、前古典期のアルカイック墓標は、通りすがりの人にさえ彫像や図像と銘文によって被葬者の存在を知らしめ、そこが誰の墓であるかという墓所帰属の記憶を担う媒体であった[16]。

また、国葬墓に立つ記名ステレと前古典期の私人墓標が異なるのは、その墓標自身がそこを墓所であると証言していることである。先の定式的文言は視点を置き換えると、被葬者のID表示ではなく、墓のID表示と読むこともできよう。それが立つ場所が墓所であることの表記とは、すなわち、それがなんであれ（クーロスであれ、ステレであれ、円柱であれ）墓標であることの表示なのである。逆に言えば、それが自ら語らなければ、それは墓標とは認識されない虞《おそれ》があるということでもある。

墓標銘文の背後に隠れているこのような危惧は、現代の考古学者や美術史家にも共有されている。しばしば出土状況の不明なクーロス像やステレをめぐって、それが墓標であったのか、それとも聖所への奉納品であったのかという議論が生じるのは、本体や土台の墓碑銘文なくしては、それらの彫刻作品をそれ自体では墓標であると即座に判定しえないからである。しかし、もともと墓標の中には、被葬者表示や墓標表示の墓碑銘文を備えていない素朴な石や壺、あるいは柱や櫂のような墓標も存在していたはずである。そうした墓標は、墓所のシチュエイションを離れてしまっていては、それを墓標と認識することはもはやできないであろう。[17]

この事実は、墓標の本源的な意味を示唆するように思われる。墓所に立つのが銘文なき墓標である場合、それによって示されるのは、それが誰の墓であるかということではなく、そこが墓所であるということだけであろう。被葬者と墓の帰属は、そこで継起的に執り行われる後日供養や先祖崇拝の中で表明、そして記憶されていたと考えられる。これは被葬者の記憶が儀礼行為によって共有・継承されることを意味する。そのような儀礼行為の文脈の中では、墓標は葬祭礼が行われるべき場所の標しであり、同時に埋葬儀礼と追悼儀礼の焦点として存在していたと考えられるのである。

墓碑銘なき墓標が墓所に立つ場合、葬祭儀礼に参加しない者にとっては、その墓の由来は伝聞によるほかはなく誤解を生むことも間々あったかもしれないが、盛大に葬儀と後日供養の葬祭礼が執り行われている間は、その記憶は親戚縁者の枠を越えて広まっていたであろう。しかし、葬儀と後日供養に制限がかけられることになると、または身内の者たちが何らかの理由で葬祭礼に消極的になると、たとえ墓標があっても、それが誰の墓であるかの記憶が薄れ、さらには、そこが墓所であったことさえ忘却されることにもなりかねないであろう。[18]

したがって逆説的に言えば、銘文によって確固たるＩＤ表示を機能付けられた墓標は、後日供養の葬祭礼が不充分にしか行われなくとも、被葬者と墓の記憶を後世に伝え続けることができるのである。このような機能を持った墓標が墓域で優勢を占めるという状況は、そうしなければ墓の記憶を留められなくなるほどに、この面について葬祭礼の役割が後退している事態を想定させるであろう。それはまさに、葬祭礼と墓標の背反関係ともいうべき状況であり、まさに、墓所における供養溝の衰退と消滅が確認される、前六世紀のアテネにおける、次のような墓標のあり方の変化に窺われる事態であった。
まず、前六世紀アテネの陶製墓標や葬礼用陶器に、被葬者自身のプロテシス（遺体安置）とエクフォラ（出棺）の場面が好んで描かれたことである。[19] この図像は当時の葬祭儀礼そのものを物語る史料とみなされてきた。しかし、その解釈は、墓所における図像としては奇妙なモチーフの選択に留意すれば、むしろ反対の状況を示していると考えられるのである。つまり、実際の葬儀プロセスでは、もはや墓所での埋葬に至るまでに終わっているプロテシスやエクフォラが、墓所での図像に表象されるのは、それらの儀礼に対する強い思いと同時に、図像の中での儀礼の継続を意味する。それらの儀礼はイメージの中でしか、充分に果せなくなってしまったのであり、現実における衰退を裏書きしていると言えよう。
また、墓標形質における陶製から石造彫刻への交代も、前六世紀に徐々に進んでいく現象であった。陶器の墓標は、もともと葬儀や後日供養の際に注がれる灌奠の酒や油を、底部の穴を通じて地下の被葬者に届ける役割を果していた。それは、墓所で葬祭儀礼が執り行われることによって主たる意味を持つ陶器であり、まさにその意味で、儀礼の焦点として墓所に不可欠な構成要素であった。反面、壊れやすい性質上、被葬者の記憶やID表示を長く留めおく役割には向かない墓標であった。こうした違いから、墓標にもとめられる役割が、葬祭儀礼の中心的用具から、被葬者の記憶の記録へと移っていった時代の情況を反映しているのである。近年の研究では、これは墓標の「セーマ」から「ムネーマ」への転換と理解されている。[20]
ソロンの改革の際に定められたという葬儀令も、こうした歴史的文脈に位置づけて考えることができるであろう。伝デモステネス法廷演説「マカルタトス弾劾」に引用されているソロン法に拠れば、葬儀の前半段階にあたるプロテシスとエクフォラに関し、時間と空間と規模に対する抑制が強く働いている（**表1**参照）。プロテシスの期間に哀悼・慟哭できるのは一日だけ（**表1**-①②）、そして屋内だけに限定され（**表1**-①④）、エクフォラは、

表1　伝デモステネス第43番「マカルタトス弾劾」62節のソロンの法

	対象儀礼	規制内容　　（　）は古山の補足
①	プロテシス	亡くなった人は、家の中でプロテシス（遺体安置の儀礼）をなされること。（遺族の）望むやり方で行ってよい。
②	エクフォラ	亡くなった人は、プロテシスを行った翌日の日の出前に、エクフォラ（出棺の儀礼）をされること。
③		エクフォラに際しては、男たちが（遺体の）前を歩き、女たちは後ろを歩くこと。
④		60歳以下の女で、（故人の）いとこの娘までの者以外は、（遺体が）墓へ運ばれる際に、亡くなった人の部屋に入ってはならないし、亡くなった人について行ってもならない。
⑤		（故人の）いとこの娘までの者以外の女は誰も、遺体がエクフォラされた後に、亡くなった人の部屋に入ってはならない。

人々のまだ寝静まっている日の出前に出発しなければならなかった（**表1－②**）。この最後の規定には、その葬送行列は粛々と行わねばならず、墓までの道すがらも、決して号泣・哀嘆を公に表してはならないという抑止を暗示している。(21)

引用されているソロン法は、葬儀の後半部分に当たる墓所における葬祭礼に対する規制を伝えてはいないが、故人の部屋への立ち入りを許される女性の範囲に制限を加える規定から推測すれば（**表1－④**）、墓所での儀式に参加できる人員にも規制が加えられた可能性が高い。プルタルコスの「ソロン伝」では、牛の犠牲の禁止や副葬される服への制限、身体のかきむしり行為や哀悼歌謡の禁止、血縁者以外の号泣や後日供養への参加禁止が伝わっている。こうした法規制は、前六世紀前半の墓所での葬祭礼と後日供養の後退の直接的原因ではないとしても、決して無関係であったとは思われない。(22)

しかしながら、記憶の記録というムネーマの機能が重視されたとはいえ、墓標には葬祭儀礼の焦点というセーマの意味がまったくなくなってしまったわけではない。この時代の墓標の中には、彫刻作品や墓碑銘文による被葬者表示など備えていない石の墓標も、あるいは、ただの壺や柱のごとき墓標も存在していたはずである。それらの素朴な墓標はムネーマ的機能を果しえなかったであろう。そして、このことに関しては、アッティカ石造彫刻墓標の代表例である前五三〇年頃のクーロス像に添えられた、次のような墓碑銘文が明白に証言している。

立ち止まり、哀悼せよ、みまかりしクロイソスの墓（セーマ）にて。
前線で戦いしこの人を獰猛なるアレス神が命奪いしなり。[23]

クロイソスのクーロス墓標は、自らを「セーマ」と述べ、道行く者に哀悼を求めているのである。将来の見知らぬ人に哀悼を委託するこの要求についても、葬儀において死者慟哭が充分になされなかった事情を窺わせるが、他面で、その墓標のある場所が哀悼する場所であり、哀悼は像に向かってすることが指示されているのである。[24]それはもはや、犠牲式や灌奠の儀式をともなうような後日供養の儀礼ではないが、追悼の念を声にして示すことは、被葬者に対して重要な意味を持つと観念されていたことが分かる。墓標は、そのような行為をする場所を示すためにも必要であった。ソロンの葬儀令の墓標に関する対応については、キケロが断片的に伝えるに過ぎないが、本稿の関心からすれば、そのわずかな内容も極めて興味深い。[25]

それによれば、墓所については墓荒らしの禁止と墓塚や付属する円柱ないしはヘルマ（装飾記念碑）の毀損・押し倒し・破壊の禁止以外には規定がないという。葬儀に関しては仔細に亙《わた》って逐一規制が設けられているにもかかわらず、墓所に関してはほんのわずかな規定しかないことが、キケロには奇妙に思えたのである。しかしむしろ、そこにははっきりと、墓塚も墓標もここでは制限すべき対象ではなく、護られるべき対象であることが示されている。墓標はソロンにとっても、必要不可欠な存在と認識されているのである。

したがって、前六世紀においては、国家の関心は葬祭儀礼の抑制には向かっていても、墓所や墓標の制限には向いていないと認められよう。少なくとも前五世紀に入るまでは、墓標は被葬者の記憶を留め、墓所の所在を示し、追悼の念を表現する場所の標しとして、墓所にはなくてはならないものであった。

しかし墓標がクーロスになってもステレとなっても、決して永続性と不朽化を完全に保証するものではない現実をアテネの人々は思い知る。ソロンが危惧していたのは、それらの墓標を汚したり破壊したり取り去ったりする行為であったが、そのような恐るべき行為は、すでに見たように、まずは異民族の手によって、次にアテネの人々自身の手によってなされたのである。

(3)　墓所のトポグラフィ

興味深いことに、ペルシア戦争前後の墓所空間における、私的墓標の抑止と公的墓地の形成という状況は、神域における神殿建設の抑止と私的奉納像の増加という状況と、ちょうど公私逆さまの関係にあるように見える。プラタイア戦前のギリシア軍参戦諸国の宣誓によって、ペルシア軍による神をも畏れぬ蛮行を忘れぬため、焼き討ちや蹂躙略奪の被害にあった神域・聖所は再建せず、そのままの状態で維持することが宣言された。アテネでもカリアスの和約が締結される前四五〇年頃まで、アクロポリスの諸神殿の本格的再建は差し控えられていた[26]。

しかし他方で、私人の名で聖所・神域への奉納は目に見えて多くなり、とくにアクロポリスでの私的彫刻奉納の増大は、私人墓所における彫刻墓標の消滅と著しい対照をなしている。スティアーズの指摘するように、これは葬祭間における公と私の出費バランスの反転であり[27]、私的ディスプレイへの出費と関心は葬礼空間から祭礼空間へ、公的建築物への投資は神殿から国葬墓へと、それぞれ移動しているとみなすことができよう。そして、葬礼空間と祭礼空間にそのようなシンメトリカルな現象が表出することは、両者がまったく無縁な存在なのではなく、むしろ表裏一体の関係にあることを示している。

かつてアッティカの国家的統合に際して、統合を促進することに有効だったにしろ、統合に抵抗する地域的結束の拠り所だったにしろ、墓所祭祀が葬礼と祭礼の空間的合一という点において重要な意味を持ったことは疑いがない。その時代においては、両者は重なり合うことが重要であり、葬儀や追悼は祭礼的な意味を持っていた。(28) これはアテネに限られたことはなく、墓所と神殿は隣同士であったり、聖所の境内に墓所が存在したりするような葬礼と祭礼の建造物の混在は、ギリシア世界においては、ごく普通の状況である。また、神話伝説上の人物の墓所が半神廟や建国者記念碑として、特定の宗教儀礼をともなう崇拝と信仰の対象にされていることも、ギリシア各地のポリスで広く見られる現象である。

ただし、シキュオン人によるアラトス埋葬に関するプルタルコスの記述は、墓所と聖所が置き換え可能であることを最もよく伝えているエピソードであるが、そこには葬礼空間に対する一つの禁則が存在したことが触れられている。それは、シキュオンにおいて、城壁内の空間に人を葬ってはならないという昔からの掟と、それに関する迷信が存在したという一節である。(29)

パウサニアスの紀行文を読めば、シキュオン近隣のコリントやアルゴスやメガラにおいては、中心市を囲む城壁内に多数の墓が紹介されており、そのような禁則が働いていたとは思われない。(30) アテネにおいては考古学的調査によって、テミストクレスの城壁建造後、城壁内で埋葬が行われなくなったことが確認されており、市民の城壁内墓所に対する無関心とシキュオンと同様の禁則の存在が議論されている。(31) だがこの事態は単純に、それ以降に城壁内で新規の墓が設けられなくなったことを意味するのではない。

アテネの最も重要な墓域であったケラメイコスは、城壁の建造によって城壁の外側と内側とに分裂させられただけでなく、内側部分にあった墓は破棄され、前五世紀における中心市への人口集中が進む過程で住宅地へと変貌してしまうのである。つまり、ペルシア戦争の後、アテネ中心市街では墓標の消滅どころか、墓所それ自体の消滅とさえ言える事態が進行し、城壁外側の墓所のある景観と城壁内の墓所なき景観とが形作られていったのである。[32]

先に述べた葬祭間における公私の出費バランスの反転を踏まえて、この事態を眺めるならば、前五世紀初頭のアテネでは祭礼空間と葬礼空間の離別が国家の主導によって進められていく姿が見えてくるであろう。城壁内は祭礼のみが許される空間として一元化され、アクロポリスは国家祭儀の焦点として私的彫刻奉納をも集める場所となった。その一方で、城壁外の墓域では私的葬礼と被葬者の記憶のシンボルをなした彫刻墓標がなくなり、ケラメイコスには国家葬礼の焦点として国家の出費でデモシオン・セーマが建造されることになる。

城壁建造によってアテネを内と外に隔絶し、祭礼空間と葬礼空間とに切り離すことは、おそらくテミストクレス個人の意識にはなかったであろう。しかし、墓所と墓標を犠牲にしてまでも城壁建造による国家の安全保障を優先させたことに、彼が政治的リーダーシップを発揮していたことは疑いがない。そのような強い政治的権限によって、葬礼と祭礼の混在をそれぞれの空間に分けて一元化した結果、祭礼空間においてはアテネの守護女神のための国家祭儀が催され、葬礼空間においては戦没者英霊に対する国家葬儀が営まれることになっていった。いずれの空間においても国家が前面に押し出され、個人の存在は殉死や奉納という国家への貢献回路を通じなければ、表現することができなくなったのである。

2　イメージの中の墓標

アテネにおいて私人の墓所に墓標が設置されなくなった時期に、それに相反するように墓標のビジュアル・イメージを頻繁に表出する陶器画のスタイルが確立・発展する。その陶器画の描かれた特異な陶器が白地レキュトスである。白地レキュトスは、もっぱら葬儀の際に展示そして副葬されるために製作された陶器である点で、また、墓参あるいはその準備にかかわる場面の描写を好んでモチーフに採用にしているという点で、さらにはそのような図像モチーフのレキュトスの製作期間が、ほぼ前五世紀第二四半期から前四世紀初頭頃までに限定されるという点でも、本稿の問題関心にとって非常に重要な示唆を与えてくれる史料である。(33)

しかし、当然のことながら、図像に描き出された墓標とは墓標の表象であって、実際の墓標そのものの実体を写実的に表現したものではない。それゆえ、墓標に対する当時のどのような観念がそこに投影されていたのかを読み解く作業は、慎重に行わなくてはならない。本章では、白地レキュトスの陶器画媒体としての特徴と墓標のイコノロジーについての先行研究を参考にしつつ、イメージの中の墓標の意味を考えていきたい。

(1) 墓標画のキャンバスと墓標イメージの類型

まずは、白地レキュトスという陶器自体の面から、その特徴を考えてみよう。レキュトスという陶器スタイルは、すでに前六世紀後半には形式上の発展を遂げ、当初は赤地黒絵式で、その後前六世紀最終四半期には黒字赤絵式の描法でも製作が始まり、副葬にも奉納にも用いられていた。そして前六世紀末頃には白地陶器としてのレキュトスが登場し、白地黒絵式の描法で、前五世紀に入ると輪郭描法で、神話や室内女性のモチーフが描かれていた。(34)

この種の器形に墓標の描写が登場するのは、標準型から派生した二次型レキュトスに、さらに構造上の変更が加えられ、BEL型レキュトスと呼ばれる新しいタイプの陶器が生まれてからのことである。その創始者は前四七〇年代~四六〇年代に活動していた「ベルダムの画家」の工房だと推定されている。それ以降、墓標のある場面は、「墓辺図」と呼びうるような定式的構図として定着し、二次型レキュトスだけでなく標準型レキュトスにも採用され、すでに確立していた「室内女性図」と並んで、この陶器における装飾画の主要モチーフの一つになったのである。(35)

本章で主要な考察対象としている白地レキュトスも、このBEL型レキュトスに他ならない。そしてそれは、載せている図像の特殊性や製作時期以外の点でも、非常に独特な性格を持った陶器である。第一に、その陶器の胴部は二重構造になっており、オリーブ油が納められるのは小さな内側の部分に過ぎず、それ以外の容積は中空になっていて、容器として充分な機能をなしていない（**図1**）。そのような特殊な構造は、オズボーンが指摘しているように、この陶器が油の容れ物としてよりも、胴部表面に施される図像描写のために製作されたことを示すものであろう。(36)

図1　白地レキュトスの中空構造
（コペンハーゲン国立博物館）

第二に、この陶器は白地に図像が描かれるという、表現形式において黒絵式とも赤絵式とも異なる別のジャンルを構成していることである。銀器や石器のイミテーション・カラーともいわれる白地技法は、すでに前六世紀の初期には奉納用陶器に用いられていたが、まず、その世紀の末頃までにはほとんど排他的にレキュトスでの描写技法となり、そして前五世紀始めにはもっぱら奉納用と埋葬用のレキュトスにしか現れなくなる。BEL型レキュトスは、そのうちの後者のみに用いられるべく、さらに特化された葬礼副葬専用陶器であった。[37]

第三に、第一の特徴と真っ向から矛盾する特徴として、輪郭技法や多彩装飾という革新的な描法を駆使して、胴部のほぼ全面に図像が丁寧に描かれているにもかかわらず、[38]その用途の性格上、葬儀が終わる時点でこの陶器は被葬者とともに地中に埋納され、そこに描かれた図像が二度と鑑賞されることはないという事実である。この展示の一回性は、この陶器を製作する陶工、絵付けする陶画家も、承知していたはずである。したがって、永続的に人目にさらされる墓標に比べれば、白地レキュトスの鑑賞者に対するメッセージ効力は時間的・空間的に極めて限定され、ディスプレイ機能の持続性もないに等しい。

第四に、黒絵式レキュトスが広く輸出されたのに対し、白地のレキュトスは東隣りのエウボイア島を除けば、ほとんどアッティカのみでしか出土しない。黒絵式に続いて赤絵式のさまざまなアッティカ陶器が海外市場を席巻していた時期に、この陶器はまったく輸出されないものであった。[39]これは白地レキュトスに体現される新しい技法とモチーフが、アテネ以外の地域では好まれなかった、というより、必要とされなかったことを意味するであろう。すなわち、そのような白地レキュトスの限定的分布状況は、そこに描かれる図像が、この時期のアテネの葬制文化にこそ密接に関わることを示唆しているのである。

以上のような、非常に特異な性格を持った白地レキュトスは、それ故に近年では、古代ギリシア人の死生観を看取しようとする美術史の分野だけでなく、考古学や歴史研究の分野においても、ポリスの政治的・社会的動向にアプローチするための手がかりとして、重視されるようになってきている。

たとえばハンフリーズは、白地レキュトスにおける墓標イメージは富裕者層の墓標シンボルをディスプレイする媒体であった、とする見解を提示している。その見解によれば、人を圧倒するような大型の墓標モニュメントを願望する者たちが、現実では達成できないその願望を描き出した陶器を実際の墓に添えることで、自分たちのステイタスを示そうとした、と考えるのである。実際、白地レキュトスが図像表示の機能に特化していることは上に述べた特徴から明らかであるし、それを墓前に多数並べたことも、レキュトス画自体にそのように墓を飾る場面があることや、複数の個体に同名のカロス・エピグラムの記入が確認されることなどから充分に窺える(40)（図2、図8）。

しかし、白地レキュトスの価格は決して廉価ではなかったであろうが、その利用が富裕者層だけに限られていたことを示す根拠はない。貧困市民層には無理だったとしても、ごく普通の市民であれば、葬儀に際して数点の白地レキュトスを展示し、故人の埋葬に添えたということも十分考えられよう。少なくとも、白地レキュトスのイメージを、富裕者層のみの観念に限定することはできないと思われる。それに、副葬品として地中に埋められる小型の陶器に、現実の墓標のもつディスプレイ機能と同等の効果を求められるかは甚だ疑問である。

図2　室内女性図のカロス碑文
（ベルリン旧博物館）

図像イメージと現実状況のギャップに着目し、そこに死の公的側面と死の民間通念との対称性の構造を洞察するのはモリスである。モリスの見解では、葬儀に参列する者たちは、現実には簡素なステレ（板状墓石）とトゥムルス（墳墓）という二形態の墓によって、死者を英雄的貴族的な過去に結びつけることを忌避しながら、他方、副葬陶器の画像に描くモニュメンタルな墓によって、そのような死者の英雄化イメージを強く好んでいたとし、それを墳墓ディスプレイの民主政的読み替えであったとみる。そして、陶器画における墳墓図像の隆盛によって墳墓シンボルの通俗化・凡庸化が生じると、それはもはやエリート的な表象ではなくなり、現実の墓でもエリート層は墳墓を放棄し別のスタイル＝デモシオン・セーマ的モニュメントであるペリボロス墓を採用したという。(41)

以上のようなモリスの主張は、墓標図像の中に民主政的イデオロギーをみるだけでなく、考古学的データから墓標表象の持つ意味の変遷を再解釈するという点で、歴史的観点を重視する本稿にとって示唆に富むものである。ただし、簡素なステレの登場は前四五〇年頃からであり、しかも当初はまだわずかであって、数的増大を見るのは前四世紀になってからなので、白地レキュトスの墓標画の展開とはやや時期がずれるという問題点がある。(42) それに、白地レキュトスに描かれる墓の図は、極言すればモリスのいう現実に許された二つの墓のタイプと一致しているのである。これらの問題については、墓標イメージの類型として以下で改めて検討することにする。

いずれにしても、白地レキュトスに描かれる墓標からは、墓所における墓標の存在を拒否ないし否定しようとする社会通念は感じられない。そこに墓標が立っていることは自然であって、むしろ望まれていたように見える。しかしこのことを、現実には抑制されていた被葬者の英雄化の思いや、死に対する公的見解と民間通念の対称性に還元するだけで、充分に理解できるとは思われない。なぜならば、レキュトス画に表現される墓標は、それが現れるいわゆる「墓辺図」を注意深く観察すると、決して単なる反実仮想のバーチャルな存在であったのではなく、当時のアテネにおける死の儀礼に対する精神的態度を、ある意味では忠実に反映していると思われるからである。

そこで次に、白地レキュトスに描かれた墓標の形状についての考察に移ろう。この問題については、中山典夫氏の精緻な墓標図像の分類が参考になるであろう。中山氏によれば、白地レキュトスの陶画に描かれる墓標は、構築墓塚と墓碑とに大きく二つに分類され、前者は円形墓標と方形墓標に分けることができ、後者は冠頂飾りの有無によって、そしてその形状および装飾モチーフによってさらに体系的に整理することができるという。[43]

結論として中山氏は、墓標の図像表現には、前四七〇年代頃の初期のレキュトス画家たちから前五世紀末葉の末期の画家たちに至る間に、現実の墓標の模倣的描写から、形態表現の規範化・理想化、そして規範からの逸脱とモニュメント化・デフォルメ化というプロセスの進行が読み取れるという。そして、それがアテネの人々の墓に対する意識を育み、前五世紀最終四半期に始まる浮彫りステレ墓標の復活＝古典期墓標の誕生へとつながったとしている。[44]

以上のような白地レキュトスにおける墓標の体系的整理と形体上の変遷過程を受け入れるならば、レキュトス画家たちはすでに初期の段階から、描くべき墓標の図像モチーフをかなり限定していたのではないかと想像されるであろう。

モリスはレキュトス画を図像と現実のギャップという観点から再解釈するにあたって、そこにはプロテシスの場面や神話的な死の姿がなくなり、大半が墓参あるいは女性の墓参準備の場面になると指摘し、場面モチーフの変化とその特異性については認めている。しかし他方で、トゥムルス墓と簡素なステレ墓に限られる墓所の現実とは対照的に、墓標の図像表現は多様であって、そのことが死の公的側面と民間通念の緊張関係を反映しているとみて、墓標イメージの選択性を問題にしていない。[45]

しかしながら、イメージの中で次第に過多になる装飾や規模の大小、あるいは円形や三角・四角の輪郭形状の種類によって、一見多様に見えるレキュトス画の墓標も、系統立てて整理すれば数種類に収まるばかりか、圧倒的多数は非常にシンプルな柱状ないし細い板状の墓標、すなわち簡素なステレ墓標なのである。それ以外に見られる円形墓標と方形墓標のような形状モチーフは、墓所に立つ石の墓標を表現したというよりも、墳墓・墓塚つまりは墓の構造物そのものを象徴する表現とみなしうるからである。[46]

それ故、レキュトス画の墓に設定される墓標の基本的形状は、非常に限定されていたといっても過言ではない。ここで注目すべきは、アッティカですでに前六世紀の間には衰退していった陶器墓標はともかく、少なくとも前四八〇年頃までは伝統を持ち続け、実際の墓所に立っていたクーロス墓標も浮彫りステレ墓標も、白地レキュトスに描かれ始めた墓標タイプにはまず採用されることはなかったという事実である。これはレキュトス画における人物的彫刻墓標の排除と言い換えることができる。(47)

白地レキュトスに人物彫刻墓標が見られないことは、前古典期アテネのいわゆるアルカイック墓標にみる彫刻墓標の数との対比だけでなく、同時期のキクラデス諸島や東方ギリシアさらにテッサリアで採用され発展していた浮彫り彫刻墓標の展開と比べても、また、前四二〇年代頃からアテネに復活してくるいわゆる古典(墓標における人物彫像への嗜好と比べても、その特異性が際立っている。もちろん、現実に存在したステレ墓標と図像の中のイメージとして描かれる墓標は、必ずしも同一のものである必要はないであろう。(48)

しかし、そうであるなら、むしろそこに込められた意味を探ることが、その時代の死や墓標に対するアテネ独特の心的態度にアプローチする手がかりを与えてくれるのではなかろうか。白地レキュトス自体のアッティカ的地域性を考慮すればなおさらであろう。同時代の他の地域では発展したタイプの墓標が、アテネでも前後の時代においては存在しているのに、なぜ、この時期のアテネには白地レキュトス図像の中においてさえ、現れなくなってしまったのであろうか?

(2) 墓辺図における制限要項

このような人物的彫刻墓標の排除は、レキュトス画の「墓辺図」にしばしば、被葬者ないし故人と思しき人の姿が描かれていることと関わりがあるのかもしれない。「墓辺図」の基本構図は、墓標を中心(胴部の正面中央)

図4　墓標をはさんで向き合う二人の人物
（ベルリン旧博物館）

図3　墓標の前（中？）で腰掛けている女性
（ベルリン旧博物館）

図5　ルトロフォロス・嘆きの人々の行列
（ベルリン旧博物館）

に置いて、その前や傍らに腰掛けたり佇んだりしている一人の人物が描かれるか、あるいは墓の左右に一人ずつ人物が配置されるという構成である（図3、図4）。後者の場合、田中咲子氏が指摘するように、通例、墓の右側にいる人物の方は、被葬者自身ないしはその霊を表現したものと考えられる。前者についても、明らかに墓参に訪れた人物と認められる例よりも、被葬者の姿を描いたと考えられる事例の方が非常に多い。だからこそ、美術史の分野においては、墓辺（＝墓地の周辺空間）を「生と死のあわい」として捉え、「墓辺図」は生者と死者の邂逅の場面と解釈されているのである。[49]

レキュトス画の静態的な構図と図像全体に漂う落ち着いた雰囲気は、神話や祝祭を主たる題材にする黒絵式・赤絵式の陶画の躍動的表現とは対照的で、死にかかわるイメージにふさわしい。墓標は、そうした非日常の空間を象徴するまさに「標し」であると認められよう。[50]

しかし、前古典期の陶器墓標や墓を飾る陶板における葬礼場面（プロテシスやエクフォラ）の図像は、皆無ではないにしても、白地レキュトスにおいては末期になるまではほとんど採用されることはなかった（口絵4、図5）。この点では、前古典期の死者にかかわる陶器図像と古典期のそれとは、まったく対照的である。すなわち、「墓辺図」と呼ばれる陶画には、葬儀で手を挙げて嘆き悲しみの感情をあからさまに示すような人物描写は非常に少ない。白地レキュトスの「墓辺図」の多くは「墓参図」とも呼ばれるように、現世の人間と判断される墓の左側の人物が灌奠や飾り付けのために墓参りに訪れる姿で描かれたものだとみなされ、それ以外の「墓辺図」は、墓標の前に佇む被葬者の姿と解釈されている。[51]

したがってレキュトスの画家たちは、架空の墓標への現実では決してなし得ない（墓標自体がないのだから）灌奠や飾り付けを行わせておきながら、その様な後日供養の儀礼を描写した図像イメージの中でさえ、アテネの人々に慟哭することも号泣することも差し控えさせているのである[52]（図6、図7、図8）。こうした「墓辺図」の特

図7　墓標への灌奠
（アテネ考古学博物館）

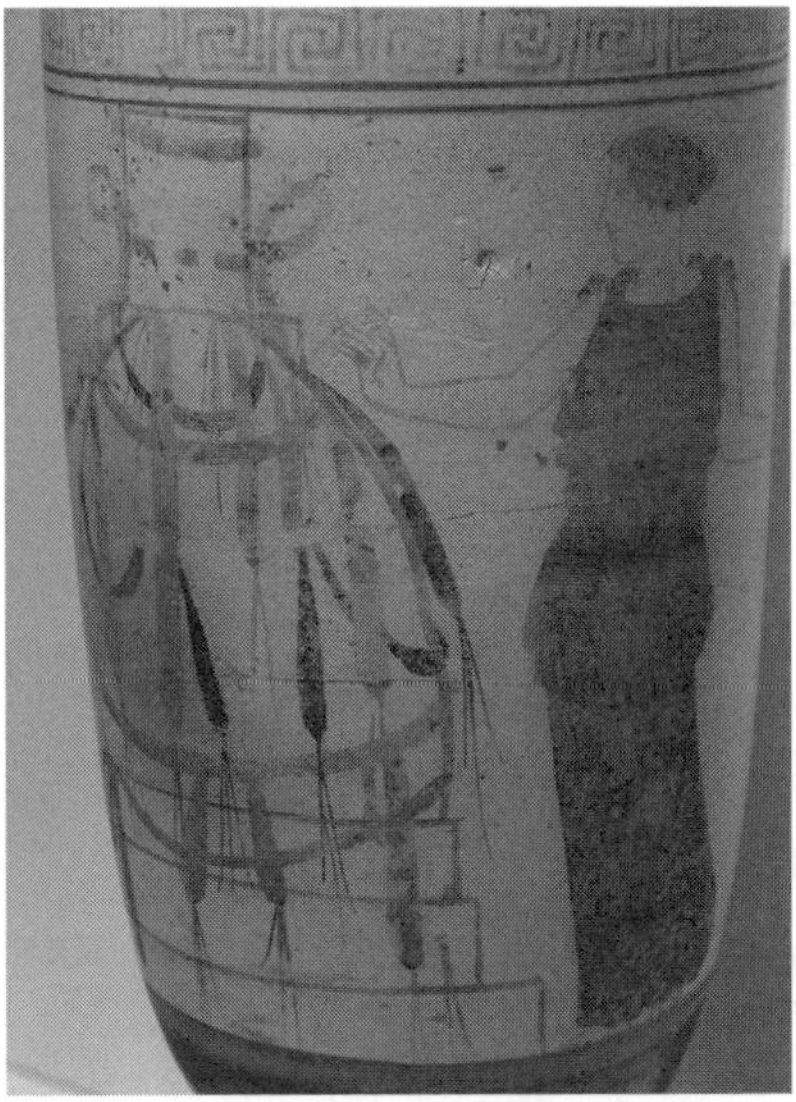

図6　墓標の飾りつけ
（アテネ考古学博物館）

図8　大型レキュトスの慟哭図
（ベルリン旧博物館）

徴の背後には、死者への追悼は極力物静かに行うべきであり、墓の前では取り乱してはならぬという倫理的制約が、レキュトスの画家たちにも表現上の自己規制として働いているように見える。つまりレキュトス画は、この点については現実の世界のモラルを踏襲しているではないかと思われるのである。

実は「墓辺図」からは、もう一つの制限が現実の世界にあったことが分かる。葬儀の際に展示され鑑賞されることでディスプレイの使命が終わるはずの白地レキュトスに、未来の後日供養の場面が先取りされてイメージ化されるのはなぜであろうか。その図が、現実には設置されることのなかった墓標を中心モチーフに置いている以上、後日供養の際に墓標に灌奠の儀礼や飾り紐の結び付けを行うことも、やはり現実にはかなわなかった。とすれば、そこに描かれているのは、かなわぬ現実の代換行為としての墓参場面なのである。したがって、この時期のアテネにおいては墓前での愁嘆号泣どころか、後日供養そのものに対しても、その催行内容に強い制約がかけられていたと考えられる。

もし以上の考察のように、白地レキュトスの副葬品としての図像機能が、当時のアテネにおける後日供養への禁則的制約に由来するものだとすれば、すでに墓標の設置が行われなくなった時期に、かつ、そのような制約が強く働いていた状況の下で、その後も、供養のために墓参する習慣を廃らせず、被葬者の記憶を維持していくことは、残された者たちにとって容易なことではなかったであろう。なぜなら、被葬者の記憶を留めるはずの墓標も後日供養も、陶器画というイメージの中でしか、しかも不十分にしか存在しえず、その図像も埋葬儀礼の後には地中に埋められてしまい、もはや記憶の伝達に役に立たなくなるからである。

ところで、そのような儚い陶器であるにもかかわらず、そこに碑文のある墓標を描くことにこだわった陶画家工房があった。「銘の画家」と呼ばれる前四七五〜四五〇年頃の作品工房である（**口絵5**）。しかし、この陶画家工房の墓標が異彩を放つのは、それ以外のレキュトス画の墓標には墓碑銘文を記す例が存在しないからである。

この事実は、墓碑銘文というムネーマ機能を墓標に持たせることが、レキュトス画の中においてはほとんど意味を失っていることを暗示している。[53]

現実の石の墓標は、たとえ前四世紀に一般化する極めて簡素なステレ墓標であっても、その墓標が据えられた墓が「誰の墓なのか」を碑銘によって明示している。だが、白地レキュトスの墓標には、彫刻表現によっても文字の記録によっても、現実の墓標が果していた被葬者を表示するという機能が欠けているのである。これもまた、レキュトス画の墓標表現における制約なのであろうか。だが、少なくとも図像の中では墓標の存在が必要だと認められている点で、同時代の現実世界の墓標なき状況とは大きく異なると言えるであろう。そこで、前章で考察した墓標の機能についての考察を踏まえて、以下ではレキュトス画が示唆する墓標の意味を考えてみよう。

(3)　儀礼の中の墓標

白地レキュトスに描かれる墓標には、被葬者がかつての姿で墓の前や傍らに登場し、その墓の自分への帰属をしぐさによって示すことがあり、その場合には、それが誰の墓であるのかを碑文や彫刻で墓標に表現する必要はないであろう。たしかに墓参の人物（たいていは女性）と被葬者とが墓標や墓を挟んで向き合う姿は、いわゆる「墓辺図」には最も好まれる構図のひとつである。これは、いわば本人の登場が墓の帰属を示すということであり、墓標と被葬者の関係は逆転している。本人が指し示す墓標はムネーマである必要はない。では、墓標は何のために存在しているのであろうか？

他方で、被葬者の姿を認められない「墓辺図」も少なからず存在し、そのことはより本質的な理解を求めるであろう。白地レキュトスの葬儀・副葬用に特化した機能から考えるならば、白地レキュトスが葬礼に際して埋葬地で陳列されるとき、その図像に描かれている墓標は、それを観るものには実際の被葬者の墓標と同一視されう

図10　渡し守カロン
（アテネ考古学博物館）

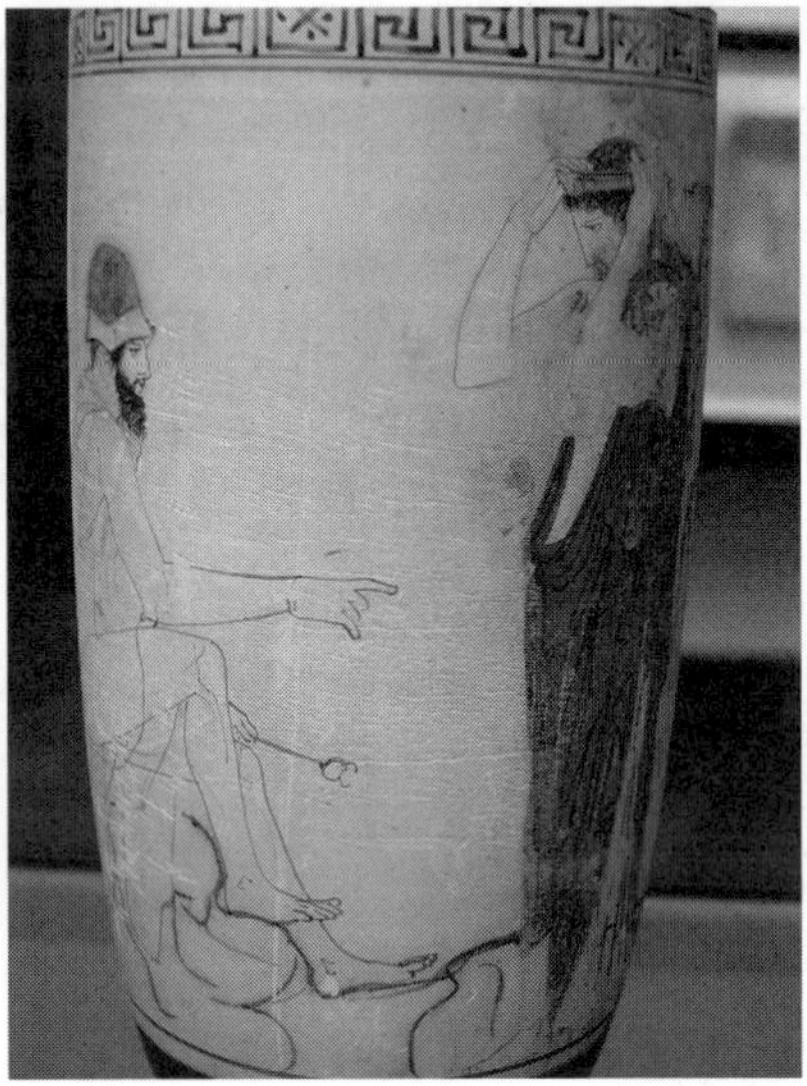

図9　死者を導く神ヘルメス（左）**と死者**（右）
（ミュンヘン古代蒐集館）

ると思われる。その際だけにそう認められれば済むのであれば、その後は現実の墓標のように被葬者を示す必要はない。すなわち、副葬品として地中に埋納され人目に触れることはないレキュトス画の墓標は、地表で常に道行く人に自己主張する現実の墓標とは対照的に、葬礼時のコンテクストを外れてもなお、そこに描かれた墓が誰のものであるのかを、それ自身が語る必要はないのである。

では、レキュトス画に示される墓標の必要性とはなにか。それはまず、美術史の分野で認められているように、死者と生者の邂逅の地点を指標するものとして説明されるであろう。あるいは、現世の者には感知できなくとも、墓標の傍らには故人の霊が常に佇んでいるという観念の表れとしても理解できるであろう。故人の姿は、冥界への導き手であるヘルメスや渡し守のカロンとともに、霊的存在として描かれることも多い[54]（**図9**、**図10**）。

しかし、もう一つ重要な意味が、墓標の存在にはあるように思われる。それは先に述べた、現実には行うことのかなわない、オリーブ油・酒の灌奠や紐の飾り付けという後日供養の対象としての存在意義である。プラタイア戦の戦没者慰霊碑に対する後日供養の内容を伝えるプルタルコス「アリステイデス伝」は、墓標を飾る花輪や注ぎかけるオリーブ油と葡萄酒の壺が青年たちによって運ばれる様子を紹介している。(55)おそらく、アテネの国葬墓においても、同様の後日供養の儀礼は行われたに違いない。そして、アテネの人々はそれを私人墓についても行いたいという願望を、レキュトス画の中で「墓辺図」という形で実現したのであろう。

ここに、墓標の重要な意味が鮮やかに浮かび上がってきている。残された人々（遺族や親しい友人）は、故人のことを偲びつつ、墓標にオリーブ油を塗り葡萄酒を注ぐという儀礼を行いたかったのである。そのためには、たとえ簡素な形状であっても、墓標はなくてはならないものであった。これは、かつて陶器墓標が果たしていた機能に通ずるものである。それは、ムネーマとしての石造彫刻墓標が優勢になった後、意義を減退させられていたセーマとしての機能なのである。

墓の贅沢や盛大な葬儀が制限され、墓所に墓標がなくなった時期に、イメージの中の墓標は、儀礼の中でこそ意味を持つ、本来のセーマとしての機能をとり戻した。これは、墓標が芸術的彫刻作品であることや、高尚な銘文によって語りかけることが排除された結果、露わになった墓標の本源的機能といえるであろう。それ故に、葬送や後日供養の儀礼が、亡くなった被葬者のためだけでなく、遺族や友人などの現世の人たちのためでもあったように、白地レキュトスによって媒介されるイメージは、現世の人たちには地上の葬儀の場で、被葬者にもそれが埋納される地下で、示されたのである。

以上のように、白地レキュトスの墓標画の意味を理解すれば、これまで指摘されてきた墓標画に対する歴史・考古学研究からの見解は、現世の側でのディスプレイ機能の方に偏った解釈であったと批判せざるを得ない。しかしまた、遺族と被葬者との繋がりのみに力点を置く美術史的な図像解釈に対しても、本稿は異を唱えるものである。墓所で行われる儀礼は、深い愛情にもとづく故人との繋がりと同時に、被葬者との決別をもはっきりとさせるために行われ、墓標はそれを具象的に表すものであったと考えられるからである。[56]

葬儀は人生最後の通過儀礼であって、それを経験して冥界へ旅立った者は、霊的存在として来世に住まうべき者であった。その意味では、墓標は故人の葬送のために来世への通路を開く扉でもあるが、同時に来世からの蘇りを防ぐ蓋でもあったと思われるのである。これについては次章において、アテネに墓標が復活してくる前五世紀最終四半期頃の状況を、葬儀令の分析によって復元する試みのなかで議論してみたい。

3 墓標と葬儀令

アテネにおいては前六世紀初のソロンの改革時、前六世紀末か前五世紀初の頃と推定される時期、および前四世紀末のファレロンのデメトリオスの統治下の三度にわたり、葬儀の贅沢を抑制する法令が出されたと考えられている。一方、前五世紀末頃に、アテネ近隣のキオス島イウリスや全ギリシア的聖所デルフィの一フラトリア(朋族団)で、葬送儀礼に関する法令が成立し、エーゲ海北岸の島嶼ポリスであるタソスにおいても、ほぼ同時期に、従来の葬祭礼制度に大きな影響を与えたと考えられる「戦没者国葬に関する法」の制定された可能性が指摘されている。[57]

繰り返し葬儀令を出しているアテネは、各地で相継ぐ葬儀令の導入や刷新のあったこの前五世紀末頃の時期には、むしろ中断していた彫刻墓標の復活やペリボロス・タイプの構築墓の登場を見ており、そうした他地域における動向に無関心で無関係であったのであろうか。それとも、アテネで確認できる墓の贅沢の復活・増長の傾向は全ギリシア的趨勢であって、それが各地で出された葬儀に対する法的規制を引き出す要因になったのであろうか。しかし墓標に関する限り、むしろ前五世紀末頃までの状況が、アテネと他の地域とでは対照的であったことは、すでに第1章の冒頭で触れたとおりである。

そこで本章では、前五世紀最終四半期のアテネに、いわゆる古典墓標が登場してくる歴史的背景を、葬儀令における規定と墓標存在の意味との関わりから論じてみたい。なによりも問題となるのは、この時期のアテネに、他のポリスにおける葬儀令にあたるような、葬儀あるいは埋葬に関する法的規制がなかったのかどうかということであろう。また、その時代に既存の葬儀令に対する認識がどのようなものであったかも、葬儀や埋葬の慣行を知る上で重要となろう。

これらの問題について、まず、キオス島イウリスとデルフィのラビュアダイ・フラトリアの葬送儀礼に関する法令を改めて検討した上で、古典期アテネの葬儀令を引用している前四世紀の法廷演説の分析を通じて、墓標復活の歴史的経緯について考察してみたい。

（1）　イウリスとデルフィの葬儀令

アテネに石の彫刻墓標が復活してくる前五世紀最終四半期の現象は、死者に対する葬儀の贅沢傾向の一面と考えられている。その贅沢傾向を裏付ける史料として、しばしば引き合いに出されるのが、同時期のケオス島イウリスとデルフィのフラトリアであるラビュアダイ族における葬儀抑制令である。しかし、前五世紀末の碑文史料であるケオスおよびデルフィの葬儀令については、墓標という観点から立ち入って分析しておく必要があるように思われる。というのも、いずれの葬儀令も現存部分に見る限り、墓それ自体あるいは墓標の設置に関しては、なんらの制約も考慮していないからである。[58]

まず、ケオス島イウリスの葬儀令の内容を項目別に整理していこう（**表2**）。この葬儀令といわれるものは、幅

表2　ケオス島イウリスの葬儀規定（前5世紀初）

項目順	内　　容　　（ ）内は古山の補足	行
A頭書き	これは亡くなった者たちについてのしきたりである。次のように死者を葬るべきこと。	1 1―2
A―①	白い三枚の厚布、すなわち敷き布、巻き布、掛け布、それよりも少なくてもよいが（そのなかに死者を包むこと）。ただし、その三枚で100ドラクマを超えないこと。	2―6
A―②	くさび形の足の寝台で運び、（死者を）覆うのではなく、全体を何枚かの麻布で隠すこと。	6―8
A―③	墓へは3クースを超えぬほどの葡萄酒と1クースを超えぬほどのオリーブ油を持って行き、その容器は持ち去ること。	8―10
A―④	死者は覆い隠された状態で墓まで運ぶこと。父祖伝来のやり方で埋葬前の供養を行うこと。	10―12
A―⑤	寝台と敷き布は（家の中に）運び込むこと。	13―14
A―⑥	翌日に家を自由人がまず海の水で洗い浄め、その後地面に水を撒いて洗い浄めること。	14―17
A―⑦	浄められた後は、家は清浄であるべきこと、そして家の中で犠牲式を執り行うこと。	17―18
A―⑧	葬儀に行った女たちは男たちよりも先に墓から立ち去ること。	18―20
A―⑨	死者のために30日祭を行ってはならない。	20―21
A―⑩	寝台の下にキュリクスを置いてはならず、墓に水を注いでも、掃除を行ってもならない。	21―23
A―⑪	（死者が）どこで亡くなったにせよ、いつ出棺されるにせよ、（葬儀で）穢れた女たち以外の女たちはその家に行ってはならない。母と妻と女兄弟、そして娘たちが穢れたものとなるべきこと、それらに加えて娘たちは従妹たちの子ら5人を超えぬ女たちまでであり、それ以外は誰も（許されない）。	23―29
A―⑫	穢れた男たちは頭から足先まで流水で身を浄め清浄なるものとなるべきこと、…	29―31

項目順	内　　容　　（　）内は古山の補足	行
B頭書き	評議会と民会の決議。	1—4
B—①	三日目供養と周年忌の供養には、（儀式を）行ったものは清浄なるものとなるべきこと。	5—9
B—②	（そのものたちは）神域に立ち入るべからず。	9—11
B—③	家も清浄にされるべきこと、墓から彼らが戻ってこないうちに。	11—16

広のステレの正面と右側面に刻まれた碑文であるが、左側面には碑文らしきものは確認されていない。そして、スペースの広い正面の碑文Aに「亡くなった者たちについてのしきたり」が記載され、幅の狭い右側面に「評議会と民会の決議」が残っている。したがって、両者は別のまとまりとしてみなさなければならず、碑文Aの「しきたり（nomoi）」は碑文Bの「決議（edoxen）」より先に存在した古き法規であり、碑文Bはそれに対する補足規定の追加決議であると言えよう。[59]

そして、碑文Aの法規は頭書きに続く二行目より、欠損で読めなくなる三十六行にいたるまで、十二の項目がかなり立ち入った内容で記載されており、碑文Bにおいては頭書きの後には三つの項目が読めるだけである。この二つの碑文の記載は葬儀ないし供養の方法を詳しく定め、全体としてネガティブな規定であることは明らかである。そのことから華々しくこれ見よがしな葬儀のあり方を規制する法令であり、裏を返せば、そのような大々的葬儀が行われるようになった社会状況を窺わせるという解釈は妥当なものであろう。

しかし、次にみるデルフィのラビュアダイ・フラトリアの葬儀に関する規定と大きく異なる点は、碑文Aも碑文Bもそれらの規制に違反した場合の罰則規定がなにも記載されていないことである。碑文Bについてはその下の欠損箇所に罰則規定があったと考えるのが自然であるが、碑文Aの場合は、失われたステレ下部に罰則規定があった可能性も否定できないけれども、その内容が事細かに、遺体安置（プロテシス）の規定（A－①～②）、出棺（エクフォラ）のやり方（A－③～⑤）、葬儀後の処置（A－⑥～⑧）、そして三十日目供養の禁止（A－⑨～⑩）、それに参加者に関する規定（A－⑪～⑫）と整理して規定してあるので、それぞれの部分についての違反に対する罰則があってもよさそうなものである。

ここで想起すべきは、碑文Aの「しきたり（nomoi）」と碑文B「決議（edoxen）」の質の違いであろう。すなわち本稿で「しきたり」と訳したnomoiは、なすべき行為としてすでに確立している決まりごとであり、後に合議によって妥協点をとった決議とは異なるものであった。碑文Aによって示されている「しきたり」の違反には、すでによく知られる懲罰が存在し、それについていちいち書き記すことを必要としなかったと考えられる。[60]

ところで、碑文Aが葬儀に関する抑制令であるにしては、副葬品や墓の造営に関する定めが見当たらないことに気付く。副葬品と墓の贅沢が葬儀催行者にとっては最も効果的な富の誇示であったとすれば、その二つについての規制は贅沢抑制を目的とする葬儀令には欠くことのできない項目であったはずである。しかし、それらの規定が碑文の欠損部分に刻まれていた可能性はあるものの、現存状況からイウリスにおける制約は、灌奠容器の持ち帰りを命じる条項（A－③）に窺われる程度でしかなく、とくに墓の造営規模や装飾彫刻墓標に対する規制についてはまったく知ることはできない。

この点に留意しつつ、次に同時期の葬儀令として知られるデルフィのラビュアダイ・フラトリアの場合を検討していこう。なぜならこちらの葬儀抑制令は、「副葬品に関する規定」として発布・施行されているからである（**表3**）。

こちらの葬儀令といわれるものは、四角柱の一面に刻まれた碑文であり、前四〇〇年頃と年代推定されている。しかし、まず注意すべきは、この法規が記載されている四角柱にはラビュアダイ・フラトリアの他の法規が前後にも刻まれていることである。本稿で採り上げる葬儀令はC面の二十行目より、フラトリア長のタゴス職に対する告発手続きに続いて唐突に始まっている。A面とB面にはタゴス職に関連する宣誓や罰則が、D面には祭事暦

表３　デルフィのラビュアダイ朋族の規定

碑文面	内　　容　　（　）内は古山の補足	行
A	タゴス職（朋族長）の就任宣誓	
	タゴス職についての就任と告発に関する朋族の決議	
B	朋族への入会手続き	
	タゴスによる職務規定違反に対する罰則	
C. 1—20	タゴスに対する告発手続き	
C. 20—53	**副葬品に関する規定**	1—20
D	ラビュアダイ朋族の祭事暦	20—53

項目順	内　　容　　（　）内は古山の補足	行
頭書き	これは副葬の品々についての定めである。	20—21
C—①	35ドラクマ以上の価値のあるものを、購入品にせよ家のものにせよ、埋納してはならない。	21—24
C—②	幅広の掛け布は一枚で、灰色であるべきこと。	24—25
C—③	上記いずれかに違反するならば、50ドラクマを支払うべきこと。それ以上のものは墓に埋納しないと、（忌避の誓いを）誓わぬ場合も（同様である）。	26—30
C—④	一枚の敷布を敷き、一つの枕を置くこと。	30—32
C—⑤	遺体は覆い隠して静かに運び、墓に行くまで、どの曲がり角においても降ろしてはならないし、家の外で泣きわめいてもならない。そこ（墓）では、覆いがかぶされるまでに、埋納儀礼があるべきこと。	33—40
C—⑥	先に亡くなった者たちの墓々で、慟哭も号泣もしてはならず、共に住む者たちと父の兄弟および義理の親と孫たち、そして兄弟の配偶者たちを除いて、みな家へ帰るべきこと。	40—47
C—⑦	翌日も、十日目も、周年期にも、慟哭、号泣してはならない。	47—51
C—⑧	上記の記載内容のいずれかに違反するならば、——（欠損）。	51—53

にかかわる条文が記載さていて、それらはC面の途中から始まる葬儀令とは、何も内容上の関連がない。[61]

また、葬儀令自体も頭書きには「副葬品に関する定め」とありながら、実際にはその他にも遺体の墓までの搬送や死者慟哭についての制止が定められているが、プロテシスに関しては何も言及されていない。もちろん、五十四行以下の欠損部分に更なる規定があったかも知れないが、葬儀の進行プロセスに沿えば、最初にプロテシスの規定があってしかるべきであろう。このことは、この葬儀令の狙いともかかわる重要なポイントである。

たしかに、副葬品の価格上限を設定し、遺体に使用する布の数や色を指定する内容は、葬儀の贅沢化を抑制する意図を表している。遺体搬送中や埋葬地での死者慟哭の禁止、後日供養での号泣禁止も、大掛かりな葬儀を戒めているように見える。その点で、この「定め（tethimos）」は、公衆のいる場所での葬儀行動を慎みあるものにするよう指示している。しかし、それはただ贅沢で大掛かりな葬儀を執り行うことを抑制することだけに向けられているのではない。

後半の四つの条項のうちC－⑤・⑥・⑦は、家の外での、あるいは墓場においての愁嘆号泣を禁止するものであり、この法規の主題である副葬品の埋納そのものと直接のかかわりはない。だが、埋納の機会にも行われる、そのような行為を野放しにしておくことは、ラビュアダイにとって由々しき事態を招くと考えられたのである。

死者慟哭の、とくに女性の出す号泣の声は恐ろしい現象を招く危険があった。ホルスト・ウォルハフトは、その声は社会秩序を根底から揺さぶり、この世とあの世の境を壊してしまう効果を持つと考えられたと論じている。[62]慟哭するのは女性に限ったことではないが、古典期においては家族や知人の死に遭遇しても、その悲しみに静かに耐えることが男性市民の立派な振る舞いとされていた。[63]したがってフラトリア長の職に関する規定に続いて、そして副葬品の奢侈禁止令と題された法文の中に、そのような葬儀の一局面に関する規定があえて加えられていることに、この条文の緊急性と重要性が窺われよう。[64]

これに関連して想起されるのは、前五世紀初めに、イオニア反乱でのミレトスの被った壊滅を題材にした悲劇作品が、アテネの市民の間に大きな慟哭を生じさせるとして上演禁止になったというヘロドトスの記述である。[65]それは単に、男性市民が女性のように号泣することをはしたない行為だとして戒めたというよりも、慟哭の声に内在する恐るべき力が国家の秩序を覆す非常に危険な要素であると認識して、その発動を禁止せねばならなかったと見るべきであろう。そのような声は、しかるべき場所でしかるべき時に限って許されるのであって、すでに考察したように、デルフィのフラトリアの場合と同様、古典期アテネの国家もその場所と空間を厳しく統制したのである。

さて、以上のように、二つの葬儀令の性格を踏まえて、これらの法規を墓の造営および墓碑の設置との関わりから考察すると、葬儀令のネガティブな抑制的目的とは別に、ポジティブな意図も浮かび上がってくるように思われる。

このことを示唆するのは、イウリスの葬儀礼にみえる「（死者に用いる布は）三枚よりも少なくてもよい」という文言である（**表2―A―①**）。それは死者のために三枚も布を用意することのできない者たちの存在を前提にしている。そのような者たちを下層市民と同定するならば、イウリスの条文は富裕層に対する制限要項だけでなく、市民の葬儀をつつがなく進めていくインストラクションが散りばめられていると見ることができよう。デルフィのフラトリアでの葬儀令についても同様に、価格と数量の制限はあるが、副葬品を埋納することや、遺体を布で巻くことについて、葬儀の次第が指示されていると言えよう。

イウリスの葬儀令もデルフィの葬儀令も、一般に葬儀の贅沢化を抑制する社会的強制という文脈で解釈されている。しかもこれについては、モリスが考古学的データを裏づけにして、戦争や疫病流行のような特殊で一時的な出来事ではなく、この時期からモニュメンタルな墓の造営が全ギリシア的に隆盛していく精神的傾向を背景として、葬儀令発布の歴史を想定している。[66]

アテネにおけるソロンの葬儀令と、キケロの伝えるいわゆるpost aliquanto法、そしてファレロンのデメトリオスによる葬儀令を時系列的に並べ、その脈絡の中にケオス島とデルフィの碑文史料を位置づけるならば、考古学的データを待たずしても、空白の五十年が終わる頃のアテネにおいても、立派な墓標を備えた大型の墓とこれ見よがしの盛大な葬儀が復活しはじめたと判断されよう。[67]

もしそうであれば、ケオス島のイウリスやデルフィのラビュアダイのフラトリアで法的措置として働いた、贅沢な葬儀に対する国家的ないし社会的抑止の力が、なぜ同時期のアテネでは働かなかったのかということが問題になってくる。

前四三〇年頃のアテネでは、ペリクレスの葬送演説を伝えるツキディデスの記述においては、国葬の葬儀は実にあっさりとしたもので、葬送演説の後には、戦没者に対する哀悼さえ容認されていない。[68] 戦没者以外の死者の埋葬と葬儀については、すでに見てきたように墓標の設置が抑止されたことと、レキュトス画の中でも慟哭表現が避けられてきたことに、国家による葬儀統制の影響がうかがえるであろう。

しかし他方で、この時期には芸術的な彫刻をほどこした石の墓標や、墓所を石垣で囲ったペリボロス墓という豪壮な墓が登場してきていた。[69] このような傾向は、文献史料にも確認できる。たとえば、リュシアスの第三十二番弁論「ディオゲイトン弾劾」に言及される五千ドラクマの墓は、前四〇九年に海外遠征しエフェソスで戦没したディオドトスのために設えられるはずのものであった（実際には半額の二千五百ドラクマしか使われなかったのだが）。この弁論によると彼は出征の時点ですでに、自分のためにそのような贅沢な墓の建立を望んでおり、その額には誇張があるとしても、この事例は個人の墓に巨額の富を用いることが珍しくなってきている時代状況を映し出している。[70]

このことは、葬送に関する国家の方針と私的個人の行動のギャップとして捉えるべきものであろうか。すなわち、アテネの富裕市民層に古い慣習を打ち破る、新たな意識を持った者たちが登場してきたことに帰せられたり、あるいは、葬送の現場にまで及んでいた民主政的イデオロギーが後退し、ポリスの枠組みが崩れてきたことの一側面として理解されたりすべき現象なのであろうか。

しかしながら、おそらくアテネにおいては、本当の問題はそのようなところにはなかったと思われる。以下では、そのことを前四世紀の法廷演説の分析から、前五世紀末の状況を遡及的に考察していくことにする。

（2）　古典期アテネの葬儀令

伝デモステネス第四十三番弁論「マカルタトス弾劾」に引用される、葬送儀礼に関するソロンの法は、前古典期アテネの葬儀の贅沢を規制した法令の一節を伝える貴重な史料と考えられている（前掲**表1**参照）。実際、ローマ時代に下るプルタルコスやキケロの文献の要約的伝承に比べて、この弁論は、少なくとも前四世紀の段階におけるソロンの葬儀令の文言を直接伝えている点で極めて貴重な史料である。そこにはすでに述べたように、プロテシスに関する一項目とエクフォラに関する四項目の規定がみえるが、ここでは、それをソロンの時代の葬礼慣行についての史料としてではなく、弁論に引用された古典期の歴史的文脈の中で捉え直してみたい。

「マカルタトス弾劾」は、ハグニアスなるアテネの資産家が残した遺産をめぐる親族間の相続争いを、当事者の一方の視点から説明しており、墓標設置の背景を考察する本稿にとっても興味深い弁論である。この弁論の話者は、先の裁判で自分の母親が奪われた遺産相続の権利を取り戻すために、母親の血縁関係の正当性と、被告マカルタトスおよびその父親と故人ハグニアスとの血縁関係の遠さを、重要な根拠として提示している。そしてソロンの法は、その主張の文脈の中でデルフィの神託と合せて、葬儀義務のある近親者の血縁範囲を示すために引

用されているのである。(71)

そこではソロンの法は、その文言どおりの内容としてではなく、解釈を裏返して利用されている。すなわち、エクフォラの際およびその後に故人の部屋にはいとこの娘まで以外の女性の立ち入りを禁ずる規制を（表1－④⑤）、「これら（いとこの娘まで）の女性たちに故人のプロテシスに参列し、墓までついて行くようにと命じている」（六十四節）と解釈しなおし、さらにそのように解釈した故人への義務を不動産相続の権利に結びつく近親性へとすり替え、はるか遠縁に当たるマカルタトス側の相続権獲得の不当性を訴えているのである。

つまり弁論の話者は、論旨に都合のよい部分だけを法規の中から切り取って引用し、遺産相続の権利主張の根拠に充てていて、法の本来の意図（葬儀の贅沢抑制）にはまったく顧慮していない。聞き手の陪審員に対し、その点についての懸念を一切感じることなく議論を進めていく話者の姿勢から判断すれば、それはこの弁論が作成された時代（前三七〇－三六五年頃）には、すでに法のもともとの目的はもはや意味を持たないものになっていたからであろう。そして、墓の存在がその土地の所有権に及ぼす効力に関する当時の認識に照らせば、話者の主張は陪審員にとって、充分に説得力をもって訴えかけるものであったであろう。(72)

しかし他方で、ソロンの法をネガティブな排除規定からポジティブな資格規定へと裏返す解釈は、それが弁論の話者（あるいは作者の）個人的発想によるものであったとしても、また、そこに二重三重のレトリックが駆使されているとしても、聞き手であるアテネの市民陪審員の間に、葬送時の故人の世話はごく近親の者たちで（とくに女性たちの手で）行うものだ、という一般的通念があることを前提にしていなければならないはずである。すなわち、それは弁論の話者が遺産相続権の主張の拠り所にすることができるほどの、確固たる「市民の常識」だったのである。

そして何より、葬儀だけでなく後日供養と墓の世話は、市民としての必須の務めであった。アリストテレス

表4　デモステネス第43番「マカルタトス弾劾」57–58節のデーモス（区）での死者取扱法

条項	内　　容　　（　）内は古山の補足
①	区において亡くなった者たちに関し、誰も埋葬のために遺体を回収しないならば、区長は彼らそれぞれが亡くなった日に、遺体回収と埋葬および区の浄めをするよう、身内の者たちに使いをやって通知すること。
②	（亡くなった）奴隷についてはその主人に、自由人については（その人の）財産を管理する者に、知らせること。亡くなった者に資産なき場合は、故人の身内に通知すること。
③	区長が連絡しても、身内の者たちが遺体を回収しない場合は、区長は回収と埋葬と区の浄めを、その日のうちに、できるだけ少額で請け負いに出すこと。もし請け負いに出すことを怠ったならば、1000ドラクマを国庫に負うものとする。
④	区長が使った費用がいくらになろうと、その倍額を（本来）責任を果たすべき者たちから徴収すべきこと。もし徴収しなかったならば、区長本人が区民たちに（その額を）負うものとする。

『アテナイ人の国制』によれば、役人となるための資格審査の際に身元証明の一環として、家族の墓の存在とその所在が問われた。同様の内容をクセノフォンも伝えており、そうした記述は、少なくともこの弁論が作成された時期までには、家族のつながりと市民身分の表明に関して、葬儀と後日供養の催行が非常に重要な意味を持っていたことを明らかにしている。[73]

したがって、この法廷弁論におけるソロンの法は、当時（前四世紀前半）のアテネのコンテクストにおいては、葬儀の贅沢に関してではなく、葬送儀礼は近親間の強い結びつきをもとにして公然と執り行うべきであったこと、を示唆するものとして理解されたとしても、不思議なことではないであろう。すなわち市民にとっては、葬儀を盛大にするか否かが問題なのではなく、誰が執り行ったのかをはっきりと示すことが重要な意味を持つようになっていたのである。

さらに「マカルタトス弾劾」には、葬儀・埋葬に関するもう一つ別のアテネの国法がソロンの法の前に引用されている（五十七・五十八節）。そこでは三つのまったく性格の異なる法が、あたかも一つの法であるかのように抱き合わされているのであるが、中核を占めるのはアテネの行政区デーモスで亡くなった者たちに関する事後処理の取り決めである。[74]

弁論の話者がこの法を引用した意図は、親族が亡くなった者の葬儀・埋葬を速やかに行う義務のあることを示す法規を、ここでも逆手にとって、実際にハグニアスの葬儀を執り行った自分たちだけが彼のしかるべき親族に当たる、という主張の根拠にすることにある。そのレトリックはソロン法の援用の場合とまったく同様であるが、近親者と故人の関係が葬送の権利ではなく、葬送の義務として明確に表現されているところに、こちらの法のソロン法とは異なる時代的特徴がうかがえる。したがって、この法については、弁論の話者の論理を離れて、法文そのものを分析する必要がある（**表4**）。

この法が①・②・③の条項で一貫して主眼としているのは、引き取り手の不明な死体をデーモスから排除し、穢れを浄めて日常的秩序を回復することである。④はそのための費用が区の公費から支出されても仕方がないという、切羽詰った状況を示している。それに対して、葬送に関する抑止的傾向は、この法の文面にはまったく現れていない。むしろ、この法は、亡くなった者の遺体回収や埋葬儀礼の執り行いを忌避している身内の者たちに対し、遺体に対する適切な措置、つまり「死者の受くべき礼」をきちんと果すことを要求している。しかも、さし当たってそれが無理な場合は、公費によって区長に代行させるという、葬儀の催行に対する積極的な姿勢を表明していることに留意しなければならない。

故人もデーモスも複数で表現される文面から察すれば[75]、アッティカの多数のデーモスで亡くなる者たちの数が多くなり、その遺体の回収と埋葬、そして穢れの浄めが大きな社会問題となっている状況が窺えよう。遺体の回収が即日に行われるように厳命していることや（①）、奴隷の遺体回収までもが定められていることが（②）、事態の深刻さを物語っている。

（3）死の穢れと死者への怖れ

デーモスの遺体処理に関する規定は、あちこちの行政区での身元不明の行き倒れが発生していること、また即日回収という緊急性が問題となっていることを示しており、親族が引き取ることを躊躇している状況がうかがえよう。そのような死者とは、単発的な浮浪者の死体というよりも、急激に死者を増大させるような猛威をふるう疫病の犠牲者たちであったのではないかと考えられる。(76)疫病の流行によって葬送に関する社会秩序が崩壊したアテネの悲惨な状況は、ツキディデスのよく伝えるところであり、それがアテネを襲ったのはペロポネソス戦争期であった。とすればその規定は、ソロンの法とは異なり、アテネにおける前五世紀末頃の埋葬に対する社会的態度の一面を映し出す同時代史料として、先の二つの葬儀令を記したイウリスとデルフィの碑文史料とも時代的に重なってこよう。(77)

区長に他人の遺体の埋葬を命ずることまで定めたこの法規は、罰則規定を持つという点で民会決議によって成立した法規であると考えられる。したがって、この法廷弁論が引用しているデーモスの遺体処理に関する法は、法の成立形式としても、デルフィのラビュアダイ朋族の副葬品に関する規定、ならびにケオス島イウリスの葬儀規定との比較検討を許すであろう。そして、その三者を比較することによって、葬儀と墓標に関する別の側面が浮かび上がってくると思われる。

アテネにおけるこの法の規定からうかがえる、死者の埋葬を無視し、遺体への接触・接近さえも忌避するような態度は、さしあたって疫病への感染を怖れてのことだと考えられるが、そのような態度が引き起こす事態は、少なくとも二つの観点から見て、葬礼の社会的機能不全という、いっそう深刻なものになったと想像される。

まず一つは、死の穢れの蔓延という状況である。ギリシア古代において、人の死は穢れの発生をもたらすと考えられた。その穢れに関する観念構造は決して単純なものではないが、死者への接触によって穢れが感染するという認識は、階層を問わず社会に広くいきわたっていた。[78] しかし、死者を埋葬し、葬送儀礼によって来世へ送り出すためには、死者に触れないわけにはいかず、その穢れを引き受ける役割は故人の類縁や親しい知己に、とりわけ近親者に担われていた。

葬儀に参列する者たちは、したがって、多かれ少なかれプロテシスやエクフォラの儀礼を通じて穢れを身に受け、日常の生活に戻るためには穢れを祓う儀礼が必要であった。このことは、ケオス島イウリスの葬儀令（**表2**－A－⑥⑦⑫、B－③）にある通りである。また、デルフィのラビュアダイ朋族の規定にある、エクフォラの途中で曲がり角に棺を降ろすことの禁止（**表3**－C－⑤）も、関係者以外への穢れの伝染防止という文脈から理解することができるであろう。[79]

この穢れの社会全体への蔓延を極力抑止する姿勢という点では、デルフィやケオスの法とアテネのデーモスでの遺体処理に関する法には共通性がある。後者の条文にある浄め条項は疫病対策というよりは、死者を放置したことに起因する穢れの拡散を怖れるが故であろう。そしてその意味では、「マカルタトス弾劾」に引用されるソロンの法における、遺体安置の部屋に入る者を近親者に限る規制（**表1**－④⑤）は、死の穢れが直接の接触だけでなく、人間や物体を通じて間接的にも伝染するものと認識されていることを示している。

弁論の話者のレトリックが拠り所としたのは、この穢れは家族が引き受けるべきとする一般通念であった。したがっておそらく、ソロンの時代も「マカルタトス弾劾」の時代も、穢れ憑きについての認識は大きく変わるものではなかったと思われる。

そうであれば、疫病によってアッティカのあちこちで死者が放置されるような状況は、穢れの多発と直接・間接の接触による穢れの広範な伝染を引き起こす、由々しき事態を生み出したと考えられる。だからこそ行政的措置によって、死者はたとえ奴隷であっても、埋葬費用を立て替えることになっても、急いで（できる限りその日のうちに）遺体を埋葬し、デーモス全体の浄めの儀礼を行わなければならなかったのである（**表4－①②③**）。

こうした空間の穢れという感覚からすれば、墓所も墓標も穢れを帯びた存在であることを免れなかった。プルタルコス「リュクルゴス伝」には、スパルタ人たちの間に墓所では穢れが憑くという迷信を、リュクルゴスは墓所と聖所を意図的に近くに造らせ、墓所の光景を日常的にして慣れさせることで取り除こうとしたことが述べられている。同様な民間信仰は、どのポリスの人々にも多かれ少なかれ存在したであろう。テオフラストス『人さまざま』の「迷信」についての項目の中に、墓標に足を掛けることは、死体や産褥と同様の穢れを生じさせるという観念が紹介されている。[80]

しかし、墓所や墓標は、むしろ穢れの蔓延を防ぐための装置であったと考えられる。死者を地中に埋めることで人目にさらされない状態にし、穢れの発生する空間を限定することに、墓所の一つの意味があった。そして、そこに墓標を立てることは、それが死者の穢れの場所を明示し気付かせることによって、不用意に近付くことを警告し、知らないうちに穢れが付くことを避けるようにさせる意味を持っていたであろう。もし、墓所や墓標に接近ないし接触することで穢れが付いたとしても、それが判っていれば適切な浄めの処置を講じることができた。したがって、埋葬と墓標の設置は、ポリス内に多くの死者が発生した時には、極めて重要な意味を持ったのである。

そうだとすれば、ペルシア戦争後のアテネで私人墓標が無くなることと城壁内で埋葬がなされなくなることは、市内からの穢れの排除という意味を持ったに違いない。シキュオンにも同様な市内埋葬を禁止する法令があったと伝わるが、多くのポリスでは、市内に墓所が設けられることは珍しくなかったし、墓所と聖所は隣接ないし近接していたのである。[81] むしろ、人々を迷信から解放させようとしたスパルタのリュクルゴスの機知に富む手法と比較すると、城壁内から墓所を一掃し穢れの場所を城壁の外へ追いやるというラディカルなやり方は、迷信に突き動かされた民衆的観念によるヒステリックな対応のようにも見えてくる。

さて、葬礼の機能不全によるもう一つの重大な危機は、「不幸な死」を遂げた者たちの亡霊の怒りと妬みがもたらす、社会全体を揺るがす恐るべき災厄である。「不幸な死」とは、未婚のままで女性が亡くなることや、子供のないままに男性が亡くなることなど、人生をまっとうできずに死んでしまうことを意味する。また、戦場での「美しい死」とは対極にあるような、殺害されたり、病で命を落としたりすることも、含まれることがあった。そのような状態や死に方で亡くなった者は魂を慰められず、冥界に落ち着くことができないで現世に対し災厄をもたらすと考えられていた。[82]

そして、亡くなった者をさまよう亡霊にさせないで、冥界の門をくぐらせるためには、人生最後の通過儀礼としての葬礼をきちんと執り行い、現世から送り出すと同時に、霊に冥界の存在となったことを悟らせる必要があった。さらに、後日供養を定期的に行って、この世に残った者たちが故人の霊を敬い、慰撫することも重要な意味を持った。その儀礼を通じて、死者が死者の世界にとどまることを、死者に納得させることになるからである。アンテステリア祭の最終日に口にされる、「祭りはもう終わったから、帰るべきところにお帰り」という決まり文句は、そうした観念を言い表している。[83]

死者の霊は悪しき災難だけをもたらすわけではなかった。しばしば夢に現れて有益な忠告や予言を述べることが語られているし、先祖の霊が現世の家族を守護してくれているという観念もギリシア世界には広く浸透していた。それ故にこそ、亡くなった人を手厚く（たとえ贅沢ではなくとも）弔うことも、その後も忘れずに供養し続けることも、その身内の者たちだけでなく、社会全体にとってもきわめて重要なことであった。[84]

このような死者の霊に対する畏怖と尊崇という相反する気持ちのあり方は、ギリシアの人々が神々に対して抱く念と同様であったと言ってよい。したがって、神々の怒りを鎮めるための儀式や神慮と加護に対する感謝の意を表する奉納は、ちょうど、死者に対する儀礼と副葬に対応するものと考えられよう。おそらく、両者のそうした近似性、あるいはこの世ならぬ存在としての共通性が、聖所にも墓所にもクーロス像や同形の陶器などを捧げるという行動様式の根底にあるのであろう。

したがって、墓所は畏怖と尊崇とが抱き合わさった儀礼を行う特殊な空間として、墓標はそのような空間の存在を明示する標しとして、個々人や家族のためのみならず、社会のためにも必要なものであった。とりわけ墓標は、現世の者が来世の者に尊崇の念を表し、供物を捧げることで働きかける際の具体的な対象として、もはや目に見えず触れることもできない死者の代わりになくてはならないものであった。そして、白地レキュトスの「墓辺図」に描き出される亡き人の姿は、死者の霊の側でも墓標が現世の者たちと交感する目印となっていたと、当時の人々に観想されていたことを示している。

そのように考えるならば、墓所に墓標がないことはアテネの人々にとって、決して好ましい状態ではなかったであろう。だからこそ、せめて副葬品として地中に埋納される白地レキュトスには、墓標のある図像を描いておこうとしたと思われる。それでも、死者が葬儀と埋葬によって、この世からきちんとおくり出されていれば、アンテステリア祭やゲネシア祭のような国家による追悼儀式の祭典を通じて、死者の霊は集団的に慰撫され得た(85)。

しかし、ペロポネソス戦争期の疫病の流行は、たくさんの「不幸な死」をもたらしたばかりか、多くの死者の放置という由々しき事態を生み出したのである。不幸な死者の亡霊の大量発生によって、ポリス全体に危機的な災厄が降りかかってくるという事態は、穢れの蔓延以上に、人々の心に恐怖を感じさせたであろう。これは個々人の埋葬義務の不履行が招いた結果であったが、疫病の流行という非常事態の状況下では、自分たち自身にはどうすることもできない問題であった。

これこそ前五世紀最終四半期の頃のアテネが直面した葬儀に関する社会的危機であり、そこに、国家が積極的に埋葬を行わせる法令を制定した事情があったと思われる。したがって、同時期のデルフィやイウリスとは異なって、アテネにとっては、盛大な葬儀や墓の贅沢を抑制することよりも、無秩序に増え続ける遺体をしかるべく埋葬させるような法的措置を採らなければならなかったのである。

本稿1－(2)で触れたキケロの伝える墓荒らしと墓本体や装飾記念碑の破壊投棄は、いずれも死者の霊を冒瀆する行為であって、その結果として、共同体全体に恐るべき危機を招く許しがたいものであった。葬儀という通過儀礼によって死者をこの世からあの世へ送った墓所は、いわばこの世とあの世の通路の開く接点であり、非日常の異界が現出する特別な空間であった。

女性の死者慟哭が厳しく抑制されるのは、それによってこの世界の秩序が崩れ、あの世への扉を開いてしまう恐れがあるためであるが、「死者の受くべき礼」の重要な構成要素として設置された墓が崩されるときも、あの世界との通路が開き、この世の秩序は崩壊の危機に晒されることになってしまうのである。これを防ぐためにも、墓所と墓標は縁者によってしっかりと守られ、通常三日目、九日目、三十日目、そして毎年の命日に、死者を慰めるためのしかるべき追悼供養の儀礼が必要であった[86]。

死の穢れと死者への怖れという二つの面から、葬礼の社会的機能の回復に対する国家の積極的な介入を理解できるとすると、私人墓における墓標の復活もその面での延長線上に位置づけることができるであろう。ただし、埋葬と葬礼の推進措置は、当時のアテネの市民すべてに、まったく同様な影響を持ったわけではなかった。

「マカルタトス弾劾」で述べられている「先の裁判」の発端となったハグニアスの死は、前三九六年のことと推定されている[87]。彼の埋葬に対する親族のきわめて能動的な態度は、弁論の話者による誇張を含んでいるとしても、デーモスでの遺体処理の法に見える親族の消極的な態度とは、正反対の方向に変わっているように見える。むしろその消極的態度のほうが、疫病の大流行という特殊事情によって、一時的に生じたものにすぎなかったのであろうか。

ここで留意すべきは「マカルタトス弾劾」の当事者たちと、デーモスでの埋葬法が対象とする人々との違いであろう。前者は紛れもなくアテネにおける有数の資産家のメンバーであり、後者の対象は資産家に限られておらず、むしろ多数の資産なき者たちを念頭に置かねばならなかった。おそらく資産家の市民たちは、疫病という要因から死者への接近を躊躇したとしても、「マカルタトス弾劾」の話者が主張するように、葬送儀礼と遺産相続権との密接な繋がりという要因によって、故人を立派な葬儀で壮麗な墓に埋葬してやることに充分な意義を見出し得たはずである。

「マカルタトス弾劾」の原因を作ったハグニアス自身の墓が、どのようなものであったのかをこの弁論から知ることはできないが、「ムネーマ（to mnema）」という表現は、聞き手に墓標の据えられた立派な墓を想起させたに違いない。(88) 実際、この頃のアテネにはすでにペリボロス・タイプの壮観な家族墓が出現していた。そして、再びアテネに登場してきたいわゆる古典墓標の彫刻モチーフにも、故人と近親遺族たちとの強い結びつきが頻繁に表現されたのである。

他方で、資産なき市民にとって故人をきちんとした葬儀を執り行って埋葬してやることは、疫病の流行以前から容易ではなかったであろう。デーモスでの埋葬法にある②の条文は、つづく③の条文に指示がある葬儀の請け負いを考慮すれば、故人が貧しい場合、その親族が金銭的に協力し合って、しかるべき葬儀を行うことを求めているように読める。しかしそのような関係は、疫病の流行という非常事態の中ではたやすく壊れてしまうのではなかろうか。むしろ疫病は、葬儀執行の困難な状況にたいする理由付けにさえなったかもしれない。

いずれにせよ、アテネの前五世紀末の社会状況は、しかるべき親族がしかるべき埋葬を執行することが行政によって推進されねばならないものであった。そして、この時期の死や葬儀に対する態度は、同じアテネの市民の中でも階層によって大きく異なっていたと考えられることを確認しておきたい。

結びに換えて

さて、これまでの本稿の考察から、前五世紀の最終四半期にアテネにおいて私人墓標が復活してきた歴史的状況は、およそ次のように推測されよう。前四三一年のペリクレスによる葬送演説では、いまだ戦没者の私的葬儀に対する国家からの強い抑止規制が窺えるが、ペロポネソス戦争の時期には戦没者だけでなく非戦闘員の死亡が疫病の流行によって急増した。戦争では死者は戦場で発生するが、疫病は死者をアテネの領域内で発生させた。[89]そして、疫病による死者に対する接触の忌避は、放置されたままの遺体の点在という状況をアテネにもたらした。

そのような事態は、疫病の感染源を拡大するという観点からも、死者が発する穢れの蔓延という観点からも、きわめて危機的な問題を生じさせていた。しかしその根本原因は、同時期のアテネの人々が死者に対する非常に消極的で否定的な態度に由来するものであったため、社会の内側から状況を改善する精神態度の変革を期待することはできなかった。そこに国家の強制措置を発動させる必要があったのである。したがって、死者が市民であろうと奴隷であろうと、身元を確認し埋葬を行わせることは、市民としての義務となり、埋葬とともに墓標を立て、その後も墓所での供養を継続して行うことが求められた。

疫病による人的損害は社会の上層・下層、ポリスの市民・非市民を問わず深刻なものであったと思われるが、とりわけ悲壮な現実となったのは、戦列に参加する前の幼児・未成年や参加することのない女性に多くの犠牲を出したことであった。彼らの死を目の前にした親兄弟が、国家によって英霊として祭られる戦没者と同様に、自分たちの子や弟妹を手厚く埋葬してやりたいという思いを募らせたとしても不思議はない。手厚い埋葬はまた、戦場において「美しい死」を遂げた者とは異なり、不幸なまま亡くなった者の亡霊が「死者の受くべき礼」を欠かせたことに怒って祟りをもたらすという民間信仰の観念からも、必要性を認められた。

こうして若くして亡くなった者への家族の哀悼と愛情、そして亡霊に対する畏怖という社会的観念が合わさって、しかるべき埋葬を実行させようとする国家的措置が施行され、葬儀の実施や墓の建立に対する制約は問題とされなくなっていったものと思われる。ただし、その結果を受け止めて実行に移していったのは、考古学的に確認できるような墓標を残すことができた裕福な階層からであっただろう。

そして、墓の存在が土地の帰属に大きく関わることは墓の造営建立に、また葬儀の催行が遺産相続に根拠付けられることは墓標の装飾モチーフに、それぞれ資産階層の強い思い入れを反映させることになった。家族モチーフの墓標で立派な墓を造ることは、埋葬に関するアテネの国家的関心が積極的方向へ移った今、社会的にも広く容認されるものとなった。むしろ、家族の私的墓所を立派に維持していくことは、市民の美徳どころか市民の当然の義務として国家の要請するところとなっていったのである。

以上のように考えるならば、前五世紀最終四半期以降の古典期墓標の登場は、単にアテネにおける新興富裕者層のぜいたく嗜好や、葬儀と築墓に対する国家の無関心に由来するものと評価することはできない。同時期のイウリスやデルフィでの葬儀令に見られる指針と同様に、アテネの国家は葬礼の催行を私人レベルにまで事細かに指導し、実践させようとする積極的な姿勢を強く打ち出していたからである。

国家によるこのような指導をどのように市民の側が受け止めたのかは、古典墓標に採用された主題モチーフがその一端を覗かせている。家族の絆をことさら強調するような群像浮彫り彫刻は、「マカルタトス弾劾」の話者が意図しているような莫大な相続ではないにしても、市民権の基礎とみなされていた不動産所有の継承を暗喩するものであったと思われる。(90)

そして一方では、デモシオン・セーマの縮小版とさえ見えるペリボロス墓の登場と、他方で、増大する簡素なステレ墓標へのデモティコン（在籍区）表記とは、私的個人が市民として死んでいることを公に示す装置として、墓標の国家的イデオロギーを体現していると言えるであろう。その意味でも、アテネのこの時期に国家の葬儀に対する干渉は、いっそう深く浸透していったのである。

＊本稿におけるギリシア語のカタカナ表記は、地名についてはおおむね慣例に従い（アテネ、デルフィなど）、原則として母音の長短を無視したが、若干の語については長音を残した場合もある（クーロス、ムネーマ、セーマ、デーモスなど）。

〔注〕

（1）したがって、遺体や遺灰それに副葬品が埋葬される墓所とその上に記念碑的に立てられる墓標とは、どちらも被葬者の墓地を構成する葬制の物理的構成要素ではあるが、ここでは別個のものとして考察すべきであると思われる。朽木（二〇〇四）五－七頁参照。ギリシアにおいて墓所に墓標を立てる慣習が、どこまでさかのぼるのかは正確にはわからないが、Andronikos, M.（1968）S.115-121によれば、ギリシア文化にそぐわないテッサリアのスフリ・マグーラのメンヒルを別にすれば、レルナの発掘によって *in situ* で発見された簡素なステレが、中期青銅器時代末期の事例として知られる。Cf. Caskey, J.L.（1954）pp.13f, plate 5,c. また、Andronikos, M.（1968）*loc.cit.*は、単一の墓所に異なる種類の複数の墓標が組み合わせて立てられていることもあったとしている。

（2）アテネの私人墓における墓標の中断は、美術史の分野では前五〇〇年頃に始まるとされるが（田中、一九九七）、考古学の分野ではケラミコス遺跡の発掘調査によって、前四八〇年ころまでは彫刻墓標が設置されていたことが確認されている。Cf. Stears, K.（2000）.

（3）前五世紀におけるキクラデス諸島、東方ギリシア、およびテッサリア地方を含む中・北部ギリシアでの彫刻墓標の展開については、Kurtz, D.C. & J. Boardman（1971）pp.220－235; Hiller, H.（1975）S.148－188; 田中（一九九七）九四－一〇〇頁。

（4）　Hdt.VIII, 50－55, IX, 13; Paus. I, 8.5.

（5）　フラシクレイア像と碑文つきの台座については、Jeffery, L.H.（1962）pp.138f; Svenbro, J.（1988）pp.9－12; 馬場（一九八二）一八一頁。

（6）　Thuc.I, 90－93. テミストクレス城壁からの墓標の発見については、Jeffery, L.H.（1962）に詳しい。加えて二〇〇二年にはドイツ考古学協会がケラメイコスの神聖門の下から、ライオンとスフィンクスの像およびイオニア式とドーリス式の柱頭とともに、前六〇〇―五九〇年頃のクーロス（Kerameikos Museum, P1700）を発掘している。

（7）　フラシクレイア像の埋納に関する解釈には、彫像それ自体の埋葬とする見解もあるが、碑文台座との一致がその見解に対する反証となっている。Cf. Svenbro, J.（1988）pp.9－12; 馬場（一九八二）一八一頁。

（8）　この点で、墓所に限らず聖所にも奉納されたクーロスが、彫刻タイプとしてはペルシア戦争を境にギリシア世界から姿を消すことにも留意する必要がある。Cf. Richter, G.M.A.（1970）pp.148-151. この現象を単に彫刻表現の様式的・技術的発展と考えてはならないことを、Quinn, J.C.（2007）は、クーロスとそれに代わって前五世紀末よりアテネに登場してくるヘルメス柱との比較研究によって指摘している。彼女によれば、前七世紀期のギリシア世界で貴族層の間に中流文化の平等主義的観念が進展する中で、それに対抗してエリート主義が強化されることとなり、クーロスは洗練と自制を踏まえた新たなエリート意識を、アテネではほぼもっぱら墓所において、表現する彫刻であった。そして、僭主政期末に出現するヘルメス柱がクーロスとの形態上・利用上の対称性（手足の欠如・不動性・男根の屹立・墓への不利用・アテネ国産）において極度に民主政的な観念を表象すると、貴族主義的イデオロギーの撤退とともに、クーロス像は彫刻の美術的表現様式としても忌避されていくことになったという。ヘルメス柱の民主政的政治性については、Osborne, R.（1985）に詳述されている。なお、クーロスと並んで乙女の像として知られるコレは、墓所よりも聖所の方に好んで奉献されたが、やはり民主政的観念がアテネに席捲し始めるこの時期に姿を消していく。Cf. Richter, G.M.A.（1968）pp.98-111.

（9）　マラソン・ソロスの特異な特徴に関しては、Whitley, J.（1994）pp.215－217. 馬場恵二訳『パウサニアス　ギリシア案内記　上』（岩波文庫、一九九八）解説二七一頁参照。

（10）　Whitley, J.（1994）pp.222－230.

（11） Paus.I, 32.3.（訳文は馬場恵二氏の前掲書より拝借）。マラトン戦士の墓に関しては、Petrakos, B.（1996）pp.18－24が、一八九〇－九一年のスタイスによる発掘の報告から、遺族によって戦没者一人一人が個別に荼毘に付されたこと、ペリデイプノン（葬送の宴）が催されて残飯と破棄陶器を供養溝に埋納したこと、遺灰を一箇所に収集して「マラトンの画家」の黒絵レキュトスを主とする多数の副葬陶器とともに土をかけて墳墓を構築したこと、そして戦没者名を部族ごとに刻んだステレを数枚設置したであろうことを推定している。

（12） プラタイア戦没者の埋葬については、Hdt.IX, 85; Plut.*Aristeid*.21. デモシオン・セーマの部族単位の墓標については、*IG*.I³.Nr.1144 の前四六四年度戦没者リストが確認できる最も早い事例。しかし、Matthaiou, A.P.（2003）pp.194－200に拠れば、前四九〇年のマラソン戦の後、マラソン現地の墓に加えてマラソン戦士のケノタフォス（空墓）が、ケラメイコスからアカデメイアへ続く古代道に建立され、その形状は各部族ごとの戦没者名を記した十枚のステレが、ペルシアとの戦いを伝えるエレゲイア詩の刻まれた長い基壇（*IG*.I³.Nr.503/4）の上に立ち並ぶというものであった可能性がある。部族ごとの埋葬については、Clairmont, Ch.（1981）が考古学調査で発見された部族ごとの遺灰用土坑を報告している。Cf. 馬場恵二氏の前掲書にある Paus.I, 29.4. の記述に対する解説二六一頁。

（13） アテネにおける国葬墓の成立年代については、馬場（一九九五）七二－七三頁を参照。もし、Matthaiou, A.P.（2003）pp.194－200 の主張を受け入れるならば、デモシオン・セーマの先駆けはアカデメイア古代道のマラソン戦士のケノタフォスにまで遡るかもしれない。

（14） デモシオン・セーマに民主政的イデオロギーを認める見解としては、Loraux, N.（1986）pp.23－25; Humphreys, S.C.（1993）p.121; Meyer, E.A.（1993）pp.109f; Whitley, J.（1994）p.230; Osborne, R.（1997）p.27がある。ただし他方で、Patterson, C.（2006）は、古典期のアテネにおいても市民だけが墓を持つわけではない事実を指摘し、「国家墓地としてのデモシオン・セーマ」自体が現代の研究者によって捻出された概念であるとし、それが市民団への所属イデオロギーの指標としてシンボリックな意味を持っていたという見方の再検討を迫っている。

（15） Jeffery, L.H.（1962）; Day, J.W.（1989）.

（16） 被葬者帰属の定式的文言とその派生的形式については、Sourvinou-Inwood, Ch.（1995）によって全ギリシア的に見られる表現形式として整理されている。

（17） アテネ以外の地域では、クーロス像は聖域奉納に用いられる方が一般的である。Cf. Boardman, J.（1978）

pp.18－89; Stewart, A.（1990）pp.43-51. コレ像に関しては、アテネにおいても聖所奉納に用いられる方が圧倒的に多く、碑文によって墓標彫刻であることが確実に判明するコレは、前五五〇－五四〇年頃の（フィルトン？の）娘の墓碑〔*IG*.I^3.Nr.1251=Hansen, P.A.（1983）Nr.18〕、前五四〇年頃のフラシクレイアの墓碑〔IG.I^3. Nr.1261=Hansen, P.A.（1983）Nr.24〕、前五二〇－五〇〇年頃のミュリネの墓碑〔*IG*.I^3. Nr. 1248=Hansen, P.A.（1983）Nr.49〕の三例に過ぎず、そのいずれもがアッティカ地方部の出土である。

（18）墓の忘却はすでにホメロスの作品の中に見られる現象である（*Ilias*.XXIII.326－348）。

（19）前六世紀の陶器墓標にされたルトロフォロスや、灌奠用具であったフォルミコス、および墓所モニュメントを飾る陶板に描かれた死者慟哭については、Boardman, J.（1955）; Shapiro, H.A.（1991）を参照。

（20）墓標陶器の灌奠儀式における役割については、Poulsen, F.（1905）S.19; Boardman, J.（1960）p.144; Andronikos, M.（1968）S. 93-97; Kurtz,D.C. & J.Boardman（1971）pp.57f. キプロスの前十世紀後半頃のアンフォラに、墓標陶器に灌奠を行う場面と思しき陶画が描かれている。Cf. Dikaios, P.（1936-37）p.71.「セーマ」と「ムネーマ」の機能の違い、および前者から後者への移行については、Sourvinou-Inwood, Ch.（1995）pp.140－180. Cf. 田中（二〇〇六）。

（21）［Dem.］43.62.

（22）Plut.*Sol*.21. Cf. Ibid.12（ファイストスの人エピメニデスによるアテネの服喪規定の緩和）。van Wees, H.（1998）は、土器フェイズにおける後期幾何学文期（前八世紀半ば頃）から先アッティカ期（前七世紀半ば頃）を経て初期黒絵式（前六世紀頃）までの陶画とテラコッタに見られる死者慟哭の表現の変化のなかで、身体をかきむしるような激しくあからさまな哀悼はもっぱら女性のするもの、という通念が前古典期後半に形成されていくジェンダーギャップを論じているが、陶器画の表現に前五八〇年以降、かきむしりの描写が見られなくなる現象の歴史的背景に、ソロンの法によるそのような行為の禁止を推定している。ただし、他の地域ではほとんど現れない死者慟哭の描写が、なぜその時期のアテネでは好んでモチーフとされるのか、という問題については考察を加えていない。

（23）*IG*.I^3.Nr.1240.（　）内は古山の補足。

（24）Jeffery, L.H.（1962）pp.143f; Day, J.W.（1989）pp.18f; 馬場（一九九五）五六－五七頁。このクーロス自体は、裸体で左足を半歩踏み出して立っている。クーロス像の典型的なスタイルであり、その容姿から故人の特徴をうかがうことも、戦死の際の武勇を知ることもできず、この像が故人自身の写し絵ではないことを暗示している。Cf. Osborne, R.（1998b）p.26. しかし他方で、アテネの墓標コレの場合は、残存事例は極めて少ないが、自らを「ムネーマ」と表明する銘文を添えている：ミュリネのコレ（Jeffery, L.H.（1962）No.54）；フラシクレイアのコレ（ibid.No.46）。そこには後者の事例のように未婚のまま亡くなった娘であることが換喩的に示されているとしても、奉納コレがしばしば自らを「アガルマ（像）」と呼ぶように、墓所のコレはあくまでも墓標であって、故人の形容を映し出したものではない。なお、コレの像がもつ、クーロスとは異なる意義については、Osborne, R.（1994）を参照。

（25） *Cic.de leg.*2.26.64.

（26） 前四世紀のアテネの政治家リュクルゴスによる法廷演説の一節に、ペルシアに焼き払われた神殿の再建抑止についての宣誓が引用されている（Lyc.*Leocr.*81. Cf. Diod.Sic.IX, 29.2－3; Paus.X, 35.2.）。イソクラテスはイオニア人による宣誓として伝え（Isocr.*Panegyr.*156）、テオポンポスは嫌疑を差し挟んでいるが（*FGrH.*115.F153）、その史実性は認められている。Cf. Balcer, J.M.（1995）pp.283f. プルタルコスのペリクレス伝が伝える、前四四八年にアテネへ召集を呼びかけた全ギリシア会議の議題の一つに、ペルシア軍によって焼き払われた神殿についての事項があるが（Plut.*Per.*17）、これがカリアスの和約を受けての神殿再建の提案であったと思われる（ただし会議は実現しなかった）。Cf. Stadter, Ph.A.（1989）p.205. アテネのアクロポリス諸神殿の再建が行われ始めたのは、前五世紀半ばのいわゆるペリクレスの公共建築プロジェクトによると考えられている（ニケ神殿：前四四八年、パルテノン神殿：前四四七年）。Cf. Brouscaris, M.S.（1978）. 前五世紀の私的彫刻奉納の増大については、Stears, K.（2000）pp.46f. Cf. Raubitshek, A.E.（1949）pp.155－178.

（27） Stears, K.（2000）pp.46f.

（28） 前古典期初におけるアッティカの墓所祭祀の評価については、Morris, I.（1991）pp.156－159; 高橋（二〇〇一）五〇－五五頁を参照。

（29） Plut.*Arat.*53. Cf. Paus.II, 10.4.

（30） 墓所のトポグラフィでアテネと最も対照的であるのは、ペルシア戦争戦没者の合葬墓さえも市内に造営している隣国メガラである（Paus.I, 43.2）.

（31）古典期アテネにおける、市城壁内側での埋葬の忌避および墓地のロケーションについては、Kurtz, D.C. & J. Boardman（1971）pp.92-96, p.396 Map 4を参照。Cf. Morris, I.（1987）pp, 66-68.
（32）城壁建造によるケラメイコスの分断とアテネ城壁内の墓所が放棄されて宅地へと変わっていったことについては、Knigge, U.（1988）pp.35－42.
（33）白地レキュトスの葬礼との関わり、モチーフ、製作期間については、Kurtz, D.C.（1975）pp.131－136; 中山（一九七八）八一－九五頁; Sparkes, B.A.（1991）pp.98－102; 田中（二〇〇五）三四頁。
（34）白地レキュトスの形式発展については、Kurtz, D.C.（1975）pp.77－87; 中山（一九七八）八九－九五頁; Kanowski, M.G.（1983）pp.95－99; Sparkes, B.A.（1991）pp.98－102.
（35）中山（一九七八）九一頁。白地レキュトスに描かれる主要なモチーフは、Osborne, R.（1998a）pp.189－203によれば、およそ次の五つに限られる。「戦士の出陣（別れ）」「室内女性図（下女と淑女）」「冥界への案内（ヘルメスまたはカロン）」「墓の前にいる死者」「墓参り」。このうち主として最後の二つに墓標が登場し、美術史の分野では、合わせて「墓辺図」と呼ばれている。
（36）Ibid. p.189.
（37）白地技法の創始者は、Sparkes, B.A.（1991）p.99によれば、前六世紀最終四半期頃のニコステネスの工房ではないかという。中心的な副葬品となることについては、中山（一九七八）九〇－九一頁。
（38）白地レキュトスにおける輪郭技法と多彩装飾の採用については、中山（一九七八）九二頁; Sparkes, B.A.（1991）p.101; Osborne, R.（1998a）p.190.
（39）Ibid. p.191. エウボイア島での出土に関しては、アテネ入植民の存在を歴史的背景に考えることができるかもしれない。なお、パタン模様の黒絵式レキュトスはアテネ以外の各地でも、副葬品として頻繁に用いられている。Cf. Kurtz, D.C.（1975）pp.138－143.
（40）Humphreys, S.C.（1993）pp.104－106. 複数の白地レキュトスに記載される同一名のカロス・エピグラムについては（ただし「室内女性図」、つまり墓標の登場しない図像に限られるが）、Reilly, J.（1989）pp.432－444のカタログで確認できる。
（41）Morris, I.（1994）pp.78－83. なお彼は、アテネの主要墓地の発掘における出土状況から、白地レキュトスの副葬は狭いエリート層のみに限られてはいなかったと論じている。

(42) 前五世紀半ば頃のアテネにおける簡素な墓標の登場については、Stears, K.（2000）p.51を、前四世紀以降における隆盛とその社会的・政治的意味については、Oliber, G.（2000）pp.65－74; Meyer, E.A.（1993）pp.99－120を参照。

(43) 中山（一九七八、一九七九、一九八〇）。

(44) 中山（一九八〇）一二四－一二七頁。

(45) Morris, I.（1994）pp.78－80.

(46) 中山（一九八〇）一二五頁。「白地レキュトスの上には、墓標として柱状の墓碑が数の上で絶対的な優勢を占めている」。さらに中山（一九七八）九五－一一五頁も参照。

(47) 中山（一九七八）一一七－一一八頁は、従来まで浮彫り彫刻墓標、あるいは墓の中の死者の表現として解釈されてきた「テュムボスの画家」の墓標の前の人物像（**図3**）を、死者の生前の姿の表現として観想的に描かれた図像であると指摘している。

(48) 他地域における人物像彫刻墓標の隆盛については、前掲注3参照。アテネにおける古典墓標の表現については、Kurtz, D.C. & J. Boardman（1971）pp.218－246; Davies, G.（1985）; 山本（一九八五）。

(49) 田中（二〇〇五）四二－四四頁。

(50) Osborne, R.（1998a）pp.190－194.

(51) 中山（一九七八）一一七－一一八頁。

(52) たとえばベルリンのAltes Museum, F2684（**図8**）; ウィーンのKunsthistorisches Museum, IV 3748など、墓前哀悼の情景を描いた白地レキュトスがないわけではない。しかし、これらは図像の主題が珍しいだけでなく、前四一〇年頃に登場する末期の作品であることや、五十～七十㎝と非常に大型のレキュトスであることでも特異な存在であり、副葬品としてではなく、同時期に現れてくる石造レキュトスのように副墓標として地上に設置されて用いられた可能性が高い。Cf. Kurtz, D.C.（1975）pp.68－74; Shapiro, H.A.（1991）; Staatliche Museen zu Berlin（1992）Die Antikensammlung. S.72－73. 他方で、Clairmont, Ch.W.（1983）pp.82fは、大型レキュトスに描かれる墓辺図を国葬墓の場面と解釈するが、現実世界と図像イメージとの関わりを表面的にしか捉えていない。むしろ、白地レキュトスが墓標の構成要素として地表に立つようになることと墓前哀悼のモチーフの採用とは、含意における構造的な連関があると思われる。おそらく、それは地下の死者へのメッセージという意味づけから地上の現世の人々へ向けてのディスプレイという目的への転換に由来するのではなかろうか。なお、墓前での哀悼については、Langridge-Nori, E.（2003）が、黒絵式の白地レキュトスおよびその他の陶器に描かれるスフィンクスに注目して、社会的意味と国家的機能の結合を論じている。また、前古典期の浮彫り墓標にも、死者慟哭を描いた Richter, G.M.A.（1961）Nr.20が一例存在する。

（53）「銘の画家」については、中山（一九七九）五五頁。陶画に描かれている墓標につけられた銘が文字になっていないのは、陶器が既製品として製造されたことや、細密な描写の技術上の限界に帰せられるよりも、むしろ陶画の銘においてさえ、故人の功績顕彰や遺族の哀悼表現を避けるためであったのではなかろうか。

（54）田中（二〇〇五）。Cf. Shapiro, H.A.（1991）.

（55）Plut.*Aristeid.*21. Cf. Garland, R.（2001）pp.104–120.

（56）白地レキュトスのディスプレイ機能については、Osborne, R.（1998a）. 被葬者と遺族との繋がりの表象については、Shapiro, H.A.（1991）; 田中（二〇〇五）。

（57）イウリス、デルフィ、タソスにおける葬送儀礼に関する法令については、Garland, R.（1989）pp.8–13; 高畠（一九八九）九三–九四頁; 馬場（一九九五）三一–四〇頁を参照のこと。

（58）ケオス島のイウリス：*LSCG*, No.97. デルフィのラビュアダイ：*LSCG*, No.77. なお、Low, P.（2003）に拠れば、メガラ、タナグラ、テスピアイなどのアテネ近隣の諸ポリスにおいて、この前五世紀最終四半期の頃に国家による戦没者慰霊碑の建立がなされるようになり、そこには市民だけでなく非市民の名も記録されていることが判明している。アテネのこの時期の葬礼と国家の関係も、こうした周辺事情と時代性の中に位置づけて歴史的に考察しなければならない。

（59）*LSCG*, pp.190f. Cf. Garland, R.（1989）p.12.

（60）nomoi に関しては、Gagarin, M.（1986）pp.53–55.

（61）*LSCG*, pp.155–157. Cf. Buck（1955）, No.52.

（62）Holst-Warhaft, G.（1992）pp.98–126.

（63）前八世紀末以降に見られる死者慟哭における男女差を、主としてアテネの資料をもとに論じている van Wees, H.（1998）は、死者慟哭がもっぱら女性の役割とされたのはギリシア特有の現象だとし、そのジェンダーギャップ展開の歴史的背景をポリスにおける平等主義的観念の発達とみなしている。しかし、死者慟哭の危険性や死者へ向けられた意味、そして古典期における女性の死者慟哭に対する規制については顧慮していない。
（64）*LSCG*, No.77, *ll*.40－47.
（65）Hdt.VI, 21.2. Cf. 馬場（一九八二）六四－六六頁。
（66）Morris, I.（1994）pp.71－76. これに対し Stears, K.（2000）p.53 はモリスの見解をアテネの現象を一般化しすぎると批判し、アテネ独特の精神傾向と法規制を想定すべきとしている。たしかに、国家と埋葬の考察にあたって、モリスが帰納的方法よりも演繹的手法によって議論を進め、具体的事実の評価を軽視するきらいのあることに対しては批判が寄せられている。Cf. Papadopoulos, J.K.（1993）; Patterson, C.（2006）.
（67）葬儀令の順序と歴史的蓋然性については、おおむね認められている。議論の多い post aliquanto 法の年代については、前五三〇年頃の墓所や墓標の変化に関連付ける見解、前五〇九年のクレイステネスの改革による成立を主張する説、前四八〇年頃にまで引き下げて私人墓標の消滅に結び付ける見方がある。Cf. 高畠（一九八九）八六頁; Garland, R.（2001）pp.124－127. ただし近年の研究は、この法を直接の契機として墓制に変化が生じたと考えるのではなく、葬儀令も、その背後にある死や葬儀に対する社会的態度や、政治的イデオロギーの変化などの一環として文化史的観点から理解しようとする方向性にある。Cf. Morris, I.（1994）; 馬場（一九九五）; Osborne, R.（1997）.
（68）Thuc.II, 34,46. Cf. 馬場（一九九五）三六－三八頁。
（69）古典墓標の出現については、前四三〇年頃とするのが大方の見方であるが、Stears,K.（2000）は簡素なステレ墓標はすでに前四四〇年代から存在しているとして、墓標表現への積極的傾向再開の年代を引き上げる。しかし、簡素ステレが一般化するのは前五世紀末頃であるし、古典墓標の開始を前五世紀半ばに置くにはそれを裏付ける事例が少なすぎる。ペリボロス墓の登場に関しては、Garland, R.（1989）; Humphreys, S.C.（1993）.
（70）Lys.32.21.（ビュデ版に付せられたジェルネの解説）。ディオドトスの戦没年については、Davies, J.K.（1971）No.3885, pp.151f を参照。Cf. 馬場（一九九五）八九頁。なお、Oliver, G.（2000）は、前四世紀における墓の造営価格についての関連データを分析し、贅沢な墓が造成される一方で、廉価な簡素なステレ墓標が一般化したことを明らかにしている。それによるとステレ墓標への記名碑文だけであれば、二十〜四十ドラクマ程度で済んだようである。
(71)［Dem.］43.64.（ビュデ版のジェルネの解説）。ハグニアスの経歴と家系については、Davies, J.K.（1971）No.2921, pp.77－89を参照。
(72) Burford, A.（1993）pp.97f. サラミス島領有権の根拠としてソロンが挙げるのが、そこで行われている埋葬の方式（被葬者のオリエンテーションと単葬）であることにも注意（Plut.*Sol*.10）.
(73) Arist.*AP*.55.3; Xen.*Mem*.2.2.13. クセノフォンの『メモラビリア』の完成は、佐々木理訳の岩波文庫版に付せられた解説によると、前三八五年頃のこととされるが（同書一七頁）、そこに記述されているアテネの制度に関しては、前四世紀第一四半期ないし前五世紀末の頃まで遡ると思われる。Cf. Osborne, R.（1997）.
(74)［Dem.］43.57－58.
(75)［Dem.］43.57:「諸々のデーモスで亡くなった者たちを（tous d' apogignomenous en tois demois）」。
(76) Cf. Humphreys, S.C.（1993）p.83. 地震や飢饉などの天災あるいは戦争においては、多数の死者が出ることはあっても、遺体の引きとりを忌避するような態度は見られない。
(77) Thuc.II.47－53. Cf. Pl.*Symp*.201.D; Plut.*Per*.34,36; Plut.*Mor*.383.D. 前五世紀におけるポリスの政策と病いとの関わりについては、Kosak, J.C.（2000）.
(78) 死者からの穢れについては、村川（一九六九）六二－六九頁; Parker, R.（1983）pp.36f; Garland, R.（2001）pp.41－43, 147f. 穢れに対するギリシア人の複雑な心的態度については、Vernant, J.-P.（1980）pp.110－129. また、この時期の疫病によるアテネの穢れについては、Longrigg, J.（2000）pp.61f.
(79) 穢れの祓い・浄めの方法については、Parker, R.（1983）p.35; Garland, R.（2001）pp.43－45.
(80) Plut.Lyc.27; Theophr.*Char*.16.9.
(81) シキュオンの市内埋葬禁止については、Plut.*Arat*.53. Cf.Paus.II.9.4. 他方で、パウサニアスのメガラ・コリント・フリウス・アルゴス・ミケーネなどの紀行文を読めば、市内における埋葬事例には事欠かない。
(82) Paus.II.3.6－8が伝える、コリント人たちに石で殺された王女メディアの子供たちの亡霊が、同市の幼児に復讐して命を奪っていく話は「不幸な死」がもたらす災厄の好例である。Cf. Richardson, N.J.（1985）pp.64f; Jonston,

S.I.（1999）pp.65－71. なお、Jonston, S.I.（1999）pp.37－81が、死者は大いなる災厄の源泉と感じられ、それに対処する方法が発達し始めるのは前古典期末頃からだと論じていることは、本稿にとっても注目に値する。

（83）アテネにおけるアンテステリア祭については、Parke, H.W.（1977）pp.107－124. その祭の三日目における死者の霊への儀礼と決まり文句については、ibid.pp.116－118. この点に関して、Bremmer, J.（1983）pp.115f は、決まり文句の通説的解釈に対して、これはカリア人へ向けての文言という異論を唱えているが、奴隷の中でなぜカリア人の存在だけが取沙汰されるのかを説得的に説明してはいない。ただし彼も、この祭りの期間に日常的秩序が転倒し、亡霊の跋扈する状況が現出すると観念されていたことは認めている。

（84）Low, P.（2003）pp.103－108 は、アテネ近隣のポリスにおいても、前五世紀最終四半期頃の戦没者英霊モニュメントが、非市民を含むという点でポリスの枠を超えている一方で、多くの場合、街の中心に建立されているのは、それらの殉死した人物は死してもなおポリスを護る役割を果し続けるという国家的観念の表出であり、その点で、彼らを祭るモニュメントは受動的な記念物ではなく、ポリスという国家にとって非常に積極的な機能を果しているとと洞察する。Low の見解は傾聴すべき面も少なくないが、国家とかかわる墓の機能を被葬者の現世利得的な側面でのみ捉えており、畏怖の側面からのアプローチをまったく欠いている。

（85）アテネにおける死者供養の意味でのゲネシア祭については、Parke, H.W.（1977）pp.53f; Jonston, S.I.（1999）pp.44－46.

（86）「死者の受くべき礼」については、古山（二〇〇六）を参照。追悼供養の儀礼については、Garland, R.（2001）pp.104－120, 146f.

（87）ハグニアスの死亡推定年代とその事情については、Davies, J.K.（1971）No.2921, p.89.

（88）［Dem.］43.57:「これら近親の者たちに対し、（法は）故人のプロテシスに参列し、墓まで（epi to mnema）付き添うよう命じています」。

（89）ギリシア古代における戦争と国家、および戦場での死については、古山（二〇〇四）を参照。

（90）古典期アテネの家族の図像と市民権（とりわけ女性の）のかかわりについては、Osborne, R.（1997）を参照。

〔文献〕

岩田拓郎（一九八四）「アーケィイク期ギリシア思想史への模索－或る二つの著作の検討を手掛かりとして」『北海道大学文学部紀要』三二、一－七三頁。

朽木量（二〇〇四）『墓標の民族学・考古学』慶応義塾大学出版会

高畠純夫（一九八九）「葬儀令とアテナイ」『史潮』新二五、八三－九五頁。

高橋裕子（二〇〇一）「初期鉄器時代におけるアテネとアッティカ」『史学雑誌』三六－六一頁。

田中咲子（一九九七）「前五世紀前半のギリシア墓碑における墓主観－「対面型」図像の場合」『早稲田大学大学院文学研究科紀要』九一－一〇二頁。

同（二〇〇五）「「アキレウスの画家」の白地レキュトスにおける死者と生者」『西洋古典学研究』五三、三四－四六頁。

同（二〇〇六）「アッティカ墓碑における故人像の成立」『アルゴナウタイ』五五－七九頁。

中山典夫（一九七八）「白地レキュトスに描かれた墓標の研究（上）」『地中海学研究』一。

同（一九七九）「白地レキュトスに描かれた墓標の研究（中）」『地中海学研究』二。

同（一九八〇）「白地レキュトスに描かれた墓標の研究（下）」『地中海学研究』三。

馬場恵二（一九八二）『ペルシア戦争：自由のための戦い』教育社。

同（一九九五）「古代ギリシアの戦没者国葬と私人墓」『駿台史学』九八、二八－一〇〇頁。

古山夕城（二〇〇四）「重装武具のシンボリズム―ギリシアにおける戦争と国家」『駿台史学』一二一、九五－一一八頁。

同（二〇〇六）「ギリシア古代の「墓の文化」」明治大学人文科学研究所編『「生と死」の東西文化論』一八九－二五三頁。

村川堅太郎（一九六九）「古代ギリシア市民－殺人についての意識をめぐって」『岩波講座 世界歴史 2』四五－七八頁。

山本文雄（一九八五）「ブダペスト二五番の墓碑浮彫について」『美術史』一一八、一五四－一七〇頁。

Andronikos, M.（1968）*Totenkult nach archäologischen Befunden.*

Balcer, J.M. (1995) *The Persian Conquest of the Greeks 545-450BC.*

Boardman, J. (1955) Painted Funerary Plaques and Some Remarks on Prothesis. *ABSA*, 50, 55 – 66.

idem (1960) Protogeometric Graves at Agios Ioannis near Knossos. *ABSA*, 55, 128-148.

idem (1978) *Greek Sculpture: The Archaic Period.*

Boeghold, A.L. et al. (eds.) (1994) *Athenian Identity and Civic Ideology.*

Bremmer, J. (1983) *The Early Greek Concept of the Soul.*

Brouscaris, M.S. (1978) *The Monuments of the Acropolis.*

Buck, C.D. (1955) *The Greek Dialects: Grammer, Selected Inscriptions, Glossary.*

Burford, A. (1993) *Land and Labor in the Greek World.*

Casky, J.L. (1954) Excavations at Lerna, 1952-1953. *Hesperia*, 23,3-30.

Clairmont, Ch.W. (1981) New Evidence for a Polyandrion in the *Demosion Sema* of Athens? *AJA*, 101, 132 – 134.

idem (1983) *Patrios Nomos: Public Burial in Athens during theFifth and Fourth Centuries B.C.*

Davies, J.K. (1971) *Comparative Perspectives on Death.*

Davies, G. (1985) The Significance of the Handshake Motif in Classical Funerary Art. *AJA*, 89, 627 – 640.

Day, J.W. (1989) Rituals in Stone: Early Greek Grave Epigrams and Monuments. *JHS*, 109, 16 – 28.

Derow, P.& R.Parker (eds.) (2003) *Herodotus and His World.*

Dikaios, P. (1936-37) An Iron Age Painted Amphora in the Cyprus Museum. *ABSA*, 37,56-72.

Easterling, P.E.& J.V.Muir (eds.) (1985) *Greek Religion and Society.*

Foxhall, L. & J. Salmon (eds.) (1998a) *When Men Were Men: Masculinity, Power and Identity in Classical Antiquity.*

Foxhall, L. & J. Salmon (eds.) (1998b) *Thinking Men: Masculinity and its Self-Representaiton in the Classical Tradition.*

Gagarin, M. (1986) *Early Greek Law.*

Garland, R. (1989) The Well-ordered Corpse: An Investigation into the Motives behind Greek Funerary. *BICS*, 36, 1 – 15.

idem (1982) A First Catalogue of Attic Peribolos Tombs. *ABSA,* 77, 125 – 176.

idem (2001) *The Greek Way of Death*. 2nd ed.

Hansen, P.A.（1983）*CARMINA EPIGRAPHICA GRAECA: saeculorum VII-V a. Chr.n.*

Hiller, H.（1975）*Ionische Grabreliefs: Der Ersten Häfte des 5. Jahrhunderts v. Chr.*

Himmermann, N.（2000）Quotations of Images of Gods and Heroes on Attic Grave Reliefs of the Late Classical Period. in Tsetskhlade, G.R. et al.（2000）pp.136 – 144.

Holst-Warhaft, G.（1992）*Dangerous Voices: Women' s Laments and Greek Literature.*

Hope, V.M.& E.Marshall（eds.）（2000）*Death and Desease in the Ancient City.*

Humphreys, S.C.（1993）*The Family, Woman and Death: Comparative Studies*. 2nd ed.

Jeffery, L.H.（1962）The Inscribed Gravestones of Archaic Attica. *ABSA*, 57, 115 – 153.

Jonston, S.I.（1999）*Restless Dead: Encounters between the Living and the Dead in Ancient Greek.*

Kanowski, M.G.（1983）*Containers of Classical Greece.*

Knigge, U.（1988）*The Athenian Kerameikos.*

Kosak, J.C.（2000）POLIS NOSOUSA: Greek ideas about the city and disease in fifth century BC. in Hope, V.M.& E.Marshall（2000）

Kuebler, K.（1954）*Die Nekropole des 10. bis 8. Jahrhunderts.* 〈Kerameikos Fünfter Band〉

Kurtz, D.C.（1975）*Athenian White Lekythoi: Patterns and Painters.*

Kurtz, D.C. & J.Boardman（1971）*Greek Burial Custums.*

Langridge-Nori, E.（2003）Mourning at the Tomb: A Re-evaluation of the Sphinx Monument on Atthic Black-figures Pottery. *AA*, 2003, 141 – 155.

Longrigg, J.（2000）Death and Epidemic Desease in Athens. in Hope, V.M.& E.Marshall（2000）

Loraux, N.（1986）*The Invention of Athens: The Funeral Oration in the Classical City.*

Low, P.（2003）Rememberring war in fifth-century Greece: ideologies, societies, and commemoration beyond democratic Athens. *WA*, 35, 98 – 111.

Matthaiou, A.P.（2003）Athenaioi tetagmenoisi en temenei Herakleos（Hdt.6.108.1）. in Derow, P. & R.Parker（2003）pp.190 – 202.

Meyer, E.A. (1993) Epitaphs and Citizenship in Classical Athens. *JHS*, 113, 99 – 121.
Morris, I. (1987) *Burial and Society: The Rise of the Greek City State.*
idem (1991) The Archaeology of Ancestors: The Saxe/Goldstein Hypothesis Revisited. *CAJ*, 1, 147 – 169.
idem (1992) *Death-Ritual and Social Structure in Classical Antiquity.*
idem (1994a) Everyman' s Grave. in Boeghold, A.L. et al. (1994) pp.67 – 101.
idem (ed.) (1994b) *Classical Greece : Ancient Histories and Modern Archaeologies.*
Nielsen, T.H. et al. (eds.) (1989) Athenian Grave Monuments and Social Class. *GRBS*, 30, 411 – 420.
Oliver, G.J. (ed.) (2000) *The Epigraphy of Death: Studies in the History and Society of Greece and Rome.*
Oliver, G. (2000) Athenian Funerary Monuments: Style, Grandeur, and Cost. in Oliver, G.J. (2000) pp.59 – 80.
Osborne, R. (1985) The Erection and Mutulation of the Hermai. *PCPHS*, 25, 47-73.
idem (1988) Death Revisited; Death Revised. The Death of the Artist in Archaic and Classical Greece. *Art History*, 11, 1 – 16.
idem (1994) Looking on—Greek style. Does the sculpted girl speak to women too? in Morris, I. (1994b) pp.81 – 96.
idem (1997) Law, the Democratic Citizen and the Representation of Women in Classical Athens. *Past & Present*, 155, 3 – 33.
idem (1998a) *Archaic and Classcal Greek Art.*
idem (1998b) Sculpted Men of Athens: Masculinity and Power in the Field of Vision. in Foxhall & Salmon (1998b) pp.23-42.
Papadopoulos, J.K. (1993) To Kill a Cemetery: The Athenian Kerameikos and the Early Iron Age in the Aegean. *JMA*, 6, 175 – 206.
Parke, H.W. (1977) *Festivals of the Athenians.*
Parker, R. (1983) *Miasma: Pollution and Purificaion in Early Greek Religion.*
Patterson, C. (2006) 'Citezen Cemeteries' in Classical Athens? *CQ*, 56, 48 – 56.
Petrakos, B. (1996) *Marathon.*

Poulsen.F.（1905） *Die Dipylongräber und die Dipylonvasen.*

Quinn.J.C.（2007） Herms, Kouroi and the Political Anatomy of Athens. *Greece & Rome*, 54, 82-105.

Rasmussen,T. & N.Spivey（eds.）（1991） *Looking at Greek Vases.*

Raubitshek, A.E.（1949） *Dedications from the Athenian Akropolis.*

Richardson, N.J.（1985） Early Greek views about life and death. in Easterling, P.E. & J.V.Muir（1985） pp.50 – 66.

Richter, G.M.A.（1961） *Archaic Gravestones of Attica.*

idem（1968） *Korai : Archaic Greek Maidens.*

idem（1970） *Kouroi: Archaic Greek Youths*. 3rd ed.

Reilly, J.（1989） Many Brides: "Mistress and Maid" on Athenian Lekytoi. *Hesperia*, 58, 411 – 444.

Rubb, D.（1980） Altars as Funerary Monuments on Attic White Lekythoi. *AJA*, 84, 524 – 527.

Shapiro, H.A.（1991） The Iconography of Mourning in Athenian Art. *AJA*, 95, 629 – 656.

Sourvinou-Inwood, Ch.（1995） *'Reading' Greek Death to the End of the Classical Period.*

Sparkes, B.A.（1991） *Greek Potery: An Introduction.*

Stadter, Ph.A.（1989） *A Commentary on Plutarch' s Pericles.*

Stears, K.（2000） The Times They Are A' Canging: Developments in Fifth-Century Funerary Sculpture. in Oliver, G.J.（2000） pp.25 – 58.

Stewart, A.（1990） *Greek Sculpture: An Exploration.*

Svenbro, J.（1988） *Phrasikleia: An Anthropology of Reading in Ancient Greece.*

Tsetskhlade, G.R. et al.（eds.）（2000） *Periplous.*

van Wees, Hans（1998） A Brief History of Tears: Gender Differentiation in Archaic Greece. in Foxhall & Salmon（1998b） pp. 10-53.

Vernan, J.-P.（1980） *Myth and Society in Ancient Greece.*

Whitley, J.（1994） The Monuments That Stood before Marathon: Tomb Cult and Hero Cult in Archaic Attica. *AJA*, 98, 213 – 230.

Williams, D.& L.Burn（1991） Vase-painting in fifth-century Athens. in Rasmussen, T.& N.Spivey（1991） pp.103 – 130.
Wycherley, R.E.（1978） *The Stones of Athens*.
Zaidman, L.B. & P.S.Pantel（1992） *Religion in the Ancient Greek City*.

Ⅵ　ビザンティンの世界

益田朋幸

一　ビザンティン聖堂壁画における「生と死」

神の家である聖堂内部を美しく飾ることは、教会と信者共通の願いであり、貧富を問わず多くの信徒が進んで寄進を行った。ビザンティン聖堂に足を踏み入れると、壁面にはフレスコやモザイクによる壁画が描かれ、いたるところに板絵のイコン（聖像画）が掛けられ、豪華なランプや蠟燭立てが所狭しと並べられていた。

ビザンティン帝国はコンスタンティノポリス（現イスタンブール）を首都として、四世紀から十五世紀まで続いた中世のキリスト教国家である。国制としては古代ローマ帝国の継続なので、中世ローマ帝国と呼ぶことも可能である。ローマ教会とコンスタンティノポリス教会は最終的に十一世紀に決裂し、カトリックとオーソドクス（正教）として今日に至る。ビザンティンは正教を奉じ、カトリックの西欧とは異なる文化を発展させた。「東洋」と「西洋」の境に位置し、東西世界を文化的につなぐ役割も果たした。

本稿は、ビザンティン聖堂の壁一面を埋めつくすフレスコ壁画を、「生と死」というキーワードによって読み解く試みである。堂内にキリストと聖母マリアの「生と死」を組合わせ、あるいは対置することによって、キリスト教独自の思想を表現した。一般読者を想定して注をつけない形式をとるが、二つの聖堂装飾プログラムに関して新しい解釈を提唱することになろう。続く論文「ウビシ修道院（グルジア）の装飾プログラム」は、本稿を踏まえた上での専門的な個別研究となる。

ロマネスク、ゴシック等の西欧中世の聖堂建築は、古代ローマの公共建築に由来するバシリカ形式を基本的に採り、壁画装飾の対象となる壁面も、平面であるか、ヴォールト（半円筒穹窿）内面といった比較的単純な曲面に限られる。一方ビザンティンの聖堂建築は九世紀以降、ギリシア十字式（内接十字式とも呼ばれる）の形式が主流となった。中央にドームを戴き、東西南北にヴォールト天井が伸びる。ドームの半球壁面、ドラム（鼓胴部）の円筒壁面、ペンデンティヴ（三角穹隅）やスクィンチ（扇形穹隅）といった複雑な曲面が聖堂各所を占める。バシリカ式の聖堂が、西から東の聖域に向かう単純な方向性をもつのに対して、ギリシア十字式の聖堂は、西から東への方向性に加えて、聖堂中央部から上方のドームへ、また聖堂中央から東西南北のヴォールト空間へ、といった多様なベクトルをもつ。このためビザンティン聖堂では、キリストの生涯を時間の順序に従って描くことが、バシリカ式聖堂に比べて困難である。

1　クルビノヴォの聖ゲオルギオス聖堂

以下に十二世紀の聖堂を二つ選び、その壁面に描かれたフレスコ壁画のプログラムを分析することによって、そこにいかなる「生と死」のシステムが実現されているかを眺めよう。十二世紀は、典礼の影響を受けたビザンティンの聖堂装飾法がほぼ完成した時期に当たる。バシリカ式から一つ、ギリシア十字式から一つ選んで、プログラムを考察する。聖堂の建築様式と装飾プログラムの関係を比較しやすいからである。小型で単純な壁面構成をもち、オリジナルのフレスコを全面に残していることを選択の基準とするなら、選択肢はそれほど多くない。

まず採りあげるのは、マケドニア共和国のクルビノヴォ Kurbinovo 村、スヴェーティ・ジョルジェ（聖ゲオルギオス）聖堂で、フレスコ中に描かれた献堂銘文から一一九一年の創建と知られる。建築形式は極めて単純な単身廊バシリカ、すなわち長方形の形状をとる。壁面にはアプシス（内陣／至聖所）を除いて曲面は存在しない。従ってここには左から右へという一方向的な壁画の読取りが期待される。実際ほとんどの部分において、キリスト伝のクロノロジーに従った物語の配置がなされる。しかしいくつかの部分では、物語の時間の順序をあえて乱した、一見不規則な配列を行う。そこにビザンティン的な思考が現れているはずである。

（1）東壁面

まず東壁面から眺めよう（**図1**）。アプシスのコンク（四分の一球形壁面）には聖母子坐像が描かれた。玉座は宝石や真珠できらびやかに飾られ、左手に巻物を手にした幼児キリストが母の膝の上で衣をたなびかせる。キリストの動感ある表現に比べて、正面観の厳格な聖母マリアが対照的である。左右には大天使ミカエルとガブリエルが侍す。コンクを囲む狭い馬蹄状の区画に、一一九一年の年記を含む献堂銘が記されている。

聖母子の下段、二連アーチ窓を挟んで左右には、各四人の主教がそれぞれ巻物を広げ、ミサをとり行うようにやや上半身を傾けている。二連アーチの窓を囲んで描かれている臙脂色のモティーフは、祭壇とそれを覆うキボリウム（天蓋）である。本来キボリウムは机状の祭壇周囲に四本の柱を立て、そこに半球状ないし四角錐状の屋根を架けるものであるが、画家は二連窓を巧みにとりこんでそれを表現した。窓の下には刺繍布に覆われた祭壇が描かれ、そこに横たわるのは髯のない幼いキリストである。枕元にはワインを入れた杯が置かれる。

これは「アムノス［小羊の意］（ないしメリスモス［分割されたものの意］）」と呼ばれる、ビザンティンの教義的な図像である。その手前には現実の祭壇があって、司祭はそこでミサ（奉神礼《リトウルギア》）を司式する。祭壇上のパンとワインがキリストの体と血に変化し（聖変化）、信徒はそれを受けとって体内に摂取し、キリストの死と復活を思う（聖餐《エウカリスティア》）。「アムノス」はこのミサの意義を、堂内の信徒にヴィジュアルに図解する図像であった。現実の

図1　聖ゲオルギオス聖堂東壁面（マケドニア、クルビノヴォ）

祭壇に置かれたパンが、描かれた祭壇上に横たわるキリストの体に他ならないことを、まさに視覚的メタファーの形で信者に提示する。ミサに参列する信徒の眼には、現実のパンと描かれたキリストの身体が前後二重写しになって見えた。聖餐の秘蹟をめぐっては、死者の肉体を摂取することによって死者と同化するといった人類学的分析も可能であろうが、ここでは現実のパンのすぐ後ろに小さなキリストの身体が横たわる点のみを確認しておく。

八人の主教の外側、東壁面下部には、二つのニッチ（壁龕）の中に輔祭（助祭）の聖人がそれぞれ配されるものであるが、クルビノヴォにその余地はなく、代わって小さなニッチを設け、司祭の補助をする輔祭聖人が描かれたものである。

（北＝ステファノス（？）、南＝エウプロス）。本来聖堂アプシスの南北には小祭室が設けられ、典礼具が準備される

その上部、アプシスのコンクを挟むスパンドレル（三角形の壁面）には、左右二分割して「受胎告知」が配される。今空から舞い降りたばかりの大天使ガブリエルは、右手を伸ばして神の子懐胎のお告げを行う。衣が翻り、襞は自ら命をもったかのように自在にうごめき、複雑なパターンを刻みだす。頭部の極めて小さく、プロポーションはひき伸ばされ、異様に長い手脚をもつ大天使である。このような様式は、クルビノヴォの画家の個性であり、また同時に十二世紀末のビザンティン美術一般に共通する特徴であると考えられる。赤い糸巻きを手にしてお告げに聴き入るマリアもまた、極端にひき伸ばされた下半身をもつ。

アプシスのコンクに聖母子を描き、その両側に分割して「受胎告知」を配するのは、中期（九世紀～十三世紀）以降のビザンティン聖堂装飾に共通する一般的なプログラムである。ビザンティン帝国は七二六年から八四三年にかけて、イコノクラスム（聖像破壊運動／聖像論争）を経験した。皇帝が発した宗教美術を禁じる勅令をきっかけに、百年以上もの間、ビザンティン人は「神を描くことは可能か」という命題について、生死をかけて議論し

たのである。その経緯を要約することは簡単ではないが、最終的に八四三年に画像擁護派が勝利したのは、主として「受肉論」の教義に拠っている。キリストは人性と神性の両方を等しくもった存在である（両性論）。神は人間を愛したからこそ、独り子たるキリストを地上に送ってくれた（受肉）。キリストが聖母マリアの胎を通って、地上に肉体をもって現れたのは、神の人間に対する恩寵である。キリストは我々と同じ肉体をもって三十数年の生を送ったからこそ、その姿は眼に見えるし絵に描ける。画像（イコン）を否定する者は、神の受肉を否定する者である、云々。

中期ビザンティン美術、つまりイコノクラスム以降のビザンティン美術は、再び聖堂を壁画で飾ることを始めた。その際聖堂建築においてドームと並ぶ重要箇所であるアプシスに、受肉を表象する「聖母子」と「受胎告知」を描く。不可視の神は、人間の肉体をもって地上に現れた。だからこそ私たちはキリストの姿を見ることができるし、それを絵に描くことが可能である。聖堂がキリストの生涯などを描いた壁画で飾られることを、アプシスの「聖母子」とそれを囲む「受胎告知」が保証してくれる。

コンクの上部、破風状の五角形区画に配されたのは「キリストの昇天」である。キリストの坐す円形光背を二天使が支え、地上ではオランス（両手を拡げた祈りの姿勢）の聖母と二天使を中心に、十二使徒が思い思いのポーズでキリストの昇天を見上げている。

「昇天」はビザンティン聖堂装飾において、もともとドームを占める図像であった。半球形部分にキリストと光背を支える天使を描き、その周囲のドラムに聖母、天使、十二使徒を配する。円筒形壁面と半球形壁面が、一種のだまし絵的な効果をもって「昇天」という事件を展開させることになる。しかし九世紀以降は、「昇天」に代わって「キリスト・パントクラトール（万物の統治者）」がドームを占めることが一般になった。左手に聖書を抱え、右手で祝福の仕種をとるキリストである。一度限りの歴史的現象である「昇天」よりも、普遍的な神の表象である「パントクラトール」のほうが、ドームに相応しいと考えられたためであろう。キリストは厳しい表情で下界を見つめ、人間の犯すすべての罪を見逃さない。

ドームにパントクラトールを描くようになると、「昇天」は一段格下げとなって、ベーマ（アプシス手前の聖域）天井を占めるようになった。クルビノヴォの天井は木組みで、壁画を描くことができないので、画家はベーマ天井の代わりに東壁頂部の区画に「昇天」を配したものである。しかし先回りしすぎたようだ。キリストの生涯を、時間軸に従って追っていこう。

（2）南壁面

「受胎告知」の聖母に隣接して、南壁面の左端には「ご訪問」が描かれる。左から歩み寄る聖母マリアと、右に迎える白髪の老婆エリサベトが、神の恩寵によるお互いの妊娠を喜んで抱き合う。背景には煉瓦積みの壁体の上に塔状の建築モティーフが見えている。この壁面には細い窓が切られており、窓の右には「ご訪問」に続く「エリサベトの家に滞在する聖母マリア」という珍しい主題が描かれている（ルカ一・五六）。同様の建築物の前で、二人の女性が語らっている。この二場面に続く空間にはテンプロン・イコンとしての「キリスト・パントクラトール」が描かれなければならなかったので、空間充塡のために「エリサベトの家に滞在する聖母マリア」を選んだものであろう。次に来るべき「降誕」は広い区画を必要とするので、この狭い場所に押し込むことが不可能であった。

テンプロンとは内陣（聖域）と身廊を区切る障柵である。このテンプロンの左右（南北）部分には、聖母子もしくはキリストと、当該聖堂が捧げられている聖人のイコン的な図像が描かれるのが規則である。クルビノヴォでは右（南）に「キリスト・パントクラトール」、左（北）に「聖ゲオルギオス」の立像がそれぞれ描かれた。

後述するネレヅィ（一一六四年）では右にタイトル聖人の「聖パンテレイモン」、左に「聖母子」が配されている。テンプロン・イコンにおいては、タイトル聖人と対に、キリスト・パントクラトールと聖母子が同義に（交換可能に）用いられているが、両者には大きな差があることに注意しなければならない。クルビノヴォのパントクラトール右下には、プロポーションの大きく異なる聖母が嘆願の身振りで描かれていることからもわかるとおり、このキリストは受肉した存在ではない。受肉の生涯を終え、十字架上で死んだ後に復活し天に昇った、本来は不可視の神キリストである。私たち人間にとって「生と死」は対をなすが、キリストにおいて両者は単純な反対概念ではない。「受肉したキリスト」と「天上のキリスト」が対応する。肉体をもつものともたざるもの、眼に見えるものと見えざるもの。

「パントクラトール」に続くのは「キリスト降誕」である。「降誕」の左三分の一をえぐって、後に新たに窓がうがたれたため、図像に大きく欠損がある。窓に近く、マギの一人が差し出す宝石で飾られた贈り物が見えている。図像としては中期ビザンティンに一般的な「降誕」と考えてよい。山腹の洞窟に設えられた馬小屋に、産褥のマリアが横たわる。手前には牛と驢馬に見守られて、幼子が飼葉桶に安らぐ。山の背後では、天使たちが神の子誕生を寿ぐ。画面右四分の一、上方では天使が羊飼いに神の子誕生を告げる（「羊飼いへのお告げ」）。その下では二人の乳母によって、キリストが産湯をつかっている。壁面剥落のため、キリストのニンブス上部のみが見えている。山腹のぎざぎざした特徴的なパターンは、クルビノヴォの画家が得意とするもので、「洗礼」等他の場面でも用いられる。

キリストが二度繰返される（飼葉桶と産湯）ほか、「羊飼いへのお告げ」という場所を異にする出来事、「マギの礼拝」という時間を異にする出来事が一場面に合成されている。「降誕」図像は、一つの時間、一つの場所を、スナップショットのごとくに切りとったものではなく、複数の時空が混在し、テキストを読むように「読まれる」性質のものであった。

キリストが二度繰返されるのは、「産湯」によって後の「洗礼」を予示し（「水を浴びる」ことの共通性）、「飼葉桶」によって後の「受難」を暗示する（「布で巻かれた身体が石の箱に横たわる」ことの共通性）ためである。すなわち「降誕」という場面の中に、キリストのその後の一生を縮約的に表現する。洗礼を受けて宗教家として立ち、磔刑によって死す。

次は「キリストの神殿奉献」であるが、ここも右側四割ほど、後に開けられた窓によって構図が損なわれている。キボリウムに覆われた祭壇の向かって左に、ユダヤの祭司シメオンがイエスを抱いて立つ。その背後にいる女性は、女預言者のアンナである。窓の下にはマリアとヨセフの足のみが残っている。祭司シメオンは、母マリアに対して、将来のキリストの受難を予告した（「あなた自身も剣で心を刺し貫かれます。」ルカ二・三五）。構図の中央に描かれた祭壇も、そのことを強調する。母マリアからシメオンに手渡されるとき、キリストは祭壇を横切る。祭壇は「神に対する犠牲」の象徴であった。幼い子の成長の記録、お宮参りという寿ぐべき事件は、かくして将来の死に彩られることになる。

続く「キリストの洗礼」では、窓による図像欠損は一割ほどにとどまって、ほぼ全貌を見てとることができる。ヨルダン河に全裸のキリストが立ち、洗礼者ヨハネから洗礼を受ける。右岸には二人の天使がキリストを待つ。水中には十字架が立ち、ヨルダン河の擬人像がキリストを讃えている。ここからキリストの公生涯が始まる。

次の「ラザロの蘇生」が南壁の右端に当たる。構図中央上部にうがたれた小さな窓は、オリジナルである。キリストが右手を挙げ、「ラザロ、出てきなさい」と声を発する（ヨハネ一一・四三）と、死後四日経って腐敗していたはずのラザロが眼を開いた。集まった群衆は驚き、キリストの力を讃える。キリストの足下に跪く二人の女性は、ラザロの姉妹マルタとマリア（中世にはマグダラのマリアと考えられた）である。この二人は村の入口でキリストを出迎え、到着の遅すぎたことを愚痴っている（ヨハネ一一・二一、三二）。つまりラザロ復活の時空とは異なる存在であるが、にもかかわらずマリアは時空を超越して振返り、兄弟ラザロの復活を目撃している。

教会典礼では「ラザロの蘇生」は受難週の直前、「ラザロの土曜」（復活祭の八日前）に祝われる。ここまでのキリスト伝諸場面は、固定祭日（毎年決まった日に祝われる祭日）であったが、「ラザロ」から移動祭日（毎年日にちが変わる復活祭にともなう祭日）に入る。八日後に自身が蘇るに先立って、キリストは死者の復活を行う。ヨハネ福音書によれば、キリスト復活を最初に目撃したのはマグダラのマリアであった（二〇・一七）。すなわちラザロの蘇りとキリストの蘇りは、マグダラのマリアという共通の証人によって関連づけられるのである。

（3）　西壁面

物語はそのまま隣接する西壁に続き、西壁南端は「エルサレム入城」である（**口絵6**）。キリスト伝サイクルを描く聖堂のほとんどが、「ラザロの蘇生」と「エルサレム入城」を連続して描くのは、この二つの事件が教会典礼においても連続して祝われるからである。ラザロの土曜日（復活祭の八日前）と枝の日曜日（棕櫚の日曜日、復活祭前の日曜日で受難週間の開始）である。キリストの地上における生の、最後の一週間がここに始まる。

弟子を連れたキリストは、驢馬にまたがってエルサレムの城門をくぐろうとする。子どもが服を脱いで道に敷き、群集は歓呼してキリスト到来を迎える。棕櫚の木に登って、死に対する勝利の徴たる葉を投げる子どもも忘れられてはいない。これもまた図像学的にはとりわけ目立つ点のない、中期ビザンティン一般の「入城」と言える。

西壁中央には、広い区画をとった「聖母の眠り《キミシス》（死）」が配された。これまでキリスト伝の時間的順序に従って進んできた物語が、ここで乱れるが、西壁中央（聖堂扉口の上部）に「聖母の眠り」を配するのは、中期ビザンティン聖堂装飾の定型である。陽の昇る東は「生」に属し、受肉に関わる図像が並ぶ。一方、西側は「死」に属し、「聖母の眠り」または「最後の審判」を描くことが多い。

中央前景には臨終の床の聖母マリアが横たわる。すでに眼は閉じているようだ。聖母の頭のところで振り香炉を持つのがペテロ、足下に腰をかがめるのがパウロ、聖母の顔にもっとも近い位置にいるのが、晩年をともに暮らしたヨハネである。その他周囲には、使徒や主教らの姿が見える。聖母の後ろに立つのは、天使たちと楕円形の光背に包まれたキリストで、手に抱くのは赤ん坊の姿をした母の魂である。上空には大天使ガブリエルとミカエルが、マリアの魂を受けとろうと両手を伸ばす。

東壁の「生」と西壁の「死」。東にはマリアに抱かれた幼子イエス、西にはキリストに抱かれたマリアの魂。東のマリアは生きており、西のマリアは死んでいる。東のキリストは、地上に受肉した救世主であり、西のキリストは、受肉の生を終えた神である。この見事な対照を築くために、ビザンティン聖堂では西壁中央に「聖母の眠り」を配する。

さらに構図上の配慮が、西壁の中軸上に続いてゆく。「聖母の眠り」上部には、円形光背中の玉座に坐す「日の老いたる者」が描かれる。旧約ダニエル書に由来する神秘的な神のイメージで、白髪白髯をもち、父なる神とキリストの同一性を表象する図像である。ニンブスの十字架が、とくにその点を強調する。両側にセラフィム、ケルビム、大天使が控えることによって、「荘厳のキリスト《マイエスタス・ドミニ》」と呼ばれる図像を構成する。円形モティーフを聖堂の東西軸上に並べることによって、プログラムの骨格とするのが、中期から後期にいたるビザンティン聖堂装飾のひとつの原理であった。「聖母の眠り」のキリスト光背、上部の「日の老いたる者」の光背、そして西壁頂部には円形モティーフこそないものの、左右対称の構図を有する「聖霊降臨」が描かれている（後述）。「聖母の眠り」に続く西壁北端、「入城」と対称の位置には「キリスト変容」が配されており、これにも説明が必要であろう。「変容」はキリスト公生涯における一事件であり、キリストが人間の代表である弟子たちの前で、神であることを明らかにした場面とされる（神性顕現《テオファニア》）。八月六日の固定祭日。物語の順序で言えば、「洗礼」と「ラザロ」の間に来てしかるべきであった。

キリストは円形光背の中で白く光を発し、両側には旧約の預言者モーセとエリヤが浮かんで神秘的な会話をかわす。画面下部では三人の弟子、ペテロ、ヨハネ、ヤコボが神の光に打たれて倒れ伏している。この図像もまた、キリストが円形モティーフの中に描かれるために、聖堂の東西軸上に配されることの多いものである。たとえばプスコフ（ロシア）のミロズ修道院（フレスコは一一五〇年代）では、ベーマの天井、通常は「昇天」が描かれる場所に「変容」が配置されている。しかしすでにクルビノヴォ西壁中央には「聖母の眠り」と「日の老いたる者」が並んでいるので、「変容」の場がない。やむなく画家は、中軸上ではない西壁北端に「変容」を描いたと考えられる。「変容」がこの位置に置かれる例として、一一七〇年代の制作と思われる北ギリシア、カストリアのアギオス・ニコラオス・トゥ・カスニヅィ聖堂西壁が挙げられよう。

同聖堂西壁では、左三分の二の区画に「聖母の眠り」、右三分の一に「変容」を並べるという非対称の配置となる。上部の破風形壁面は「昇天」である（後述）。同じくカストリア、パナギア・マヴリオティッサ修道院（十二世紀末／十三世紀初）では西壁を三段に区切り、上段破風区画に「聖霊降臨」、中段左に「洗足」、中央に「磔刑」、右に「ユダの裏切」、下段には「聖母の眠り」を配している。中段では物語の進行を乱して、左右対称の構図をもつ「磔刑」を中央にすえている。上段の「聖霊降臨」含めて、中軸上にはほぼシンメトリーの構図が揃うことに注目しよう。ビザンティンの影響著しいヴェネツィアのトルチェッロ島、サンタ・マリア・アッスンタ大聖堂西壁では、破風区画に「磔刑」、中段に「アナスタシス（キリストの冥府降下）」が置かれ、残る広い壁面を「最後の審判」の大構図が占めている。キリストの死、復活、再臨という救済の道程が示される。

（4）北壁面

クルビノヴォに戻ろう。「変容」に隣接する北壁西端は「磔刑」である。細長い窓（オリジナル）を画面中に含むため、通常は左右対称であるべき図像が不規則になっている。十字架上にはすでに息絶えたキリスト、向かって左には母マリアを始めとして嘆く女弟子たち、右にはヨハネがいるのは定型である。十字架の根元にはアダムの頭蓋骨も見える。アダム（とエヴァ）が犯した原罪は、キリストの流した血によって贖われる。キリストの死を贖罪のためと理解することによって、「教祖の死」の意味を劇的に転化させる、キリスト教独自の思想であった。窓の右には百人隊長のロンギノスが、右手でキリストを示している。彼はキリストの死を目撃して回心し、後に殉教することになる。

次の区画は、北扉口（オリジナル）まで続く「十字架降架」である。キリストの上半身をアリマタヤのヨセフが支え、冷たくなった右手に母マリアがすがる。キリスト左手の釘を抜こうとするのはニコデモである。女弟子やヨハネの姿も見える。上空には嘆きの天使二人が浮かぶ。

これに続く区画、扉口上の狭い空間に描かれた聖ゲオルギオスは十二世紀のオリジナルではない。物語は扉口向かって右の「聖母の嘆き《トレノス》」に続く。キリストの遺体を母マリア、弟子のヨハネ、アリマタヤのヨセフの三人が墓に運ぶ。通常キリストの足を抱えるのはアリマタヤのヨセフとニコデモの二人であるが、クルビノヴォと同一画家の作であるカストリア、アギイ・アナルギリ聖堂の同場面にもニコデモがいない。息子の死に直面して嘆くマリアの表現を通じて、十一、十二世紀のビザンティン美術は、人間の喜怒哀楽、パトスの描写に新機軸を切り拓いた。このマリアも号泣している。物語の進行方向は左から右であるから、キリストの頭部も向かって右になっていてよさそうであるが、図像の定型がこの向きであるために、画家はそれに従ったものであろう。

続く狭い区画には「聖女たちの墓参り（聖墳墓参り／空の墓／携香女）」が描かれている。福音書が記す、キリストの復活である。日曜の明け方、没薬の油を手に墓参に訪れた二人の女弟子は、天使に墓が空であることを示され、おびえて抱き合っている。この主題で、おびえや不安を積極的に表現した作例として、クルビノヴォは極めて早い。天使の足下では番兵が眠り込み、墓の中にはキリストの体をくるんでいた亜麻布と、頭をくるんだ布の二片が見えている。四つの福音書から様々なモティーフを採って、合成した図像である。

これに続くのがテンプロン・イコンの「聖ゲオルギオス」で、南壁の「パントクラトールのキリスト」と向かい合う。その右隣、北壁東端は「アナスタシス（キリストの冥府降下）」である。中央、円形光背の中には、キリストが前傾姿勢で、左手に十字架をもち、右手でアダムを冥府《ハデス》からひき出す。背後にはエヴァとその息子アベルの姿が見える。構図向かって左には、ダヴィデ、ソロモン、洗礼者ヨハネがいる。先立つ「聖女たちの墓参り」には肝心の主人公キリストが不在であるため、外典「ニコデモ福音書」に材を採って、「キリスト復活」の祭日図像としたものである。ギリシア語のタイトル「アナスタシス」は、「復活」の意である。

物語はこの後、東壁頂部の「昇天」（前述）に進み、次いでこれに向かい合う西壁頂部の「聖霊降臨《ペンテコステ》」へと移る。壁面の保存状態がよくないが、破風状の区画に逆U字形のベンチが置かれ、ペテロとパウロを中心に十二使徒が坐している。使徒の頭上には聖霊の炎の舌が注ぎ、彼らは突然外国語を話し始めた。布教の命令である。これによって「教会」が成立し、キリスト教の信仰は世界に広まるとされる。ベンチ下の半円区画には、まだキリスト教の教えに接していない異教徒の諸民族が押し込められている。アプシスの「聖母子」と西壁の「聖母の眠り」が対照をなしていたように、東西壁頂部の破風を占める図像は、東の「昇天」における上昇と、西の「聖霊降臨」における下降という対照をなす。

以上に見たように、クルビノヴォはビザンティン聖堂としては極めて単純な建築形態を有し、壁画のキリスト伝場面もほぼ時間の順序通りに展開する。東壁アプシス周囲の「受胎告知」に始まり、南壁の「ご訪問」「降誕」

「神殿奉献」「洗礼」「ラザロの蘇生」と幼児伝、公生涯が続く。西壁を占める三図像「エルサレム入城」「聖母の眠り」「変容」は変則的で、「入城」以外は物語の秩序に従わない。「聖母の眠り」を西壁中央に配することによって、アプシスの「聖母子」との対をなす点は触れた。「変容」はキリストを円形光背が包むことから、形態上の理由によって西壁中央附近に置いたものであるが、ここにさらなる解釈の可能性を示したい。

(5) 西壁の「三位一体」

「聖母の眠り」上部の「日の老いたる者」は、これまで「マイエスタス・ドミニ(荘厳のキリスト)」とのみ呼ばれ、なぜここに通常のパントクラトール型(黒い長髪長髯)のキリストが描かれていないのか、説明がなされていなかった。私はこの西壁に「三位一体」という教義的な主題が実現されていると考える。頂部の「聖霊降臨」において、不可視の聖霊は「炎の舌」の形で弟子たちの頭上に降り注ぐ。「日の老いたる者」は父なる神の表象で、諸天使に囲まれて顕現する。北側の「変容」はイエス・キリストが神であることを弟子たちに明らかにする場面である。「神の顕現《テオファニア》」の三主題を並べることによって、ここに三位一体を実現する。ビザンティン聖堂装飾プログラムとしては、最初期の例である。次章の「ウビシ」において、後期ビザンティン聖堂における「三位一体」図像の問題を考察することにしたい。

「聖霊降臨」も「変容」もキリスト伝サイクルの一部であり、「日の老いたる者としてのマイエスタス・ドミニ」は独立した教義的図像である。しかしそれらが聖堂装飾において、一定の意図の下に組合わせて配されるとき、そこには関係性によるメタレヴェルの意味が生じる。キリスト伝サイクルの時間的秩序を可能な限り尊重しつつ、同時にキリスト教の根幹に関わる抽象的な教義を表象すること、それがプログラムの考案者に与えられた課題であった。

先述したカストリア、アギオス・ニコラオス・トゥ・カスニヅィ聖堂（一一七〇年代）はクルビノヴォと同時代でやはり単身廊建築をもつが、その西壁面構成はどうであろうか。扉口上部の壁面をおおよそ二対一に分割し、左の広い区画に「聖母の眠り」、右の狭い区画に「変容」を配置する。本来は「聖母の眠り」を扉口真上に配すべきところであるが、そうすると左右に残る空間が狭すぎて、二場面を描くことができない。そこで「聖母の眠り」を左にずらして、残った右の区画に、これも本来は中軸上が好ましい「変容」を置いたものであろう。この点まではクルビノヴォと類似している。しかしその上部に「日の老いたる者」を描く余地はなく、破風形の区画にいきなり続く。そこに描かれたのは「聖霊降臨」ではなく「昇天」であった。「昇天」の裏側に当たるナルテクスの東壁面頂部は、中央を「日の老いたる者」とする「デイシス（キリストに聖母と洗礼者が人類救済をとりなす図像）」が占める。ここまでをナオス（本堂）西壁のプログラムと一体と考えるなら、父なる神（ナルテクスの「日の老いたる者」）、子なるキリスト（「変容」を採っても「昇天」を採ってもかまわない）の二格は存在するが、聖霊の表象（「聖霊降臨」や「空《から》の御座《みくら》」）がない。したがってここに「三位一体」のプログラムは認められない。

現存例が皆無ではあるが、首都コンスタンティノポリスの大型聖堂の壁画が、クルビノヴォ等地方の小聖堂の手本となったことは想像に難くない。首都の大型聖堂はギリシア十字式の建築様式を有し、モザイクで豪華に飾られていたことだろう。重要な聖堂として考えられるのは、ネア・エクリシア（ネア・バシリキ）、ファロスの聖母聖堂、マンガナ修道院の聖ゲオルギオス聖堂等枚挙に暇がないが、壁画の内容については具体的な記録が一切ない。曖昧で抽象的な「記　述《エクフラシス》」が聖使徒聖堂《アポストリオン》について残るが、プログラムの再現には至らない。

首都のプログラムが地方の小聖堂に写される際には、種々の省略・誤解・未消化のフィルターがかけられる。建築形態の差（ギリシア十字とバシリカ）や壁の面積といった制約も存在しよう。大型聖堂であれば、西壁中央に上から「聖霊降臨」「日の老いたる者」「変容」「聖母の眠り」を四段垂直に配することができた。クルビノヴォの「西壁に三位一体」という構想が、画家個人の創意であったとは考えにくい。クルビノヴォの画家は手本の「三位一体」プログラムを理解し、カストリアの画家は理解しなかった、ということかも知れない。ビザンティン人にとっても、こうしたメタレヴェルの読解は必ずしも容易ではなかっただろう。

クルビノヴォでは「聖母の眠り」を中央に配するために、「変容」が中軸からずれて、「三位一体」が見づらくなっているが、「聖母の眠り」が上部の「日の老いたる者」と無関係であるのではない。帰天したキリストは、父なる神とともにあったが、母の死に際して再び地上に降りて、母の魂を抱く。そのことが、「日の老いたる者」と「聖母の眠り」の上下の配置によって示されている。西欧ゴシックの聖堂で、「聖母の眠り」の上に「聖母戴冠」を配するプログラムを想起させる（影響関係の有無は不明である）。クルビノヴォの東壁と西壁は、「生と死」という対照をなすだけでなく、受肉の始まり（受胎告知）から終わり（昇天）まで［東］と、神の本質（三位一体）［西］というキリスト論的対照をもなすのである。

（6）「受難」のプログラム

北壁は受難から復活にいたる主題が、時間の通り進行する。「磔刑」「十字架降架」「聖母の嘆き」「聖女たちの墓参り」「アナスタシス（冥府降下）」である。その限りにおいて、図像の配置には何の問題もないように見えるが、プログラムの考案者は南北壁にも周到な企みをなしている（ビザンティン美術においては、プログラムを考案したのが画家であるか、寄進者であるか、あるいは現地の聖職者であるかを示唆する史料が一切現存しないため、「プログラムの考案者」とのみ述べておく）。南壁の「降誕」においては、幼児キリストが石棺のごとき飼葉桶に寝かせられることによって、後の受難が予告された。隣接する「神殿奉献」でも、祭司シメオンが聖母にキリストの受難を予告する。幼児伝にすでに示された宿命は、対面する北壁の「聖母の嘆き」「聖女たちの墓参り」において実現するのである。とりわけ「神殿奉献」と「聖母の嘆き」が向かい合う点が興味深い。中期ビザンティンの神学者は、しばしば幼子を抱くマリアと、キリストの死体を抱いて嘆くマリアを重ね合わせた説教を行った。

（マリアの独白）［主よ、］ご覧下さい。善良なあなたの摂理が終わりを告げました……。万物に息を吹き込まれたあなたが、今や息もせず亡骸になって横たわっています……。今、不治の病を癒したあなたの傷ついた脇腹に口づけます……。今、目の働きを造られたあなたの閉じた目に口づけます……。今、この前まで最愛の子として腕に抱いた、息もせぬあなたを抱きしめています。

ニコメディア府主教ゲオルギオス（九世紀、菅原裕文訳）

私（マリア）はあなたを母の腕に抱き上げました。でもあなたは子どもたちがするように、暴れて、はねました。今私は同じ腕に、あなたを抱き上げています。しかしあなたは息をすることなく、死者として横たわったまま。それから私はあなたの甘く濡れた唇に口づけました。……いくたびもあなたは私の胸で赤子として眠り、今は死者として目をつぶっています。

シメオン・メタフラスティス（十世紀）

ここにも「生と死」が、あるいはもっと正確に言うなら、「生のうちに示唆された死」と「実現された死」が組合わされている。「神殿奉献」と「聖母の嘆き」を聖堂装飾の上で関連させるプログラムは、クルビノヴォにやや先行する重要な基準作例、ネレヅィ（マケドニア）のスヴェーティ（聖）・パンテレイモン修道院においても採用されている。一一六四年の年記をもつネレヅィのフレスコは、十六世紀の地震によって上半部を失っており、全体のプログラムを議論することはできないが、北壁の「聖母の嘆き」と南壁の「神殿奉献」が向かい合う点は、クルビノヴォと同様である。ネレヅィはギリシア十字式の建築で、キリスト伝の物語進行とは関わりなく、「神殿奉献」と「聖母の嘆き」を対に配することが容易であったが、クルビノヴォは物語の進行を尊重しつつ、両主題を相対して描くという困難を実現している。南壁において、窓のためとはいえ「ご訪問」に例外的な広い壁面を当てているのは、南北壁面の対照を成立させるためでもあったに違いない。

同時に「ご訪問」は、対面する北壁の「アナスタシス」と対をなしていることにも注目しなければならない。「ご訪問」はマリアとエリサベトが互いの妊娠を喜ぶ場面であるとともに、胎内のキリストと洗礼者ヨハネとの初対面を記念する主題でもあった。一方「アナスタシス」の画面左上部には、キリストによって冥府から救い出される洗礼者が描かれている。「ご訪問」で出会った両者は、「洗礼」の場面を経て、「アナスタシス」において再会し、ヨハネは冥府《ハデス》という中間領域から、天国の永遠の生へと赴くのである。

2 ラグデラのパナギア・トゥ・アラコス聖堂

九世紀以降のビザンティン聖堂建築は、ギリシア十字式（内接十字式）と呼ばれる様式が主流となる。アプシス（内陣）とドームという最重要の壁面に加え、ドームから東西南北四方に伸びるヴォールト天井をもつ空間が生じる。トンネル・ヴォールト（半円筒穹窿）は通常中央で分割され、二ないし四場面のキリスト伝が配されることになる。南・北・西壁面には、頂部にリュネット（半円形）区画、その下部にいくつかの長方形区画が生じ、そこにも様々なキリスト伝が描かれる。バシリカ式聖堂のごとき単線的な主題配置が不可能であるため、場面の選択と配列には、典礼を始めとして種々の要素が影響を及ぼす。しかしながら中期（九〜十三世紀）の聖堂で、ギリシア十字式の建築をもち、壁画が全面に残っている作例はそれほど多くない。ここでは典型的なギリシア十字式プランとは言えないが、これに似た単純な壁面構成をもつキプロス島、ラグデラのパナギア・トゥ・アラコス聖堂を概観しつつ、折りに触れて他の聖堂装飾に言及したい。

パナギア（聖母）・トゥ・アラコス（もしくはパナギア・アラキオティッサ）は、アラクスなる野生の豆科植物に由来する名称である。春になると一帯は濃い紫色の花に覆われるというが、なぜ「豆の聖母」なる愛称が生まれたのかは明らかでない。堂内の銘文には重ねてこの名が現れる。献堂銘によって、一一九二年の建立であることが知られる、クルビノヴォと同時期の基準作例である。一一八三年、同じキプロス島のパフォス、アギオス・ネオフィトス修道院にフレスコを描いたコンスタンティノポリス出身の画家テオドロス・アプセウディスが、このラグデラでも仕事をしたとされている。したがって本聖堂のプログラムは地方的なものではなく、首都のそれを反映した知的なものであると考えられる（この点については後出・付論の馬場論文に対する書評も参照）。

ギリシア十字式のプランとは、ドームから四方に伸びる腕の長さが等しいものを言うが、ラグデラでは南北の腕は極めて短く、ヴォールト天井というよりはアーチほどの長さしかない。ここにキリスト伝の物語を描くスペースはなく、代わりに聖人の胸像メダイヨン（円形枠）が並ぶ。東の腕はやや長く、西の腕はさらに長い。現在のナルテクス（玄関廊）は一七九五年に増築されたものである。北の外壁にもフレスコが残っているが、これは十七世紀の作で、本稿では採りあげない。

（1）東壁面

東壁面から見よう。アプシスのコンク（四分の一球形壁面）は坐像の聖母子で、ガブリエルとミカエルの大天使が左右に侍す。聖母は左膝を軽く開く以外は厳しい正面観で、抱かれた幼児キリストは左手に巻物をもち、右手で祝福をする。その下にはメダイヨンの神学者胸像、さらに下には神学者の立像が並ぶ。神学者の選択にはキプロスの地域性が濃厚であるが、本稿の主題と関わらないので触れない。

コンクを囲む逆U字形壁面中央には、「マンディリオン（聖顔布）」が置かれる。シリアの王アブガルが病に倒れた際に、キリストの来訪を請うた。キリストは多忙のためシリアに赴くことができず、代わりに布に顔を押し当て、それを弟子に届けさせる。布にはキリストの顔が奇跡によって写し出されており、アブガル王はそれに触れることによって癒された。「マンディリオン」には二つの図像学的タイプがある。一つはここに見るような方形タイプ、今一つはたとえばカストリア、アギオス・ニコラオス・トゥ・カスニヅィ聖堂のアプシス上に見るごとき、両端が釘に引っかけられてゆるいUの字を描くタイプである。聖堂装飾プログラムにおいては様々な役割を担うが、アプシス上部に配される場合は、「受肉」の教義を強調するものと考えられる。キリストは地上の生においては、私たちと同じ肉体を有し、その肉体が布に接することによって、像《イコン》が生じたのである。コンクの「聖母子」と「マンディリオン」を上下に配することによって、「受肉」の教義がいっそう強調される。

さらに「マンディリオン」の左右には、ダマスカスのヨアンニス（左）とコスマス・ピイティス（詩人《ピイティス》コスマ、讃歌作者《メロドス》とも。右）という義兄弟の胸像が配されている。ともにイコノクラスム初期において、イコン信仰を擁護する論陣を張った神学者である。これによって聖堂を美術（イコン）で飾ることの正当性が際立つ。キリストは自らの意思によって、人間に対して自分の肖像（似姿《イコン》）を与えた。イコン画家が描くキリストの顔は、人間が勝手に思い描いたものでなく、原型は神その人にまで遡るものである。この思想を「人の手がつくったものではない《アヒロピイトス》」と呼ぶ。イコン神学の中枢をなす概念である。

東腕、すなわちベーマ（聖域）の天井には「昇天」が配された。すでに述べた通り、かつて「昇天」は聖堂のドームを飾ることが通例であった。中央に天使に囲まれて天に昇るキリストの光背を配し、ドラムの周囲にはそれを見上げる聖母と使徒たちを並べることによって、イリュージョニスティックな効果を演出する。高いところでは使徒たちが、そして床面では一般の信徒が、キリストの昇天を見上げるのである。しかし九世紀頃を境として、ドームには「昇天」に代わって「パントクラトールのキリスト」を描くようになる。一回限りの歴史的な事件である「昇天」に替えて、永遠普遍である神のイメージを置くことを好んだためであろう。これによって中期ビザンティン聖堂装飾プログラムの大枠が定まった。聖堂の低い壁面には受肉したキリストの生涯を描き、ドームには天に在る神キリストを配する。受肉した存在ではないパントクラトールは不可視のはずであり、それを絵画化することは本来矛盾であるが、イコノクラスム期の議論がこれを「解決」した。私たち人間の「生と死」とは異なる、キリストの「生と死後」がここにある。ドームのキリストは、私たちの手のはるかに届かない高みにある。この距離が、天に在る不可視の神の表象となる。キリストへの祈願は、私たちの手の届く低い壁面に描かれた聖者たちを通してなされなければならない。

東腕ヴォールト中央には、四天使に支えられたキリストの円形光背がある。ドームから「降格」したとはいえ、ベーマの天井は十分に重要な壁面である。「聖堂の東西軸上にキリストのメダイヨン・イメージを並べる」というのが、ビザンティン聖堂装飾の一種の原理であった。ドームのパントクラトールも、ベーマ天井の「昇天」も、アプシス上部の「マンディリオン」も、この原則の範疇に収まる。ただしドームに「昇天」を描けば、見送るオランスの聖母を中軸上に置くことができたが、ベーマ天井ではそれが不可能である。ラグデラでは右（南）に聖母と六人の使徒、左（北）に天使と六使徒という配置にならざるを得なかった。クルビノヴォでは「聖母子」と「受胎告知」の上部に「昇天」を描くことによって、「受肉の始まりと終わり」を同一壁面において示したが、ここではそれがうまくゆかない。ビザンティン画家は、与えられた建築形態の中で、いかに充実したプログラムを実現させるかを求められた。

(2) ドーム

ドームの基部には、方形のプランに円筒形のドラムを載せるための調節部が四つ生じる。ここではペンデンティヴ(三角穹隅)工法によって解決された。「四」という数字の象徴性から、ペンデンティヴには四人の福音書記者を配するのが通例である。しかしラグデラの建築では、アプシス周辺に「受胎告知」を描く余地がなく、画家はやむなくこの主題を東側の二つのペンデンティヴに分割して置いた。北東のペンデンティヴにお告げのガブリエル、南東のペンデンティヴに聖母マリアである。大天使ガブリエルの複雑にからみ合い、なびく衣の襞が美しい。クルビノヴォでもそうであったが、過剰なまでに込み入ってうごめく襞の表現は、十二世紀末のビザンティン美術に共通する様式の傾向である。東壁の「聖母子」、「マンディリオン」と併せて、受肉の教義を強調する。

大天使ガブリエルとマリアの間、ドームの基部には幼児キリスト(エマヌイル銘)のメダイヨンが配された。『見よ、おとめが身ごもって男の子を産む。その名はインマヌエルと呼ばれる。』この名は『神は我々と共におられる』という意味である」(マタイ一・二三。イザヤ七・一四を引用した章句)を出典とする「インマヌエルのキリスト」は通常ロゴス(神の本質である「言葉」)の受肉を表象する図像で、「受胎告知」の中央モティーフとしては相応しい。同じ画家テオドロス・アプセウディスが描いた、キプロス島パフォス郊外、アギオス・ネオフィトス修道院でも「受胎告知」の中央モティーフとして、インマヌエルのキリスト(ただしこちらは立像)が採用されている。カストリア(北ギリシア)、アギイ・アナルギリ聖堂(一一八〇年代。クルビノヴォと同一画家の作)では、東壁に配された「受胎告知」の中央モティーフとして、半円形の天の中に「日の老いたる者」が描かれる。代わりに「インマヌエル」の胸像は、アプシスに接する三日月形小区画に収められた。カストリア、パナギア・マヴリオティッサ修道院(フレスコ十二/十三世紀)では、アプシス最下部にインマヌエルのメダイヨンが置かれる。

ノヴゴロド（ロシア）のネレディツァ修道院（一一九八年）では、聖母子立像の描かれたアプシスに隣接する三日月形壁面に、「インマヌエル」のメダイヨンがあり、さらにそれに隣接する狭いヴォールトには「日の老いたる者」のメダイヨンが置かれる。このネレディツァのプログラムは極めて複雑で、後述するアプシスの「空《から》の御座《みくら》」を含めて、何らかの教義を表象するとは考え難い。ネレディツァのアプシスに配された聖母子は「ブラケルニティッサ型」と呼ばれる図像で、台座に立った聖母マリアはオランス（両手を広げて祈る仕種）をとり、その胸にインマヌエル型の幼児キリストのメダイヨンが浮遊するように置かれる。プスコフ（ロシア）のミロズ修道院（フレスコ一一五〇年代）では、ベーマ天井の「変容」と隣接するアーチ中央に「インマヌエル」のメダイヨンが配される。以上に概観したように、「インマヌエル」のメダイヨン（ないし胸像）は、アプシス最下部、コンクの聖母の胸の上、コンク上の小区画、ペンデンティヴの間等の、聖堂中央軸上に配される。聖母（子）の近くに置かれることによって受肉の教義を強調し、また受胎告知の中央モティーフとして同様に受肉を表象する。

北西のペンデンティヴにはマタイとマルコが、南西のペンデンティヴにはルカとヨハネが、それぞれ向かい合って福音書を執筆する姿で描かれている。本来なら一部屋与えられる記者たちが、「受胎告知」に追い出される形で「相部屋」になった格好である。

ドーム中央では強烈な赤を背景として、「パントクラトール」が地上を見下ろしている（図2）。キリストは左手に聖書をもち、右手は二本指を立てて祝福している。キリストの周囲には天使のメダイヨンが十並ぶが、胸のすぐ下、東側には「空の御座《エティマシア》」のメダイヨンがある。布のかかった豪華な玉座の上に、聖書と聖霊の鳩、受難具（十字架、槍、海綿の刺さった葦の棒）が置かれている。十字架には荊冠のかかることが多いが、ここにはない。銘文にはギリシア語で Η ΕΤΥΜΑCΙΑ（準備）と記されるが、正式には Η ΕΤΟΙΜΑCΙΑ ΤΟΥ ΘΡΟΝΟΥ（玉座の準備）である。最後の審判の際にキリストが坐る椅子、今は空いているがやがてここで審判が行われる、という終

図2　パナギア・トゥ・アラコス聖堂ドーム（キプロス島ラグデラ）

末論的な意味を強くもつ図像である。

ドームのパントクラトールの真下に「空の御座」が配されると、ここにも関係性による意味が生じる。神キリストは、今は天（ドーム）にいるが、まさに終末は近い。裁きの玉座はすぐ下に準備されているのである。アプシス附近の「受肉」に対して、ドームでは「終末」「審判」が語られる。「最後の審判」そのものがビザンティン聖堂に描かれることはそれほど多くないが、このような形で終末論は聖堂を飾っている。

先に触れたネレヅィでは、アプシスの聖母子（逸失）の下、祭壇の裏に当たる位置に「空の御座」が描かれている。最後の審判の際にキリストは、地上に降りて裁きを行うのであるから、裁判の座が床面に近いところに描かれるのは矛盾しない。しかしこの位置はドームのパントクラトール（逸失）と離れており、両者の間に関係性を見出すことは難しい。ロシア、プスコフのミロズ修道院（一一五〇年代）では、アプシスの「デイシス」の上部、キリストの頭上に「空の御座」が配置されている。「デイシス」は通常坐像のキリストの両側に聖母マリアと洗礼者ヨハネを配する図像で、最後の審判に際して、人類の救済を聖母と洗礼者がキリストに対してとりなす。「最後の審判」の中央モティーフとなることも多い。終末論的色彩の強い「デイシス」と「空の御座」の組合わせに意味はある。しかしキリストの頭上という位置は、「キリストが降りてきて坐る」という動線とは適応しない。ラグデラのプログラムはうまく機能していると言うべきであろう。ロシア、ノヴゴロドのネレディツァ修道院（一一九八年）では、アプシスの聖母子の頭上に「空の御座」がメダイヨンなしに描かれ、二天使がこれを礼拝する。ドームは「昇天」であるが、「空の御座」に隣接するアーチには「インマヌエルのキリスト」と「日の老いたる者」のメダイヨンがある。ヴェネツィアのサン・マルコ聖堂に安置される《パラ・ドーロ》の中央区画は、パントクラトール坐像を四福音書記者が囲み、上部に「空の御座」が配されている。

キプロス島では、トリコモ村のパナギア聖堂（十二世紀初）とリシ村アギオス・テモニアノス聖堂（十三世紀初）において、ドームの「パントクラトール」の東下に「空の御座」を配し、それを聖母と洗礼者が囲んで「デイシス」とするというプログラムを採用している。ラグデラはこれを簡略化して描いたものということになろう。ラグデラのドラム（鼓胴部）には十二の窓が開けられ、窓の間にはキリストやマリアの到来を予告したと予型論的に解される旧約の預言者たちが十二人並ぶ。ドームのドラム部分に旧約の預言者を配するのはビザンティン聖堂装飾の定型であるが、クルビノヴォにはドームがなかった。本来ドラムに並ぶはずであった預言者たちは、南北壁、キリスト伝サイクルの上部に置かれている。

（3）南北のリュネット

北壁のリュネット（半円形）壁面には「聖母マリアの神殿奉献」が描かれた（口絵7）。三歳になったマリアは、両親の下を離れて神殿に仕えることになる。図式的に表されたユダヤ神殿の聖域（キリスト教聖堂の祭壇近辺のイメージである）に祭司ザカリアがいて、三歳になったマリアを受けとる。アンナとヨアキムの背後には、ヘブライの乙女たちが七人並ぶ。ザカリアのいるキボリウム（天蓋）の上には小さな聖堂様の建築モティーフが載り、マリアが天使からパンを与えられる。「聖母の神殿奉献」中に「天使に養われるマリア」を描き込むのはよくある図像であるが、ラグデラにおけるこの場面の意味については後述する。

これに対面する南壁リュネットには「聖母の眠り」が置かれる（口絵8）。中軸から外れて向かって左寄りにキリストが立ち、母の魂を抱く。スペースの関係か、聖母の魂を受けとるために飛来する天使は一人である。「聖母の眠り」は西壁扉口上に描かれることが通例であるが、ここラグデラにはナルテクス（玄関廊）からナオス（本堂）に通じる扉口が当初からなく、したがってナオス西壁面が存在しない。そこで北と南壁に「聖母の神殿奉献」と「聖母の眠り」を対に配することによって、聖母マリアの「生と死」を演出したものである。ただ聖母の「生」を表象するためなら、「聖母の神殿奉献」でなく「聖母の誕生」でもかまわなかったはずであるが、前者を選んだ積極的な理由については後述する。ちなみにネレヅィの西壁には、扉口上に並んで「聖母の誕生」（左）と「聖母の神殿奉献」（右）が配され、その上部、リュネット区画には「聖母の眠り」が描かれていただろう（十六世紀の地震により逸失）。西壁内で聖母の「生と死」を完結させていることになる。ネレヅィは治療聖人であるパンテレイモンに捧げられており、ラグデラは聖母に献堂されている。ラグデラのプログラムにおいて、聖母伝が重要な位置を占めるのはそのためである。

（4）　西腕部

西腕のヴォールト天井は聖人の胸像メダイヨン列によって二分され、南側に「キリスト降誕」、北側に「アナスタシス（冥府降下）」が描かれる。「アナスタシス」はキリストの死を踏まえた「復活」であり、ここでもキリストの「生と死（と永遠の生）」が対照されている。「降誕」は中期一般の図像と変わらず、中央に洞窟状の馬小屋があり、マリアが産褥の床についている。左上方のベツレヘムの星から下った光は、飼葉桶に横たわるキリストの上方、驢馬と牛に注いでいるようである。左前景には頬杖をついて考え込むヨセフ、右前景には「キリストの産湯」、右後景には「羊飼いへのお告げ」が描かれる。構図左には、すでに三人のマギが到着している（「マギの礼拝」）。

図像学的に特筆すべきは、産湯をつかうキリストが水を怖がって逃げようとしていることである。これを日常レヴェルで解するなら、手伝いの女が壺から注ぐ水が冷たいので（あるいは熱いので）赤ん坊が嫌がり、坐った乳母が赤ん坊を受けとめ、水を注いだ女にそれを咎めていることになろう。しかし後述するように、この聖堂の「幼児伝における受難の予告」という一貫したプログラムから考えると、この極めて人間らしい表現にもキリスト論的意味を読みとるべきではないだろうか。「キリストの産湯」はふつう「洗礼」の予示と解釈されるが、ここでは「洗礼→公生涯→受難」という論理によって、キリストが逃げようとするのは受難という自らの宿命であるように思われる。

「アナスタシス」は標準的な図像である。キリストは左手に十字架をもち、釘の痕の見える左手でアダムを助け上げる。その背後には両手を合わせたエヴァの姿がある。構図右側、石棺の中にダヴィデとソロモンの親子が立ち、後ろの山陰に洗礼者ヨハネが立っている。注記すべきは、連続する壁面、北壁の東端には同じ洗礼者ヨハネが立ち、またすぐ下には「キリストの洗礼」が描かれていることである。ラグデラの北壁には合計三度の洗礼者像表現が認められる。この洗礼者の多義的な機能については後述する。

ナオス中央部においては北壁に生（「聖母の神殿奉献」）、南壁に死（「聖母の眠り」）を配し、西腕では北に死（「アナスタシス」）、南に生（「降誕」）を描く。「生と死」は交錯する。加えて「聖母の眠り」は、死を経て魂が天上に迎えられ、永遠の生を享受する場面であり、もちろん「アナスタシス」は「復活」、キリストにとってもアダムらにとっても、永遠の生に他ならない。

（5）　壁面下段

壁面の下段、私たちの視線の高さには、立像の聖人たちが並んでいる。これらは信徒の願いを受けとめる「イコン」であるが、とくに東附近の図像は重要である。イコノスタシス（現在の設備は近世の作）の左右には、テンプロン・イコンとして左に嘆願のマリア（「慈悲深き者《エレウーサ》」銘）、右に正面を向いて祝福するキリスト（「声を返す者《アンティフォニティス》」銘）が配される。これは一種の「デイシス」であるが、テンプロン・イコンの性格上、洗礼者ヨハネを加えた三者を左右対称形に配することが不可能であった。そのため北壁東端、嘆願の聖母に隣接する位置に洗礼者を描いている。ヨハネは右の指で上方を指し示し、左手には十字架の杖と「見よ、神の小羊、世の罪をとり除く者（ヨハネ一・二九。ギリシア語の語順にしたがって邦訳した）」の章句を記した巻物をもっている。ヨハネの向かって左では「神を抱く者《テオドコス》」との銘をもつ祭司シメオンが、幼児キリストを抱いている。ヨハネとシメオンの正面、南壁東端には大きな長方形の区画をとって、「アラキオティッサ（豆の聖母）」と記された聖母子の立像が配される**（図3）**。この聖堂名の由来となったイコン壁画である。

まずシメオンから検討しよう。「神を抱く者シメオン」の図像は、無論「キリストの神殿奉献」という物語図像から派生したもので、後期ビザンティン、ポスト・ビザンティンには頻繁に見られるが、ラグデラが初出作例である。老シメオンは悲痛な表情で幼児キリストを抱きしめ、一方耳にピアスをした少女のような顔立ちのキリストは、シメオンに抱かれることを嫌がって逃げようとする。「神殿奉献」でキリストの将来の受難を予告したシメオンに対して、キリストはその宿命から逃れようとするものである。

このシメオンの直上には、「聖母の神殿奉献」の祭司ザカリアがマリアを受けとる姿が描かれている。聖堂装飾プログラムにおいて、それぞれ独立した意味内容を有する図像は、組合わされ、隣合わせに置かれることによって、新たな意味を獲得する。この北壁においても、同じユダヤの祭司シメオンとザカリアが上下に、同じように背を丸めた姿で描かれるのも偶然ではない。シメオンが将来のキリストの受難を示唆しているのなら、ザカリアにもまた同様の含意があると見做すべきであろう。ザカリアは三歳になったマリアを神殿に受け入れる。構図上部、キボリウムの上では、そのマリアが天使からパンを受けとっている。パンはキリストの体であり、キリストの受難と復活を強く想起させる。

シメオンの隣にいるヨハネは、右指で上を示し「見よ、神の小羊、世の罪をとり除く者」と言う。小羊、犠牲、受難という論理によって、この言葉もまたキリストの受難を表す。キリストは犠牲となることによって、人類の

図3　パナギア・トゥ・アラコス聖堂南壁面「アラキオティッサ（豆の聖母）」
（キプロス島ラグデラ）

原罪を贖うのである。したがってヨハネのこの挙措は、すぐ上の「聖母の神殿奉献」を受難の予告と解するよう告げていることになる。洗礼者ヨハネがキリストの受難を予告するのであるが、遡ればそれはすでに父ザカリアがマリアを神殿に受け入れたことに起因するのである。

　しかし洗礼者ヨハネの機能はこれに留まらず、極めて多義的である。第一に洗礼者は「デイシス」を構成する。テンプロン・イコンのキリスト、聖母と結合することによって、人類の救済をとりなす役割。通常壁面下部の聖者は一人ひとりが独立して臙脂色の枠に囲まれるか、あるいは全員が同一の枠内にいるが、洗礼者はシメオンとともに二者のみで枠どられている。この二人は「キリストの受難を予告した者」との共通の資格で、一つの枠に収められているのである。ヨハネの右手の動きは、「聖母の神殿奉献」の意味を補足すると同時に、ドームのパントクラトールをも示して「神の小羊」と語る。関係性によって意味のネットワークを構築するという、聖堂装飾プログラムの特性を十全に実現する図像と言わなければならない。

　「神を抱く者シメオン」の図像は、現存する限りラグデラが最初であるが、「聖母の神殿奉献」を上に、洗礼者ヨハネを隣に配するこの組合わせは、実に知的で洗練されたプログラムである。首都コンスタンティノポリスの今は失われた、聖母に捧げられた聖堂に手本となった壁画があったと想像する誘惑を抑え難い。

　シメオン、ヨハネの正面に配された「アラキオティッサの聖母」もまた、将来の受難を予告する図像となっている**（図3）**。幼児キリストを抱えたマリアは、不安に満ちた憂鬱な眼差しで遠くを見つめる。キリストは定型の「オディギトリア型聖母子」なら観者を祝福するはずであるが、ここでは母を見つめ、祝福の指も母を指している。二人の奇妙な表現の謂われは、左右の大天使によって明らかにされる。ガブリエルとミカエルは十字架、槍と海綿を刺した葦の棒という受難具をもって、聖母に将来のキリストの死を告げている。このイコンに添えられた長文の銘は、寄進者レオンが一族の平安を願ったもので、「受難の聖母」の意味内容には立ち入らない。

幼子キリストを抱きながらすでに将来の受難を知り、憂いに満ちた表情をするマリアは「受難の聖母」という主題系を構成し、十二世紀以降のビザンティン美術に頻出するばかりでなく、ルネサンス美術にも受継がれた。受難具をもつ大天使がいなくとも、聖母のかすかな表情でこの含意を示唆する場合が少なくない。堂々とした礼拝図像である「オディギトリア型聖母子」以外は、むしろ中期以降のほとんどのマリアが憂愁の雰囲気をまとっていると言っても過言ではない。年記のある作例としては、このラグデラが「受難の聖母」の初出である。「アラキオティッサの聖母」の右側には、天球を手にした大天使ミカエルが正面向きに立つ。キプロス島に多い図像で、とくにプログラム上重要な意義は認められない。

ビザンティン時代の信徒が、聖堂のナオス中央に立ったときのことを想い描いてみよう。アプシス下部にクルビノヴォのような「アムノス」、あるいはネレヅィのような「使徒の聖体拝領」があってもよかった。これらは「聖餐」の教義を直接に語る図像である。しかしビザンティン時代の観者は「パンとワイン」の教えを十分に知悉していた。右側を見ると、聖堂名の由来となったフレスコ・イコン「豆の聖母《アラキオティッサ》」があり、マリアは哀しげに我が子を抱く。人間の罪の贖いのために犠牲となることが定められている子である。しかし我が子の死は、このとき初めてマリアに告げられたのではない。左の壁を見ると、三歳のマリアがすでに天使からパンを受けとっている。その下ではザカリアの息子ヨハネが、パンすなわち「犠牲の小羊」であることを示し、その隣では祭司シメオンが幼いキリストに将来の出来事を悲痛な表情で知らせている。あらかじめ定められた死。それが受肉したキリストの宿命であった。しかし一方で洗礼者の指先をさらにたどると、天上に在る神キリスト、もはや人としての肉体をもたない神が、はるかな高みに君臨する。

南壁のリュネットでは、通常中央にいるはずのキリストが、左寄りに描かれていた。これはH・マグワイアが言うように、下部の「豆の聖母」との結合を強調するためである。ビザンティン聖堂では東壁の「聖母子」と西壁の「聖母の眠り」において、「幼いキリストを抱く聖母」と「母の魂を抱くキリスト」が対照されていることはすでに述べた。ラグデラでは西壁がないために「聖母の眠り」が南に描かれたが、それによって上下場面で「幼いキリストを抱く聖母」と「母の魂を抱くキリスト」の対照が可能になった。「豆の聖母」は立像であるから、アプシスの坐像の「聖母子」よりも対応関係はいっそう明確である。眼を北に転ずれば、そこには上下に、同じように背を丸めた二人の老人、ユダヤの祭司ザカリアとシメオンが配され、形の類似は意味の対応であることを読みとるよう、観者に語るのである。北壁のプログラムは首都コンスタンティノポリスに手本を想定することが可能であるが、南壁の「聖母の眠り」と「豆の聖母」の組合わせは首都にはあり得ない。「聖母の眠り」は西壁に描かれ、その下には扉口があるのがふつうだからである。画家テオドロス・アプセウディスによる即興の妙案であろうか。

再び北壁に戻り、シメオンの向かって左、扉口の上部を見よう。「聖母の神殿奉献」の下の狭い区画に「ケラミオン（ケラミディオンとも。聖なるタイル）」が描かれている。シリアのエデッサで、ペルシア人の来襲から守るため、「マンディリオン」を聖堂床下に隠したところ、奇跡によって床のタイル（テラコッタ製の大型煉瓦）にキリストの顔が写ったというものである。「ケラミオン」もまた奇跡の力をもつ。故に原型を忠実に写すことによって、原型がもつ奇跡の力は保存される、とするイコンの教義が保証される。聖堂装飾においては、ドーム基部の東側（北東と南東のペンデンティヴの間）に「マンディリオン」を描き、西側（北西と南西のペンデンティヴの間）に「ケラミオン」を配することが多い（ロシア、プスコフのミロズ修道院（一一五〇年代）、ノヴゴロドのネレディツァ修道院（一一九八年）等々）。両図像が正確に対面することによって、両者が写し写されたものとの関係がわかるからである。ラグデラでは「マンディリオン」の壁面に向かい合う区画は存在しないので、北扉口上にこれを移した。キプロス島にはたとえばカト・レフカラ村の大天使ミカエル聖堂（十二世紀）のごとく、扉口上に

「マンディリオン」を描く例がある。キリストの顔によって扉口を守護する、アポトロパイック（辟邪）な機能を期待したものであろう。

西腕の北壁、「アナスタシス」の下には大型のニッチがあり、アーチ形の区画には「キリストの洗礼」が描かれている。ヨルダン河にキリストが立ち、向かって左のヨハネから洗礼を受けている。右にはニンブスのみの表現を含めて計三人の天使が立ち、キリストが水から上がるのを待ち受ける。図像学上の問題はない。元来聖堂入口のナルテクス（玄関廊）は未受洗者の控えの間であり、条件を満たした際に洗礼を受ける場でもあった。ラグデラ建立時にナルテクスに相当する空間がどのような形態であったのか不明であるが、この位置に「洗礼」があることから推して、聖堂西側のこの附近で信徒の洗礼式が行われたと考えられる。

「洗礼」のニッチに対面する南壁には、同じくニッチが切られ、そこに扉口が設けられている。周囲にはカリトン、イラリオン、クリストフォロスらの修道聖人、殉教者像が配されている。

（6）ラグデラのプログラム

ラグデラを再度一巡しよう。アプシス附近は「受肉」の場であり、「聖母子」「マンディリオン」「受胎告知」「インマヌエル」のメダイヨンが効果的に配置される。ドームの「パントクラトール」の下には「空の御座」のメダイヨンが置かれて、終末論的含意が強調される。

聖堂東西の中軸には「マンディリオン」「昇天」「インマヌエル」「空の御座」「パントクラトール」と、キリストないし神を表象する円形（「マンディリオン」のみ方形であるが、キリストのニンブスが円形である）モティーフが並ぶ。複雑な壁面構成をもつ聖堂を装飾する際に、中軸にキリストの円形イメージを並べ、その南北に様々なモティーフを組合わせることによってキリスト論を展開するのが、中期以降のビザンティンの特色である。その原則がここラグデラでも見事に実現されている。
ナオス北壁は「聖母の神殿奉献」、南壁は「聖母の眠り」で、聖母の「生と死」が対照されている。「聖母誕生」でなく「聖母の神殿奉献」を選んだのは、下部のシメオン像との照応をつくり出すためであった。西腕のヴォールト天井には北に「アナスタシス」、南に「降誕」が配される。キリストの生の初めと生の終わりが向かい合うことになる。南北壁面で「生と死」が交錯する。

イコノスタシスの左右にはテンプロン・イコンとして聖母とキリストが左右に配された。キリストに人類の救済をとりなす聖母であるが、隣接する北壁には洗礼者ヨハネがおり、ここに「デイシス」が成立している。終末論的意味合いをもつ点で、この部分はドームの「パントクラトール—空の御座」と呼応する。堂内に描かれたキリスト像には、受肉して地上の生を送るキリストと、天上に在る神キリストの二種類があり、後者はドームの「パントクラトール」と、テンプロン・イコンの「声を返す者《アンティフォニティス》」キリストである。「アナスタシス」のキリストは、復活後でありながら天に昇ってはいないという意味で、二種類のキリストの領域をつなぐ存在となる。

北壁東には洗礼者ヨハネと「神を抱く者《テオドコス》」シメオンが並び、ともにキリストの受難を示唆する。対面する南壁の「アラキオティッサの聖母」は、我が子の将来の受難を知り、愁いに沈む聖母そのものである。この相対する壁面のプログラムによって、聖堂全体が「受難」という死の色に彩られることになった。神の子誕生を祝うめでたい「降誕」では、白い布にくるまれた幼子が飼葉桶に寝かせられるのみならず、産湯をつかうキリストが身をよじって水から逃げようとする。将来の運命に怯え、逃れようとする姿は、シメオンに抱かれたキリストの表現と通底する。しかし「アラキオティッサの聖母」では、マリアに抱かれたキリストは自らの宿命を受け入れ、母を慰安するかのようである。

通常は「キリスト受難」の含意を読みとる必要のない「聖母の神殿奉献」であるが、すぐ下に祭司ザカリアと同じ姿勢をとる祭司シメオンを置き、洗礼者ヨハネが上方を指差すことによって、観者はここにもすでに確定している「キリスト受難」という運命を読みとることになる。幼いマリアは神殿で天使からパンを受けとることによって、聖餐の秘蹟を予告されるのである。

受肉と受難と終末。様々な形で「生と死」は交錯しつつ、キリスト教会の教義と思想を語る。

終わりに

クルビノヴォは単純な単身廊建築で、キリスト伝サイクルは基本的に時間の秩序によって進行しながらも、東西、南北に様々な対照をなして充実したプログラムを形成した。ラグデラはドームを有するギリシア十字式の簡略な様式で、プログラムも比較的単純である。物語を時間的に語るというよりは、主題の意図的な選択と配列によって、複雑な教義を表象することが容易である。ビザンティン聖堂には同じ建築はひとつもなく、したがって同じプログラムも存在しない。十二世紀末の壁画が全面に残る二作例を検討しながら、聖堂装飾にいかなる「生と死」のネットワークが実現されているかを眺めたことになる。

ビザンティン帝国は「東」と「西」の境界に位置した。一四五三年のコンスタンティノポリス陥落まで、西欧諸国は直接に東洋《オリエント》と境を接することなく、ビザンティン帝国の向こうにアジア、イスラーム世界を眺めていたのである。聖堂装飾のプログラムにおいても、ビザンティンは同時代の西欧、ロマネスクやゴシックとは異なる方法を採用したことを、本稿で具体的に検証した。次稿ではさらに東進して、やや時代の下るグルジアの聖堂を詳細に探究することにしたい。

二　ウビシ修道院（グルジア）の装飾プログラム

アルゴス号の船乗りたちが金羊毛を求めて渡ったコルキスの地が、現在の西グルジアである。ヅィルラDzirula河の刻む渓谷の狭い平地にウビシUbisi（ウビサ Ubisaとも）修道院は佇む。グルジア（希・ゲオルギア）の守護聖者たる聖ゲオルギオスに献堂された修道院である。主聖堂は、単身廊の単純な建築を後補の低い空間が北・西・南の三面から囲む。修道院の建立は九世紀とされる。[1] 本稿はこのウビシ修道院フレスコの装飾プログラムを考察するものであるが、それに先立って類似図像を概観しよう。

1　マケドニアの「キリスト三態」と「三位一体」

カストリア（北ギリシア）のアギオス・ステファノス聖堂[2]（壁画は十三世紀初頭）は小型のバシリカであるが、側廊に比して極端に高い身廊を有し、身廊はビザンティン聖堂には珍しいことながらヴォールト（半円筒穹窿）によって架構されている。ヴォールト天井には三つのメダイヨン（円形枠）が並び、東から「パントクラトール（万物の統治者）」、「日の老いたる者」、「インマヌエル」という、年齢容貌の相異なるキリストの三態（図1）が描かれている。[3] 三者とも頭部は西を向く。

図1　アギオス・ステファノス聖堂「キリスト三態」（カストリア）

「パントクラトール」は壁面の剝落はなはだしく、髪や髯が白く見えるが、黒い長髪長髯をもつ壮年の重々しいキリストのイメージである。ビザンティン聖堂において通常ドームを占めるが[4]、ドームを有さない聖堂では東壁頂部[5]等に移動する場合がある。「日の老いたる者」はダニエル書七・九[6]に由来する神秘的な神のイメージで、ビザンティン美術では父なる神とイエス・キリストの同一性を表象し、また受肉以前の神を示す。不可視の父なる神を描くことを忌避する傾向の強いビザンティン独特の図像である。「インマヌエル」[7]は髯のない若い（あるいは幼い）キリストで、ロゴスの受肉を表象する。

なぜこのように年齢の異なるキリストを三度繰返して描くのであろうか。この図像のインスピレーション源となったとまず想像されるのは、黙示録一・八[8]他に見られる神キリストの呼称である。

神である主、今おられ、かつておられ、やがて来られる方、全能者[9]がこう言われる。「わたしはアルファであり、オメガである。」

これは神キリストを時間軸（過去、現在、未来）に沿って遍在する者、全てを治め、初め（アルファ）であり終わり（オメガ）でもある、と讃えたものであろう。過去・現在・未来に偏在する神のイメージは、カストリアの「キリスト三態」と対応するように見える。しかし黙示録の記述は「キリスト三態」の説明として不十分である。過去・現在・未来が、それぞれキリストのどの態に相当するのか、明らかでないからである。「今おられ」の部分は、ギリシア語 be 動詞の分詞形[10] Ο ΩΝであるが、この三文字は十二世紀以降のビザンティン美術において、キリストのニンブスの十字架に三分割して記されることがしばしばある[11]。受肉したキリストを「今在る者」と定義する訳であるが、この際パントクラトール型のキリストに限らず、幼児キリスト（インマヌエル）であっても

「日の老いたる者」であってもＯ ΩＮと記される。そして「かつて在った者」や「やがて来る者」と記されるキリストのイコノグラフィーは存在しない。故に黙示録における神キリストの呼称が、「キリスト三態」の直接の典拠になったとは単純には考えられない。

加えて「三」という数字が必然的なものであったかどうかも確かではない。スコピエ（マケドニア共和国）郊外、ネレヅィ村のスヴェーティ（聖）・パンテレイモン修道院[12]（一一六四年）は小型のギリシア十字式聖堂で、中央の主ドームに加え、四隅に小さな副ドームを戴く。主ドームのフレスコは十六世紀の地震によって崩落して失われているが、ほぼ確実に「パントクラトール」であった。四つの副ドームには、北西から時計回りにパントクラトール（？）、インマヌエル、日の老いたる者（図2）、祭司（あるいは司祭）キリストが描かれる。北西ドームのキリストの、黒い長髪長髯の相貌はパントクラトールと似るが、頬は削げ、髪は蓬髪で、厳しい隠者風の装いをもつ。今日我々の図像学用語ではこれを「パントクラトール」と呼ぶしかないが、通常のパントクラトールとは明らかに異なる風貌を意図している（図3）。北東は剥落しているが、髯のないインマヌエルのキリストであったことがわかる。南東は白髪白髯の日の老いたる者で、ニンブスには十字架があって、キリストとの同一性を強調している。

南西のキリストは短い髪で、頭頂を剃髪し、逆三角形の特徴的な輪郭をもつ。短い口髭を蓄えるのみである（図4）。この図像は初期ビザンティン美術において「東方型キリスト」ないし「シリア型キリスト」と呼ばれて、とくにシリアに作例が多く見出される。筆者はかつてこのイコノグラフィーを、仏教美術の仏陀の図像に影響されたものと推測したが、本稿ではこの問題に触れない[13]。中期ビザンティン時代の作例では、ノヴゴロド（ロシア）のネレディィツァ修道院（一一九八年）において、アプシス最下部に「デイシス」が描かれるが、その中央キリストがこの容貌を採る[14]。キエフ（現ウクライナ）の聖ソフィア大聖堂（一〇四三〜四六年）では、ドーム基部、

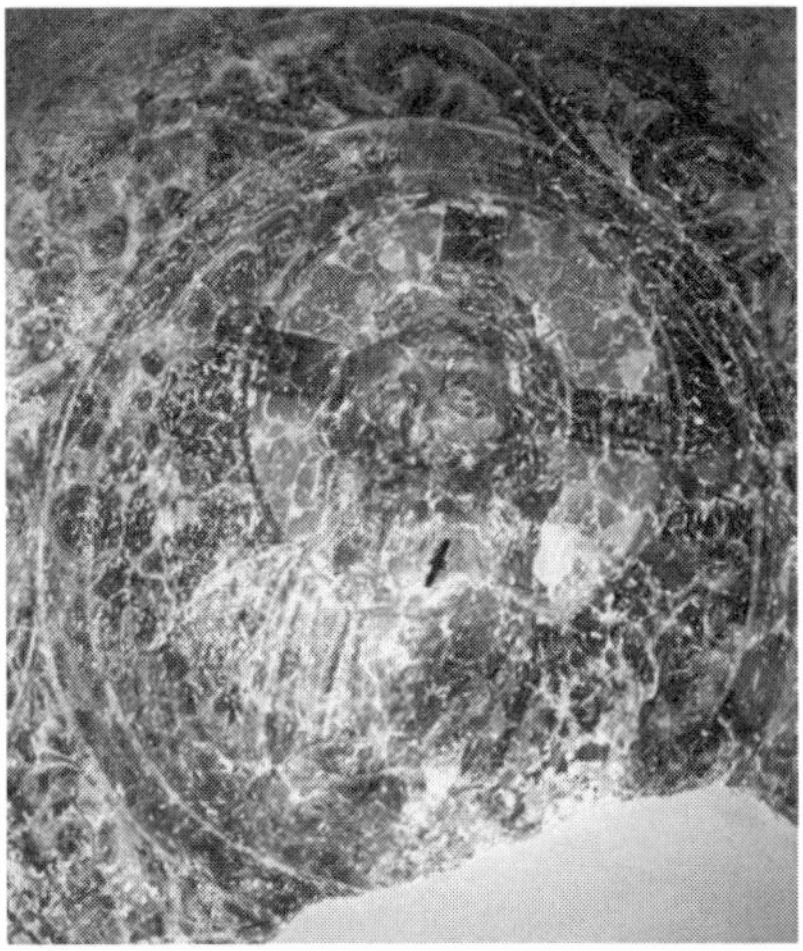

図3　スヴェーティ・パンテレイモン修道院「パントクラトール」（ネレヅィ）

図2　スヴェーティ・パンテレイモン修道院「日の老いたる者」（ネレヅィ）

図4　スヴェーティ・パンテレイモン修道院「東方（シリア）型キリスト」（ネレヅィ）

北東と南東のペンデンティヴ（三角穹隅）の間に「祭司キリスト」のメダイヨンが置かれる。[15] ロシアの両作例は文脈不明で、何らかの教義的な意図をもって描かれたのかどうかわからない。

このネレヅィの「キリスト五態」は、程遠からぬコソヴォ地方のプリズレン、ボゴロディツァ（聖母）・リェヴィシュカ聖堂[16]（フレスコ一三〇七～一三年）においても繰返された。画家ミハイルとエウティキオスの作である。近い地域のことゆえ、ネレヅィからの直接の影響関係すら想定していいかも知れない。マケドニア共和国、ストゥルミツァ近郊ヴェリュサ村のボゴロディツァ・ミロスティヴァ修道院[17]は、一部にネレヅィの画家が参加していると考えられるフレスコ壁画を擁するが、不規則な三ドーム構成の建築をもつ。主ドームが「パントクラトール」、ナルテクスのドームは剝落がはなはだしいものの「日の老いたる者」と判別できる。南礼拝堂の小ドームには「インマヌエル」が配される。ヴェリュサのごとく三ドーム構造の聖堂は稀である。キリストの「態」は、聖堂ドームに配される場合には、ドームの数に規定されるものであろうか。「三」に必然的な意味があるのではなく、与えられた条件によって可変の要素なのであろうか。現存する作例からこれを判断することは不可能であるものの、「キリスト三態」あるいは「キリスト五態」は聖堂装飾プログラムとして定着することなく終わったものと思われる。

しかし類似の構成をもちながら、定着した図像がある。それを見よう。マケドニア共和国、オフリドのボゴロディツァ・ボルニチュカ聖堂[18]（一四〇〇年頃）である。長方形のナオス（本堂）のアプシス（内陣）手前を南北に横断するヴォールトをもつ特異な建築で、南北のヴォールトには左（北）に「パントクラトール」、中央に「日の老いたる者」、右（南）に「空の御座《エティマシア》」[19]のメダイヨンが配されている（図5）。カストリアとは二者が共通するが、「インマヌエル」の代わりに「空の御座」[20]を採用する。「空の御座」の玉座上には聖霊の鳩が留まり、また「聖霊降臨」において聖霊の発出源となるところから、聖霊の表象と考えられる。オフリドの三メダイヨンはし

図5　ボゴロディツァ・ボルニチュカ聖堂「パントクラトール」「日の老いたる者」「空の御座」（オフリド）

たがって「父・子・聖霊」の「三位一体」となる。同じ図像は、オフリドの聖コンスタンティヌスとヘレナ聖堂（一四〇〇年頃）にも見出される。[21]「パントクラトール」、「日の老いたる者」、「空の御座」の三メダイヨンによって「三位一体」を表象するプログラムは、ポスト・ビザンティンの聖堂にしばしば採用されるが、必ずしもこれが定型となった訳ではなく、聖堂建築の形態等によって、組合わせのパターンは様々である。[22]

2　ウビシ壁画の年代

以上をイントロダクションとして、ウビシ修道院を考察する。フレスコには二点の銘文が描きこまれている。まずアプシスのコンク（四分の一球形壁面）を囲む狭い逆U字形区画に記された銘。[23]

主の御名において、ゲラシム Gerasim の弟子にして貧しき僕《しもべ》たるダミアネ Damiane がこの修道院を聖なる像で飾った。

ここからはフレスコを描いた画家の名がダミアネであり、ゲラシムなる人物の下で修業したことがわかる。ダミアネがギリシア名ダミアノスのグルジア語形であるのと同様、ゲラシムはギリシア名ゲラシモスのグルジア語形である。ダミアネの師がグルジア人であるかギリシア人であるかは判断できない。[24]今ひとつの銘は、アプシス・コンク下部の「最後の晩餐」、テーブル手前の縁に記されている。[25]

聖師父たちと聖者たちよ、我らが主イエス・キリストの慈悲を願い奉る、主は聖女に慈悲をたれ給うたゆえに。ダミアネの救いのために祈り給え、しかして汝も救いを見出さん。

ここにも画家の名ダミアネが記されるが、それ以上さしたる情報はない。銘文からは画家の出自、年代はわからず、したがって壁画の制作年代に関しては様式が唯一最大の情報となる。ウビシ修道院のフレスコは、マケドニア地方一帯で十三世紀末から十四世紀初頭にかけて活躍した二人組（ないし三人組）の画家ミハイル（・アストラパス）とエウティキオスの様式に酷似している。彼らはギリシア人画家で、テサロニキ出身、イコンも描いたとされる。(26)

ミハイルとエウティキオスは以下の四聖堂に署名を残している。

・オフリド（マケドニア共和国）、パナギア・ペリブレプトス聖堂、一二九四／五年
・プリズレン（セルビア、コソヴォ自治区）、ボゴロディツァ・リェヴィシュカ聖堂、一三〇七～一三年(27)
・クマノヴォ（マケドニア共和国）近郊、スタロ・ナゴリチノ聖堂、一三一六～八年(28)
・チュチェール（マケドニア共和国）郊外、スヴェーティ・ニキタ聖堂、一三二〇年頃

上記四つのうちオフリドを除いて、全てセルビア王ステファン・ウロシュ二世ミルティンの寄進にかかる。さらに署名はないものの、以下の小聖堂もミルティン王奉献になるもので、様式的見地からも確実にミハイルとエウティキオスの作とされる。

・ストゥデニツァ修道院（セルビア）、聖ヨアキムとアンナ聖堂（通称「王の聖堂」）、一三一四／五年(29)

また以下のフレスコは、二人組の画家ではないものの、その弟子たちの作と考えられる。

・グラチャニツァ修道院（セルビア、コソヴォ自治区）、一三二一年

頬の張った卵形の顔、刺すような眼差し、鋭角的で独特のパターンをもつ衣襞等の様式は、必ずしもミハイル

とエウティキオスのみのものではなく、たとえば同時期にアトス山政庁カリエスのプロタトン聖堂に壁画を描いた画家も共通の要素をもっている。[30] こうした様式をダミアネは学んだのであろう。図像学的な類縁、様式的な類似、両面から、西グルジアのウビシ修道院はマケドニア地方の十四世紀前半と強く結びついている。[31] ダミアネはマケドニア地方で修業をした可能性があるだろう。師ゲラシムとはその場合、ゲラシモスである。残念ながらマケドニア地方にその名の画家の活躍は記録されていない。

グルジアには一三八〇年代になって首都コンスタンティノポリスから画家マヌイル・エウゲニコスが渡り、制作を行った。[32] エウゲニコスの引き伸ばされ、デフォルメされた人体表現は、ダミアネには見出せない。衣襞のパターンも異なっている。様式的な議論をするのが本稿の趣旨ではないので、ここではウビシの年代を十四世紀前半から半ばにかけてと考えるにとどめよう。[33]

3　ウビシの図像配置

聖堂建築とフレスコの年代は遠く隔たっている。画家ダミアネの前には、単廊式バシリカでヴォールト天井をもち、身廊と同じ幅のアプシスを備えた建築が与えられた。ビザンティン建築としても、グルジア建築としても一般的な形態ではない。しかも身廊は肋骨状に突出した二本のアーチによって東西方向に三分割され、画家は三区画のヴォールトをどのように飾るか腐心しなければならなかった。ダミアネの解決を見よう（図6）。

アプシスの巨大なコンクを占めるのは「デイシス（キリスト・聖母・洗礼者）」である（口絵9）。玉座にキリストが坐し、左右をテトラモルフが守護する。向かって左にとりなしの聖母マリアと天使たち、右側は剥落が激しいが、洗礼者ヨハネと天使たちが並んでいることがわかる。キリストの巨大さと、聖母らの小ささの対照が著しい。とくにマリアは頭部が極めて小さく、十頭身以上のプロポーションをもっている。聖堂の主アプシスに「デイシス」を描く例は、ビザンティン帝国本土にはほとんど見られない。[34] セルビアに一例（ペチ総主教座、聖ディミトリオス聖堂）[35]、カッパドキアには多数[36]、グルジアにも多く見られる。[37] なぜ周縁地域のアプシスに「デイシス」が多いのか、理由は不明である。マケドニアとは異なる、グルジア的図像である点のみここでは指摘する。

キリスト坐像の頭上には「マンディリオン（聖顔布）」[38]が配された。垂直の東壁に「マンディリオン」を置く聖堂は無数にあるが[39]、ここには垂直壁がなく、コンクの上部に描かなければならなかった。アプシスに「デイシス」を描いて、その上に「マンディリオン」でなく「空の御座」を配する例として、プスコフ（ロシア）のミロズ修道院が挙げられる。[40] ミロズでは「マンディリオン」はドーム基部東側に置かれ、西の「ケラミオン」と対面している。

「デイシス」と「空の御座」の結合（ミロズ）は終末論的意味を強調する。ウビシの「デイシス」と「マンディリオン」の組合わせはどうであろうか。

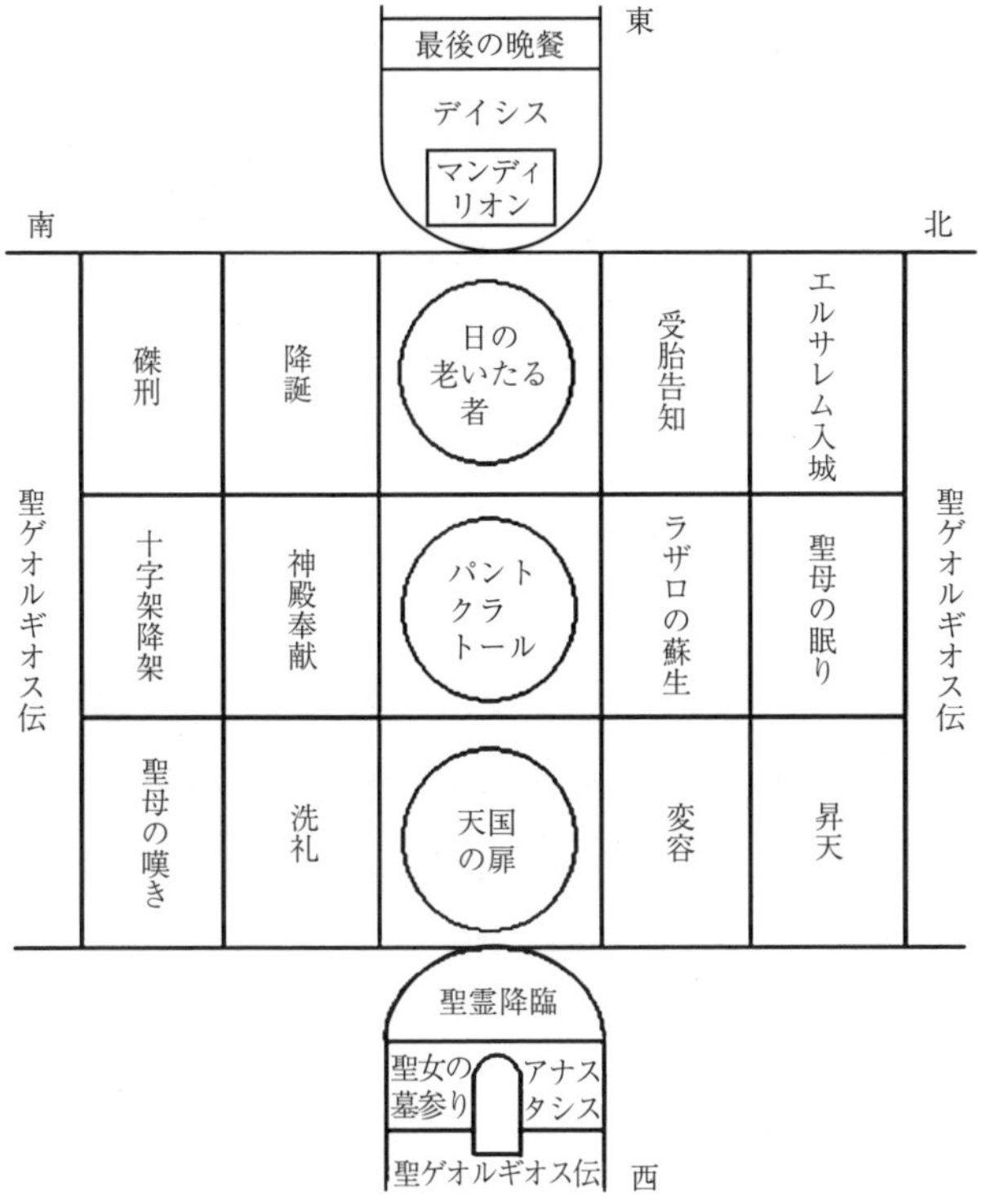

図6　ウビシ修道院のプログラム（グルジア）

図7　ウビシ修道院アプシス下部「最後の晩餐」（グルジア）

「マンディリオン」が受肉したキリストの顔であるのに対して、「デイシス」は最後の審判のキリスト、すなわち天に在る神の姿である。ここでは人性の面を強調したキリストと、神性の具現たるキリストを併置することによって、両性論の教義が語られると解釈すべきであろう。

コンクの「デイシス」の下部には、細長いフリーズに「最後の晩餐」が描かれている[41]（**図7**）。細長い楕円形のテーブルにキリストと十二使徒が坐す。ヨハネはキリストの胸元に寄り添って、裏切るのは誰か尋ね、ユダは食べ物に手を伸ばす。テーブル上に小さな大根がサラダとして添えられる点まで、ミハイルとエウティキオスの図像と似ている。テーブル手前端には先述したダミアネの銘が記される。

「最後の晩餐」の左右には、建築モティーフを境界として、つまり連続する空間であるかのような見せかけをもって、「使徒の聖体拝領」が描かれる。向かって左にはペテロを先頭とする六使徒にパンを与えるキリスト、右にはパウロを先頭とする六使徒にワインを飲ませるキリストがいる。通例ビザンティンの聖堂装飾では、アプシスのコンク下部には「使徒の聖体拝領」が中央に描かれる。あえてこれを両側に寄せて、中央に「晩餐」を描いたのは画家ダミアネの工夫であった。この点については後述する。

身廊は肋骨状のアーチによって均等に三分割され、それぞれ中央にメダイヨン図像を配してプログラムの鍵とする。東から「日の老いたる者」、「パントクラトール」、「天国の扉」である（図8）。十字架のニンブスをもった「日の老いたる者」は上半の鋭い菱形の光背内に描かれ、光背からは神秘的な翼が現れる。「パントクラトール」は菱形と円形の重なった光背をもち、四方から福音書記者の象徴が姿を現す。「天国の扉」は円形モティーフの中の扉がモノクロームの天使たちによって開けられ、そこから神の手（左手）が顕現し、南の方向に光が下る。この「天国の扉」の意味については後述する。

頂部のメダイヨン図像を境として、身廊壁は南北に分かたれ、それぞれがフリーズ状の三段に分割された。上段中段にはキリスト伝、下段には修道院のタイトル聖人である聖ゲオルギオス伝サイクル[42]が描かれる。ゲオルギオスはグルジア（ゲオルギア）の守護聖人であり、彼の国で篤く崇敬されたが、その伝記は本稿の課題ではない。キリスト伝のみを見ることにする。「日の老いたる者」の北上段は「受胎告知」である。後期ビザンティンの典型的な「告知」図で、訪れる大天使ガブリエルに対してマリアは半ば背を向けつつ、振返る。背景の建築物には赤い布が渡され、そこから神の光がマリアに下るが、その「神の光」は「日の老いたる者」が発する光と連続している点に注意しておこう。

「日の老いたる者」の南上段は「降誕」である。「羊飼いへのお告げ」が左上、「マギの礼拝」が右中に描かれるのは通常の図像と左右逆であるが、図像学的要素は異ならない。前景には「キリストの産湯」が配され、キリストは盥ではなく乳母の腕の中にいる。中央の洞窟には産褥の床のマリア、飼葉桶に寝かされたキリスト、驢馬

図8　ウビシ修道院身廊「日の老いたる者」「パントクラトール」「天国の扉」
（グルジア）

と牛が見える。「日の老いたる者」から発した光は洞窟のある山の岩陰に射し込み、小さな天から発出する聖霊と平行している。

「パントクラトール」の南上段は「キリストの神殿奉献」である。状態がよくないが、中央背後に祭壇が置かれ、マリアが左から祭司シメオンに幼児キリストを手渡している。マリアの背後には女預言者アンナとヨセフがいる。シメオンの背後に長老席の描かれるのが、中期と異なる後期図像の特徴である。

「天国の扉」の南上段が「キリストの洗礼」の場である。ヨルダン河で洗礼を受けるキリストを中央に、向かって左岸にヨハネが立つ。その背後には木の根元に置かれた斧（マタイ三・一〇、ルカ三・九）が見える。右岸には四人の天使が並ぶ。キリストの頭上には、ヴォールト頂部の「天国の扉」から発した聖霊の鳩が降下する。すなわち「天国の扉」は第一に、「洗礼」に下る聖霊の発出源である。

「洗礼」の正面、「天国の扉」の北上段に「変容」が描かれている。切り立った岩山の上にキリストと預言者モーセ、エリヤが立ち、下方には三人の弟子が倒れ伏す。ペテロのみがかろうじて踏みとどまり、キリストのほうを指差す。後期の典型的な「変容」図であり、「天国の扉」メダイヨンとほぼ同形同大の光背がキリストを包んでいる様が印象的である。

物語は「パントクラトール」の北上段、「ラザロの蘇生」に移る。保存状態が悪いが、左方にキリストと弟子たち、右には甦ったラザロと群集の姿が判別できる。左前景のマリアとマルタ、右前景の墓の蓋をとる人の姿も認められる。「ラザロ」図像として、とくに例外的な点はない。

「日の老いたる者」の北中段に移動すると「エルサレム入城」がある。図像学的要素は問題ないが、構図が通常と左右逆である。物語サイクルの進行が左から右であるのに、「入城」のキリストが左に進むのは奇妙でもあるが、アプシスのキリストから出発するというベクトルをつくったものかも知れない。背後の樹に登った子どもたちが大量の葉を地面に撒いている。葉は棕櫚にも見えるが、背後の樹は幹が曲がり、明らかに棕櫚ではない。グルジアの画家に棕櫚は縁なかったものと見える。

「日の老いたる者」の南中段が「磔刑」である。アーチ形の窓のちょうど上に十字架が立ち、向かって左に聖母マリアと女弟子一人、右にヨハネとロンギノスが配される。「パントクラトール」の南中段、「十字架降架」に物語は続く。ここにも窓があるために、十字架の配置はやや持ち上がっている。キリストの上半身を支えるアリマタヤのヨセフ、下半身の釘を抜くニコデモが新たに加わり、ロンギノスの姿が見えないほかは「磔刑」と同じ登場人物である。

「天国の扉」南中段の「聖母の嘆き《トレノス》」へと物語は進む。マリア、ヨハネ、アリマタヤのヨセフらがキリストの遺体を宙に抱える型ではなく、遺体は石棺上に安置されている。聖母が息子の遺骸に直接すがりつかない点も、ミハイルとエウティキオスがオフリドのパナギア・ペリブレプトスに描いた同図像に近い。

以上で二場面を除いて、南北壁の上段・中段を眺めたことになる。サイクルは西壁へと連続するが、西壁は極めて保存状態がよくない。西壁は上段のリュネット区画、中段に並ぶ二図像、下段のゲオルギオス伝からなるが、「聖母の嘆き」に続くのは中段左の「聖女たちの墓参り」である。中央にアーチ形の墓の入口が見え、中にキリストの遺体をくるんでいた白い布が置かれている。右前景では兵士たちの眠り込んでいることがかろうじてわかる。墓の向かって左、やや上にいる天使は、衣を翻し、困惑するように右手を額に当てている。墓参の聖女の動きも大きい。他のキリスト伝が標準的なものであったのに比べて、この図像のみ特異であるが、残念ながら現状では細部の判断ができない。

右に連続する区画は「アナスタシス（キリストの冥府降下）」で、楕円形の光背内に立つキリストは背中を曲げて、向かって右のアダムを棺から引き上げることのみわかる。ここから物語は「天国の扉」の北中段、「昇天」

へと連続する。キリストの光背は正円で、それを二天使が支える。地上中央には聖母、その背後に二天使、左右には思い思いの仕種でキリストを見上げる使徒たちが描かれる。

これに続くのは西壁頂部のリュネット区画、「聖霊降臨」で、いったん西壁から北壁に移動した説話は、再び西壁に戻ることになる。浅い弧状のベンチに十二使徒が坐り、ベンチの下には諸民族の姿があるだろうか。ここも剥落がはなはだしい。次の「聖母の眠り」は「パントクラトール」の北中段であるから、ここで観者の視線は西と北の壁を往還し、やや慌しい。「聖母の眠り」は稀な図像で、アーモンド型光背の中に立つキリストはマリアの魂を抱えず、向かって右に立つ大天使（ガブリエルかミカエルのいずれか）に赤ん坊の姿をした魂をすでに委ねている。臨終の床のマリアの頭部は、向かって左を向く。その他、使徒や神学者たちの表現は定型の範囲内であろう。

4　プログラムの解釈

以上にキリスト伝サイクルの配列を概観した。単純な壁面構成をもつ建築であるだけに、物語の進行はほぼ隣接する区画に移動して、見やすい**（図6参照）**。サイクルの進行を再確認する。「日の老いたる者」の区画をA、「パントクラトール」をB、「天国の扉」をCとして記述する。

受胎告知（A北上段）→**降誕**（A南上段）→**神殿奉献**（B南上段）→**洗礼**（C南上段）→**変容**（C北上段）→**ラザロの蘇生**（B北上段）→**エルサレム入城**（A北中段）→最後の晩餐（東壁コンク下）→**磔刑**（A南中段）→十字架降架（B南中段）→聖母の嘆き（C南中段）→聖女たちの墓参り（西壁中段左）→**アナスタシス**

（西壁中段右）→**昇天**（C北中段）→**聖霊降臨**（西壁上段）→**聖母の眠り**（B北中段）［ゴシック体は十二大祭《ドデカオルトン》］

以上キリスト伝十六主題の選択は穏当である。十二世紀以降正教世界で一般化する教会の重要な祝日である「十二大祭」を網羅した上で、受難サイクルから四場面追加する。配列も多くの場合、隣の区画に進む。しかし問題点がない訳ではない。四点指摘しよう。まず物語の最初の二場面、「受胎告知」と「降誕」は、なぜ隣接して描かれなかったのか。「日の老いたる者」の北上段（「受胎告知」）から南上段（「降誕」）への移動は、冒頭の場面であるだけにわかりづらい。両者を隣合わせに描くことも可能だったのではないか。第二に、「天国の扉」はいかなる意味を担っているのか。第一義的には「洗礼」の一部をなすが、それでは「日の老いたる者」と「パントクラトール」に並んで中軸の三メダイヨンを構成することの意義が不明である。第三、アプシスのコンク下に定型の「使徒の聖体拝領」が配されず、その歴史的事件である「最後の晩餐」が選ばれたのはなぜか。第四、「昇天」から「聖母の眠り」にかけて、なぜ物語は北→西→北と往還しなければならなかったのか。これらの問題が説明されるとき、ウビシのプログラムが周到に考え抜かれたものであることが明らかになるだろう。

アプシスのキリスト頭上に配された「マンディリオン」は地上に受肉したキリストの顔である。「受胎告知」と「降誕」もまた受肉を表象する主題である。画家はあえて二主題を隣合わせではなく向かい合って描くことで、「日の老いたる者」の周囲に「マンディリオン―受胎告知―降誕」という受肉に関わる三主題の三角形を構成した。中央を占める「日の老いたる者」は「不可視の神」である。「日の老いたる者」を囲む三角形によって「不可視の神の受肉」を表現することが画家の意図であった。「日の老いたる者」が発する神秘的な光線は、「受胎告知」と「降誕」の場面にも達している。

「天国の扉」はまず「洗礼」場面と結びついて、キリストの頭上に下る聖霊の発出する場であった。さらにこの円形の枠組は北壁上段の「変容」において、同形同大で繰返され、北壁中段の「昇天」でも、やや大きさは小さくなるものの反復される。したがって「天国の扉」は南壁上段の「洗礼」とつながる一方で、北壁上段・中段の「変容」、「昇天」と形態的、構図的に関連するのである。この関連性は形のみに留まらない。三主題はいずれも「神の顕現《テオファニア》」に関わっている。不可視の神が人間の前に姿を顕すとき、光が射し、神秘的な円形が顕現する。しかし「天国の扉」の機能は南壁と北壁をつなぐのみではない。隣接する西壁リュネットの「聖霊降臨」とも結合して、使徒たちの頭上に下る聖霊（炎の舌）の発出する源となる。「天国の扉」は南・北・西壁の四主題を、意味的、形態的につなぎとめる「鍵」となる図像であった。

「天国の扉」は聖霊の発出源として、聖霊の表象と解釈することができる。すなわち身廊天井に並ぶ三メダイヨンは父（日の老いたる者）と子（パントクラトール）と聖霊（天国の扉）の「三位一体」を表すことになる。先述（三五二－三五四頁）したオフリドの二聖堂では、「日の老いたる者―パントクラトール―空の御座」によって「三位一体」を表現した。ウビシが「空の御座」を採用しなかったのは、「洗礼」との結合を考慮したためであろう。「聖霊降臨」と結びつけるのなら「空の御座」で問題ない。「変容」と「昇天」とのつながりも、円形モティーフが意味を有するのであるから、「空の御座」をメダイヨンに収めればよい。しかし「洗礼」の上部にくるのはふつう「天国の扉」であり、[43]「空の御座」ではなかった。

十四世紀のビザンティン美術であれば、アプシス下部の祭壇背後に「アムノス（ないしメリスモス）」と呼ばれる聖餐の教義に関わる神秘的な主題を置くことが少なくない。[44]幼児（または成年）のキリストが祭壇上に横たわり、頭部近くに杯が添えられることによって、祭壇上のパンはキリストの体であり、ワインはキリストの血であるとの聖餐の教義が視覚的に強調される。しかしダミアネはこうした教義的な図像を避け、キリスト伝のサイクルによってキリスト論を語ろうとした。アプシスのコンク下という重要な場所に「最後の晩餐」を配したのである。

アプシスは「受肉」と「聖餐」の教義を語る場である。前者については通常「受胎告知」がこの役を果たす。東壁面に左右分割してガブリエルとマリアを配する場合が多い。しかしウビシの建築にはそのスペースがなく、画家は「日の老いたる者」の周囲に「受肉」三主題を並べる工夫をした。「聖餐」については、キリスト伝では「最後の晩餐」がこれを表す。画家は「最後の晩餐」をコンク下のこの場所に置かずに、北か南の壁に描くこともできたが、そうすることをせず、「使徒の聖体拝領」の間に組み込むことによって「聖餐」の教義を強調することを選んだ。「聖餐」を歴史的に描くのが「晩餐」であり、典礼化した形で表すのが「使徒の聖休拝領」である。信徒はこの二主題が結合している様を見ることによって、「聖餐」の意味を理解するであろう。また「晩餐」はキリストを中心に配して左右対称の構図をつくり得るために、物語の進行とは切り離して、聖堂中央軸上に配されることもあった。[45]「晩餐」と「使徒の聖体拝領」を結合させることによって「聖餐」の教義を強調すること、シンメトリー構図の「晩餐」を聖堂中軸に配する形態上の配慮をすること、そして北壁中段の「エルサレム入城」と南壁中段の「磔刑」をつなぐこと。「最後の晩餐」のアプシス下部への配置は以上のためであると考えられる。

第四の問題である西壁と北壁の往還については、解答は自明であろう。本来西壁には「聖母の眠り」が相応しかったが、「天国の扉」との結合をつくり出すために「聖母の眠り」が謂わば北壁に押出されることになった。「天国の扉」北中段にはすでに「昇天」があり、これは「アナスタシス」と「聖霊降臨」をつなぐ主題としても、「天国の扉」と同様の円形モティーフをもつ構図としても、この位置から動かすことはかなわない。「聖母の眠り」は「パントクラトール」南中段に配され、サイクルは完結する。

「聖霊降臨」を西壁最上部のしばしば破風形になる区画に配する例は少なくない。一章で論じたクルビノヴォ、[46]

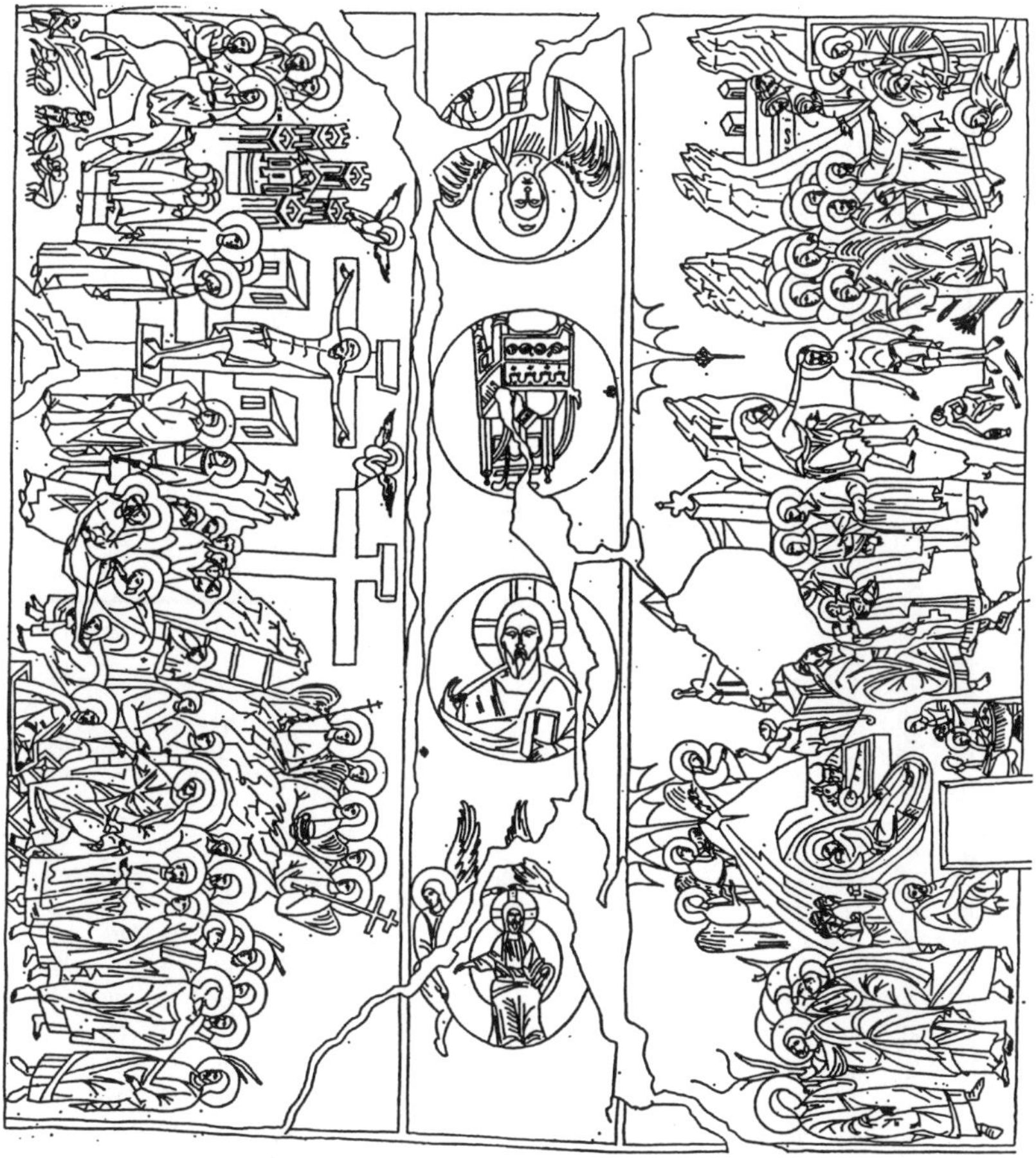

図9　スヴェーティ・ニコラ・ボルニチュキ聖堂ヴォールト（オフリド）

カストリアのパナギア・マヴリオティッサ修道院(47)というマケドニアの二例を挙げておく。ロシアのプスコフ、ミロズ修道院では西壁下段に「聖霊降臨」、上段には「最後の晩餐」を並べる。(48)

ヴォールト天井の中央にメダイヨン図像を並べて、両側の説話図像と関連させる、という企てが他に存在しない訳ではない。オフリドのスヴェーティ・ニコラ・ボルニチュキ聖堂(49)は、フレスコ制作が一三三〇～四〇年頃でウビシと同時代である。ヴォールトには四つのメダイヨン、「昇天」「パントクラトール」「空の御座」「天使」が並ぶ(図9)。この四つのメダイヨンが何らかの神学的主題を構成するとは考え難い。両側の壁面には「降誕」「神殿奉献」「洗礼」「ラザロの蘇生」「エルサレム入城」「磔刑」「十字架降架」「アナスタシス」の八主題が並ぶ。「昇天」のメダイヨン（光背）の両側に、見上げる弟子たちが効果的に配されている以外は、中央メダイヨンと両側の主題に連関は認められない。強いて挙げれば、「洗礼」の上部に「空の御座」があることだが、やや軸線がずれているし、玉座の向きも「洗礼」とは異なっている。「洗礼」と「空の御座」が結びつきにくいのもすでに述べた通りである。

終わりに

もう一度ウビシのフレスコ全体を概観して、ダミアネが実現したプログラムを確認しよう。アプシスの「デイシス」は「終末」の主題である。そのキリスト頭上に「マンディリオン」を描くことによって、キリストが神性と人性を併せもった存在であるという「両性論」が強調される。コンク下部では「最後の晩餐」と「使徒の聖体拝領」を組合わせることによって「聖餐」の教義を視覚化した。身廊天井には三つのメダイヨン図像を並べることによって「三位一体」を表象する。(50)東の「日の老いたる者」の周囲には「マンディリオン」「受胎告知」「降誕」を並べることによって、「不可視の神の受肉」という表現しにくい教義を見事に表象する。「天国の扉」は「洗礼」の一部であるだけでなく、「変容」「昇天」と構図的にもつながって「神の顕現《テオファニア》」を示す。ここではニケア信条やカルケドン信条等に要約されるキリスト教の基本的な教義が、過不足なく視覚化されているのではないだろうか。

〔付記〕

本稿は美術史学会東部会例会（二〇〇六年一月二十八日）における口頭発表に基づくものである。ご質問、ご教示くださった方々に感謝いたします。本稿及び前稿「ビザンティン聖堂壁画における『生と死』」は、「中期ビザンティン聖堂装飾プログラム論」との副題をもつ、以下の連作論文の成果を踏まえている。

「デイシス図像の起源と発展」（Ⅰ）（Ⅱ）『女子美術大学紀要』二六（一九九六）一－一八頁、二七（一九九七）一－二〇頁、「キリスト・パントクラトールのコンテクスト」『早稲田大学大学院文学研究科紀要』四八－三（二〇〇三）三九－五四頁、「アギイ・アナルギリ聖堂（カストリア）東壁面のプログラム」『美術史研究』四一（二〇〇三）六五－八〇頁、「アプシス装飾としての『オランスの聖母』」（辻絵理子と共著）『早稲田大学大学院文学研究科紀要』五二－三（二〇〇六）二九－四二頁。

〔注〕

（1）　Sh. Amiranashvili, *Damiane*, Tbilisi 1980, p.31.（グルジア・ロシア・英語の三か国語併記。年度の異なる版が複数あるが、内容は同じである）は修道院建立を一一四一年とするが、近年の研究は九世紀で一致している。一一四一年は修道院が再興された年である。R. Mepisaschwili, W. Zinzadse, *Die Kunst des alten Georgien*, Zürich/ Freiburg 1977, p.105; T. Velmans, "Deux décors de la fin du XIVe siècle en Géorgie et les courants constantinopolitains. Les peintures d'Ubisi et de Sori," *Zograf*, 26（1977）, pp.87ff.; T. Velmans, A. Alpago Novello, *Miroir de l'invisible. Peintures murales et architectures de la Georgie*, Paris 1996, p.289. T. Burford, *Georgia with Armenia*（*The Bradt Travel Guide*）, Bucks 2002

(1999), p.181は修道院の建立を八二六年と記述するが、典拠不明であるため、この説の真偽を検討することはできなかった。注33に挙げた文献も参照。壁画の年代については後述する。グルジアの美術に関して最も精力的に執筆するヴェルマンスの論文は増補されて、以下にまとまっている。*L'art médiéval de l'Orient chrétien. Recueil d'études*, Paris/ Sofia 2002. 辻佐保子先生のご教示に感謝いたします。

（２） S. Pelekanidis, M. Chatzidakis, *Kastoria*, Athens 1984, pp.6ff.;N. K. Μουτσόπουλος, Εκκλησίες της Καστοριάς, (Thessaloniki 1992, pp.203ff..)

（３） 基本的なイコノグラフィーは以下。K. Wessel, s.v. 《Christusbild》, *Reallexikon zur byzantinische Kunst* (=*RBK*), vol.1, cols.966ff..（パントクラトール cols.1014ff.；日の老いたる者 col.1028；インマヌエル cols.1008ff.）「キリスト三態」に関する議論としては、R. Hamann-MacLean, *Grundlegung zu einer Geschichte der mittelalterlichen Monumentalmalerei in Serbien und Makedonien*, Gießen 1976, pp.47-53; I. Sinković, *The Church of St. Panteleimon at Nerezi*, Wiesbaden 2000, pp.40ff.; 拙稿「ビザンティン写本挿絵におけるヨハネ福音書冒頭部分の絵画化」『美學』一七二号（一九九三春）二一―三三頁；瀧口美香「ミリティニ福音書写本に見られる特殊なヘッドピース―キリストと福音書記者の組み合わせについて」『美學』二一四号（二〇〇三夏）二八―四一頁、等を参照。

（４） パントクラトール一般については、J.T. Matthews, *The Pantocrator: Title and Image*, diss., New York University 1976. ビザンティン聖堂のドーム図像のカタログとして以下がある。N. Γκιολές, Ο Βυζαντινός τρούλλος και το εικονογραφικό του πρόγραμμα, Athens 1990. Cf. N. Gioles, "Christologische Streitigkeiten im 12. Jh. und ihr Einfluß auf das ikonographische Programm in dieser Zeit," M. Ασπρα-Βαρδαβάκη (ed.), Λαμπηδών. Αφιέρωμα στη μνήμη της Ντούλας Μουρίκη, Athens 2003, vol.1, pp.265ff.. 後期聖堂のドーム図像を体系的に論じているのは以下。T. Παπαμαστράκης, Ο διακόσμος του τρούλου των ναών της Παλαιολογείας περιόδου στη Βαλκανική χερσόνησο και την Κύπρο, Athens 2001. 拙稿「キリスト・パントクラトールのコンテクスト」『早稲田大学大学院文学研究科紀要』四八―三（二〇〇三）、三九―五四頁に引いた文献も参照。以下も追加。E. Kitzinger, "The Pantokrator Bust: Two Medieval Interpretations," rep.in: *Studies in Late Antique, Byzantine and Medieval Western Art*, vol.1, London 2002, pp.569ff..

（５） 同じカストリアのアギイ・アナルギリ聖堂等。拙稿「アギイ・アナルギリ聖堂（カストリア）東壁面のプログラム」『美術史研究』四一号（二〇〇三）、六五―八〇頁。

（6）「なお見ていると、王座が据えられ『日の老いたる者』がそこに座した。その衣は雪のように白くその白髪は清らかな羊の毛のようであった。」

（7）「『見よ、おとめが身ごもって男の子を産む。その名はインマヌエルと呼ばれる。』この名は、『神は我々と共におられる』という意味である。」（マタイ一・二三）

（8）黙示録一・四～五、四・八、一一・一七、一六・五も参照。

（9）多くの邦語訳聖書で「全能者」と訳される原語は「パントクラトール」であって、本来は「万物の統治者」の意である。ラテン語訳の omnipotens に引きずられて、伝統的に日本では「全能者」と訳される。

（10）旧約「出エジプト記」三・一四にもこの語が見られる。「神はモーセに、『わたしはある。わたしはあるという者だ』と言われ、また、『イスラエルの人々にこう言うがよい。「わたしはある」という方がわたしをあなたたちに遣わされたのだと。』」

（11）Matthews, *op.cit.*, pp.4-6. 比較的初期の作例として、例えば以下参照。K. Michalowski, *Faras, die Kathedrale aus dem Wüstensand*, Zürich/ Köln 1967, fig.11（10 C）, figs.95b, 96（12C）.

（12）R. Hamann-MacLean, H.Hallensleben, *Die Monumentalmalerei in Serbien und Makedonien vom 11. bis zum frühen 14. Jahrhundert*, Bildband, Gießen 1963; Sinkević, *op.cit.*. 一章で扱ったクルビノヴォやネレヅィを含めて、マケドニアの諸聖堂のアプシス・プログラムを論じたものとして、以下の二冊も重要。S.E.J. Gerstel, *Monumental Painting and Eucharistic Sacrifice in the Byzantine Sanctuary: the Example of Macedonia*, diss., New York University 1993; Ead., *Beholding the Sacred Mysteries. Programs of the Byzantine Sanctuary*, Seattle/ London 1999.

（13）益田朋幸「仏陀の顔をしたキリスト―仏教美術西漸に関する一考察」『佛教藝術』二二〇号（一九九五・五）一五－三二頁。Cf. K. Wessel,《Christus als Priester oder Bischof》, *RBK*, vol.1, col.1027. キリストが選挙によってエルサレム神殿の二十二祭司の一人に選ばれたとの外典の物語は、剃髪を始めとするキリストの容貌を説明しない。

（14）Н. В. Пивоварова, Фрески Церкви Спаса на Нередице в Новгороде, Sankt Peterburg 2002, fig.198.

（15）H. Logvin, *Kiev's Hagia Sophia*, Kiev 1971, fig.32; V. Lazarev, *Old Russian Murals and Mosaics*, London 1966, p.225.

（16）Hamann-MacLean, Hallensleben, *op.cit.*, pp.182ff.; D. Panić, G. Babić, *Bogorodica Ljeviška*, Beograd 1988（in Serbian）.

（17）P. Miljković-Pepek, *Veljusa*, Skopje 1981（in Macedonian）.

（18） C. Grozdanov, *La peinture murale d'Ohrid au XIVe siècle*, Ohrid 1980（in Macedonian）, p.180, figs.205-6.

（19） Th. von Bogyay, 《Hetoimasia》, *RBK*, vol.2, cols.1190ff.

（20） たとえばフォキス（ギリシア）、オシオス・ルカス修道院（モザイク十一世紀中葉）のベーマ天井の浅いドームには「聖霊降臨」が描かれ、中央に「空の御座」が配される。N. Chatzidakis, *Hosios Loukas*, Athens 1997, p.26.

（21） Grozdanov, *op.cit.*, fig.190. 後期ビザンティン聖堂における「三位一体」の図像については以下参照。T. Velmans, "L'image de la Déisis dans les églises de Géorgie et dans celles d'autre régions du monde byzantin," *Cahiers Archéologique*, 29（1980-81）, pp.47-102（=*L'art médiéval de l'Orient chrétien*, esp. p.74）.「三位一体」と「キリスト三態（五態）」を同一の地平で論ずるべきだというのが私の立場である。

（22） 私は体系的に作例を蒐集していないが、手元にメモのある例若干を挙げてヴァリエーションを示す。エラソン（ギリシア）のパナギア（聖母）・オリンピオティッサ修道院は、ナルテクスのヴォールト（南北向き）に三つのメダイヨンを並べる。北からオランスの聖母、日の老いたる者、三位一体（父と子が並ぶ型）。（E.C. Constantinides, *The Wall Paintings of the Panagia Olympiotissa at Ellason in Northern Thessaly*, 2 vols., Athens 1992 は一二九五／六ないし一三〇四／五年のフレスコのみを扱い、ポスト・ビザンティンの部分には触れない。）メテオラのヴァルラアム修道院は三葉形の建築をもつが、主ドームにパントクラトール、北のコンクに天使としてのキリスト、南のコンクにインマヌエルの「キリスト三態」を描く。「天使としてのキリスト」はポスト・ビザンティンに普及するイコノグラフィーである（K. Wessel, 《Der Engel des großen Rates》, *RBK*, vol.1, cols.1012f.）。同じメテオラのアギア・トリアダ（聖三位一体）修道院は極めて小型の主聖堂をもつが、ドームにパントクラトール、北腕のヴォールトに天使キリスト、南腕のヴォールトにインマヌエルを配する。アルタ（ギリシア）のカト・パナギア（下の聖母）修道院は複雑な建築をもっている。アプシス手前の南北に架かるヴォールトには中央に横向き（頭南）の昇天、北にインマヌエル（頭南）、南に天使キリスト（頭北）を並べる。身廊ヴォールトは、東にパントクラトール（頭西）、西にオランスの聖母（頭東）。ベーマ天井には父と子並列型の三位一体を描く。以上は全てメダイヨン形式である。ヨアニナのフィラントロピノン修道院はヴォールト天井の長堂式建築の主聖堂をもつ。身廊にはパントクラトール、西リティ（ナルテクスの一種）には天使キリスト、その西の小ナルテクスには種々の天使に囲まれたパントクラトール立像を描く。すべてメダイヨン形式である。以上に見た諸例からもわかる通り、メダイヨンの数、そこに描かれる図像は極めて多様で、「定型」と言えるパターンはなかったものであろう。

（23）　Amiranashvili, *op.cit.*, p.34.

（24）　この銘文の解釈については諸説あるが、筆者にはグルジア語の知識がなく判断を下せない。Cf. T. Velmans, "Deux décors,"（n.1）, p.252.

（25）　Amiranashvili, *op.cit.*, p.33.

（26）　彼らについては以下参照。P. Miljković-Pepek, *L'oeuvre des peintres Michel et Eutych*, Skopje 1967（in Macedonian）; H. Hallensleben, *Die Malerschule des Königs Miltin*, Gießen 1963. 多くの図版が以下に採録されている。Hamann-MacLean, Hallensleben, *op.cit.*. 以下の拙稿も参照。「『神の美術』の洗練と頽廃」髙橋榮一編『ビザンティン美術』（世界美術大全集　西洋編　第六巻　小学館）二二〇頁以下。

（27）　Panić, Babić, *op.cit.*.

（28）　B. Todić, *Staro Nagoričino*, Beograd 1993.

（29）　G. Babić, *L'église du roi à Studenica*, Beograd 1987（in Serbian）.

（30）　根拠はないものの伝統的にマヌイル・パンセリノスの作とされる。I. M. Χατζήφωτη, Μακεδονική σχολή, η σχολή του Πανσελήνου（1290-1320）, Athens 1995.

（31）　マケドニアとグルジアのほぼ中央に位置する首都コンスタンティノポリスが、グルジアの美術に影響を及ぼさなかったとは考え難い。しかしこの時期の首都の作例（コーラ修道院やパナギア・パンマカリストス聖堂［現フェティエ・ジャミイ］）の洗練された様式は、ダミアネとは異なるし、ヴォールト天井を有する長堂式聖堂建築が首都に存在したとは考えにくい。首都については若干保留を残しつつ、グルジアとマケドニア地方の結びつきをここでは指摘する。十四世紀のグルジア美術におけるコンスタンティノポリスの影響に関しては、ヴェルマンスの論文を参照。T. Velmans, "La peinture murale byzantine d'inspiration constantinopolitaine du milieu du XIVe siècle（1330－1380）. Son rayonnement en Géorgie," in: *Dečani et l'art byzantin au milieu du XIVe siècle*, Beograd 1989, pp.75ff.（=*L'art médiéval de l'Orient chrétien*, pp.191ff.）.

（32）　H. Belting, "Le peintre Manuel Eugenicos de Constantinople, en Géorgie," *Cahiers Archéologique*, 28（1979）, pp.103-14; T.Velmans, "Le décor du sanctuaire de l' église de Calendéikha," *Cahiers Archéologique*, 36（1988）, pp.137-59（=*L'art médiéval de l'Orient chrétien*, pp.223ff.）; Velmans, Alpago Novello, *Miroir de l'invisible*, passim.

（33） ヴェルマンスは逆にエウゲニコスによるツァレンヅィハ聖堂（一三八四～九六年）との類似を見て、ウビシを一三八〇年頃に位置づけている。Velmans, Alpago Novello, *Miroir*, pp.160 ff., et al. 私見ではエウゲニコスの様式は、同じく十四世紀末に活動が確認されるテオファニス（フェオファン・グレーク）に近いもので、ダミアネとは全く異なっている。Cf., V. Lazarev, *Theophanes der Grieche und sein Schule*, Wien 1968; M. Alpatov, *Theophanes the Greek*, Moscow 1990（in Russian）. ラザレフはウビシのフレスコを十四世紀後半とする。V. Lazarev, *Storic della pittura bizantina*, Torino 1967, p.402（with further bibliography）（増補版 История Византийской Живописи, Moscow 1986.）この時期のグルジア美術の傾向については以下も参照。T. Velmans, “L'art dans la périphérie orientale du monde byzantin（XIIIe – XVe siècle）,” in: T. Velmans et al.（eds.）, *L'art de la méditerranée. Renaissances en Orient et en Occident 1250 – 1490*, Arles 2003, pp.135ff..

（34） ギリシアの中期ビザンティン聖堂におけるデイシスの問題は、以下参照。A.G. Mantas, “Überlegungen zur Deesis in der Hauptapsis mittelbyzantinischer Kirchen Griechenlands,” G. Koch（ed.）, *Byzantinische Malerei. Bildprogramme-Ikonographie-Stil*, Wiesbaden 2000, pp.165ff..

（35） G. Subotić, *Spätbyzantinische Kunst. Geheiligtes Land von Kosovo*, Zürich/ Düsseldorf 1998, pp.210ff., pls.13ff..

（36） ジョリヴェ＝レヴィは「デイシス」を三者型《トリモルフォン》、複合型《コンポジット》、拡大型の三種に分類した上で、四十九例を挙げる。C. Jolivet-Levy, *Les églises byzantines de Cappadoce. Le programme iconographique de l'abside et des ses abords*, Paris 1991. また論文集 *Etudes Cappadociennes*, London 2002 所収の論文中、とくに “Les programmes iconographiques des églises de Cappadoce au Xe siècle. Nouvelles recherches,” pp.322ff. も参照。Cf., R. Warland, “Deesis-Emmanuel-Maria. Bildkonzepte kappadokischer Höhlenkirchen des 13. Jahrhunderts,” *Byzantinische Malerei*（n.34）, pp.365ff..

（37） T. Velmans, “L'image de la Déisis,” in : *L'Art médiéval de l'Orient chrétien*, pp.33ff..

（38） K. Wessel, 《Mandylion》, *RBK*, vol.1, cols.1029ff.; A. Grabar, *Sainte Face de Laon. Le Mandylion dans l'art orthodoxe*, Prague 1931. マンディリオン図像の問題を広く論じた近年のシンポジウムの成果も参照。H.L. Kessler, G. Wolf（eds.）, *The Holy Face and the Paradox of Representation*, Bologna 1998.

（39） Gerstel, *Beholding*（n.12）, pp.68ff..

（40）　V. Sarabianov, *Transfiguration Cathedral of the Mirozh Monastery*, Moscow 2002 ; O. Etinhof, "On the Date of the Wall Paintings of the Transfiguration Katholikon in the Mirož Monastery（Pskov）," in : Λαμπηδών（n.4）, vol.1, pp.205ff..　時代は後れるが、この組合わせはイタリア、メッシーナ大聖堂にも採用された。V. Lazarev, "Early Italo-Byzantine Painting in Sicily," rep. in: *Studies in Byzantine Painting*, London 1995, p.96, fig.6.

（41）「最後の晩餐」の図像学的比較については以下参照。I. Lordkipanidze, "La cène dans les peintures murales d'Ubissi," in: Λαμπηδών（n.4）, vol.2, pp.509ff..

（42）　ゲオルギオス伝サイクルについては以下参照。T. Mark-Weiner, *Narrative Cycles of the Life of St. George in Byzantine Art*, diss., New York University 1977. グルジアの多数の聖堂をリスト化しているが、ウビシの詳細には立ち入らない。邦語文献として以下も参照。高晟埈「聖ゲオルギオスの奇跡伝――イクヴィ（グルジア）、ツミンダ・ギオルギ聖堂北翼廊の壁画を中心に」『新潟県立万代島美術館研究紀要』一（二〇〇六、三）、二七–三七頁。

（43）　ミストラのペリブレプトス聖堂（M. Acheimastou-Potamianou, *Byzantine Wall-Paintings*（*Greek Art*）, Athens 1994, fig.152）等。

（44）　Gerstel, *Beholding*（n.12）, pp.40ff..

（45）　ミロズ修道院（一一五〇年代）。Sarabianov, *op.cit.*, p.65.

（46）　L. Hadermann-Misguich, *Kurbinovo: Les fresques de Saint-Georges et la peinture byzantine du XIIe siècle*, Brussels 1975, pp.175ff..

（47）　Pelekanidis, Chatzidakis, *Kastoria*, p.75, fig.12.

（48）　Sarabianov, *op.cit.*, p.65.

（49）　Grozdanov, *op.cit.*, p.43, fig.4.

（50）　クルビノヴォでは西壁に「聖霊降臨」「日の老いたる者としてのマイエスタス・ドミニ」「変容」を配することによって「三位一体」を表出したのを想起。それぞれ独立して意味をもつ円形モティーフを三つ並べることによって、メタレヴェルで「三位一体」の教義を語る点が共通する。一章「ビザンティン聖堂壁画における『生と死』」参照。

付　馬場恵二氏「キプロス島アシーヌウ聖母教会堂と『キリスト再臨図』」について

本書の母胎となった「『生と死』の東西文化史」研究会とは組織もメンバーも異なるが、明治大学人文科学研究所叢書として、二〇〇四年に『ヨーロッパ　生と死の図像学』（東洋書林）が上梓された。その巻頭に、馬場恵二氏による百六十頁に及ぶ力作論文「キプロス島アシーヌウ聖母教会堂と『キリスト再臨図』」が収録されている。卓抜なギリシア語の読解力を活かした、綿密な壁画の銘文解釈は敬服に値するし、ビザンティン研究に現代ギリシア語の知識が不可欠と主張する点は、私もまったく同感である。

しかしパウサニアスを始めとする古代ギリシア史のご専門であるためか、馬場氏はいくつかの点で重大な事実誤認をなさっている。ビザンティン美術史に関わる者として、以下にそのことを指摘したい。いずれもビザンティン美術史の研究者には常識に属することがらで、あえて述べる必要もないと思うが、書物の性格上様々な分野の読者が想定される。誤りが独り歩きしないためにも、ここで紙幅を費やして主要な点を正しておきたい。なお馬場論文では、私自身の名を挙げて、「翻訳に疑義が伴う」（七〇頁）[1]、「認識不足」（七二頁）と批判されているが、批判の具体的な内容が不明であるため、これには回答しない。

馬場論文の最大の問題点は、先行研究を参照されていないことである。アシヌウのパナギア・フォルビオティッサ聖堂に関しては複数のモノグラフがあり[2]、銘文の解釈もすでに馬場氏以上に正しく、網羅的に行われている。「最後の審判」のイコノグラフィーについては、厖大な研究史があり、[3]馬場氏が問題としている点の多くは議論がなされている。独力でここまで議論されたことに敬意は払うが、新知見は認められない。

第二の点は、美術史に関する知識と訓練の欠如である。「『キリスト再臨図』の『天国』」(表一、一〇一頁)に挙げられた十三作例のうち、キオス島ネア・モニは十一世紀ではなく、ポスト・ビザンティンの近代の作である。初期の「最後の審判」図として重要なテサロニキ、パナギア・ハルケオン(カルケオン)聖堂は、一〇二八年の銘文を有する基準作例であるが、馬場氏は「十四/十五世紀(?)」としている。こうしたクロノロジーの誤り以前に、このリスト自体そもそも意味をもたない。中期ビザンティン時代の例として重要なカッパドキアやカストリアのフレスコが挙げられていない。[4]後期ビザンティン時代については、スパタラキスらの努力によって、クレタ島の多数の聖堂壁画が近年私たちの知見に加わった。[5]後期ビザンティンの「最後の審判」は数百を数えるであろうし、[6]ポスト・ビザンティンにいたっては、作例は数倍する。その中から十数点を任意に選んで論ずるのは、恣意的である。

私の名も挙がっている箇所では、馬場氏は「パリ福音書」挿絵の「最後の審判」について「ビザンツ様式を懸命に『模倣』しているが、……かなりの程度の『消化不良』の症状さえ見て取れる」と述べ、一方シナイ山イコンの「最後の審判」に対して、「本格的なビザンツ形式」と評している(七二頁)。前者は十一世紀後半の首都コンスタンティノポリス、具体的に言えばストゥディオス修道院のある画僧の様式で、後者は制作地こそ不明であるが(おそらく首都)、十一世紀末/十二世紀初の様式を示す。いずれも典型的なビザンティン様式の優れた作例であるが、なぜ馬場氏が両者に様式の差を認めたのか不明である。「様式」と「形式」という語を混用しているところから推すと、「様式」という語を「構図」ないし「画面構成」という意味に使われているのだろうか。それにしても「パリ福音書」の画面構成は、典型的なビザンティンのものであり、私たちはここから「最後の審判」の図像を論じなければならない。[7]

「わが国のビザンツ美術研究者の目は、もっぱら『中央・主流』の教会堂やモザイク、壁画、イコンに注がれていて、ビザンツ世界『僻地』のキプロス島はほとんど彼らの視野に入らず、『無視』のまま放置されているありさま」と馬場氏は述べる（七頁）が、なぜこのような物言いをされるか、理解に苦しむ。古代ギリシア史の研究状況に苛立たれた馬場氏が、ビザンティン美術史も似た状況だろうと推断されたとしか思えない。馬場氏の挙げる参考文献には、私を含めて日本人による成果が一点も挙げられていないので、何を読まれた上での発言か不明であるが、私たちビザンティン美術研究者の悩みは、「中央・主流」の作例が残されていないことなのである。ビザンティン世界における唯一の「中央・主流」は、首都コンスタンティノポリスであるが、相次いだ戦乱と、長いトルコ支配によって、コンスタンティノポリスにはほとんど作例が残されていない。私たちは地方・辺境の作例に基づいて、帝国の歴史を構築しなければならない。[8]

そのためにキプロス島は、絶好のフィールドである。十二世紀初頭のもっとも重要な作例は、占領下、北キプロスのクリソストモス修道院であり、アシヌウは様式的にまずこれと比較されなければならない。両聖堂とも、地方的ではなく、洗練された作風をもった画家によってフレスコが描かれている。馬場氏が再三挙げるラグデラのパナギア・トゥ・アラコス聖堂（一一九二年）ときわめて近い様式をもち、かつ年記（一一八三年）のある銘文を多数有するのがパフォス近郊のアギオス・ネオフィトス修道院である。銘文の比較研究上も挙げられてしかるべきこの作例が閑却されている理由は不明である。アギオス・ネオフィトスにはテオドロス・アプセウディスなる首都の画家の署名が残されており、このテオドロスが九年後にラグデラで仕事をしたことは、現在広く認められている。馬場氏の言及するキプロス島の作例は「僻地」のものではなく、立派な「中央・主流」なのである。[9][10][11]

アシヌウは複雑な建築工程と壁画の段階をもつ聖堂である。主たる壁画の段階は、献堂当初である一一〇五／

〇六年の部分と、一三三二／三三年の部分で、両者は様式的にまったく異なるため、一目で区別がつく。馬場氏はしかし、献堂当初のもっとも重要なフレスコ《フォルビオティッサの聖母》（口絵八）を十四世紀のものとし、アプシスの十四世紀の聖母子（パンタナッサ銘）[12]を「創設時の十二世紀初頭」と誤解して、聖堂創建時の名称が「パンタナッサの聖母」であった可能性を論じている（六四頁）が、これも誤りである。《フォルビオティッサの聖母》近くにある十四世紀の銘（図一〇）は、この部分をかつて覆っていた十四世紀のフレスコが剝離された、その残欠である。アプシスのフレスコは塗り直しではない。十四世紀に、ベーマ天井の「昇天」を部分的に隠す形で、アプシスのコンクが手前に造り直され、そこに新たに「パンタナッサの聖母」を描いたものである。アプシスの聖母に「パンタナッサ」銘を附すのは後期ビザンティン以降の図像であり、中期には作例が見られない。

馬場氏が冒頭で議論する聖堂奉献銘（口絵六）は、十四世紀のフレスコでありながら、十二世紀初頭のオリジナルを再現したものである。ただし十四世紀のフレスコが、オリジナルの装飾プログラムをすべて尊重したわけではない。「受胎告知」を始めとして複数の主題が重複しているところから判断すると、十四世紀の時点では十二世紀のフレスコはほとんど隠されていたのではないか。

ナルテクスに描かれた聖女アナスタシアについて、馬場氏は聖女伝（ただし引用されているエディションは現代の読み物で、ビザンティンの議論に用いることはできない）に基づいて、『『地獄の区画』という『牢獄』に閉じこめられている罪びとたちへの『慰問』を祈願した」とするが、これは過剰解釈だろう。聖女の向かって左（図六二）に小さく描かれる寄進者は、銘文に見るとおりアナスタシアという女性であり、自分を同名の守護聖人とともにここに描いたと考えれば済む。

アナスタシア解釈の前提となっているのは、「最後の審判」図において「地獄の区画」（辻佐保子氏のいう「地獄部屋」）が、「罪びとの魂の『待機場所』である可能性が濃厚なのである」（一二八頁）との判断であるが、これも誤りである。「地獄の区画」は、審判を経て地獄に堕ちた人々の姿に他ならない。注に挙げた諸研究を参照されたい。

馬場氏の驚くべき「新説」は、ここで論ずるに値するであろうか。ナルテクス南ニッチの聖母子（口絵一四、一五）の絵具剝落について、「これは当初から意図的になされた『白抜き』だとの判定を下した」（一一九頁）とした上で、「『聖母子』は『偽装の聖母子』であって、幼児イエスは『アンチキリスト』その者にほかならないという可能性がかなり高い確度で残る」（一五〇頁）と述べている。「異様な雰囲気」（一一九頁）、「妖気の漂う」（口絵一五）とも評する。一般の読者にこの説の珍奇さを説明するには、どのような比喩を用いるべきか困惑する。キリストの墓は日本の東北地方に存在する、といった類であろうか。おそらくイエスの上に後補で絵具の重ね塗りがなされたために、絵具層がオリジナル部分を含めて剝落したものに過ぎない。漆喰上に見える線描は、下書きである。ビザンティンのフレスコはセッコであり[13]、絵具の剝落した部分に下書きが見えるのはよくある現象である。もしこれがアンチキリストであるなら、それに跪く三人の寄進者は、魂の救済を祈っているのではなく、世界を呪っているのだろうか。ここはキリスト教の聖堂ではなく、黒魔術の場であろうか。ビザンティン美術の世界に、このような「偽装の聖母子＝アンチキリスト」なる図像はあり得ない。背景の赤も、十字軍の影響を受けたキプロス島のフレスコにはよく見られる。パナギア・トゥ・ムートゥーラ聖堂等参照。

第三の問題は、ビザンティン・エピグラフィーに関わる[14]。馬場氏は古代ギリシア碑文の専門家であるから、書体には時代や地域の差が現れることはよくご存知のはずであるが、その議論はいささか乱暴である。「大文字の中に小文字のアルファが書かれる」という旨を繰返し述べている（図六他）が、「大文字・小文字」という二分法は現代のものに過ぎず、ビザンティンのエピグラフィー、パレオグラフィー（古文書学）では無数の書体を区別する[15]。大きく言ってもマジュスキュール、ミナスキュール、アンシャル、ハーフ・アンシャル、その下には無数の下部分類が研究者によって提唱されている。図六の銘文におけるアルファは、確かに後期ビザンティン特有の書体ではあるが、この銘文中にも複数のアルファ書体が用いられており、それを一言で「大文字の中に小文字」と括ることに意味はない。馬場氏はアシヌウ（十二世紀初）、ラグデラ（十二世紀末）、アシヌウ（十四世紀）の三例を並べて、そこに年代的な発展があるかのように言う（六七頁）が、同時期の銘文であっても、配置の場所や銘文の内容、筆記者の教養等によって様々な書体が選ばれる。「アルファが大文字か小文字か」というだけの判断基準では、書体の発展は記述できない。この時期の銘文について信頼できる分析を行っている、アテネ大学のカロピシ＝ヴェルティ等を参照されたい。[16]

　アシヌウの銘文読解については、過去の研究と馬場氏の読みに若干の違いはある（たとえば「碑文Ⅲ」（一九頁以下）の冒頭部の読みは、かなり違っている）が、それにはいちいち触れない。モノグラフを参照すれば済むことである。重大な誤読のみここで一点指摘する。それは「保護の長アブラハム」問題である（一〇五頁以下）。馬場氏はキオス島ネア・モニのアブラハム（繰返すが十一世紀でなくポスト・ビザンティンである）に附された銘を“OTIPEAPX”と読んだ上で、これを“ὁ τηρεάρχος”なる造語（「（人類もしくは民族の）保護の長」）に解釈しているが、これも明らかな間違いである。定冠詞Oに続く部分は、ΠΤΡ のリガチュア（連字）である。ビザンティン・エピグラフィーには様々なリガチュアの約束事があり、それを読むことは解釈の第一歩となる。ΠΤΡ は ΠΑΤΗΡ（父、父なる神）とその派生語、活用形に様々に用いられる略語で、キリスト教エピグラフィー、パレオグラフィーでは父、天、キリスト等の重要な頻出語には略語を用いる。したがってアブラハムに附された形容は、ο πατριάρχης（長老）[17]と素直に読めばいい。壁画においてある銘文が読解困難な場合は、類似図像を探して、同じモティーフにどのような銘が附されているかを探るのが常道である。多くの「最後の審判」図において、「長老アブラハム」の銘が見出されるであろう。

馬場氏が固執するアンチキリスト説の傍証のひとつとなっているメテオラ、ルサヌウ修道院の作例（図六七）の銘文について、「《I》（イオタ）は素直なI（イオタ）ではなく、左側に小さな膨らみの曲線を付加して、まるでアルファの小文字体に見て取れるような状況で壁面に残っている。『アンチキリスト』の、文字列そのものさえ忌避する何者かによる改竄ではないかと思われる」（一四五頁）と述べる。文字列を忌避するのなら、消してしまえばよい。この文字はEIの連字であり、「イ」と発音する音価である。写真が不鮮明であるため判読できないが、OANとXPEIの間には間隔がありすぎ、O ANTIXPEICTOC（アンチキリスト）と読むのは無理ではないか。キリストの綴り（XPICTOC）を間違えることはそう多くない。ネア・モニの銘文（図六四）は「アンチキリスト」で問題ない。

馬場氏は論文中でしばしば、ヴィデオやデジタル・カメラの画像を拡大して銘文を解読したと述べている。しかし聖堂を実際に訪れた以上、現場で銘文を観察するのが私たちの鉄則であり、画像は補助手段に過ぎない。現場で観察すれば、銘文に欠損部があっても、筆の痕跡等から文字を復元することが比較的容易である。暗ければ懐中電燈を用いればいいし、遠ければ双眼鏡の類を使うのが作業の基本であると思う。

馬場論文のみを読む読者にはわかりにくいが、馬場氏は聖堂内に現存する銘文すべてを採りあげて論ずるわけではない。アシヌウの聖堂には他に多くの重要な銘文が存在する。いかなる基準をもって取捨選択をされたのか、私には理解できなかった。

最後にギリシア語の発音について一言述べる。馬場氏はビザンティン時代のギリシア語に関して、古代発音ではなくビザンティン発音での表記を主張するが、私もこれに賛成である。しかし私は「耳に聞こえるそのまま」ではなく、「原綴が復元できる程度に発音を尊重する」折衷的な立場を採る。[18] ハギア・ソフィア（古代音）ではなく、アギア・ソフィア。アヤ（もしくはアイア）・ソフィアと耳に聞こえたであろうが、これは採らない。Agia

Sophiaとの綴りが復元困難だからである。同様にGeorgiosは、イェオルイオスではなくゲオルギオスとする。馬場氏の「ゲオルヨス」表記はどの原則にも立っておらず、勘違いによるものであろう。他にも古代音とビザンティン音の混同が多数見られる。

誤解を恐れてあえてつけ加えるが、私は専門外の人間の発言がいけないと言っているのではない。私自身ビザンティン美術以外の分野に関して、少なからぬ文章を書いてきた人間である。専門家はしばしば硬直化した思考に陥りがちであるし、専門外の人間の大胆な発想はそこに風穴を開け得ると信じるものである。しかし人文諸学は、先人の積み重ねた仕事に敬意を払い、そこに新たな石を積むべきであるとも考える。私が上に挙げた三つの問題点は、結局のところ「研究史の蓄積を無視している」というごく単純な一事に尽きる。

銘文や図像の解釈等をめぐる生産的な「論争」であるならいざ知らず、他人の論文の誤りを縷々指摘するのは、私の好むところではない。[19] しかし日本のビザンティン学の名誉のために、あえて紙幅を費やした次第である。

〔注〕

（1）　以下とくに断りのない限り、図や頁の数字は馬場氏論文のものである。

（2）　M.Sacopoulo, *Asinou en 1106 et sa contribution à l'iconographie*, Bruxelles, 1966; A. and J. Stylianou, *Asinou* （*Panagia Phorbiotissa*）, Paphos 1973; Ch. Hadjichristodoulou, D. Marianthefs, *The Church of Our Lady of Asinou*, Nicosia 2002. 三番目に挙げた英訳版では銘文まで英訳されているので、ギリシア語版（*Ο ναός της Παναγίας της Ασίνου*）を参照することが必要。邦語論文として以下がある。櫻井夕里子「パナギア・フォルビオティッサ聖堂（キプロス島アシヌウ）西壁の装飾プログラム」『國學院雜誌』一〇八－八（二〇〇七）、一八－三三頁。

（3）　初期キリスト教、西欧初期中世、ビザンティンにわたって終末論表現を論じているのがブレンクである。B. Brenk, *Tradition und Neuerung in der christlichen Kunst des ersten Jahrtausends*, Wien 1966. 馬場氏の議論と重なる後期／ポスト・ビザンティンの「最後の審判」図については以下。M.K. Gardis, *Etudes sur le jugement dernier post-*

byzantin du XVe à la fin du XIXe siècle, Thessaloniki 1985. 西欧の作例を論ずるものであるが、以下も重要である。Y. Christe（ed.）, *L'Apocalypse de Jean. Tradition exégétiques et iconographie*, Genève 1979 ; Id., *L'Apocalypse de Jean. Sens et développements de ses vision synthétiques*, Paris 1996. 日本語では辻佐保子氏による優れた論考がある。「中期ビザンティン世界における『最後の審判』図像の定型化と多様化」『ビザンティン美術の表象世界』（岩波書店、一九九三）二八七頁以下に再録。この辻論文を読まれていたら、馬場氏は長大な論文の大部分をお書きにならなかったのではないかとさえ思える。

（4） マルムキストは「最後の審判」を有する中期の作例として、十八聖堂を挙げる（カッパドキアを含まない）。T. Malmquist, *Byzantine 12th Century Frescoes in Kastoria*, Uppsala 1979, p.169. スコウランは中期のギリシアの聖堂に限って、八聖堂を指摘する。K.M. Skawran, *The Development of Middle Byzantine Fresco Painting in Greece*, Pretoria 1982.

（5） I. Spatharakis, *Byzantine Wall Paintings of Crete*, vol.1, Rethymnon Province, London 1999. この書一冊だけでも、十の聖堂が挙げられ、「最後の審判」の図像学的細部が論じられている（pp.314－20）。以下も参照。Id., *Dated Byzantine Wall Paintings of Crete*, Leiden 2001. ドランダキスが報告したマニの聖堂群にも、多数「最後の審判」図が含まれる。N. B. Δρανδάκης, *Βυζαντινές τοιχογραφίες της μέσα Μάνης*, Athens 1995, see index "Μέλλουσα Κρίση".

（6） 後期ビザンティンの聖堂は、あまりに厖大な数の故、いまだに網羅的なリストが存在しない。ヴェルマンスの未完のカタログを参照。T. Velmans, *La peinture murale Byzantine à la fin du Moyen Âge*, vol.1, Paris 1979, see index ‹‹ Jugement dernier ››.

（7） 前出注3の辻論文参照。

（8） 私の論文、著書等をここにすべて挙げることはできないので、興味のある方は、早稲田大学のホームページ内の研究者データベースを参照されたい。聖堂壁画については、カストリア、カッパドキア、キプロス、ロシア等の「僻地」を繰返し論じている。

（9） 外務省によって渡航が禁じられているため、残念ながら私は未見である。C. Mango, "The Monastery of St. Chrysostomos at Koutsovendis（Cyprus） and its Wall Paintings," *Dumbarton Oaks Papers*, 41（1990）, pp.63ff..

（10） D. and J. Winfield, *The Church of the Panagia tou Arakos at Lagoudhera, Cyprus: The Paintings and Their Painterly Significance*, Washington, D.C., 2003. キプロス島のビザンティン聖堂に関するもっとも浩瀚なモノグラフで、とくに

絵画技法に詳しい。銘文の書体についても議論がなされている。

（11）C. Mango, E.J.W. Hawkins, "The Hermitage of St.Neophytos and its Wall-Paintings," *Dumbarton Oaks Papers*, 20（1966）, pp.119-206.

（12）ギョレスはアプシスの聖母を十三世紀後半としているが、理由の詳細は不明。N. Γκιολές, Η χριστιανική τέχνη στην Κύπρο, Nicosia 2003, p.89, fig.71.

（13）壁面の漆喰が乾いた後に、水性の顔料で描く技法で、ブオン・フレスコ（漆喰が乾く前に絵を描く）とは区別される。ブオン・フレスコであれば、この壁面のように絵具層が剥落することはない。

（14）馬場氏はエピグラフィーないしインスクリプションの訳語として「碑文」を一貫して当てているが、フレスコの場合は「銘文」とすべきではないか。

（15）E. Mioni, *Introduzione alla paleografia greca*, Padova 1973（Εισαγωγή στην Ελληνική παλαιογραφία, Athens 1985^{3}）などがギリシアでは教科書としてよく用いられる。

（16）S. Kalopissi-Verti, *Dedicatory Inscriptions and Donor Portraits in Thirteenth-Century Churches of Greece*, Wien 1992.

（17）日本語訳の旧約聖書で「長老」と訳される語は、セプトゥアギントにおいてPresbyteros他様々な語が当てられている。ビザンティン世界ではしばしば、旧約の族長アブラハムをPatriarches（キリスト教では「総主教」の意にもなる語）と呼ぶ。Lampe, *A Patristic Greek Lexikon*, s.v., "πατριάρχης", B.

（18）かつて私と尚樹啓太郎氏との間で行われた、「ビザンティン発音論争」を参照。拙稿書評（尚樹啓太郎『ビザンツ帝国史』東海大学出版会　一九九九年）『西洋史学』二〇〇号　二〇〇一、九五－七頁。尚樹氏は「発音そのまま」の原理主義的（？）立場である。

（19）単純な誤記の類は、もちろんいちいち指摘しなかった。「『聖画像破壊令』の波紋は十世紀にまで及んだ」（一二四頁。正しくは九世紀半ば、八四三年）等、数は少なくない。

Ⅶ　医療・医学研究において「ひと」の細胞が使われるとき

細胞提供者の語りからみえること

齋藤有紀子

現代の羅生門

芥川龍之介の「羅生門」（一九一五年、大正四年）に、次のような一説がある。

「成程な、死人《しびと》の髪の毛を抜くと云ふ事は、何ぼう悪い事かも知れぬ。ぢやが、こゝにゐる死人どもは、皆、その位な事を、されてもいゝ人間ばかりだぞよ。現在、わしが今、髪を抜いた女などはな、蛇を四寸ばかりづゝに切つて干したのを、干魚《ほしうを》だと云うて、太刀帯《たてはき》の陣へ売りに往んだわ。疫病《えやみ》にかゝつて死なんだら、今でも売りに往んでゐた事であろ。それもよ、この女の売る干魚は、味がよいと云うて、太刀帯どもが、欠かさず菜料《さいれう》に買つてゐたさうな。わしは、この女のした事が悪いとは思うてゐぬ。せねば、餓死をするのぢやて、仕方がなくした事であろ。されば、今又、わしのしてゐた事も悪い事とは思はぬぞよ。これとてもやはりせねば、餓死をするのぢやて、仕方がなくする事ぢやわいの。ぢやて、その仕方がない事を、よく知つてゐたこの女は、大方わしのする事も大目に見てくれるであろ。[1]」

芥川は、人間の精神的苦闘と、娑婆苦に生きる人々の呻吟を描いた作家として知られている。

引用したのは、雨の夜、ひとりの男（下人）が羅生門の上で、死体から髪の毛を抜く老婆を発見するシーンである。下人は、老婆の所業を「許す可らざる悪」と感じ、腕をつかんで老婆を「そこにねぢ倒」す。しかし、老婆の申し開きを聞くうちに、「下人の心には、或勇気が生まれ」、「では、己《おれ》が引剥《ひはぎ》をしようと恨むまいな。己もさうしなければ、餓死をする体なのだ」と噛みつくように言い放つと、「すばやく、老婆の着物を剥ぎ」とり、「また、く間に急な梯子を夜の底へかけ下り」る。

芥川の羅生門から九十年、このくだりを、あらためて現代の先端医療とリンクさせて考えるとき、さまざまな問題がみえてくる。

ヒトの細胞をリサイクルする再生医療、細胞から読みとられる遺伝子情報、その利用を正当化する論理（勇気）を「発見」する行政倫理指針。「提供者の同意（インフォームド・コンセント）」「個人情報保護」「倫理審査」は、現代社会における私たちの「勇気」のようにみえるのである。

胞衣をめぐる言説

現代の「勇気」に考察を加える前に、もう一つ、細胞にまつわる記述を紹介したい。

中沢新一の著作『精霊の王』（二〇〇三年）には、生まれた子どもの胞衣《えな》（ここでは胎盤）を売りに出す親のエピソードが紹介されている。(2)

十九世紀の英国では、胞衣をかぶって生まれた子どもは特別な力を持つとされ、その胞衣には水難除けの魔力があると、船乗りに珍重されたらしい。子どもがかぶって出てきた胞衣は、次のように新聞広告で売り出されたという。

子どもの胞衣、入手いたしました。このすばらしい自然の産物が、それを所持して陸海を旅する人々をいっさいの災難事故から守ってくれる驚くべき効果については、すでに多くの人々が体験ずみで、世界中から絶賛されております。（一八二〇年三月九日タイムズの広告）

もちろんヨーロッパだけでなく、日本にも、胞衣をめぐる言い伝えや風習は多くある。生命の誕生と、その〝果実〟としての附属物に、私たちの社会は、さまざまな意味や価値や用途を見出し、畏怖や敬意を抱いてきた。

しかし今、新しい技術は、そのような文化的・歴史的文脈と接点をもたないまま、ヒトの胎盤、配偶子（精子・卵）、中絶胎児、体細胞に実用的価値を見出し、リサイクルを試みはじめている。

科学の中で、細胞をめぐる習俗を語る必要はなく、実験室に、風習や〝謂われ〟の居場所はない。むしろ、「モノ」としての細胞に魂を吹き込むような「個別の物語」は、科学にとって、妨げ・迷惑でしかないかもしれない。

ステムセルの物語

身体のあらゆる細胞から取り出すことのできる幹細胞（ステムセル）は、ヒトの細胞の中で現在もっとも注目されているものの一つである。

ステムセルに一定の操作が加えられることにより、研究者たちは、身体の組織や臓器を一から形づくることができる可能性があるという。心筋細胞など、一部のものは、すでに作成の見通しが立ち始めている。

ステムセルを、目的の臓器・細胞に分化・誘導することができれば、人間は、病気や事故、老化で失った機能を取り戻したり、脳死判定や拒絶反応に悩む移植医療から、解放されるかもしれない。

いま、パーキンソン病、脊椎損傷、慢性心臓病など、さまざまな患者の期待を背負って、ステムセルの研究（幹細胞研究、一般に再生医療とも呼ばれる）が進んでいる。

〝人助け〟の材料となるのは、胚や、中絶胎児、卵や卵巣である。これらを提供・入手するために必要なのは百年前のような「新聞広告」ではなく、提供者による同意（インフォームド・コンセント）となる。細胞は売りに出されるのではなく、原則無償での提供。しかし、細胞を加工する段階では、さまざまな知的財産が生み出され、研究者に特許権が発生し、国際的技術競争の先には、莫大な富を生むマーケットも広がっている。

細胞は、いったん「ステムセル研究の資源」として扱われ始めると、ステップを踏むごとに徐々に〝身体性〟が薄まり、人体から、ヒト由来試料となり、実験材料となり、商品となっていく。幹細胞研究・再生医療が目指しているのは、その〝商品〟が、最後には再び薬品のように、あるいは、移植用の臓器のように、ヒトの身体の中に戻っていくことである。ステムセルは、移植された人の人体の一部となって再び、機能し続けるのである。

まだ実現していないが、ステムセルは現在、この〝現代のものがたり〟の中を生きている。

二つの技術の融合

ここで、胚や中絶胎児、卵巣が幹細胞研究の中でどのような役割を果たすのか、「クローン胚由来ＥＳ（胚性幹）細胞研究」を例に概観したい。「クローン胚由来ＥＳ細胞研究」を取り上げるのは、現在、この領域の技術が、ヒト細胞と再生医療、人体のリサイクルについて、問題がもっとも先鋭的に現れていると思われるからである。

細胞の役割を記す前に、まず、前提となる技術について若干の解説が必要だろう。

クローン胚由来ES細胞研究（以下、クローンES研究）は、二つの技術の進展を背景に成立している。一つは、「クローン技術」、もう一つは「ES細胞樹立の技術」。この二つの成果が結びつくことにより、私たちは、患者個々人にフィットした「オーダーメイドの細胞」を手に入れることができると期待されている。

二つの技術の流れを、まずは順番に説明していきたい。

（1）クローン技術

卵巣から摘出した成熟卵子から、その卵の遺伝情報をもつ「核」を取り除き（除核）、かわりに別の個体の体細胞（身体の細胞）を入れるとクローン胚になる。その胚を培養した上で、子宮に戻すと、やがて体細胞提供者と同じ遺伝情報をもつ個体に成長する。

このようにして、一九九七年二月に誕生したのが、羊のドリーである。ドリーは、乳腺細胞を提供した羊とまったく同じ遺伝情報をもつクローン羊であった。

クローン生物〝作成〟の際、注入する体細胞に遺伝子操作を加えて生産すれば、たとえば、乳の中に人間の治療薬を含む動物や、ヒトに移植しても拒絶反応を起こさない動物の臓器を、大量かつ安定して供給することができる。クローン動物が、人間の医療に貢献することが期待される所以である。

もちろん、クローン動物には、まだ課題も多い。ドリーを初めとするクローン動物は短命で、そもそも出生率自体が、極めて低い。生まれてきた個体に病気や障害も多い。除核卵に体細胞を入れる際、通常の有性生殖で起きる「初期化」が、同じようには起きていないのではないかとも言われているが、原因や、発生のメカニズムはまだ明らかではない。クローン生物からの細胞移植の安全性や、効果を判断するために、まだしばらく動物での研究が必要になるだろう。

もう一点、クローン胚を子宮に戻せば、個体が生まれることから、多くの国では、ヒトクローン胚を子宮に戻すことを法律で禁じている。ヒトクローン胚の作成自体を禁じている国も多い。胚の作成を認めることで、子宮に戻される可能性を圧倒的に高めてしまうと考えられているからだ。

日本でも、二〇〇〇年十一月以降、ヒトクローン胚を作成すること自体が法律で禁じられてきた。しかし後述するように、二〇〇四年七月、難病治療のための基礎研究を行う目的に限って、日本では、ヒトクローン胚研究が認められ、法改正にむけての準備作業が始まることとなる。[3]

（2）ES細胞研究

現在、不妊治療で、子宮に戻されなかった胚は、次の治療に備えてカップルの意向で凍結され、医療機関に保存される。しかし、治療で妊娠に成功（子どもが誕生）した場合、凍結胚は、カップルの同意を得て、廃棄されることになる。

その廃棄予定胚を、カップルの同意を得て譲り受けて行っているのが、ES細胞研究である。

廃棄するくらいなら、そもそも、余るほど胚を作るべきではないという声もある。しかし、不妊女性の中には成熟卵子を十分に採取できない人もあり、また、卵は採取できても、精子と合わせたのちに（媒精）、よい状態の胚をたくさん得られない場合もある。不妊患者の心情は、〝一度の採卵で、胚を少なめに作る〟のではなく、〝一度の採卵で、良い状態の胚をできるだけ多く作りたい〟のであり、その結果、子宮に戻されない胚は、大切に凍結保存されることになる。

ＥＳ細胞に話を戻そう。カップルから譲り受けた凍結胚を解凍し、培養すると、分割を開始、五～七日目に、胚盤胞と呼ばれる状態になる（最近は、胚盤胞の段階まで培養してから凍結保存されている胚も多い）。その時期の胚を壊して中身を培養すると、その中に「変化しないまま分裂する細胞」がある。それをさらに培養したものがＥＳ細胞である。

ＥＳ細胞は、「ヒトの身体を構成するあらゆる細胞に変化できる」といわれている。これを、人為的に望みの細胞に育てることができれば、私たちの社会は、臓器不足から解放されるだけでなく、身体に必要な細胞や組織を、いつでも作ることができるようになる。ＥＳ細胞の「何回でも分裂する」という特徴も、目的の細胞を大量に永遠に産出することができることとなり、人間にとって、〝好都合〟だ。

ＥＳ細胞からの臓器移植が定着すれば、誰かが脳死になることを待つことなく、また、生きている家族が命がけで臓器を提供しあう生体移植の必要もなく、移植を受けられる日が来るかもしれない。

現在、臓器移植が必要な疾患ばかりでなく、原因不明で治療法が確立していない難病や、多くの国民が罹患する生活習慣病について、応用の可能性が模索されている。

一方で、人の生命の萌芽であるヒト胚を破壊しなければならないＥＳ細胞研究には、国内外で議論がある。日本でも議論が重ねられ、その作成および滅失は「必要最小限」であるべきことが国の指針で確認されている。

ヒトクローン胚由来ES細胞研究

クローン研究の成果と、ＥＳ細胞研究の成果を合わせるとどのようなことが可能になるのか。

たとえば難病患者が、自分の身体の体細胞を、誰かから提供された除核卵に入れ、自分の遺伝情報をもつクローン胚を作り、その胚を培養して胚盤胞を作り、そこからＥＳ細胞を取り出して、自分に必要な細胞を作成し、自分の身体に戻す。そうすることで、拒絶反応のない自分の細胞で、自分の治療をすることができる。

通常のＥＳ細胞からも、さまざまな細胞を作ることができるが、もとの胚の遺伝情報を引き継いでいるため、これまで移植後の拒絶反応の問題を解決できなかった。クローンＥＳ細胞は、移植後の悩みである拒絶反応を、根本的に解決することができる。ヒトクローン胚作成を禁じてきた日本が、二〇〇四年、難病治療の基礎研究に限ってヒトクローン胚作成を認めた背景には、正にこのようなニーズがあった。(4)

研究のために必要となるのは、体細胞を提供する患者、卵を提供する女性。手術で卵巣を摘出する人も、提供候補者としてイメージされている。

他に候補となる細胞に中絶胎児がある。胎児は、除核卵に入れる体細胞として、あるいは、除核卵（の元となる卵細胞）採取の〝資源〟として、有力な候補となり得るが、入手過程をめぐる倫理性から、現在は利用を見送られている。中絶直前の女性に、中絶胎児の研究利用の同意を得ることで女性を傷つける可能性がないか、また逆に、女性や社会に必要以上に中絶を正当化する口実を与えないか、両面からの危惧が指摘されているからだ。

脳死の人からの体細胞・卵巣の使用も、可能性としては考えられる。しかし現在、日本の臓器移植法は、脳死者の臓器を研究目的に使用することを認めていない。移植を待つ人の役に立てばという提供者の篤志があるにもかかわらず、提供者の意図しない目的に臓器が使用されることの問題や、「研究に使われる可能性がある」ということで、提供をやめる人が増えることを危惧しているからだ。

科学の言葉は、ヒトクローンES細胞研究の可能性、その必要性を説いている。

使われる細胞が、人の生命の萌芽や生殖細胞であることや、悪用されればクローン人間を生み出す可能性があることが、特別なことのように思われているが、研究を正当化するための論理の構図は、これまでの研究と変わりない。「必要としている患者がいる」ということと、「実現可能な技術がある」ということである。

しかし、それだけでいいのだろうか。科学の論理、研究者の論理、社会の論理は現代の羅生門とは違うのか。怯えながらも自らを正当化し最後には居直った老婆や、ためらいの果てに〝勇気〟を得た下人と、ためらいを捨象し、浄化された細胞を手に入れている現代の人間と。どちらの問題が根深いのか。

この問題に近づくために、研究におけるもう一人の当事者、「細胞提供者」の声を次に見ていきたいと思う。

もう一人の当事者——細胞提供者

（1）ヒアリング調査——研究の背景

二〇〇四年の総合科学技術会議の報告書「ヒト胚の取扱いに関する基本的考え方」（二〇〇四・七・二三）はヒトクローン胚研究を「難病等に関する治療のための基礎的な研究に限定して」行うことを認め、さらに、「生殖補助医療研究」に限定して、ヒト受精胚の研究目的での作成・利用を容認した。

その際、「未受精卵を提供する女性の肉体的・精神的負担への考慮」「自由意志によるインフォームド・コンセントの徹底」「不必要な侵襲の防止」など、女性の保護をはかる枠組みを、予め整備することが、必要な要件として規定された。

この総合科学技術会議の考え方を受けて、配偶子・胚の提供者となる可能性のある当事者の医療の現状と、クローン胚研究・生殖補助医療研究に対する考え方、実際に、卵を含めた配偶子提供・胚提供が行われるときに起こり得る問題について、厚生労働科学特別研究事業「ヒト胚の研究体制に関する研究」班（主任研究者・吉村泰典・慶應義塾大学医学部教授）が組織され、筆者は、分担研究者として「配偶子・胚の提供候補者に対するヒアリング調査」を行った。

（2）　研究の対象・方法

ヒアリングを依頼したのは、ヒト胚研究のために配偶子・胚の提供を依頼される〝可能性〟のある〝属性をもつ〟患者当事者である。具体的には、不妊治療、婦人科疾患、性同一性障害医療の経験者、および、患者会活動等に参画し、医学研究のための細胞提供に関心をもつ当事者。

調査期間は、二〇〇五年一～三月、調査の実施に先だって、北里大学医学部・病院倫理委員会の承認を得た。実施に際しては、対象となる人に、予め調査の主旨を文書により説明し、文書により同意を得た。面接の形式は個人・集団とさまざまであり、必ずしも統一ははかられていない。対象者は三十代から五十代の計十七名。内訳は、不妊関係当事者三名、婦人科疾患（悪性・良性）当事者八名、性同一性障害当事者二名、この問題に関心をもつ立場の人五名であった。一人、良性婦人科疾患で不妊治療中の人がいたため、属性が重なる人が存在する。

限られた期間・人数での調査であり、これをもって患者の現状や傾向を断じることは厳に慎まなければならない。しかし、さまざまな問題に及んだ当事者の意見を紹介することで、いわゆる「卵・卵巣提供者」に対し、現場でどのような医療が行われ、研究の説明にあたってどのような配慮が望ましいか、現実的に提供を申し入れる環境をどのように作ることができるのか、その可能性と問題点について考える手がかりになればと思う。(5)

研究内容理解の困難性

すべての当事者に共通して語られたことは、卵子・胚を利用する研究目的（とりわけ再生医療）の状況を、理解することの困難であった。原因はいくつか考えられる。

（1）研究の説明を受けた経験の希薄さ

一つは、そもそも臨床の場で、治療時・手術時に、診療の問題とはっきり切り分けて「研究」についての申し入れをされた経験をもつ患者が多くはないということである。

そのような状況で、「生殖補助医療あるいは再生医療研究への同意を求められる」という「仮定」の場面を提示されても、いつ、誰から、どのタイミングで、どのように行われるのか、日常診療の風景の中にすぐに組み入れてイメージすること自体、なかなか困難な作業となる。

今回のヒアリング対象者のうち、治療時・手術時に、診療の問題とはっきり切り分けて「研究」についての申し入れをされた経験をもつ人は、大学病院での手術経験をもつ婦人科疾患患者一名と、個人クリニックで体外受精の説明書を受けとった経験をもつ不妊患者一名であった。

婦人科疾患患者は、摘出後の卵管の研究利用について具体的説明書を受けとっていたが、他に、術前に、看護研究も含め三つの研究計画書を受けとったため、研究の内容については、どれも曖昧な記憶となっている。当時は、とくに疑問に思わず、三研究ともに同意したという。

不妊患者は、「……治療成績に影響を与えない範囲で研究に協力することがあることを了承いたします。本法施行経過中もしくは施行後のいかなる事項についても、事前に受けた事柄については一切の異議は申しません……」という文書への署名を求められる形で、研究への同意を求められていた（受けとった文書自体も「同意書」ではなく「（患者から病院に対する治療の）依頼書」のかたちをとっていた）。彼女にとって、ここでの「研究」がどのレベルのものか、自分に直接還元される研究的治療か、社会的貢献の要素が強い基礎研究かについてはイメージされにくいものとなっており、さらに、研究に同意しなければ、体外受精を実施されない（研究への同意が選択肢となっていない）形式のものであったため、彼女は、「体外受精を受けてしまったら研究に協力しなくてはならない。しかも文句をいってはいけない」「私の大事な大事なタマゴを研究に使わないで欲しい」と思い、体外受精を見送っている。

今回のヒアリング対象者に、研究の説明を受けた人が少なかったのは、偶然かもしれないし、そもそも生殖補助医療研究、婦人科疾患研究、性同一性障害研究が、多くは行われていないのかもしれない。ただ、少なくとも考えられることは、医療現場で、「治療の説明」「研究的治療の説明」「本人に還元されない社会貢献的要素の強い基礎研究の説明」が、当事者に明確に分かるように、区別して提示される素地がなければ、生殖補助医療はもとより、再生医療に関する説明を、治療前あるいは術前に、患者が迅速に理解し、的確に判断することはなかなか困難ではないかということである。

（2）配偶子・胚を利用する研究の「全容」理解の困難

説明を受けている人が、「研究のための提供を申し入れられている」という状況を理解したのちも、卵子・胚の提供目的としてどのようなことがあるのか、自分がなぜ生殖補助医療や再生医療研究への協力を求められているのか、提供を求められている自分の細胞がどのように役に立つ可能性があるのか、など、十分に把握することは容易ではない。

調査対象者のほとんどが、「現時点でこのような問題に予め知識をもち、説明書を手渡される前から研究についてイメージできている人や、手渡されてすぐイメージできる人は多くはないだろう」と、何らかの表現で言及した。「足し算と引き算しか習ったことのない人に、√（ルート）の説明をするようなものと思って欲しい」と語った当事者もいる（婦人科疾患患者）。

今回のヒアリングでは、対象者には、配偶子・胚には、次の六つ（ないし五つ）の「用途」があるということを、予め提示し、自由に意見を述べてもらった。

■配偶子・胚の「用途」

①廃棄
②凍結保存（将来の自分の妊娠・挙児のため）
③自分の疾患研究のために使用する
④生殖補助医療研究のために使用する
⑤クローン胚研究など、再生医療研究のために使用する
⑥第三者の不妊治療のため（配偶子・胚）に提供する

当事者の予めの知識、用途についての関心の度合い、本人の疾患、求める説明の詳細さの程度によって、説明に要する時間に個人差があった。

また、「このような話は知らなかった」「技術がどこまで進んでいるのか」「どのような実験に使われるのか」

「いつ何のために使ったかの連絡をもらえるものなのか」（いずれも婦人科疾患患者）、「年齢が高い人から摘出した卵・卵巣も使えるのか」（婦人科疾患患者・性同一性障害患者）など、「不明な点の確認・質問」に少なからぬ時間が費やされた。研究に関する「希望」「意見」「判断」は、各自が、その後、考えはじめることになる。

将来、実際に研究説明が行われる際には、個別の研究についての説明を、より細やかに求められる可能性がある。翻っていえば、十分に説明を受けずに、提供／非提供の〝意思表示〟をした場合、当事者の中に、悔いや疑問を残す可能性があるということである。

「十分な説明」をめざす場合も、当事者に①〜⑥まで、その時点で実施できることすべての可能性を「同時に」提示し、それぞれ個別に意思確認するのか。それとも、対象となる人によって、あるいは、説明の時期によって、段階的・部分的な情報提供になるのか。さらに、このような物理的心理的余裕が当事者のみならず医療現場に存在するかなどが、検討課題となってくる。

配偶子・胚に対する〝思い〟への配慮の必要性

研究の説明を行うとすれば、いつ、どのように、誰が行うべきか、そもそも説明を受ける当事者が、社会的心理的にどのような状態に置かれているか。調査の中で見えてきたことは、当事者がもつ配偶子・胚への思い、妊《にん》孕《よう》性に対する気持ち、社会制度との関係が、研究協力の可否に関わってくる可能性であった。

以下に、それぞれの患者の属性別に意見を記していく。問題の性質上、患者の個人差も大きいと思われるが、それぞれの属性に応じた問題点も、一定程度浮かび上がってくると思われる。

（１）性同一性障害当事者の場合

ＦＴＭ（Female to Male：生物的には女性の身体を有し、精神的には男性のアイデンティティをもつ人）の場合、ホルモン療法後、手術で摘出された卵子・卵巣を提供することになる。

ＦＴＭは、自己の配偶子に対し、〝嫌悪〟を抱いていたり、「考えたくもない」「話題として触れてほしくもない」と感じているケースがある。そのような場合、配偶子提供を申し入れること自体が、本人を傷つけ、不快にする可能性がある。ヒアリングでも、研究の説明をすることに問題がないかどうか、「カウンセリング担当の医師（精神科医）などが、予め、話しても大丈夫だと見きわめた人にのみ説明したほうがいいかもしれない」ということが語られた。

また、配偶子が嫌悪の対象であるゆえに、「術後にも残って、この世に存在し続けること」「まして、誰かの子どもになるかもしれないこと（第三者の不妊治療への提供）」など、「想像したくない当事者もいるのではないか」という声もあった。

一方で、「大切な自分の生殖細胞」という意識は希薄なため、「廃棄物と一緒」「特段の関心も執着もない」「どうぞ使ってください」と思える当事者もいるだろうということも語られた。

もう一点、性同一性障害当事者には、自分の生殖細胞をこの世に残しておくことが、将来の「戸籍上の性別変更」にどのように影響するかも、重大な関心事となることが明らかとなった。

現在、「性同一性障害者の性別の取扱いの特例に関する法律」では、性別変更の要件として、子どもを有していないこと、を定めている。自分の配偶子を、とりわけ第三者提供のために残すことが、将来、自分の性別変更に影響しないか、子どもに出自を知る権利が認められた場合、自分が性同一性障害であること、かつて社会的性別が異なっていたことが開示される可能性はないか、これらのことを見通せない中で、性同一性障害の当事者が配偶子を残すことは不安要因となるだろう。

「自分が性同一性障害であったことを知られたくない、忘れたい当事者も多いはず」「研究目的の提供はできるかもしれないが、第三者の不妊治療目的は難しいかもしれない」「すでに子どもがいる人といない人とで、提供への考えは変わってくるかもしれない」「戸籍変更に影響がないと保障してくれないと提供できない」などの意見が述べられた。

（2）婦人科疾患患者の場合

婦人科疾患の場合、卵巣摘出の理由が、悪性疾患か良性疾患かによって、配偶子や細胞への気持ちや「離れがたさ」の語りに違いが存在する。それぞれ以下に、記載する。

①婦人科疾患（悪性腫瘍）患者の場合
悪性腫瘍で卵巣の摘出経験をもつ女性の一人は、「悪いものと思っていたから、早く出してスッキリしたかった」「もし当時、出したものを使わせてくださいといわれたら、〝どうぞ〟と思ったのではないか」と語った。ただし、「もし年齢が二十代など若い時だったら、少し気持ちが違ったかもしれない……でも、わからない、その時は、自分の生死のほうに関心が集中しているから」とも語った。

科学的には、がんが原因で摘出した卵子や卵巣に、安全性の問題を含め、どれだけ二次利用のニーズがあるのか、筆者は十分に判断することができない。がん治療の場合、腫瘍細胞以外の、一見正常にみえる細胞についても、がん細胞の有無を調べるなど精査を行うことで、当事者のその後の診療方針が変わってくる可能性があると思われる。そのようなことを考えると、「提供してもかまわない」「摘出してスッキリした」という気持ちの当事者がいたとしても、摘出細胞を提供することがその人の診療にリスクになることはないのか、また、精査の結果、がん細胞が見つかるかもしれない細胞を移植することは適切なのか、担当医師が事前に的確に判断することが求められる。

がん患者の誰もが、細胞摘出にあたって「スッキリ」し、「卵巣の二次利用も承諾」するわけでは、もちろんない。中には、術後、「おむつのCMをみるのもいや」「芸能人の妊娠・出産の報道は見たくない」「生理用ナプキンのCMも目を背けたくなる」という状況の人も少なくないという。そのような人にとって、卵巣の研究利用や、第三者の妊娠のために提供することを術前に申し入れられることは、少なからぬ精神的負担になる。しかも、そのような気持ちになる人を予め、術前に見きわめることも、容易なことではないだろう。

「術前に突然に説明されるのではなく、病院のホームページなどで、予め情報提供してもらえば多少は予備知識として入るのではないか」「外来に掲示をしておいて、関心がある人だけ、説明を申し出てもらえばいいのではないか」「あらたまって聞かれるのは心理的にきつい。初診時の問診票などに紛れ込ませて、さりげなく意向を聞いてもらえれば」など、さまざまな意見が出されたが、すべての人に万能な一律の情報提供のあり方は、当事者の声からは見出せなかった。

また、悪性腫瘍患者は、術後も、化学療法や、転移・再発の不安、リンパ浮腫の出現など、医師・医療との関係が続いていく。「医師との関係を壊したくない」「医師の機嫌を損ねたくないのが正直なところ」「医師の提案を断わることはできない」など、研究の申し入れについても、当該患者が日常おかれている医師・患者関係が反映せざるをえない可能性も指摘された。

がん治療現場で、患者に余分な負荷をかけることなく、術「前に」説明・同意の過程を確保することには、医学的にも、社会的にも、相当の努力が必要となることがわかる。

②婦人科（良性）疾患患者の場合

良性疾患患者の場合、「手術を決断するまでに長い間考えている」「手術前に検討の時間は十分ある」。通常は、手術検討時に、術後の卵子・卵巣の行方に意識が及ぶことは多くはないが、手術時期を医師と相談する過程の中で、時間をかけて、卵・卵巣の二次利用、再生医療について理解し、「意向を決めておくことは可能かもしれない」という。

一般に、ES細胞研究や、中絶胎児細胞研究などの場合、提供者の自由意思に影響を与えてはいけないことから、研究の申し出は、受精卵廃棄や中絶手術の決定「後」に行われることが必須とされる傾向にある。

しかし、良性婦人科疾患の場合、当事者は、「できることなら手術を回避したい」「先に延ばせるものなら延ばしたい」と、最後の最後まで手術の時期について熟考することも多いことから、手術を決めた「後」ではなく、その「決定過程」において研究の説明を同時に行っても、研究の説明が、提供の「誘導」「強制力」として働く可能性は、ES細胞研究や胎児細胞研究ほどには考えにくい可能性があるという。

一方で、手術の説明と同時に研究について紹介された場合、「先生は、卵子や卵巣を使いたいから手術を勧めているのかもしれない」「それまでの信頼関係が揺らぐかもしれない」などの危惧も生じてくる。「前もって知らされれば検討の時間は十分にある」と思う同じ患者が、「長年関係を築いてきた担当医に、少しだけ不信を抱くかもしれない」と語る。良性疾患の患者たちもまたアンビバレンツを抱えている。

日常医療の中では、手術をためらってなかなか決断できないでいる患者に、「（子宮や卵巣に）まだこだわってるの？」「年齢的にもういいでしょう」などといわれることもあるという。自分の臓器を切りたくないという〝思い〟を、「執着」として、否定的に評価され、しかしながら、「摘出した組織は欲しい」とていねいに説明を受けるとなれば、患者の落胆と衝撃は大きい。

身体から「摘出されて間もない」組織の二次利用を申し出る際、患者に対してどのような言葉を選んでいくのか。当事者と細胞の心理的距離をどのようにイメージするのか。現代の〝想像力〟が問われている。

③不妊患者当事者の場合

不妊治療患者の場合、自分たちの配偶子は、治療に用いられたり、凍結されたり、廃棄されたりと、日常的に体外で扱われている。性同一性障害の人、婦人科疾患患者より、研究現場もイメージしやすく、配偶子の用途に関する意思決定も、身近に感じられると思われがちである。

たしかに、不妊当事者は、自分の配偶子の状態に関心が強く、問題意識も高い。しかし、「子どもが欲しい」という目的で、クリニックのルティーンの治療の流れにのっていくとき、自分や自分の配偶子に行われる「処置」が、臨床的にどのような性格のものか、標準的なものか、研究的なものか、他の選択肢としてどのようなものがあるのかについて「認識できていない可能性もある」という。

たとえば、「生殖補助医療研究」というとき、当事者がイメージするものは、下記のようにさまざまになる。

（イ）　自分の身体に戻す細胞で行われる研究なのか、戻さない細胞で行われる研究なのか
（ロ）　自分の治療に関係する目的で行われる研究なのか、不妊治療一般の研究なのか
（ハ）　不妊治療研究なのか、他の目的（再生医療など）の研究なのか

さらに、患者が「未受精卵」という言葉からイメージするものも、下記のようにさまざまである。

（X）採取したばかりの新鮮卵なのか
（Y）媒精したが精子が中に入らなかった卵のことなのか、また、媒精したが分裂をはじめなかった卵のことなのか
（Z）分裂が途中で止まったり、十分なグレードに至らなかった卵（胚）も含むのか

「どの時期の、どのレベル（グレード）の卵を、それぞれどのような研究のために必要としているのか」「その研究的手技は、自分の身体に戻される卵になされることか、そうでないのか」「これまでの生殖補助医療研究で、これらのことが、きちんと説明されているのかどうか」「実態を知りたい」ということが、多くの患者からまず語られた。

実際の医療現場で、配偶子が受精しない原因を調べる検査や、培養液・培養時間の創意工夫を、医師が、どこまで「診療契約の範囲」とし、どこから「臨床研究」と認識しているかは不明である。また、それがどれだけ、「研究」として患者に説明・提示されているかも不明である。もしかすると、不妊治療を申し込む際に、「研究の説明を受けた経験の希薄さ」の項で紹介したように、包括的に研究への同意も求められているかもしれない。

厳密にいえば、胚を身体に戻すことを前提にして、配偶子や胚に標準的でない新たな処置を加えれば、それは女性と胚（生まれてくる子ども）に対する「実験」となる。身体に戻すことを前提とせずに、配偶子や胚に新しい処置を加えれば、それは基礎実験となる。いずれにしても「このような処置を加えますが、これは新しい方法です」「新しい培養環境で試みます」ということが、研究計画が明確になった時点で、個別に、当事者に知らされている必要がある。しかし現在、どのレベルの検査・処置から「臨床研究」とみなされているのか分からない中で、不妊患者たちは、「これまでの臨床研究について自分たちが十分に説明を受けてきたかどうか」について

確信が持てないでいた。

不妊患者にとって、新鮮卵は大切な存在である。けっして捨てたり、譲ったりするために存在しているのではない。にもかかわらず、新鮮卵が研究に必要な場合、不妊患者は、採卵「前」に、「使わなかった新鮮卵」「媒精しても受精に至らなかった非受精卵」「十分なグレードに育たなかった受精卵」の二次利用について説明を受け、意思表示をしなければならない。「研究機関で治療している患者は、〃グレードのいい卵や胚が研究に回されてしまうのではないか〃〃卵がよくとれる若い患者は必要以上に採卵されてしまうのではないか〃などの心配をするかもしれない」との声もきかれた。

もう一つ、根本的な問題も明らかになった。そもそも現在、採取した新鮮卵は、患者のために、すべて媒精されている可能性がある。少しでも妊娠につなげるために、ほとんどの卵に受精が試みられるからだ。だとすれば、純粋な新鮮卵は、不妊治療の現場で生じにくい。「本当に研究に使える未受精卵は存在するのか」「患者の立場からは想像しにくい」というのも不妊治療経験者の実感であった。

新鮮卵をもっとも多く扱っているはずの不妊治療現場で、実は、研究のための新鮮卵が生じにくい／得にくいという可能性が示唆されたのである。患者がリアリティを持てない細胞に提供の同意を求めることには、無理がある。にもかかわらず、わずかに存在すると仮定されたその細胞を研究の現場まで適正に持ち出す言葉が求められている。そのことの矛盾を自覚しなければ、当事者に届く言葉や手続きを見出すことは難しいだろう。

まとめに代えて

細胞提供者の〃語り〃からみえることは、「手続き」が状況を正当化するのではなく、当事者がもつ個別の身体的・心理的背景、それを吟味・配慮した上での研究者側のアプローチ、日常医療の延長としてのコミュニケーションがあってはじめて、研究のための細胞提供が、納得いくものとして、当事者の心の内に降りてくるということであった。

これは、あたり前の結論のようにもみえる。しかし、そのあたり前のことが忘れられてしまう程に、「インフォームド・コンセント」「個人情報保護」「倫理委員会における審査」など、現在の〝行政指針〟〝倫理指針〟の言葉が、その内容の吟味を待たずに、倫理性担保の切り札として、汎用されているように思われる。指針の言葉が悪いのではない。それが、研究者側の言葉、研究を実施したい側に分かりやすい正当化根拠に過ぎないことを、研究者も社会も自覚しておく必要があるということである。

あらゆる患者の「ものがたり」に万能な「説明」はない。患者ごとに、大切にして欲しいことの優先順位があり、研究の話も、細胞の話も、本来、患者各自のものがたりに乗る限りにおいてのみ、受け容れられていくのである。

ヒアリングの中でも、難病患者の医療という目的を否定する人はいなかった。「ステムセルのものがたり」は当事者たちに一定の説得力を持っている。しかし、目的の〝正しさ〟が当事者の納得の決め手ではないし、目的が手段を正当化するわけでもない。さらにステムセルの場合、もう一つ、〝人によるヒト生命の利用〟が「入れ籠」になって現れる。生きている人間が、「ヒトの生命の萌芽」である胚や、受精を経れば将来ヒトになる可能性を有した生殖細胞を、手段として利用することを認めることになるからだ。

「胚はカップルの同意があれば使用してよい」「倫理委員会で審議をすれば使用できる」と一律に地位が定まるのではなく、生命の問題が社会的・文化的、そして個人的背景ごとに語られること、そのことで私たちは、あらためて、価値観の多様性に気づき、生命を扱いきることへの畏れに気づくこともできる。

いま私たちに必要なのは、うしろめたさを払拭することではないだろう。ともすれば消してしまいたくなるうしろめたさや、ためらいと向きあいながら、人の細胞をめぐる現代の正義を考えることではないだろうか。

〔注〕

（1）引用は全て『芥川龍之介全集』第一巻（一九七一、筑摩書房）。漢字は新字体に改めた。

（2）中沢新一『精霊の王』（講談社、二〇〇三）七八頁

（3）二〇〇八年二月現在、文部科学省「特定胚及びヒトES細胞等研究専門委員会人クローン胚研究利用作業部会」で、報告書をまとめる作業が継続中である。

（4）二〇〇七年十一月、ヒトiPS細胞（人工多能性幹細胞）樹立の成功により、胚や卵を使用せず、ヒトの「体」の細胞から多能性を持った細胞を作成する可能性が生まれてきた。細胞のがん化の懸念など、まだ課題はあるものの、クローン胚ES細胞研究で生じる倫理問題の一部はクリアできることとなり、今後の進展が注目される。

（5）ヒアリングにおける当事者の声を、ここに改めて、解釈を加えず列挙する。診療と研究の間で揺れる当事者の心情を、そのまま受けとめていただければと思う。

・患者は担当医の申し出を断わることが難しいだろう。
・よく分からないまま同意してしまう可能性がある。
・手術前は自身の医療のことで精一杯。
・そもそもの手術が必要なのか疑問が生じるかもしれない。
・担当医師との信頼関係が揺らぐ人もいるのでは。
・細胞使用時の報告を希望する。
・あとで〝知らなかった〟と思うようなことはないようにして欲しい。
・国の審議の過程が見えにくい。
・より身近に議論できる公開のシンポジウムの開催を希望する。

・何にどのように協力することになるのか分からない。
・卵巣・精巣に執着がない性同一性障害の当事者は、術後の精巣・卵巣を、すすんで提供する可能性もある。
・自己の違和感・嫌悪感の対象としている精巣や卵巣を「消し去ってしまいたい」と思う性同一性当事者にとっては、精巣卵巣について「話題にされること」、自分の生殖細胞が「あとに残ること」に、不快感があるかもしれない。
・性同一性障害の場合、精神科に十分見きわめてもらって、話してもよさそうな人にだけ、提供を申し入れた方がいいと思う。
・性同一性障害の場合、どこかに自分の子どもがいるということについて、どう感じるかは、人それぞれだと思う。その人に既に子どもがいるかどうかによっても、変わってくるのではないか。
・性同一性障害の場合、ホルモン療法の前に、精子や精巣の凍結を提案されたら、子どもが欲しいと思う人は凍結するかもしれない。
・SRS（性別適合手術、いわゆる性転換手術）の要件が、生殖機能を放棄することになっているが、MTF（Male to Female）は子どもが欲しい人も多いと思う。もちろんできれば〝自分で産みたい〟〝自分の精子で〟。FTM（Female to male）の気持ちについてはわからないが（MTF）。
・卵巣は取ってさっぱりするので、個人的には、どうぞという感じ。何のこだわりもない（FTM）。
・研究には自由に使ってもいいが、不妊治療のために使用する（子どもが生まれる）ことは、考えられない。まして、匿名化できないのであれば、いやである（FTM）。
・性同一性障害（GID）の場合、子どもが、親を知る権利があるとなると、躊躇する人が多いのではないか。自分がGIDであったことが分かってしまうし、前の性別の時代のことは消したい、忘れたい人が多いので。
・戸籍変更を望んでいる当事者にとって、〝子なし要件〟を満たすことは重要になるが、第三者の不妊治療のために提供すると、それに触れてしまう可能性があるのではないか。それを心配する人は、そもそも提供しないのではないか。
・また、戸籍変更後、手術前の凍結精子・卵子で子どもができた場合は、「今後の課題」と記してある（「解説：性同一性障害者性別取扱い特例法」）。自分が育てる目的でなく、第三者のもとに自分の子どもがいる場合にも、自分の戸籍変更が不安定になるのであれば、当事者は、安心して提供できないのではないか。提供できるとしても、研究目的に限られるのではないか。
・クローン胚研究を待っている患者当事者、不妊治療研究発展を希望している不妊患者、第三者の配偶子提供を待っている不妊患者と、〝子なし要件〟を変えたいGID当事者の希望は、ある意味一致する。この問題は、そういう人と連帯して考えていくきっかけになるかもしれない。
・手術当時、卵巣提供をいわれたら、提供したかもしれない。〝悪いもの〟だからとってしまいたい、という気持ちがあったので、摘出することにこだわりはなかった（婦人科悪性疾患）。
・人によっては、自分の手術（卵巣摘出）で気持ちがいっぱいなので、術前に卵巣提供の申し入れをすることは（目的はどうあれ）非現実的ではないか。傷つく人もいると思う。
・ただ、良性と違って、摘出することに迷いは生じにくいので、提供する人はいるのではないか。
・いずれにしても、患者をひとくくりにはできない。さまざまな人に応じて、慎重に対応する必要がある。
・手術の後、簡単に手に入るからといって、使っていいわけではない。
・広報は大事。
・患者は選択肢を示されたとき、「選べるけど断われないもの」。医師から術後の治療（化学療法、ホルモン療法）を提案されて断わった患者を知らない。みんな、「医学的にそういうものなのか」と思って、また、「これから長いお付き合いになるから」と思って、断われないし、断わらない。
・患者は医師の機嫌を損ねたくないもの。
・（妊孕性を失った患者にとって）妊娠・出産に関わる芸能ニュースもいや、おむつのCMも見たくもない、という人がたくさんいる。卵巣・卵子などという言葉を聞きたくもない人にとって、あらためてこの問題（卵巣提供）だけ改まって聞かれるのはつらいだろう。可能性があるとすれば、初診のときの問診アンケートに「紛れ込ませて」、さりげなく意向を聞いておくのがいいのではないか。
・提供はかまわないけれど、なにに使うのか、どのように使われたのかは、教えて欲しい気持ちがある。
・何に使うかを、選びたい。
・婦人科疾患の患者の場合、誰かの不妊治療や、不妊治療研究に使うというのは、「きつい」かもしれない。がん研究、難病治療研究であれば、まだ話題にしやすいが。
・一般に患者の言葉・訴えは聞き流されてしまう。まず、主訴をよく聞いて欲しい。
・婦人科と産科の外来・病棟が同じ（近い）ことも患者にはつらいこと。そこにいる患者の気持ちをまず考えて。
・「いやと言わなかった」人からではなく、「ぜひ」という人から「だけ」提供してもらって欲しい。「〝いやではない〟という人からはとらないで」。患者は断われない。
・婦人科の外来にポスターを掲示しておくことについては、いろいろな患者さんが来ることを思うと一概に奨められない。ホームページなら、すこし客観的・冷静にアクセスできるので、「この病院では、このような研究に協力しています」ということを記しておいてもいいのではないか。
・ホームページでの研究の広報は、あまり賛成できない。病院への信頼に響く。
・小学校くらいから学校で習うようにした方がいいのではないか。
・良性疾患の場合、患者はつねに、「本当に、手術をしなければならないのか」「しなければならないにしても、それは〝いま〟なのか」と考えている。そこに、術後の研究使用を申し入れられると、せっかく決断がついた患者も、「先生は、卵子が欲しくて申し入れているのか／いたのか」と疑いを持ってしまう。
・研究目的で手術を勧められることが、決してないように対策が必要。
・すでに子どもがいる人と、子どもがいない人で、違うのではないか。
・難病治療にならいいが、不妊治療・不妊治療研究には提供したくない。使われる目的を選びたい。
・不妊治療にならいいが、他の研究に使用されるのは抵抗がある。他人に使えるようなものは、そもそも自分のために使って欲しい。使われる目的を選びたい（良性婦人科疾患をもつ不妊治療中の患者）。
・卵子提供について、ただの細胞か、生命の源か、と考えると、いろいろな立場の人がいる。あとから後悔しないためには、〝生命についてどう考えるか〟というところから質問して、考えてもらわないといけないかも知れない。
・自分の卵子・卵巣を提供する場合、自分で決めてよく、夫の同意は不要だと思う。
・手術は自分のことなので自分で決めることだと思うが、卵子・卵巣の研究利用となると、少し違うような気もする。

・自分一人で卵子の提供を決めてきたら、夫は、ちょっと「なんで？」「相談してくれなかったの？」と思うかもしれない。とくに、どこかに子どもができる可能性がある場合には。
・夫が、研究のために精子を提供することは、夫が決めること。
・夫が、研究のために精子を提供するかどうかについては、相談して欲しい気もする。とくに、どこかに子どもができる可能性がある場合には。
・卵子／卵巣を使う研究に反対ではないが、必要な手続、条件を十分検討して、条件が百あれば、百クリアしてから始めて欲しい。
・卵子・卵巣の使い道以前に、術後の臓器をどうするかについて、聞かれたことがない。術後の臓器を、家族に勝手に見せられたことがショックだった。予め、聞いて欲しかった。
・卵子・卵巣が、今このように注目されているとは知らなかった。知らない患者は多いと思う。急に、術前に説明されても分からない。分からないまま同意してしまうか、分からないので同意しないか、どちらかになってしまうのではないか。
・説明をくわしく聞けば聞くほど、悩んでしまう気もする。
・全部の用途について、きちんと説明を聞いて、理解して、同意するには、実際、かなり時間を要するのではないか。
・そもそも通常の不妊治療の中で、使われなかった卵、受精しなかった卵、分割しなかった胚がどのように使われるか、どのように処分されるか、ていねいに説明されたり、許可を求められているケースは、とても少ないのではないか。
・「貴院に一任します」という形で、胚／配偶子の処分について、了解を求められている例がある。
・まずは自分のために使って欲しい。他に提供するとすれば、不妊治療研究のために使って欲しい。自分としても、自分の卵がなんで受精しなかったのかは知りたいこと。むしろちゃんと研究して調べて欲しい。
・これから治療してもらうところでの申し入れは断わりにくい。
・時間とお金と体力を投じてようやく取り出した卵子や、作成した受精卵を、手軽に、もらいやすいところから、とって欲しくない。

・これまで、廃棄予定の配偶子や胚がどのように使われてきたのか、知りたい。
・普段は、説明がなかったり、口頭で簡単にすませているのに、特別な研究の時だけ、ていねいに文書で説明され文書で同意を得るのは、違和感がある。その分、本来の治療や、その人の配偶子・胚の用途をどうするかの説明と同意にエネルギーを費やして欲しい。
・これまでの研究利用の現状が分からない（イメージがわかない）ので、「きちんと説明されて、同意した人だけ提供すればいい」と、単純に言えない気がする。
・患者のために使用する、患者に還元できる研究のために利用する、不妊治療研究のために利用する、それぞれの可能性について、まず現場できちんと説明される環境を整えて欲しい。そういうことをきちんと行っている病院を知りたい。現状を調べて欲しい。
・これまでの議論で、卵子・卵巣提供者の立場が尊重されていないと感じる。
・不妊患者が安易に、手軽に、提供候補者にされている気がする。
・難病患者さんのために、といわれて、提供を断わるのは、冷たいと思われるような気がする。
・自分の卵に夫以外の配偶子を使って行う受精実験をするときは、自分の診療目的であっても、許可を得て行って欲しい。
・自分が提供したものが、何の研究に使われたか、何らかの方法で知りたい。

Ⅷ

【総括座談会】「生と死」の東西文化史　あとがきに代えて

林　雅彦（司会）
金山秋男
古山夕城
益田朋幸
齋藤　有紀子

林　今回は、合宿という形の研究会を開いて、総括をすることとなりました。よろしくお願いします。

「生と死」をテーマに毎年幾度かの研究会をやってきて、多少は東西の比較が出来たような気がします。今までやってきた中でさらに検討すべきこと、あるいは今後の課題とか、いろいろな問題が見えてきましたね。

金山　それぞれが三年間研究を進めてきて、最終的に自分の成果をどんな方向に持っていくか。三年間の総括という形で始めていって、一人ずつ話をしていくという形をとりましょう。僕もまだ充分にまとめてないので、後から思い出すことも出てくるだろうと思います。それでみんなが何か接点みたいなものを求めながら、今後の成果に向けてこういう方向で行きたいということを述べていけばいいと思います。では、僕から行きましょうか。

【報告】金山秋男

僕は二〇〇二年度が特別研究で時間がとれましたので、ともかく巡礼をやってみようじゃないかという感じで、二〇〇二年に四国を始めました。途中で足を痛めて東京へ逃げ帰ってきたこともありましたが、二回に分けて四十七日間かけて八十八箇所を歩きました。

それと沖縄にも初めて行って、あの空気を吸うというだけで全然違うというところがありました。これも例の御獄《うたき》信仰というものがありまして、もちろん私は中途半端で、準備もあまりしなかったものですから、あまり成果があったとは言えないのですが。しかし、あの地を踏んだということは、すごく意味がありました。残念なことに、それからは眠ったままですが。

というのは、それと同時に、もう一つの巡礼道としての熊野古道を歩いたので、そっちの方が……。帰ってきてすぐに林さんに「学外の公開講座は熊野でやろうじゃないか」と。林さんは人文科学研究所長だったから、そのままそれが実現できたわけで、それからトントン拍子に進んで、つい二日前の（二〇〇五年）三月二十七日には国際熊野学会が出来るところまできた。まだ始めなので、会員は三百名ぐらいですけれども、おそらくもっと発展していくだろうと思っています。

その過程で、熊野っていったい何だという問題が出てきた。林さんは、二十年、三十年前に参詣曼荼羅図や熊野比丘尼の研究に手を染めていらっしゃるけれども、僕の場合はまったく付け焼き刃であって、一遍上人が本宮の証誠殿のところで悟りを開いたというのが一つのきっかけだった。そのかかわりから入っていったわけです。

もともと、僕は道元研究に手を染めていて、前回の総合研究『生と死の図像学』（至文堂、二〇〇三）でも、「絶後再蘇」に関して「道元禅の展開」という副題を付けて成果論文を書いたわけです。

この「生と死」の東西文化史研究会の中では、巡礼から始まっていったのですが、もう少し正統的な仏教、特に禅仏教というものよりは、少し民俗学的なアプローチをしてみたいと思ったのが、この巡礼の始まりです。そのあたりから、五来重さんの本などを読み始めていきました。

まず最初の僕の研究報告は親鸞だった。禅仏教というのは、どうしても非常に抽象的で理念的である。もちろんこれは坐禅という身心の宗教だから、抽象的というのには当てはまらないのですが、少なくとも文化的にとらえると、非常に抽象化されてしまう部分があります。そういう意味で、親鸞というのは、下根のものたちの集まり、地獄一定という連中たちの宗教ですから、非常に民俗的な、悟りを求めることはどだい無理なんだという凡夫たちの宗教です。そこから民俗学的なアプローチを始めて、それと巡礼とを結びつけ、「熊野学」というような方向に行ったわけです。

これは、後でもう少し述べますけれども、研究の方向として基本的には一本の線があります。仏教的に言うと、禅系統と浄土系統というものがありますが、一遍においては、一つの見取り図として、禅と浄土が一体である、一如であるといってもよいところがあります。したがって禅浄一如という方向の一つの極点として一遍を位置づけてみたい。一遍上人は、普化宗という臨済系のお坊さんである法燈国師のところで允可《いんか》を受けている。彼自身はもともと法然の曾孫弟子ですから、紛れもなく浄土系統なんですけれども、同時に彼の中には禅的な部分もあるんです。

もちろん、まだ中途半端で、親鸞の研究の方も少し遅れていますが、今は仏教以前の民俗的な、民間原始信仰といったところから説き起こして、仏教が入ってくると、当然それまでの民間信仰も理論武装せざるを得ないわけだから、そこに神道も起こってくる。そういうところから入っていって、浄土系を述べ、その次に禅をもっていき、最後に一遍上人、それも禅浄一如というように、四章仕立てで今は考えているわけです。それがだいたい今までやってきて、考えていることです。

それは当然のことながら信仰ですから、「生と死」というものにかかわってきます。霊魂観とか他界観という問題は、どうしても避けて通ることが出来ません。他界観をそのまま宗教化していったのが浄土仏教であることは、言うまでもありません。そういう意味では、道元にも『正法眼蔵』の中の「生死《しょうじ》」という一章があります。禅における死生観あるいは他界観ですね。禅の場合、特に道元の場合は、他界というのは認めていないし、正伝の仏教として、霊魂というものも一切認めていません。そういう違いを越えて、禅門と浄土門はどちらも仏からの働きかけに身を任せるという形で接近していくところなど、今回、研究成果論文のテーマにしたいと考えています。

それと、今ここが浄土であるという一遍の踊り念仏の世界。仏教が入ってくる以前の非常に原始的なリズミカルな、原始的エネルギーみたいなものを体現していったということなども、熊野を舞台に仏教とそれ以前の山岳信仰などとの関係で詳しく勉強してみたい。

声明などを聞けばお分かりになると思いますが、だいたい念仏というのはメロディーなんです。常行三昧とか常行堂などでやる九十日間の念仏なども、みんなメロディーですね。メロディーと原始的な繰り返しの中でエクスタシーを感じていくようなリズム、そういうリズミカルな宗教というもの。この比較も僕には非常におもしろい。自分のこれからのテーマにしようと考えております。

【報告】林　雅彦

金山さんは、どちらかというと、宗教家を対象にしているのに対して、私は庶民そのものを対象とするという視点に立って、今まで研究してきましたし、これからもそうだろうと思います。

その中で三つの大きな柱を、今回の研究の中ではやりました。一つは、熊野信仰という領域があって、この熊野信仰の中でも、熊野信仰を教化する側、信仰を広めていく側の熊野比丘尼と、それを受容する側というので、庶民の参詣という点を問題にしてきたわけです。

金山さんが、総合研究をきっかけにして四国八十八箇所を回られたというのですけれども、西国三十三箇所と四国八十八箇所という大きな二つの巡礼・遍路というのは、かなり早い時期から成立しているわけです。西国に関しては、院政期ぐらいから確立したと言っていいかと思うのです。四国の方も、鎌倉時代の終わりぐらいから室町時代にかけて今のような形に確立をしていったと考えられています。

庶民信仰という形での巡礼の展開を見ていくのに、私は、だいたい絵解きを媒体にして考えていくことが多い。つまり、絵画と語りという接点でこれらを見ていくわけです。そこに、説く者・語る者と聞く者・見る者と、さらにその場という、この三つが重なる接点を研究の対象としてきました。

「生と死」の東西文化史研究会では、三大長谷寺の一つと言われている長野県の信州長谷寺の「弘法大師絵伝」という四幅の掛幅絵を取り上げました。偶然のきっかけで、長谷寺の悉皆調査をしている中で絵解き台本も出てきたわけです。従来知られている台本は、昭和十年代のものしか残ってない状況だったんですが、大正時代に既に長谷寺で台本がつくられていたことが分かったんですね。かなり生々しい、台本といっても、どちらかというと作成途中のものという感じがするんですが、四幅の絵伝に対応する形で、それぞれ一冊ずつ書かれているものを見つけることが出来ました。そういう地方における大師信仰というものが、その土地でどういうふうに展開していったのかを、とっかかりの一つとして見ることが出来たわけです。

また、その前にも、当時私が副代表委員をしていた仏教文学会と、説話文学会の合同の、大会に準ずる地方例会が上田女子短期大学であって、佐久の念仏踊りを特別に演じてもらいました。下見をかねた例年の催しの時と併せて、実演を二度見ているんです。

金山　あれは一遍のものですか。

林　ええ、「一遍聖絵」に出てくる念仏踊りの場所です。今は違うお寺さん、浄土宗のお寺だったと思うんですが、その寺で行われています。

金山　あれは、四月三日でしたかね。

林　そうです、四月上旬ですね。跳ね踊りと言って、なかなかおもしろいんですよ。そこをもとにして、今は静岡県などでも念仏踊りが行われています。さっき話が出たリズミカルな問題というか、やっているうちにだんだん踊っている人たちがエクスタシーの境地に入っていく。見ている者も、おそらく一体化していくんだろうと思うんです。

私が二度拝見した中では、八十過ぎのおばあさんですが、とても元気なんですね。その老婆曰く、「私の今日まで元気で生きてこられたのは、この念仏踊りをやっていたからだ」と。踊りの終了後の宴席でお酒を飲まれて、そのまま自転車で自宅に帰って行くぐらい、元気な方でした。跳ねるといっても、八十過ぎの人ですから、そんなに跳ねられるわけでもないのですが……。

やはり念仏踊りの念仏、これ自体一つの芸能になっていて、語りもあるのですが、それを歌いながら跳ねていくという形をとっています。機会があったら、是非みんなで見に行ってみたい気がするんです。

それから、件の「弘法大師絵伝」は、それこそ台本が古い。古いといっても大正期ですけれども、そういうものが出てきたということから、信州長谷寺が「弘法大師絵伝」の絵解きを今日再び行うようになったんです。そして、それが年中行事化していく。そういうきっかけを持つことが出来た場に遭遇しました。

もう一つは、ずっと道成寺に興味を持っていて、今まで何本か論文も書いていますが、「道成寺縁起絵巻」の展開ということで、従来、男と女の愛憎劇と言われているこの作品も、女性の方へ焦点を当てて見ていこうと考えました。「中世文学に描かれた性」という雑誌特集（「国文学解釈と鑑賞」、二〇〇五年・三月号）の中で取り上げましたが、主人公の女性は人妻として出てくるんですね。その人妻の情念と愛欲に焦点を当てると、それが「生」の方、まず生きるという面での愛欲があって、そしてやがては相手の若い僧侶を焼き殺してしまうという凄まじい「死」へと転換していく。

金山　清姫のですね。

林　中世の作品中には、「清姫」というヒロインの名前はまだ出てきません。後に江戸になってから清姫という名前で出てくるんです。意外に新しいんですよ。

金山　それまでは？

林　名前がないんですね。「一人の女」とか「嫁」という言葉が使われていた。若い僧の名前として「安珍」の方は、鎌倉時代、虎関師錬の『元亨釈書』の中に出てきているんです。

金山　どういう坊主だったんですかね。

林　奥州白河の出身で山伏なんですが、彼が毎年、熊野へ参詣をする。その途中の中辺路に、富田川《とんだがわ》のほとりの清姫が淵という所があって、そこの近くには古い住居跡も残っていて、清姫の住んでいた場所だというふうに伝承されているんです。夜な夜な清姫が淵の淀みで泳いでいたという伝承もある、大変おもしろいところです。そこに泊ったんですね。

「道成寺縁起絵巻」の研究も、ずいぶん昔から手を付けてきたんですけれども、最近いろんな方が「道成寺物語」を取り上げるので、今までとは違う見方をしてみたいと思いまして、女の情欲という視点から切ってみようと思ったんです。

それから絵解きと紙芝居を取り上げ、城西国際大学で実演とシンポジウムをやったんですが、それは「〈画像〉と〈物語〉の日本文化」というテーマで、サブタイトルを「絵解きと紙芝居」と謳ったものです。実は絵解きと紙芝居とは、大変深いつながりがあるということで、紙芝居の方は『ゲゲゲの鬼太郎』の原作みたいなものがあって、城西国際大学の姜竣さんがそれを研究されているのですが、その方と絵解き研究の私とが協力して、両方を実演をしてもらうことを試みました。

長らく、今に至るまで連綿と続いてきた庶民信仰というところに目を向けてきているのですけれども、東南アジアの絵解きも調査に行きたい、行きたいと思っていながら、実行していません。東南アジアの絵解きにも大変関心を持っているのですが、中でもタイのチェンマイの古寺にお釈迦さんの「一代記図絵」が壁画の形で残っているので、以前金山さんに「行きませんか」というようなことを申しましたが、そのまま今日に至っています。

金山　それはどういうふうになっているんですか。

林　壁画です。回廊のようなところにあるというのですが、たまたま中央大学国文学科で教えている学生がレポートとしてそれを取り上げたんです。学生ですから、お釈迦さんの生涯の物語がどういうふうに展開していくかまでは分からないのですけれども、それを見て私は大変驚喜したんです。そうしたら翌年また、彼女の後輩に当たる学生が、今度はシンガポールの仏教寺院へ行って、似たような絵を探してきました。これは、金山さんに英語の部分を訳してもらいましたが。

金山　ああ、あれですか。

林　今風のものです。それでずっと気になっていたのは、もう十年以上前から、韓国の曹渓宗という、僧尼たちの九割方を占める大きな宗派があるんですが、その総本山の曹渓寺（ソウル市）の本堂外壁に描かれている「釈迦一代記図絵」と、これらがかなり近い。それを探っていったら、どうも中国は明時代の書物をもとにして、この絵が東アジアと東南アジアの漢字文化圏にそれぞれ展開していったのではないかということが見えてきたんです。

絵解きという視点から研究していくと、もう日本国内の資料を扱っているだけでは、新しい研究成果が得られないんですね。私は、二十年ぐらい前から韓国に注目をして、これまで三十回ぐらい行き、一年近く暮らしたこともあります。それがきっかけで、日本文学の研究者たちがようやく重い腰を上げて韓国へ熱い思いを抱くようになったんです。「冬のソナタ」だけではなくて、研究の方でも熱い目が向けられるようになりました。

その当時、韓国の美術史研究は大変遅れていて、日本美術史の三十年ぐらい前のようなレベルでした。つまり、こういう絵があって、この絵のサイズがどうだとか、色彩がどうだとかいうことで終わっていて、問題の絵がどのように信仰の中、あるいは教化活動の中で展開していったのかが、ほとんど論じられていなかった頃に、韓国語も満足に出来ない私が乗り込んでいったんです。

今は、東アジアと東南アジアという二つの仏教の伝来した世界で、お釈迦さんの伝記、あるいはそれに基づく絵画がどう展開していったのかということにとても興味があるんですが、東南アジアには、先ほど言ったように、毎年行く行くと言って行かないで終わっています。

『善光寺如来絵伝』にも大変関心を持っています。仏教がだんだん東へやってきて、行き着いたところが東の端の日本ですけれども、日本の仏教の中で宗派を超えて重んじられたのは、釈迦と、日本の釈迦と言われている聖徳太子と、それから善光寺信仰でしょうね。来る者を拒まないという善光寺というお寺。

二〇〇三年に、七年に一度の長野市の信濃善光寺の御開帳が行われました。甲斐・善光寺それに飯田・元善光寺と、近年は愛知県の祖父江善光寺も加わって、全国の善光寺の中での代表的な善光寺が同時に御開帳になりました。この時、私も四か寺を回って現在の善光寺信仰に触れ、さらに善光寺信仰を支えた『善光寺如来絵伝』がそれぞれのお寺にありますから、それらを直接見る機会に恵まれたんです。

金山　その如来は、どういう如来ですか。

林　俗にいう善光寺仏なんですね。つまり、阿弥陀に、観音・勢至という両脇侍を伴った一光三尊仏です。

金山　釈迦じゃないんですか。

林　善光寺さんと言えば阿弥陀さんです。この仏菩薩三体の光背が一つなので、一光三尊仏と呼ばれています。舟の形に似ているので、舟型光背とも呼ばれています。

金山　それは秘仏でしょ。

林　長野の善光寺は、もう千年以上御本尊を公開したことがありません。前立ちの御本尊（一光三尊仏）さえも七年に一度しか見ることが出来ないんです。それも、四月初旬から五十日間という期間だけです。

一説には、真宗高田派・専修寺にある一光三尊仏――親鸞が信濃善光寺にお参りして、そのときに頂いてきたと伝えられる善光寺仏ですが――これが、もしかすると信濃善光寺の本当の御本尊ではないかという説もあるんです。今でも、真宗高田派では善光寺仏をおし頂いて、何年かに一回全国を回るんですけれども、この時、善光寺信仰というものが今に生きている、というのを実感することが出来ます。

それから熊野信仰の研究に関して言うと、近年金山先生とセットみたいな形で、営業の金山、総務の林といって（笑）、ずっと二人三脚で取り組んできました。金山さんは、持って生まれた才能で、ある場所に今日初めて行ったのに、その土地の人たちと十年来の親友のようになれるんですね。フィールドワークには大切なことです。私が熊野に入ったのは三十年ぐらい前からなんですが、熊野では金山さんの方がはるかに知られている。こういう二人が組んでやったものですから、それが結果的には国際熊野学会を立ち上げるということにつながったと思うんです。

熊野信仰の、特に教化にかかわった熊野比丘尼が、実は表裏の二面性を持っているということを前から言っていたんです。最初は二十年前、新宮市で開かれた熊野三山協議会の講演会の席で、女性たちに囲まれて、熊野比丘尼は聖なる尊い方で、そのような人物ではないと叱られました。そこではっきりとは言いませんでしたが、重要な役割に性という面もあるんだという意味合いのことを言ったんですね。十年ぐらい経って、本宮町で行われた別の学会のシンポジウムで、またそう言ったら、今度はお年を召されたある郷土史家の方に、先生の言うことはおかしいというふうにやっぱり言われました。二年ほど前に新宮市で開催した明大人文科学研究所の公開文化講座で、三度目の正直というか、二度あることは三度あるのかという冗談を言いながら同じ話をしたら、ようやく「今日はよく分かりました」と郷土史家の方がおっしゃって下さいました。実はその間に、熊野比丘尼の裏の方の資料を集めたんです。江戸時代、幕府を中心にして、御禁制の書類等が出されているんですね。いわゆる「御触書」というものです。そういう実態資料を集めることが出来ました。

「せい（聖・性）」なるもの、清らかな尊い部分とけがれた部分というのは表裏一体で、近代のヨーロッパ思想では否定されることが、熊野比丘尼の中では大変重要な意味を持っていて、春をひさぐ行為は人を救うという一面を持って行われてきたわけです。ある意味では、彼女たちが熊野本願所の財政の一翼を担っていたのです。このように経済を支える役目もしていたということが、少しずつ分かってきました。これが、三年間の総合研究で取り組んだ中で、私にとって最も大きな成果ではなかったかという気がします。

【報告】益田朋幸

私は、西洋美術史が専門で、ビザンティン美術をやっているのですが、ふだんは教会に描かれた壁画とか写本の挿絵などの図像学的な研究をやるのが仕事でした。しかしこういう違う分野の方とご一緒する機会を得て、何かもうちょっと広い視野で研究が出来ないかということを、いろいろ試行錯誤した三年間だったような気がします。

ビザンティンの教会というのは、十字架の形をしていたり、上にドームがあったり、とてもややこしい形をしています。そこにキリストの生涯などのいろいろな絵を描くわけです。四角い教会でしたら、わりに単純に、ぐるりとキリストの生涯を時間の順番で描いていけばいいのですが、形が十字形だったりすると、それがずれたり、狂ったり、あるいは典礼上の様々な理由で、順番をわざとずらしたりすることがあったりします。

キリスト教の時間の感覚というのは、おそらく仏教などとは違って、神が世界をつくったところに始まって、最後の審判で終わるわけですね。線的な、最初と終わりのある時間であって、仏教的な螺旋を描く輪廻という考えはないというふうに言われています。しかし、描かれたもの、図像などを見ていくと、キリスト教の時間の感覚の中にも何か円環を描く、れども、キリスト教の時間の感覚の中にも何か円環を描く、あるいは繰り返していくようなものが、いくら神学者の言っていることとは違っていても、そういう要素があるのじゃないかという気がしています。

例えば「最後の審判」という図像があります。キリストが中央にいて、向かって左側に天国に行く人がいて、向かって右側が地獄に堕ちる人で、上下方向に人間の動きがあるのですが、日本でも有名なミケランジェロの、ローマのシスティーナ礼拝堂に描かれている「最後の審判」などは、キリストの動きが上と下を指し示すのではなくて、まるで渦巻きをつくるように大きな円を描くような動きをしていて、そういうところにも一種単純な線的な時間ではなくて円環を描くような時間の感覚があるのかなという気もします。

教会に戻ると、東側のアプシスという祭壇を置くところには聖母子を描くのが決まりで、聖母子というのは、聖母マリアが赤ちゃんのキリストを抱くわけです。反対側の西側の壁には、普通は「マリアの眠り」で、聖母が死ぬ場面を描くのですが、マリアが臨終の床についていて、そこにキリストが天から降りてきて、死んだマリアの魂——魂というのは赤ん坊の姿をしているのですけれども——キリストが赤ん坊の姿をしたマリアの魂を抱きとります。そうすると教会の東側と西側で、東側ではマリアが赤ちゃんのキリストを抱くという「生の図像」があって、西側には逆にキリストが赤ちゃんの姿をした自分の母親であるマリアを抱きかかえるという「死の図像」があって、生と死というのを、東と西で対照的に役者を入れかえて描いているわけです。一つの教会を生と死という切り口で見ると、複雑な円を描くような動きがあるだけではなくて、東と西で生と死を対比的に描くというようなこともやっているわけです。

そういうふうに、ほかの分野の方のお話を聞いていろいろ刺激を受けて、「生と死」という切り口で一つの教会のシステムを眺めるとどういうことになるか、ということを考えてきた三年間でした。

いまマリアが亡くなる場面の図像のお話をしましたが、そこに、もしかしたら釈迦の「涅槃図」からの影響があり得るのかなという、これは思いつきで、立証するのは難しい話です。普通キリスト教美術に仏教美術からの影響があるという話は、欧米の学者などはまったく相手にもしませんが、ビザンティン帝国というのは、まさにヨーロッパとアジアの真ん中に位置していて、ちょうど東と西の間に当たり、両方の文化を受け入れていた地域です。そういう地域で、もしかしたら仏教美術とキリスト教美術の、もちろん宗教的な思想としてはなかなか難しいのですけれども、もうちょっと具体的な物レベル、図像レベルでの交流というのは、あり得たかもしれないと考えています。これはこれから少し傍証を探していきたいと思っているところです。

皆さんのお話を聞いて、このごろ興味が出てきたのは、巡礼という行為の東西を比べてみるということです。キリスト教的な巡礼と日本の巡礼を比較できないかということに興味を持ちまして、自分自身でも秩父と坂東の観音札所巡りを始めて、まだ先は長いですけれども、四国に行く前に少し練習をしているところです。

キリスト教巡礼の本拠は聖地エルサレムで、要するにキリストの事跡をたどる。つまり教祖であるキリストが地上に生きて暮らして何かをした場所をたどって、最後はキリストが死んで復活した場所をお参りする、「キリストの事跡をたどる」というのが、巡礼の典型です。

しかし、聖地エルサレムは早い時期にイスラムの勢力下になってしまって、キリスト教の巡礼が難しくなりますので、それ以降は、幾つかの巡礼地がありまして、だいたいその巡礼地というのは聖人のお墓参りです。そこに行くまでにいろいろ苦労があって、何とか最後にお墓にたどり着いてお参りをする。いちばん大きかったのがスペインのサンチャゴ・デ・コンポステラというところで、聖ヤコブのお墓というか、遺体があると信じられたところにお参りするわけです。

だから、キリスト教の巡礼というのは、キリストの事跡を詣でるということと、聖者のお墓参りをするという二つのタイプがあるかと思うのですけれども、日本の巡礼というのは、どうなんでしょうか。四国は弘法大師の足跡を尋ねるというふうに、巡礼者は自覚しているのですね。

金山　しかし、それは後からつけたもので、もともとあれは修験の世界、海の修験みたいなところがあるんですよね。だから辺地というのは、へりの意味であって、へりというのは海沿いというような意味で、そこから海の向こうにいる神というもの、海の神というものを遙拝する。

益田　ビザンティン帝国で八世紀から九世紀にかけて、イコノクラスム（聖像破壊運動）というのがありまして、神は目に見えないものだから絵に描けないということで、教会に絵を描いてはいけないという時期があったのです。最終的にそれが打ち切りになったのは、神は天に一つであって、描かれた神は、神そのものではなく、それに達するための窓である。絵というのは窓口である。だから絵を通じて、本来は一つである天の本質を拝むのだという理屈で、最終的には美術が認められるようになりました。

だからキリスト教の思想としては、あちこちにキリストの教会や、あるいはマリアの教会がある。そこでお参りするけれども、拝んでいるものは一つであるという神学的な思想があります。日本の場合、例えば観音百箇所の巡礼をする、その観音様というのは一つなんでしょうか。

林　いえ。日本の巡礼は二種類あって、本尊巡礼という形と、聖地巡礼という形があるのです。

益田　本尊というのは、お寺の、その仏像そのものを拝むということですか。

林　それぞれのお寺の本尊を拝む。

金山　行き来するだけですよね。

林　本尊巡礼は、坂東だったら三十三箇所の一つ一つのお寺の、本尊たるさまざまな観音を拝み歩く。千手観音とか十一面観音とかなどです。また、聖地巡礼というのは、弘法大師の跡を追うというような形が、幾つかあります。

それから、基本的に日本の巡礼というのは、いろんな場所へ行く。それが江戸になると物見遊山的な要素が加えられて、そこに絶えず精進潔斎の問題もついて歩くわけです。精進潔斎と精進落としというのがセットになっている。ですから、霊場のある町には遊郭があったりします。

金山　だから、天に一つの神とそれに達するための窓という形の原理は、日本の巡礼では働かないと思います。

益田　観音は抽象的な一つだという思想は、日本にはありませんか。

金山　つまり一つであって遍在している。それがみんな観音のあらわれであるという形になっているのだから、全ての存在を遡っていけば、第一原理があるはずだという西洋的な思考はないです。

林　現当二世といって、現在と死んでから後の両方を観音は救ってくれるという考え方の違いだと思います。

益田　そういうふうに巡礼という現象でも、「生と死」とからめて東西の文化の比較が出来るのかなと考えて、皆さんの話を非常におもしろく伺っていました。

林　仏教とキリスト教、あるいはイスラム教の接点のようなところの仏教美術は、彫りがすごく深いんですね。顔の彫り。

益田　そうですね。非常に東洋的な感じがしますね。

林　そういう部分もあるし、それから新しい例だと、台湾の調査に今から二十年ぐらい前に行ったときに、台湾の「地獄絵」というのがあったんです。四幅ですけれども、それを葬式だとか法事のときに掛ける。台湾の葬式というのは道路で平気でやるんですね。テントを張ってやっていましたけど。その仏教的な「地獄絵」の中に、実はアダムとイブがリンゴを持っているなんていうのがある。これは近代になって台湾にキリスト教文化が入ったので、こうなっていく。古い時代は、ごちゃごちゃしている部分で一緒になっていたのがあるけれども、近代になって、まったく違う宗教なのに、それを一つに取り込んでいく傾向も見られるわけです。

金山　さっきの「釈迦涅槃図」の影響というのは、例えばどんなものにあらわれているんですか。確立されていないにしても、触感として。

益田　どちらも中心の人物が真ん中に横たわっていて、周りを取り囲んで弟子たちが号泣するという。

金山　それはキリストですか。

益田　マリアが死んで、キリストの弟子たちが集まって泣いている場面です。

金山　ほう、それは影響あるだろうな。

益田　たしかに似ているのですが、似ているというだけでは印象に過ぎません。そのものズバリの立証は出来ないことだと思いますけれども、何か文献的な傍証がほしいところです。

金山　時代的にはどのぐらいの作品ですか。

益田　九世紀ぐらいの作品がキリスト教絵画ではいちばん古いのですが、「釈迦涅槃図」はもっと古いのがあります。インドからシリアぐらいにかけての文物が、たぶんそれは仏教のものだという自覚はなく西に行って、それをキリスト教の画家がお手本にしたということは、あったのじゃないかと思います。

金山　それは西ヨーロッパの方じゃなくて、やっぱりビザンツあたりですね。

益田　そこで止まります、たぶん。

【報告】古山夕城

私は、ギリシアの古代史をずっと勉強してきまして、ギリシアでも墓を実際に訪れたり、あるいは送葬演説の史料を読むことはありましたが、それを中心に勉強してみようと思うことはありませんでした。そういう意味では、この研究会にお誘いをいただき、貴重な機会をいただいたと思っております。と同時に、勉強不足を非常に痛感したこともありました。

この研究会では、歴史の立場から自分の位置が生かせればいいかなと考えました。ギリシアについては、主にギリシアの中の辺境あるいは周縁部を題材に研究しているので、自分にとっても、そういう研究に生かせないか、つまり「生と死」の事柄と辺境性とがかかわらないかという問題意識を頭の隅に置きながらやってきました。

一年目は、なるべく現物を見ることと、史料や文献を集めて当たっていくことに重きをおきました。その際に、改めてそういう問題意識で墓に行ったり出土品を見たりということは、非常に興味深い経験でした。

白地のレキュトスという、紀元前五世紀になって突然副葬品の中心になる、埋葬や墓参の場面を描いた独特の土器があります。存在は昔から知っていたのですが、それを研究対象としてじっくり観察することがなかったので、改めてギリシアやヨーロッパの各地にある博物館の展示品、それから墓石、墓碑彫刻を中心に生と死の図像を意識して見るということも、研究会のおかげで出来ました。

もう一つは、辺境性ということを生かせないかと、小アジアのリュキアという地域を自分のこれからのフィールドにしようと思って、そこにある墓の状況を訪ね歩いて見ることが出来ました。

このとき、リュキアの墓には衝撃を受けました。というのは、僕の思っていた普通の墓のイメージは、今僕が生きている日本の墓の基本的なスタイルの感覚で、骨壷を地面の下に埋めて上に墓石を置くというものです。ところがリュキアでは、遺体を納める石棺が地面の上に出ていたり、柱の上に遺体を納める空間を作り、非常に高い場所に置い――これを埋葬と言っていいのか分かりませんが――置いていたりします。あるいは絶壁の壁面に穴をあけ――僕の感覚からすると、地面の下ではなくて――地上高くに亡くなった人を置くという慣行がかなりある。

金山　それは風葬ではないんですか。

古山　風葬か鳥葬かという可能性も考えたんですけれども、棺は蓋が閉まっているんです。ですから、遺骸が自然と朽ち果てて全部なくなるのを待つ、というわけではなさそうなんです。それから、壁にうがってあるタイプは蓋がしてなかったかと思うんですが、絶壁の下の方の穴には蓋がしてあるものがありました。そのへんどういうことなのか、まだちょっと分からないのです。ただ、幾つかのスタイルが並存してそこにはあるという状況に、びっくりしました。

ギリシアに話を戻しますと、ギリシアの中での埋葬のスタイルもいろいろ違いがあります。火葬にするか土葬にするかの違いについても、一つの社会の中で両方の慣行があったり、一つの家族と思われる墓の区域の中に両方がある状況もあって、これは一筋縄ではいかないと痛感して、改めてしっかり勉強しなければいけないと思いました。

そういうことを考えているうちに、一昨年、二年目の段階で、明治大学文学部史学地理学科の駿台史学会で、戦争について、あるいは武士、武人についてのシンポジウムで報告をという話がありました。そのことについて勉強しているうちに、この研究会とも内容が重なってくるのではないかと思うようになりました。戦争というのは生と死の現場であって、日常から切り離された特別な時空間を形成しているところであります。そこに参加する者たちが身につけている武具は、ひとつのシンボリックな意味を持っているということ。それが戦士としての力の誇示という部分だけではなくて、死をイメージする象徴にも当たるのではないかということを少し指摘して、そこにそういう武具を身につける者たちの生死を掌握しようとする国家の意図、というようなことを導き出したつもりで話をしたんです。

かつ、その重装武具は比較的高価なものなので、社会の中でもある程度上層の階級の者しか調達できないはずなんですが、下層の者にとっても意味があるのではないかという突破口が、その発表の中で見つかってきました。国家が与えてやるというやり方でですね。

金山　武具をですか。

古山　はい。一部ですが、調達できない階層にも武具を与えています。そうすると彼らは、武具を着用できる階層に成り上がれる。少なくともそういう希望を持てるようになるわけです。全ての者ではないにしても、そのような例が下層の中から出てくると、その希望へ向かって下層の人々の気持ちが動くのじゃないかという議論したわけです。その論考の中で、生と死のかかわりに国家が介入してくるということが、一つの視点として出来上がってきたわけです。

ギリシアの死生観とか生と死の研究については、民俗学あるいは文化人類学では早くから議論されているのですが、それらの研究の中に国家という視点はあまりないんですね。どちらかというと、文化をもっと広い共時的な一つのまとまりとして見ることで、時間的変化よりも、そこでの根底的な意識というものが重要視されるわけです。僕はこの研究会で歴史の立場から参加するとすれば、そこに何か歴史的な観点を持ち込みたいと、これからも自分の役割として国家という視点を考えてみたいと思っています。

昨年（二〇〇四年）から今年にかけての一年間は、特にドイツ、フランス、ベルギーの博物館を訪れて、図像の部分をもっと見ておきたいということで調査をしました。

この年明けに名古屋ボストン美術館の田中咲子さんに研

究会に来ていただいてお話を伺い、たいへん刺激を受けました。その討論の場で金山先生がおっしゃっていたことですが、墓碑彫刻や白地レキュトスの図像は、非常に現世的で、埋葬する側の現世利益にかかわるものとして、欧米のギリシア史、ギリシア考古学の研究ではその点ばかりが強調されて議論されている。しかし私は、そのような面はもちろんあるにしても、違う視点でそうした図像を扱えないだろうか考えております。やはり人が亡くなっていくということは、事実として非常に重い意味があったと思います。生と死の「接点」に対する怖れであるとか、血や死体による「穢れ」であるとか。ギリシアの場合も、よく「穢れ」ということをフォークロアの分野では言われていて、死んだ人間は穢れた存在で、遺体に触ったり、近くを通ったり、葬儀に参加する者は穢れるので、後で浄めなければいけないとか、もちろんどの世界にもあると思うんですけれども、ギリシア人にもそういう感覚がある。

その「穢れ」の感覚ということについては、いろいろ研究がありますが、死の「穢れ」と実際に埋葬していくシステムを、どうからめて考えるかが、今後の僕の課題になるだろうなと思ったわけです。

アテネの状況がいちばんよく分かっているので、そこでの葬儀のやり方を規制する三回の葬儀令を研究の対象としていきたいと思っています。最初はソロンが紀元前五九四年に出し、その後しばらくして、はっきりとは分かりませんがもう一度出されて、その後いちばん最後に前四世紀の終わり、前三一七年だったと思いますが、これはもうヘレニズム時代に足がかかっているんですけれども、その時代にもう一つ出される。

今までの研究では、それらは奢侈禁止令みたいなものであって、立派なお墓や葬儀をやることを競い合っている状況を規制するという観点で議論されているんですが、ソロンの葬儀令などを見ても、必ずしもそうではない部分がいろいろあるように思えるんです。やはり国家が葬儀に干渉してくるというのは、そこに国家の観点で、生と死を分かつ境界線を引いて、国家の中にいる人間の秩序を保っていくというかなり強い意図が働いているのではないか。

しかし、そこに住んでいる人たちは、その葬儀令が出ることによって、ある部分では従うところがあっても、国家の言うとおりではすまない部分を感じていたのではないか。亡くなった人をおくる家族や友人や、その共同体の中に住んでいる人たちが持っている感覚には、国家の言うとおりではすまないことが出てくるので、繰り返し葬儀令が出てくるのでしょう。そのすまない部分に対して、何が受け皿として出てくるかなということをちょっと考えていまして、最近は、国家宗教とは別の秘儀宗教が、一つの受け皿になっているのではないかと思い始めて、その観点から国家と生と死のかかわりということをまとめていけないかと考えています。

金山　生と死の間に国家が介入してくる。つまり、生と死との線引きを国家がするみたいな。

古山　そうですね。ですけど、最終的には国家が全部をすくいきれなくて、すくいきれない部分が一体どういう形であったのか。

金山　「すくいきれる」というのはどういうことですか。

齋藤　救済の「救う」の方ではなくて、掬い上げる方の「すくう」でしょうか。

金山　階級の問題ですか。

古山　僕が思うには、生きている世界と死んでいる世界をきちんと分けようとするということなんですよね。葬儀によって、死んだ人はハーデスの世界、地下世界に行って、そこに落ち着く。そうでない人もいるんですけれども、葬儀をやることでポリスは安全になり、生きている世界は安定して保っていけるということになるのでしょう。

ただ、当時の人は、死者はときどき出てきたりするという感覚を持っているんです。日本でいえばお盆のような。ギリシアではアンテステーリア祭というのが春にあるんです。これは、秩序が逆転するお祭りです。ふだんの階層関係が逆転する。そういう時期に外からいろんなものが入ってくる。死者の魂もそこに来て、そのお祭りが終わる時点で、まだ残っているような魂には「もう終わったから帰っていけ」という、きまり文句みたいなものを言う。このことはフォークロアの分野でもいろいろ議論されています。

そして、こうしたことをお祭りの制度でやるかぎりは、ある程度国家に掬い取られているというか、囲われている部分があるとは思うんですが、人々の感覚の中には、それだけではすまない死者とのかかわりがあるのではないか。例えば、ネクロマンデイオンと言って、北ギリシアのエピロス地方に、神託と同じように、死者が託宣によっていろいろなアドバイスを与えるという託宣所がありました。

つまり死者が生者とかかわりを持つ部分が必要であって、生きている世界も外側の世界との交流がないと続いていけないというふうに、僕は考えているんです。そうした生と死の「接点」が、古代のギリシアではどのようになっていたのかを歴史的視点で見ていきたいと思っています。

この間の田中咲子さんのお話は墓碑の話でした。これは後からお話ししたいと思っていますが、アテネではアルカイック様式の墓碑、たとえば運動選手の姿だとか、戦士の姿だとか、騎士の姿とかが浮き彫りで描いてある墓碑、あるいはクーロス像の墓碑、といった古いタイプの墓碑が紀元前四八〇年ぐらいに全く途絶えるんです。田中さんは前五〇〇年と言っていましたが、僕がいろいろ調べてみたら、前四八〇年ぐらいまではギリギリ見つかるらしいんです。その後途絶えるんですけれども、その頃、それに代わって、白地レキュトスという表面に墓参あるいは墓辺の図を描いてある独特の埋葬専用の陶器が出てくるんです。

そこには、亡くなった人と生きている人とが交流するような図柄が出てきて、それまでのアルカイック期の騎士の姿だとか、運動選手とか、生きていた頃の栄光を象徴するような表現ではないんです。そして紀元前五世紀の終わり頃、前四三〇年ぐらいから再度、墓碑彫刻が出てくると、今度は家族が亡くなった人をおくっている、悼む場面を描く新しいタイプの図像モチーフが流行するようになっていくんです。だから、アルカイック期と古典期の墓碑の間には、彫刻表現のモチーフがずいぶん変わってくる。

その点で、アルカイック期の墓碑がつくられなくなった時機というのは、二度目の葬儀令が出た時ではないかという指摘は興味深いと思います。そういう国家の干渉が強くなってきた時期に、表に出すものは抑制されるんですけれども、副葬品として埋葬されてしまう陶器の中には、違う感情をあらわすような図柄が現れてくるのではないかということも考えられる。

金山　葬儀令というのは、それを定めることによって、生と死を完全に分けて、魂というものの行ったり来たりを封じ込めるという意図ですか。

古山　いや、それは必ずしもそうではない。むしろ生者と死者のやりとりをするのも国家が決めたところに押し込めようということだと、僕は思うんです。それを全部切ってしまうのではなくて、国家の管理のもとで行う。あるいは亡くなった人間を英霊化してしまう。先ほど言いましたように、地下世界に行かない人もいるんですね。それは亡くなった人たちが、半神英雄と同じように、「エリュシオンの野」とか「浄福の島」というところで魂の救済がなされていく。そういう場所に行くという信仰があるんです。

国葬が普通に行われるようになると、戦争で亡くなった戦士は、国家が明確に別の国葬墓をつくって、そこで葬儀をやるから半神化される。それが、個々の遺族は自分たちのお墓を造ってはならないという抑制になっていくのではないか。それでも造りたいという潜在的な願望は、白地レキュトスの図像に見られるように、決してなくならない。

一方で、そういう時期に秘儀宗教というものの中に、国家が用意した形とはまったく別のルートの救済が提供される。僕が注目しているのはオルフェウス教という宗教です。それは輪廻転生を信仰する宗教なんですね。独特の入信儀式があって、そこでいろんな合言葉を学ぶんです。そうすると、学んだ人が亡くなったときにハーデスの世界に降りていって、分かれ道があって、そこでペルセポネという冥界の女主人の前で合言葉を言うと、冥界の中に行かないですみ、輪廻の苦しみから救われて浄化されるという。つまり、冥界に行くと、また生まれかわって苦しみを経験しなければいけないという、まったく仏教と同じような思想があるわけです。

輪廻転生、永劫回帰の思想は、文献にも出てくることがあって、その関連史料を検討した研究もあります。でも、そういう思想は、どうしても知識人レベルの、哲学者とか思想家の人たちの間での議論であって——例えばピタゴラス学派ですね——追跡してみると、そのような特別のグループに行き着くんです。ですから、それはたぶん、庶民感覚からはかなりずれたところで出来上がっていたと思うんです。

だけど、オルフェウス教というのは、国家が規制したり、プラトンなども、大変いかがわしい宗教がはやっていて、あんなのはいかんとか書いたりしていますが、逆に見れば、それがかなり広まっているという状況を示しているようなんです。その辺りに、こぼれ落ちた部分の受け皿になっていくもの、人々が求めるものを受けとめていったものが出来上がるのじゃないか、ということを見ていきたい思っています。

結論的なものはまだ出ていませんが、いわゆる図像や、あるいは葬儀令についても、歴史の分野ではどうしても現世利得的や、現世秩序的という形でまとめてしまいがちです。しかし、たまたまこの研究会にお誘いをいただき、いろんなことを知ることが出来ましたので、違う視点でアプローチできるかもしれないと思っています。

林　家族が彫られている彫刻などの墓は、具体的に悲しみをあらわしているとか、怒りをあらわしているとか。

古山　表情からして、悲しんでいるように見えます。あるいは下をうつむいている、あるいは目と目を見つめ合って別れの握手をするというのがあって、片方は椅子に座って、片方は立っている。

益田　幾つかの墓碑では、どちらが死んでいる人か分からないというのがある。

古山　分からないですね。

齋藤　それが家族だということは何で分かるんですか。

古山　まず彫刻の中には墓碑名が書いてある場合がありま す。それから前五世紀の後半、再び彫刻墓碑がつくられ始めたころには、ペリボロスタイプの家族墓というのが出てくるんです。墓の周りに石垣を組んで、その区画の中に一族の墓、家族の墓を入れていく、そこにその種の彫刻が置かれました。

金山　日本でも大宝律令の一部に僧尼令という、要するに僧と尼僧を対象にした法令がありますよね。それは、やはり基本的には坊さんが死を取り仕切るわけだから、一種国家的な管理のもとにおく。勝手なことはさせないという。

古山　熊野信仰なども、明治政府が出来て、天皇制中心の神道が強くなるころには規制されたり、禁止されたりということはなかったんですか。あるいは逆に権力に取り込まれていくということはなかったんですか。

金山　熊野って、近世になってから、ほとんど人が行かなくなったんです。一時は一年に十二万人ぐらい集まったのが、それが二万人ぐらいになっちゃった。どうしても伊勢というのが強くなってきたから。それは国家神道になる前にね。

【報告】齋藤有紀子

　私の報告はいつも、今の社会の中の、生々しい人間の欲とか願望とか、そういうものと密接につながっているところの話になってしまうのですけれども。

　私自身は、生命の始まりと終わりに医療技術がかかわるようになってきている現状から、生命のありかたを見てきました。よく倫理的に問題があるとか、倫理的議論をしなければいけないという言い方で議論がおさめられることがあるのですが、その現状には違和感を感じています。結局は、〝人為的に生命を終了させることにかかわる可能性がある〟とか、今まで慣習的に秩序が保たれていたところに、ちょっとさざ波がたちそうになったときに、多様な価値観に基づいた議論が必要であるとか、倫理的に考えなければいけないというように、「倫理」という言葉が便利な言葉として使われてきたんじゃないかと。人工妊娠中絶とか、ヒト生命を廃棄するとか、問題がそういうところにかかわりそうになったときに、その問題自身を語ることはタブーになる。手続きや、技術は論じられるのですが、中絶そのものとか、生命の廃棄そのものについては、議論が及び腰になる。

　でも、そこにこそいろんな社会的・文化的問題がひそんでいて、生命倫理の議論の中で、生命終了の問題をタブーにしていては、問題を語っているようで何も語ってないのじゃないかなというふうに思ってきました。先ほど古山さんは、国家がすくいきれないところを見ていきたいとおっしゃったんですが、私は、生と死の問題を、法とか、行政のガイドラインや指針、規則やルールとして出てきているものからも見極めたい。いったいそこで何をすくい上げようとしたのか、何をすくいきれていないのかということを、見えるものをきっかけにしながら考えていきたいとも思っています。

　法律は、人間の生命、身体を保護の対象にしている。人の意思も尊重する。もう一つ社会秩序などの社会的な法益も守っている。生命も身体も個人の意思も社会秩序も、全部守っていくことで、個人も社会もハッピーであればよいですが、それがけっこうバラバラな領域がある。

　顕著な例は中絶で、日本の場合は、法は堕胎罪を定めて胎児の生命を保護することをうたっていて、一方でまた別の法律、母体保護法という法律ですけれども、それで一定の要件を満たせば中絶をしてもよいということを宣言している。日本は堕胎が刑法で禁じられている国でありながら、実際は、年に三十何万件という中絶がある。国は胎児の生命を守っていて、現実に現場で個人あるいはカップルレベルの意思も尊重されていて、理念と現実は、ものすごく乖離している。

　私としては、乖離していることの善し悪しとか、中絶の是非を言いたいのではなくて、乖離した現実を受け入れている日本社会とか、乖離したまま措いてあることで何が語りきれないでいるかとか、逆に今、乖離させたまま措いてきたことが、現実に起きている新しい倫理問題と言われるものに対して、回答を鈍らせる原因になっているのではないかというあたりが気になっています。法は一応、身体とか、自由意思とか、社会秩序は厳然と守ると言っているようでありながら、生命のきわどい問題については、ドーナツの真ん中みたいな感じで語らずにそっとしている。たぶん、そのことのいい面もたくさんあったんだと思うのですけれども。

さらに最近の再生医療とかクローン技術を通して、ヒトの細胞が、人の命を助ける資源になることも分かってきた。胎児の細胞が顕著な例です。一方で、胎児にも人としての尊厳があると考える立場もあるので、どこからは材料にしていいヒト生命であるという理屈立てをしないと、再生医療の正当化が難しい状況というのが、今あります。

同じ生命でありながら、時に材料になり、時に治療の対象になる。身体か生命かという問題のほかに、それをどこまで「人」として守ればいいのか、人が幸せになるためにヒトをどこまで資源として利用していいのか、これは二十一世紀の新しい助け合いの形なのかが問われています。これまでにも献血のように、自分の細胞を医療資源に提供するということがありましたが、そういうルールが、これについても立てられるのか。人を手段として扱いながら、人格としても尊重するというのは、なかなか難しい。助け合いなのか、弱いものの搾取なのかという問題がある。

昨年から、クローンでつくった胚から臓器をつくることについて、条件づくりをどうすべきかという文科省の作業部会に入っています。私の関心は、ルールづくりとかレギュレーションよりは、むしろ材料を提供する当事者たちの状況――クローンの胚をつくるのには卵子だけを提供する女性が必要だったり、比較対象となる有性生殖の研究のために、精子を提供する男性が必要だったり、受精卵を提供するカップルが必要だったりという中で――そういう生殖細胞を提供する人、提供を期待されて話を持ちかけられる人たちが、今どういう状態に置かれていて、その人たちの人格や尊厳が守られているのか、つくられる生命の尊厳の問題だけ一生懸命語っても、当事者の尊厳が守られないのでは何か違うと思ったので、細胞を提供する候補者となる人たちへのヒアリングを、ここ三か月ぐらいやっているんです。

具体的には、不妊治療をやっている方、やってきた方。それから、性同一性障害で身体の性別を変える手術をする方たち。それから婦人科系のがんの患者さん。良性であっても卵巣摘出することもありますので、そういう方たち。それから精巣がんなどで精巣を摘出する可能性のある男性患者さん。自分の妊孕《にんよう》性を失いつつ、他者のための材料として、自分の精子や卵子を提供するという状況に置かれる人たちですね。そういう提供予定者と言われながら、自分の生命の状態もきわめて危機的な状態にあったり、シビアな状態にある人たちに、他者の生命や身体、暮らしやすさをサポートするために自分の生殖細胞を提供することをどう思うかという話を伺っているわけです。細胞についてばかり語られがちな社会の中で、生身の患者が置き去りにされないようにしなければいけない。

このヒアリングを通して、最も中核にありながらタブーにされがちな問題がもう一つ見えてきました。林先生がおっしゃった問題とも重なるかもしれないのですが、患者の性の問題です。今回のヒアリングの中では、いろいろ付随的な話が出てきます。ふだんの医療の現場で医師に十分にいろんな話を聞いてもらえているかとか、病気になったことについて自分でどう考えるかとか、あるいは夫婦の問題やパートナーとの関係、あるいはパートナーがいない人は、自分のセクシュアリティをどう考えるかというような話に自ずとなるんですね。

患者のセクシュアリティの問題というのは、医療の中でも社会の中でも、まだあまり取り上げられてきてない問題なんです。中絶もそうですし、卵子提供、精子提供、受精卵の生命をどう考えるかというときに、その生命そのものがどうかとか、尊厳がどうかとか、モノとしていいか、人として扱うかという、そのものだけを見るのではなくて、それを提供する人の尊厳プラス関係性の中から語り出されなければいけない。その一つの重要な要素として、性とかセクシュアリティの問題は落とせない。

中絶のこと、生殖細胞提供のことを考えるとき、その方の生命観とか、身体観プラス将来の妊娠の問題、出産の問題、あるいは今のパートナーとの性的な関係の問題というのが、いやでも影響してくる。ふだんその人が意識化していなくても、結局、語り出さざるを得ないような状況を生んでいるのだけど、そこまでを支えきる言葉を、法律とか、医療の現状、国の定める指針がちゃんと包みきれていない、人間に対する全体的な働きかけがなされていないなと、最近ちょっと気になっています。

林　前から書名は知っていたんですが、『セックスボランティア』（河合香織、新潮文庫）という本を読んで、身障者にとって、みずから心身共に性をどう受けとめていくのかとか、性の発言が相当されていますね。それを通じて、生命倫理との兼ね合いをどうするか気になったんです。齋藤さん、お読みになりました？

齋藤　はい。まさにオランダなどでは制度化されていますし、三～四年前から私もゼミでテーマに取り上げたりしていました。患者の性の問題は、あまり表に取り上げられてこなかったとは言いましたが、存在することは以前から知られていて、ホームヘルパーさんの六割、七割は、何らかの形で性的介助を依頼されたことがあるというデータもあったりします。性的介助というのは、ちょっと体に触ってほしいとか、マスターベーションを手伝ってほしいというレベルとか、手をつないで添い寝をしてほしいとか、そういうような依頼のことです。看護・介護職の人々や家族たちが個人のレベルで対応されてきた実態は、けっこうたくさんあって、裏介護という言い方もされたりしていたらしいです。

一方で、法律とか制度がどうしてきたかというと、母体保護法の以前にあった優生保護法とか、最近ハンセン病の患者さんの問題として出てきたみたいに、患者や障害者の生殖や性は否定する、子どもはなるべくつくらせない、妊娠したら中絶を求められ、不妊手術も施設に入る条件にするみたいな形で、非常にネガティブでした。一方で、社会の中には、障害者を非常にピュアな、純真無垢な存在としてイメージするような言説も多くて、「障害者に性欲はない」という現実離れした障害者観も流布している。いずれにしてもニュートラルではない。

それでいて、いま、患者さんや障害を持つ人に対して、卵子くださいねとか、精子くださいねとか、非常にドライに問題が語られている。本来、患者の性や障害者の性の問題を、ちゃんとポジティブに考えて、子どもを産み育てる性であることは当然という認識の上で、研究のための材料を提供してくださいという話にならないといけないと思います。

搾取すると言うと言葉は強いですけど、いつも健常者側が都合がいい形に、障害を持った人とか患者さんが置かれるという状況がありますね。

林　高校生のころに、小川正子の『小島の春』を読んだんです。ハンセン病に生涯を捧げた人物です。私は山梨で育ちましたけれども、家のすぐ隣の村が小川正子さんの生家があるところなんです。今は記念館があるんですけどね。表には出ないけど、裏にそういう問題があるということは、小川さんの書いたものなどを通して何となく知ってはいたんです。それから、高校生ぐらいのハンセン病の女の子が、やはりそういう問題で悩んでいるとか。

近ごろ知的障害者と偶然接する機会があって、結婚願望のすごい強い人と、まったくそうではなくて、さっきの齋藤さんの言葉の中にあった純粋無垢、子どものまんま、体は大人ですけど、精神的には四歳以下というような人もいる。その人たちの生命というものをどう考えていくか、身近に感じたときがあるんです。

齋藤さんに伺ってみたいと前から思っていたんですが、齋藤さんの生命倫理観というのはどういうものか。生命倫理を研究対象としていらっしゃるわけですから、ご自分の強い信念があると思うんです。客観的なのはよく分かるんですけれども、齋藤さん自身が、例えば妊娠中絶などを、どういうふうに思っていらっしゃるのでしょうか。

齋藤　回答から逃げるわけではないのですが、私は、それ自身が良いとか悪いというようには、あまり考えないんですね。中絶の問題は、しばしば良いとか悪いとかという言葉で語られがちですが、私は、中絶について考えている女性と、男性が一緒に悩んでいるとしたらその男性を、ちゃんとサポートすれば、それなりに胎児の生命もサポートすることにつながると考えています。

ただ、みんなが胎児を生かす方にばかり決断しないのは当然で、どうしても産めない人は産まないけれども、産まない人が悪い人で、産んだ人は立派な人ということではないと思うんです。十分に支えた上で、それでもおろす人はおろすでしょう。おろすか、おろさないか迷っている人の状況を尊重しないで、胎児こそ守らなければいけないと言って、当事者をないがしろにすると、かえってその人たちを追いつめ、不本意に中絶する人や、逆に機を逸して不本意に産む人が増えるかなと思うので。妊婦と胎児が対立関係で語られることが、いつも気になっています。

林　私も、だいたい齋藤さんと同じような考え方です。医者なり看護師が、例えば「中絶を」と妊婦が言ってきたときに、果たしてどこまでその人の身になって相談相手になっているか、そこが見えてこないんですよね。おそらく、処置を前提にした妊婦が来たからというので、処置をする例が多いと思うんですね。

齋藤　日本にはカウンセリングみたいな仕組みはないですし。そもそも妊娠したかもしれないと思って産婦人科へ行って、その日に「おろします」と言う女性もいる。一回家に帰っても、次に来たときは決めてくる、あるいは二回目は手術日当日というような状態がほとんどです。女性と医療者の接触の時間は、普通の妊婦と比べてすごく短い。中絶ということに医療職が腰が引けているということもあって、結局は孤独な決断を強いているのが現状かなと思います。

古山　でも、医者や看護師にそこまで求めるのも、ちょっと気の毒かなという気もします。アメリカなどの例だと、必ずカウンセラーが警察と一緒に来て、どうするかということまで含めて、ずっと話し相手になったり相談相手になったりしてますね。医者とは別の人がいる制度がいいのか悪いのか分かりませんが、子どもを産みたい妊婦と、そうでないおろしたい人を、一緒に医者が持っていて、ふだんからたくさんの仕事の中で、特別な人に対しては一生懸命カウンセリングするとなると、すごく大変なことだと思いますけど。

林　しかし、現実には、そこでやらないと出来ないでしょうね。だから、医者なり看護師が、この人と相談してみてごらんなさい、力になってくださいますよ、というカウンセリングできる人をそばに持ってないとだめだろうと思います。それは、妊娠中絶だけではなくて、医療全体が今抱えている問題でもあると思うんですね。

齋藤　誰が何と言っても産みたくない人は、カウンセリングどうぞなんて言っても、逆に怒って、大きなお世話だと言うかもしれないですね。そういう人は揺るがないにしても、迷っている人たちの層があるわけです。その人たちに、いろいろなプレッシャー――親との関係、パートナーとの関係、経済的状況など――から離れて、自分自身は本当はどうしたいか考えてもらう。考える場があるのとないのとでは、ずいぶん違ってくると思います。

そのことでは一つ興味深い例があって、日本で中絶胎児を再生医療に提供している病院があるのですが、そのときに、助産師さんがコーディネータとしてかかわって、中絶の決断に迷いがないか、その上で研究に中絶胎児を提供していただけるかどうかを、カップルに話を聞いて確認するんですね。研究者や医者が話すと断りにくいので、そのような体制で行ったんです。

そしたら、助産師がかかわったカップルは、産む決断に変わったというんですね。べつに誘導したわけではなくて、その助産師は、あくまで研究を中立的に説明する立場として介入したんですけど。それまでの過程で、日本には、中絶に関して話を聞いてくれる専門職があまりにもいなかったからでしょうか。病院としては、一応、中絶についてすでに決断されているカップルで、落ち着いて冷静に話が出来ると見込んだ人をコーディネータの助産師のところに送ったにもかかわらず、もう一回よく話を聞いたら、「産みます」と考えが変わった人があった。こうした例からも、ワンクッションあることは、とても大事じゃないかなと思います。

林　日本では、「子殺しの図」というのがあるんです。子殺しは飢饉の時に起きるんですね。江戸時代には、ある地域が飢饉になっても隣藩では絶対助けないんです。自分たちだって、いつ飢饉に出くわして食糧が足りなくなるか分からないから。そうすると、飢饉になった藩は藩として子殺しを禁止する。一つには、労働力確保という理由からです。また、藩によっては、子殺しを最初から禁止し、子育てを推進するところもあります。関東では栃木の黒羽藩ですね。黒羽藩は、どうやったら子どもを育てられるか、産まれてくる子どもの生命とか、人格という方向へ向いていく。いまの話を伺っていて、そのへんも日本が江戸時代から抱えていた問題だろうと思います。

齋藤　一方で、〝何歳までは神のうち〟じゃないですけど、生まれてきた後でも、まだ社会の一員として認めなくていい時期には、生まれてこなかったことにしてもいいというロジックも、たぶん成立していたりしたと思うんですけど。

金山　三歳までは墓に埋葬しないんですね。

益田　齋藤さんがお話しになったのは生命倫理なんでしょうけど、今アメリカで、女性の植物人間の尊厳死で、国じゅう揺れている感じがします。あれは、生命論理のレベルで話している人と、宗教倫理、つまりキリスト教の原理主義者で、中絶は絶対だめ、避妊も人を殺すからだめだと、違う論理が一つの現象で相対している。

齋藤　アメリカは、さまざまな問題が極端に出るので、そのまま日本に持ってこられるかは別として、参照するには分かりやすいところがあります。

個人の自由意思と価値観の多様性を尊重する立場の人たちは、尊厳死に対してポジティブであって、一つの価値観だと言う。胎児研究とか、受精卵研究についてもオーケーな場合も多い。一方、原理的な立場では、生命の尊重は非常に宗教的な背景と結びついていて、受精卵の研究もだめ、胎児の研究もとんでもないと言う。両者は対立しているけれども、対立の構図はある意味分かりやすい。

日本の場合、中絶は女性の権利だというフェミニストは、胎児を使った研究や受精卵を使った研究については非常に慎重で、むしろ反対の意見を行政に送っています。中絶は女性の人権だが、胎児の資源化は問題があるという意見です。私には違和感がないのですが、アメリカと比べると、ちょっと不思議な構図になっています。

乱暴に括れば、宗教と自由主義ではなく、自由主義同士で、理論を模索しあっているのが日本の特徴かもしれません。

益田　中絶は日本が多いというお話でしたが、現在の宗教だと、水子地蔵の多さには異様な気がしますが、あれはお寺がうまく取り込んで、罪悪感を消しているんですか。

林　そういうお寺は、かなりありますね。

益田　江戸にはあるんですか。

林　はい。江戸時代の説教浄瑠璃の一節に堕胎薬が出てきます。はたして、効果があったかどうかはともかく、江戸時代、堕胎薬というものを売っていたらしいんです。説教浄瑠璃では、夫が結核になっているので、それを助けるために妻が遊郭へ身売りをする。妻はそのときに妊娠をしていて、それでは遊女として使いものにならない。そのために、堕胎薬を飲もうとしていると、たまたま垣根の外から見ていた説教者が「賽の河原地蔵和讃」を唱えて思いとどまらせようとした、という話があります。それは、江戸時代にも水子が相当いて、水子供養というのは決して近現代の問題ではなかったということです。

飢饉のときには、障害者、身障者をまず殺すという習いがあるんですね。井上ひさしが『藪原検校』という戯曲で書いているように、騙して山の中の崖から突き落としたりする。

『今昔物語集』の中に、ある病気になったときに、その病気が治癒するためには赤ちゃんや胎児の生き肝を食べるのがいい、それである人の子どもを殺して食べちゃうという話があるんです。それは、先ほど出てきた、医療研究の中で胎児を使うという話――現在、胎盤は化粧品に使われていたり、医薬品の中にもあると聞きますが――そういうことを既に平安時代もやっていたのだと思います。

齋藤　胎児や胎盤を活用してきた歴史は古いようですね。

最近ちょっと気になっているのは、『オニババ化する女たち』（三砂ちづる、光文社新書）という本が出版されました。私はまだ精読していないので正確じゃないかもしれませんが、オニババが子どもを襲って食べるという話は、一生子どもを産まなかった三十以降の女が、その難苦、寂しさ、怒り——その著者は「卵子の悲しみ」と書いていましたけど——が生かされずに毎月、月のもので流れてしまう、その卵子の悲しみを背負った怒りとなってオニババとなり、子どもを食べるのだという。それを現代女性に当てはめて、自分は結婚しなくても働いていればいいんだ、という考えはどうだろうか、ということを論じているようです。

フェミニストからはかなり評判が悪いようですが、タイトルにインパクトがあって反響は大きいようです。子どもを食べるオニババの話があるのは確かだし、ヤマンバとかオニババとか、子どもを女が食べる話というのは一体何なんだろうと気になって、この研究会を常に思い出していたんですね。あの本の解釈のままで広まっていいのだろうかと思っているんですが。

林　古いところだと、鬼子母神の話でしょうね。鬼子母神が自分の幼い子どもを失くしてしまったので、その悲しみのために人の子を食べるようになった。そしたら、人の子を食べてはいけない、人肉と同じ味のするザクロを食べなさいと言われたというのです。それからザクロを食べるようになって、それで鬼子母神は今は子どもを守る神として信仰されているんです。

齋藤　ザクロという果物は子どもを産むのにいいと言われているのは、そういうことも関わっているんですね。

林　ええ、おそらく、そういうところから出てきているのでしょうね。日本だけではなく、韓国の物語の中にも見られます。

齋藤　いま、子どものいない人、産めない人の問題も出ていますし、そのような中で、子どものない女が子どもを食べるというところだけが、一人歩きしているんですね。

林　やっぱり古来から、子宝に恵まれないとか、幼子を失ってしまったという悩み・悲しみはあったのだろうと思います。ですから、日本の仏教の中では、子どもが親より先に死ぬというのは逆縁といって最も親不孝だと言われていますね。平安から鎌倉時代までは、十歳ぐらいまでが子どもという意識なんですね。十歳を超えれば、いわゆる元服をして、成人というふうに考えられてきたのです。

益田　逆縁で死んだ子どもというのは、成仏できないということですか。

林　ええ。死んだ子どもが、賽の河原で石を拾って供養しようとする。そこへ鬼が来て、一つ積むたびにそれを壊す。

益田　親より早く死んだことが罪なわけですね。

林　そうです。それで親が嘆く。その嘆くのは、親を悲しませているのだ、おまえが早く死んだからだというふうに、「賽の河原地蔵和讃」の中でもうたわれています。

益田　親は、死んだ子どもの成仏を願うわけですね。

林　願うんですけど、親から見れば、なかなか子どものことが忘れられないから涙する。成仏を願っての涙のはずだったのが、悲しみ、悲嘆の涙になっていく。

齋藤　死んだ子がそうさせている。

林　四国の遍路の中には、「賽の河原地蔵和讃」を唱える人が今でもいるんです。

齋藤　供養するとか弔うということの意味が、悲しみなのか、死んだ者や滅ぼした者に対する社会の思いや畏れのあらわれなのか、というあたりはどうなんでしょう。受精卵を弔うとか、尊厳をもって扱うという言葉が、言葉としては国の審議の中でも出るんですが、中身が希薄な感じがします。供養するということの意味が、だいぶ薄まっているなと。

林　昔の供養と今の供養では、同じ言葉でも意味にズレがあるのだろうと思うんです。かなり形骸化している気がするんです。

私は、自分の子どもを十歳のときに失っているんですけど、そのときに、当時七十ぐらいだったある先生――『源氏物語』の研究家でした――が、「あなたの悲しみはよく分かります」と。普通の人は、かわいそうで、大変ですね、と言うんですけど、「よく分かります。実は、私も子どもを失っている」と。その方のお子さんは、十八歳で当時国立の一期校を受験する前々日ぐらいに亡くなったと言うんです。「女房は、それから何十年経っても、いまだに子どものことが忘れられなくて、私もこのとおりです」と言って、定期入れの中から子どもの写真を見せて下さって、悲しみというものは、そんなにたやすく消えるものではありませんということをおっしゃったんです。ただたんに「おきのどくだ」と言うのではなく、今も自分は、特に女房は苦しんでいる、悲しんでいると、同じ側に身を置いた人間として話して下さいました。そういう父母の思いから、「賽の河原地蔵和讃」というものが、逆に生まれてきたんですね。

金山　葬式というのもそういうことで、死んだ魂を供養すると同時に、三日も四日もかけて、いろんな手続きを踏んでいった。それから、四十九日とか、いろんな法要を順番にやっていた。今は省略して、葬式と一緒にやっちゃうという形になっている。

林　初七日もね。

金山　全部そういう感じになってきている。そうした儀礼は、同時に、自分の悲しみを納得させる一つのシステムだったわけです。死者というものも、一回死んだらそれで終わりじゃなくて、何度も呼び戻そうとする。枕飯や末期の水なんかもそうで、そういう儀式をたくさん置いておくわけです。今ではそれが全部消えて、死んじまったらおしまいという世界になってしまった。

齋藤　林先生のお話を伺って、幼い子どもを失った親の会んです。

のことを思い出しました。流産、死産や、子どもが「新生児突然死」をした人の会で、当事者たちが集まって、どういうふうな言葉かけとか、どういうことを聞いてほしいのかということを書いた小さなリーフレットの翻訳を出したんです。

そこには、周囲の人は、「いつまでも悲しんでいちゃだめ」とか「次のお子さんを大事に育ててあげれば」とか、あるいは「流産、死産というのは経験している人はたくさんいて、みんな乗り越えているから」とか、いろんなことを言われるけど、やっぱり全てそれで傷つくことになる。悲しんでいることに長い短いはなくて、むしろ悲しみはいつまでも消えないし、続く。それが何かで消せるものではなくて、だから悲しんでいてもいいんだという、メッセージが大切だとあります。

また、安心して悲しめる場所も必要だと述べている。流産、死産とか、小さい赤ちゃんで亡くなると、子どもとの時間を共有している人が少ないので、よけい他の人に分かってもらいにくい。特にお腹の中でなくなった場合、パートナーでさえ子どもの実感をあまり持たないので、子どもを失った女性は、悲しみや、自分と赤ちゃんが共有していたものを、他の誰も共有してくれない。だから助産師とか、妊娠期間一緒にいてくれた人のところに戻っていって、ゆっくり、また繰り返し、赤ちゃんとの思い出や悲しみを語ってみる。それを聞いている人にとっては、あるいは何度も繰り返された話かもしれないし、この人はほんとに気持ちの整理がつかない人だと一般的には言われるかもしれないけど、それはその人にとっての真実なのであって、それをちゃんと受けとめることが大切であるいったことが、たくさんの言葉ではないのですけど書いてあります。

ついつい励ましたり、悲しむプロセスを否定したり、早く受容して立ち直ることが成長のようにとらえられがちですが、死とか生とかは、そういうものではなくて、全部ひきずりながら最後まで行くんじゃないかなと思います。

金山　イニシエーションという視点から見れば、これは一番不安定で、かつ重い意味を持つ状態ですね。それは、子どもから大人へとか、結婚するとか、いろいろありますが、最後に来るのは、やはり死ですね。

最近は、医療分野でも、末期の死にゆく患者の心身のケアが注目され、緩和ケアという形で、ペインクリニックによって痛みを百パーセント近く止めることが出来るようになったということですね。

林　国立がんセンターの東病院がそうですね。末期患者が入院しているんですけど、ペットの動物とか、家族らが自由に出入り出来る中で静かに死を迎えていく。十数年前から、国がようやく重い腰を上げたんですけどね。

金山　そこのところは、ホスピスなどは、さらに進んでいるんでしょうか。

林　自分の体験で言うと、息子が小学校四年の時に死んだんですが、小学校を終えて中学へ入るころになると、「おめでとうございます」というダイレクトメールがいっぱい来たんです。それが大学を卒業する二十二の年まで続きました。今、よその十歳ぐらいの子どもを見たって、自分の子どもの十歳の時と重ね合わせることはないんですけど、その同じ時間で流れているときにそういうのをされると、親としてはものすごく辛かったですね。

齋藤　死んだ子の年は数えるなみたいなことを世間が言いますけれど、あれはむしろ、それぞれの人が大事に抱えていて、みんなが数えるから言われることなんだと思います。

このような言葉は、自分で考える場合と、他人に言われる場合とでは、百八十度違って響く。不妊治療の人にも言えます。生まれてない子の年を数えるなと言われる人があるらしいのですけれど、あのときの受精卵は着床しなかった、生まれなかった、生まれていれば、今ごろ七五三だとかって数えるんですね。子宮や卵巣を取った人に対しても、同様の言葉がかけられています。

そういう人の生と死の向き合い方の中に、周りが何かを言って安心しようとするための言葉が、科学らしき言葉と融合する形でもっともらしく強化されて、割り込んでくるような気がしています。

林　それぞれ三年間の研究成果と、それをふまえての今後の課題について、総括報告をしていただきました。研究会も各自二回発表していただき、外部の研究者からもお話を伺いました。洋の東西、それも古代から現代の我々が抱えている生命倫理に至るまで、十分とは言えませんが、幅広く「生と死」の問題を考えてきました。今後も機会があれば、共同研究をしたいですね。どうもありがとうございました。

（於富士緑の休暇村、二〇〇五年三月二十九〜三十日）

執筆者紹介

林　雅彦（はやし　まさひこ）　明治大学法学部教授。国際熊野学会代表委員。

東京大学大学院人文科学研究科博士課程単位取得退学。

著書『日本の絵解き－資料と研究』（三弥井書店）、『絵解きの東漸』（笠間書院）、『穢土を厭いて浄土へ参らむ』（名著出版）、『生と死の図像学』（編著、至文堂）ほか。絵解き研究で第6回日本古典文学会賞受賞。


金山秋男（かねやま　あきお）　明治大学法学部教授。明治大学死生学研究所代表。

明治大学基層文化研究所事務局長。

慶應義塾大学法学部卒業。東京大学大学院人文科学研究科博士課程修了。

著書『巡礼－その世界』（共著、風間書房）、『生と死の図像学』（共著、至文堂）、『人はなぜ旅に出るのか』（共著、風間書房）。


古山夕城（ふるやま　ゆうぎ）　明治大学文学部専任講師。

島根大学法文学部文学科卒業。明治大学大学院文学研究科博士後期課程満期退学。

著書『世界歴史の旅　ギリシア』（共著、山川出版社）、『「生と死」の東西文化論』（共著、風間書房）。論文「ギリシア世界周縁における「共生」」（歴史学研究、716号、1998）、「タソスの植民市建設と地下資源」（科研費基盤研究報告書『欧米における移動と定住・地域的共同性の諸形態』2007年3月）ほか。


益田朋幸（ますだ　ともゆき）　早稲田大学文学学術院教授。

早稲田大学大学院博士後期課程単位取得退学。Ph.D（ギリシア国立テサロニキ大学）。

著書『描かれた時間』（論叢社）、『世界歴史の旅　ビザンティン』（山川出版社）、『岩波 西洋美術用語辞典』（共著、岩波書店）。


齋藤有紀子（さいとう　ゆきこ）　北里大学医学部准教授（医学原論研究部門）。

明治大学大学院法学研究科公法学（法哲学）専攻博士前期課程修了。

著書『医療と子どもの人権』（共著、明石書店）、『母体保護法とわたしたち』（編著、明石書店）。論文「在宅患者と性．患者とスタッフの人権問題として」（日本在宅医学会誌、7巻2号、2006）ほか。


（Ⅰ、Ⅱの掲載図版については㈱至文堂の協力を得た。）

明治大学人文科学研究所叢書
「生と死」の東西文化史

2008年 3 月31日　初版第 1 刷発行

編　者……………………林　雅彦
発行者……………………光本　稔
発　行……………………株式会社 方丈堂出版
本　社／〒601-1422 京都市伏見区日野不動講町38-25
電 話 (075) 572-7508
FAX (075) 571-4373
東京支社／〒112-0002 東京都文京区小石川2丁目23-12
エスティビル小石川4F
電 話 (03) 5842-5196
FAX (03) 5842-5197
発　売……………………株式会社 オクターブ
〒112-0002 東京都文京区小石川2丁目23-12
エスティビル小石川4F
電 話 (03) 3815-8312
FAX (03) 5842-5197
編集協力…………………フライリーフ編集室
印刷・製本………………株式会社シナノ

ISBN978-4-89480-054-0 C3320